Herrn Hans-Cord von Bothmer

Mit Dank und Anerkennung
für 10 Jahre Vorstandsarbeit.

Heimatverein "Niedersachsen"
e.V. Scheeßel

Scheeßel, 10. März 1997

Der Vorstand

Jonathan Swift

Gulliver ünnerwegens

Gullivers Reisen up Platt

ins Plattdeutsche übertragen und herausgegeben
von Werner Klipp

mit 75 Zeichnungen von Steffen Randebrock

1997
E.-Schiefer-Verlag, Hamburg
Harms Verlag, Kiel-Mönkeberg

Die Deutsche Bibliothek - CIP-Einheitsaufnahme

Swift, Jonathan:
Gulliver ünnerwegens : Gullivers Reisen up Platt / Jonathan Swift. Ins Plattdt. übertr. und hrsg. von Werner Klipp. Mit Zeichn. von Steffen Randebrock. - Hamburg : Schiefer ; Kiel-Mönkeberg : Harms, 1997
Einheitssacht.: Travels into several remote nations of the world by Lemuel Gulliver <dt., niederdt.>
ISBN 3-931197-02-6 (Schiefer)
ISBN 3-86026-045-6 (Harms)
NE: Klipp, Werner (Übers.)

Die Verlage und der Herausgeber danken Hedi Wulkop für die Erfassung des Textes

Copyright an dieser Ausgabe 1997:
E.-Schiefer-Verlag, Hamburg, und
Harms Verlag, Kiel-Mönkeberg
Copyright an der plattdeutschen Übersetzung: Werner Klipp, Dannenberg
Copyright an den Abbildungen: Steffen Randebrock, Hamburg
ISBN 3-931197-02-6 (E.-Schiefer-Verlag)
ISBN 3-86026-045-6 (Harms Verlag)

Druck: AZ Druckhaus, Kempten

Vorwort 8
Von den Schrieversmann un sien Book 9

De Reis nah Lilliput

De erste Strämel 13
De Schriever vertellt von sik un von sien Lüüd, un worüm he dat mit dat Reisen kreeg. Sien Schipp kummt to Mallör un geiht ünner. He schafft dat un kümmt in dat Land Lilliput up't Dröge. Se kriegt em tofaten un set em fast.

De tweete Strämel 26
De Kaiser von Lilliput un en poor von sien Eddellüüd besökt den Schriever, de fastsett is. Wi kriegt to weeten, wo de Kaiser utsüht un wat he anhet. Studeerte Lüüd sölt em de Spraak bibringen. De Lüüd mögt em, wieldat he sachtmödig is. Se unnersökt alle siene Taschen un he mut Savel un Pistols afgeven.

De drütte Strämel 38
De Schriever maakt allerhand Tietverdriev för den Kaiser un de vörnehmen Damens und Herrn, so as se dat nich gewohnt weern. Wo de Hofflüüd von Lilliput sik över ameseert. De Schriever ward friegeven, aver mit'n poor Uplagen.

De veerte Strämel 50
Mildendo, de Hauptstadt von Lilliput, un den Kaiser sien Palast ward beschreven. De Schriever un de Erste Minister besnackt de Laag in't Kaiserriek. De Schriever driggt den Kaiser sienen Bistand an.

De föffte Strämel 58
Mit'n besünnere Sluusohrigkeit wennt de Schriever en Överfall up dat Land af. He kriggt dorför en hogen Ehrentitel. Von den Kaiser von Blefuscu kaamt Botschafters un holl um Freeden an. Dörch'n Mallör brennt dat bi de Kaiserin. De Schriever hölpt dorbi, dat dat Füür nich wieder geiht.

De sößte Strämel 68
Von de Lüüd in Lilliput, wo gelehrig se sünd, wat bi jem recht is, wat sik gehörn deit un wo se de Kinner anliert. Wo de Schriever in düt Land leven deit un wo he sik as'n Kavaleer för en vörnehme Daam wiest.

De söbente Strämel 80
De Schriever ward gewohr, dat he wegen Hoch- un Landsverraad verklagt warrn sall un he neiht ut nah Blefuscu. Wo se em dor upnehmen doot.

De achte Strämel 92
De Schriever het Glück. He kann von Blefuscu wegkamen un kummt nah'n poor Maleschen heel un gesund in sien Heimatland an.

De Reis nah Brobdignag
De erste Strämel 100
En gewaltigen Storm. Se halt Water mit'n Boot. De Schriever föhrt mit, dat Land to bekieken. Se laat em an'n Strand trüch. Een von de Inwahners findt em un nimmt em mit nah den Buurn sien Huus. Wo em dat dorbi geiht und wat em allens so passeert. Wo de Lüüd dor utsehn doot.

De tweete Strämel 117
Wat de Dochter von den Buurn von Deern is. De Schriever ward nah verschiedene Städer un nah de Haupstadt henbröcht. Wat he dor allens so afleevt.

De drütte Strämel 125
De Schriever kummt an den Königshoff. De Königin köfft em von sienen Gnädigen Herrn, den Buurn, af un schenkt em den König. Dat gifft en Diskuschoon mit en poor hoge Studeerte von Siene Majestät. De Schriever kriggt en eegen Stuuv. De Königin höllt veel von em. He maakt sik stark för de Ehr von sien Heimatland. Dat kummt to'n Striet mit den Dwarg von de Königin.

De veerte Strämel 141
Dat Land ward beschreven, un de Schriever maakt den Vörslag, uns Landkorten dorvon up den nigsten Stand to bringen. Von den Palast von den König un von de Hauptstadt. Up wat von Aart un Wies de Schriever reisen deit. Wo de Hauptstadt utsüht.

De föffte Strämel 148
Wat de Schriever allens so afleevt. En Verbreeker ward dootmaakt. De Schriever wiest, wo goot he mit'n Schipp ümgahn kann.

De sößte Strämel 161
De Schriever denkt sik allerhand ut, wo de König un de Königin ehrn Spoß an hefft. He wiest sik as en goden Muskant. De König will weeten, wo dat in Europa togeiht un de Schriever vertellt em dor wat von. Wat de König dorto meent.

De söbente Strämel 173
De Schriever wiest, wo leef he sien Heimatland het. He maakt den König en goden Vörslag, de aver nich annahmen ward. De König het bannig wenig Ahnung von de richtige Politik. Mit de Plietschigkeit is dat nich wiet her in düt Land. Wo dat mit de Gesetzen, dat Militär un de Parteien in düt Land is.

De achte Strämel 182
De König un de Königin maakt en Reis bet an'n Enn von ehr Land. De Schriever is mit dorbi. He vertellt dor lang un breet von, wo he ut dat Land rutkamen deit. He kümmt trüch nah sien Heimatland.

De Reis nah Laputa, Balnibarbi, Luggnagg, Glubbdubdrib un Japan

De erste Strämel 197
De Schriever geiht to'n drütten Mal up Vör. He fallt Seerövers in de Hännen. En Hollandsmann het Leegheit mit em vör. He kümmt up en Insel an. In Laputa nehmt se em up.

De tweete Strämel 205
Wat de Laputier von wunnerliche Lüüd sünd, wo se Lust to hefft un wo jem bi't Studeern de Kopp nah steiht. Von den König un sien Hoffstaat un wo se den Schriever dor upnahmen hefft. Wo de Inwahners bang vör sünd un wat jem Sorgen maakt. Wo dat mit de Fruuns dor is.

De drütte Strämel 217
En Wunnerwark ward von de moderne Philosopie un de Astronomie verklaart. Wo heel wiet de Laputiers mit de Steernkiekeree all kamen hefft. Wat von Dreih de König anwennen deit, wenn welk Lüüd upsternaatsch ward.

De veerte Strämel 225
De Schriever geiht von Laputa weg. Se bringt em nah Balnibarbi un he kummt in de Hauptstadt an. Wo dat in de Hauptstadt un in de ganze Gegend utsüht. En vörnehmen Herrn nimmt den Schriever fründlich up. Wat de beiden sik allens so vertellt.

De föffte Strämel 234
De Schriever dörf sik de Grote Akademie von Lagado ankieken. He vertellt dor lang un breet von. Wat dat von Künsten sünd, wo de Perfessers ehr Tiet mit tobringen doot.

De sößte Strämel 245
De Schriever vertellt noch mehr von de Akademie. He sleit vör, wat to verbetern is. Se nehmt sien Vörslääg gern an.

De söbente Strämel 254
De Schriever reist von Lagado af un kummt nah Maldonada. Dor is aver keen Schipp, wo he mitföhrn kunn. He maakt en lütte Tuur nah Glubbdubdrib; wo he dor von den Statthoïler upnahmen ward.

De achte Strämel 260
Noch mehr vertellen von Glubbdubdrib. De ole un de nige Weltgeschicht ward richtigstellt.

De negente Strämel 269
De Schriever kummt nah Maldonada trüch. He seilt nah dat Königriek Luggnagg. Se sett em fast. He ward an den Königshoff halt. Up wat von Aart un Wies he vörlaten ward. Von den groten Sachtmoot von den König gegen sien Ünnerdanen.

De teinte Strämel 274
De Luggnagger sünd gode Lüüd. Vertellen von de Struldbruggs un wat sik de Schriever mit en poor vörnehme Herrns över jem vertellt.

De ölmte Strämel 286
De Schriever reist von Luggnagg af un seilt nah Japan. Up en hollandsch Schipp föhrt he von Japan nah Amsterdam un von dor trüch nah England.

De Reis in dat Land von de Houyhnhnms
De erste Strämel 291
De Schriever geiht wedder up Reisen. He is Kaptein von dat Schipp. Sien Lüüd verswöört sik gegen em. Se sparrt em en ganze Tietlang in sien Kajüüt in un sett em denn an en Küst an Land, de keeneen nich kennen deit. He geiht nah dat Land rin. Wo de Yahoos utsehn doot un wat von afsünnerliche Aart von Deerten dat is. De Schriever bemööt twee Houyhnhnms.

De tweete Strämel 301
Een von de Houyhnhnms nimmt den Schriever mit in sien Huus. Wo düt Huus utsüht. Wo de Schriever dor upnahmen ward. Wat de Houyhnhnms äten doot. De Schriever kummt in Noot, wieldat se för em nix to äten hefft; aver letzto ward he doch versorgt. Wo he sik in düt Land ernähren deit.

De drütte Strämel 308
De Schriever gifft sik Möh, de Spraak von dat Land to liern; de Houyhnhnm, wat sien Herr is, helpt dorbi, em wat bitobringen. Wat dat von Spraak is. En poor Houyhnhnms von Stand kaamt ut Neeschier, se willt den Schriever sehn. He gifft sienen Herrn en korten Bericht von sien Reis.

De veerte Strämel 316
Wat de Houyhnhnms von de Wohrheit un von de Unwohrheit meent. Sienen Herrn paßt dat nich, wat de Schriever vertellt. He vertellt lang un breet von sik sülmst un von dat, wat em allens up sien Reis passeert is.

De föffte Strämel 324
De Schriever vertellt von dat Leven in England, wat sien Herr von em föddert harr. De Oorsaak von de Kriegen mank de Fürsten in Europa. De Schriever fangt dormit an, de Gesetzen von England to verkloorn.

De sößte Strämel 333
Dat geiht wieder mit dat Vertellen von England to de Tiet von Königin Anne. Wat en Erste orer Böbelste Staatsminister von Natur het.

De söbente Strämel 342
Wo leef de Schriever sien Heimatland het. Wat sien Herr över dat to seggen het, wat de Schriever em von de Gesetzen un de Regeerung von England vertellt het; ähnliche Begevenheiten un Verglieken dorto. Gedanken von sienen Herrn över de minschliche Natur.

De achte Strämel 352
De Schriever vertellt von allerhand Afsünnerlichkeiten von de Yahoos. De groten Döögten von de Houyhnhnms. Wo de jungen Lüüd bi jem uptagen un jem Kuraasch un Fixigkeit bibröcht ward. Von ehr Groot Raatsversammeln.

De negente Strämel 361
Wo se up de Grote Raatsversammeln lang un breet diskereerten un wat dorbi rutkeem. Wo gelehrig de Houyhnhnms sünd. Wat von Hüser se hefft. Wo se ehr Doden to Graff bringt. Dat an ehr Spraak doch allerhand fehlt.

De teinte Strämel 369
Wo de Schriever mit sien Huuswirtschaft toreeg kummt, un wo woll he sik bi de Houyhnhnms föhlt. Wo he in de Döögten dordörch jümmer wieter vörankummt, dat he mit jem Umgang het un dat se mitnanner vertellten. De Schriever kriggt von sienen Herrn to weeten, dat he in dat Land nich blieven kann. Vör Kummer fallt he in Ahnmacht; aver he schickt sik dor in. He överleggt sik en Plaan för en Boot un maakt dat fartig. En Deener helpt em dorbi; denn geiht he up goot Glück in See.

De ölmte Strämel 379
De gefährliche Reis von den Schriever. He kummt nah Nieholland un will dor ansässig warrn. Een von de Inwahners verwundt em mit en Piel. He ward fastnahmen un mit Gewalt up en Schipp ut Portugal bröcht. De Kaptein is bannig hööflich un nett to em. De Schriever kummt in England an.

De twölfte Strämel 390
De Schriever geiht de Wohrheit över allens. Worum he düt Book överhaupt schreven het. He gifft de Reisenvertellers, de nich bi de Wohrheit blievt, en Rüffel. He seggt von sik sülmst, dat he bi'n Schrieven nix Leegs in'n Sinn harr. He rüümt eenen Inwand an de Siet. He vertellt de Method, wo Kolonien maakt ward. Wo wunnerbor sien Heimatland is. Dat Königshuus het en Anrecht up de Länner, von de he vertellt het; aver dat is nich so eenfach, jem intonehmen. De Schriever seggt den Leser to'n letzten Mol adjüs. He seggt, wo he in Tokunft leven will, gifft noch en goden Raat un maakt den Slußpunkt.

Worterklärungen 399

Vorwort

Mit der Reihe „Klassikers up Platt" haben wir uns vorgenommen, Werke der klassischen Abenteuerliteratur ins Plattdeutsche zu übertragen. Wir möchten damit dem Interesse vieler Leser entgegenkommen, die nach guter Literatur in dieser Sprache Ausschau halten. Die Reihe möchte außerdem dazu beitragen zu zeigen, daß die plattdeutsche Sprache den Anforderungen, die solche Literatur stellt, durchaus gewachsen ist. Bereits in der Vergangenheit haben plattdeutsche Übertragungen gezeigt, daß diese Sprache über ein weitgefächertes Spektrum der Ausdrucksmöglichkeiten verfügt. Die Übertragung von Homers Ilias durch August Dühr und die von Gedichten von Robert Burns durch Karl Eggers und Eduard Hobein sind nur einige Beispiele dafür.

In manchen Bereichen ist das Plattdeutsche u. E. sogar besser geeignet als das Hochdeutsche. Das trifft besonders für die Literatur in englischer Sprache zu, denn das Plattdeutsche ist dem Englischen näher verwandt als das Hochdeutsche. Der liebenswerte hintersinnige Humor, der vielfach der englischen Sprache ihre besondere Note gibt, findet im Plattdeutschen viel eher eine Entsprechung als im Hochdeutschen. Auch was den Wortschatz, den Sprachfluß und den Sprachcharakter angeht, ist diese Nähe vielfach festzustellen. Da das Plattdeutsch aber von seinem Wesen her keine geschriebene, sondern eine gesprochene Sprache ist, läßt sich das englische Original nicht wortgetreu übersetzen. Häufig sind Umschreibungen von Begriffen und Redewendungen erforderlich, lange Passagen müssen in kürzere Sätze gegliedert werden. Aber bei unserer Arbeit hat sich gezeigt, daß gerade dadurch die Kraft und Lebendigkeit der englischen Originaltexte oftmals besser wiedergegeben werden als im Hochdeutschen.

So bot sich für uns an, uns vor allem Werken aus dem englischen Sprachraum zuzuwenden. Mit „Travels into Several Remote Nations of the World in Four Parts by Lemuel Gulliver, First Surgeon and then Captain of Several Ships" machen wir den Anfang. Wir wünschen dem Leser spannende, vergnügliche aber auch nachdenkliche Stunden bei der Lektüre.

Werner Klipp

Von den Schrieversmann un sien Book

Jonathan Swift keem in dat Johr 1667 in Dublin up de Welt. Sien Vader weer en engelschen Justizbeamten. Jonathan het Theologie studeert un weer von 1694 an Paster in de anglikanische Kerk. Lange Johrn is em dat bannig klöterig gahn un he weer dorup anwiest, dat annere Lüüd em wat tokamen leeten un sik um em bekümmern dän. He weer en Keerl mit'n heel kloren Verstand un harr ok'n bannig scharpe Tung. Intresseern dä em vör allen, wo de Minschen in de Gesellschop miteenanner ümgahn doot, de Groten mit de Lütten, de Rieken mit de Armen un de, de dat Seggen hefft, mit de, de pareern mööt. Veeldeel het he beleevt, wat sien Meenen von de Minschen bilütten jümmer mehr nah de düstere Siet rövertrecken dä.

Mit dat, wat he schrieven dä, mengeleer he sik ok bald in de Politik in. He güng bannig gegen de engelsche Regeerung an, de domols all fix överkrüüz leeg mit de Iren. De wolln nämlich ehr eegen Herrns blieven un sik nich von de Englänners kujonieren laten. Sir Robert Walpole, de to Swift sien Tiet dat Amt as Premierminister harr, dat weer een von de Leegsten bi dat Ünnerdrücken von Irland. Dorum güng Swift mit sien Schrieverie vör allen gegen em an. Aver he möß letzto doch to de Insicht kamen, dat gegen de Ungerechtigkeit un de Leegheit von de Herrns nich gegenantokamen weer. So keem he jümmer deeper in düstere Gedanken rin un het dor denn nich mehr rutfunnen. In't Johr 1745 is he mit verdüsterte Sinnen storven.

Swift sien „Gulliver" is in't Johr 1726 druckt worrn. De erste Uplaag, bi de se den richtigen Naam von den Schriever weglaten hefft, weer in korte Tiet utverkööfft. Un dorbi harrn se glieks bigahn un an den Text all allerhand verännert un mannichdeel ok eenfach weglaten. De Verleger mag woll meent hebben, dat weer städwies to starken Toback. Viellicht weer em ok bang, dat he von de, de in't Land dat Seggen harrn, dat he von de wat up't Dack kriegen kunn.

Negen Johr het dat duurt, bet 1735, dor woor dat Book to'n erstenmol mit den vullstännigen Text druckt. Aver dat duur nich lang, denn güng dat wedder los mit afännern un weglaten. Un dor is dat in de Johrhunnerten dornah bi bleven, bet letzto ut düt Book gegen Leegheit un Unrecht en Book mit intressante Geschichten un denn sogor en Kinnerbook warrn dä. So heff ik dat kennenliert, as ik nah School gahn dä. Dat weer för mi bannig spannend to lesen, wat Gulliver dor vertellen dä von sien Reisen nah dat Land Lilliput, wo de Dwargen leevten, und nah dat Land von de Riesen, Brobdignag. Laterhen heff ik denn gewohr worrn, dat düsse beiden Geschichten man bloß de Hölfte von dat Book weern. Dorum güng ik bi un nöhm mi de annern Geschichten ok noch vör. Dorbi heff ik denn markt, dat de „Gulliver" eenglich gorkeen Kinnerbook is.

Jonathan Swift wull nich bloß intressante Geschichten vertellen. Nee, he wull dormit dat Unrecht an'n Pranger stellen, wat in sien Land allens so passeern dä. He keem dor bannig bi in Raasch, un düsse Woot het he in dat Book rinschreven. Dat sünd woll Geschichten, de von frömde Länners vertellt, aver he harr dorbi dat vör Ogen, wat in sien Heimatland los weer. Wat bi de hogen Herrn so begäng weer, wat se de lütten Lüüd andoon dän, ehr sluusohrig un venienschet Doon un Drieven, dat het he up de Höörn nahmen un jem den Speegel vör de Näs hollen. Un wieldat he wüß, dat de hogen Herrns dat woll nich recht smecken worr un se em dorför to Kleed gahn worrn, dorum het he dat in sien Reisgeschichten inpackt. Wer aver man en beten mank de Reegens lesen kunn, de keem dor ög achter, wat he in Würklichkeit meenen dä. Wenn Swift von de Königs und ehr Ministers von Lilliput, Brobdignag un Laputa vertellt, denn het he so'n Lüüd as Queen Anne (1665 bet 1714) un ehr Minister Sidney Earl von Godolphin un ehrn Nahfolger King George I. vör Ogen. He dinkt ok an Daniel Finch, Earl of Nottingham (1647 bet 1730), an Robert Harley, Earl of Oxford (1661 bet 1724), den se in den Tower of London insparrt harrn, un an veele anner Lüüd ut sien Tiet. Un dat weer för den Leser hüüt gewiß heel intressant, wenn he gewohr warrn dä, mit wat von Begevenheiten ut de Tiet von domols dat allens tosamen hangen deit, wat Swift sienen Gulliver vertellen let, aver nödig is dat nich. Dat, wo dat den Schriever eenglich um geiht, dat kann'n ok so goot begriepen. Wo he gegenan gahn deit, dat Doon un Drieven von de Minschen — dat de Herrns jümmer mehr Macht un Geld hebben willt un dat se ehrn eegen Vördeel söken doot un jem dorbi jedet Mittel recht is, dor het sik bet hüüt nich veel an ännert.

En poor Bispillen dorför: Bi de Reis nah Land Lilliput let he Gulliver vertellen, wo dat dor togahn deit, wenn de hogen Postens vergeven ward. De König un sien böbelste Minister, de hollt 'n Stock hen, mol wat höger, mol wat sieder. De Kannedaten mööt denn dor röverspringen orer ünnerdörch krupen. Wer dat an besten kann, de kriggt den Posten. Swift dinkt dorbi an den engelschen Königshoff, wo dat to sien Tiet in so'n Saken üp Hüppen un Krupen ankamen dä. — Un nu dink mol an uns Tiet, geiht dat hüüt nich ok so ähnlich to?

As Gulliver bi de tweete Reis nah den König von Land Brobdignag henkummt, fröggt de em dornah, wo sik dat het mit dat Regeern in dat Heimatland von Gulliver. Un as de em nu von de Afgeornten un von dat Parlament vertellt un dorvon, wo dat dor so togeiht, dor kaamt Siene Majestät allerhand Twiefel. He fröggt, wat dat dor woll jümmer mit rechten Dingen togeiht, orer of doch nich mannichmol ok sowat as Smeergeld mit in't Spell kamen kunn. Swift het dorbi an dat Regeern von King George I. dacht. Mi köst dat keen groot Möh, sowat ähnlichs ok in uns Tiet to finnen.

An'n anner Städ let Swift sienen Gulliver dorvon vertellen, up wat von Aart un Wies de König von Laputa de upsternaatschen Lüüd in sien Riek to Räsong bringen deit. De Schrieversmann het dorbi in'n Kopp, wo de Minschen in Irland sik ünner de Macht von de Englänner nich togeven wulln, un wo de jem mit beestige Gewalt dalhollen hefft. — Geiht dat in uns Tiet nich oftinst so to bi de Herrns, de dat Seggen hefft?

Un denn vertellt Gulliver von de Hoge Akademie in Lagado. Dor sünd de Perfessers Dag un Nacht achter den „Fortschritt"

her. Mit jümmer nige Projekten verkielt se de Lüüd den Kopp, dat de bald nich mehr weeten doot, wat links un wat rechts is. Un wenn eener dorup henwiesen deit, dat dor viellicht ok wat Verkehrtes orer wat Leeges bi rutkamen kunn, denn ward he as Dummbüdel henstellt orer ok insparrt. Swift dinkt dorbi an de negenkloken Niglichkeiten, de sik mannicheen von de Perfessers un de Fachlüüd an de Universitäten in England utklamüstert het. Beleevt wi sowat nich hüüt ok oft noog?
So is „Travels... by Lemuel Gulliver..." woll en Book, wat ut de Tiet von vör meist dreehunnert Johren vertellt, is intressant un spannend to lesen. Aver oftinst kummt een dat vör, as wenn dat för uns Tiet schreven is.

Dannbarg, in Summer 1996
Werner Klipp

De Reis nah Lilliput

De erste Strämel

De Schriever vertellt von sik un von sien Lüüd, un worüm he dat mit dat Reisen kreeg. Sien Schipp kummt to Mallör un geiht ünner. He schafft dat un kümmt in dat Land Lilliput up't Dröge. Se kriegt em tofaten un sett em fast.

Ik kaam ut Nottinghamshire, dor harr mien Vader 'n lütten Gootshoff. Ik weer de drütt von sien fief Jungs. Veertein Johr weer ik, as he mi nah Cambridge schicken dä. Up dat Emanuel-College dor bleev ik dree Johr un heff nich up de fuule Huut legen. Ik harr to'n Leben nich veel nödig, aver ok dat beten könn mien Vader bald nich mehr upbringen. So geev he mi bi Mr. James Bates in de Lehr, wat 'n düchtigen Doktor weer. Veer Johr heff ik bi em west. Af un an kreeg ik von mien Vader en poor Groschen, de ik för Mathematik- un Navigationsstünnen verbruken dä. Dor wat von kennen, dat is nämlich goot för een, de grote Reisen maken will. Dor reeken ik ja mit, dat ik laterhen dor veel mit to doon kriegen worr. Nah de Tiet bi Mr. Bates keem ik wedder trüch up't Land nah mien Vader hen. He un mien Unkel John un annern ut mien Verwandtschop sorgten dorför, dat ik veertig Dalers up'n Dutt kreeg. Se sän mi denn ok noch johrum dörtig Dalers to, wo ik von leben künn. Nu stünn de Reis nah Leyden in Holland nix mehr in'n Weg. Dor woll ik nämlich Dokter studeern, wat ik denn ok twee Johr un söben Maand lang dä. Up grote Reisen könn ik dat goot bruken, dach ik mi. Ik weer noch nich lang von Leyden trüch, dor kreeg ik en Städ as Schippsdokter up de „Swallow". Mr. Bates, mien gode Lehrer, harr'n godet Woort för mi inleggt bi Mr. Abraham Pannel, wat de Kaptein von dat Schipp weer. Dreeunhalf Johr bleef ik up düt Schipp un keem in de Welt rüm, nah de Levante un noch annerwegens hen. Nah de Tiet woll ik an Land blieven. Mr. Bates snack mi ok to un ik sett mi as Dokter in London fast. He besorg mi ok de erste Kundschaft. In Old Jury könn ik en lütt Huus meeden un mit doktern anfangen. Gode Frünnen geven mi den Raat, ik söll nich länger alleen blieven. So nehm ik mi Mrs. Mary Burton to Fru, de tweete Deern von den Strümpenhändler Mr. Edmond Burton in de Newgate Street. As Utstüür kreeg Mary veerhunnert Dalers mit.

Nah twee Johrn is denn mien Lehrer Mr. Bates dootbleven. Un wieldat ik nich veele Frünnen harr, güng dat mit mien Geschäften trüch. Dat keem aver ok dorvon, dat mien Geweeten mi dorför wohren dä, mit mien Patschenten so umtogahn, as veele von mien Kollegen dat dän. Ik besnack mi dat nu mit mien Fru un en poor Frünnen un keem to den Sluß, wedder to See to föhrn. Up twee Scheep nah'nanner güng ik as Dokter an Bord. Söß Johr lang weer ik ünnerwegens up de Tuur nah Ostindien un nah Westindien. Mien Kapital is dat goot bekamen. Wenn ik twischendörch Tiet harr, weer ik an't Lesen. Böker harr ik mi 'n ganz Deel mitnahmen von ole un von niemodsche Schrievers. Un wenn ik eenerwegens an Land güng, paß ik goot up de Minschen up, wat von Spraak se harrn un wat von Weeswark se dreeven. Dorbi keem mien behöllern Kopp mi goot topaß. De letzte von düsse Reisen het mi nich veel inbröcht un ik harr nu keen Spaß mehr an de Seefohrt. Ik woll to Huus blieven bi mien Fru un mien Familje. Von Old Jury treck ik weg, erst nah de Fetter Lane un denn nah Wapping. Bi de veelen Matrosen, de dor wahnten, so dach ik, kreeg ik woll mehr Kundschaft. Aver dor het'n Uhl seeten. Dree Johr heff ik töövt, aver beter is't nich worrn. Dorüm nehm ik Kaptein William Prickard von de „Antelope" sien Anbott an un güng mit em an'n 4. Mai 1699 up de Reis. Von Bristol güng't los nah de Südsee. Un anfangs güng ok allens goot.

Ik will den Leser nich langwielen mit allerhand Kleenkram. Man bloß düt will ich vertellen: bi de Fohrt von Bristol nah Ostindien kreeg uns en mächtigen Storm tofaten. De dreev uns af von'n Kurs, un wi funnen uns in Nordwest von

Vandiemensland wedder. As wi uns Positschoon nareken dän, kregen wi rut, dat wi bi dörtig Grad twee Minuten Süd stünnen. Harte Arbeit un wenig Brot geev dat in düsse Daag. Twölf von uns Lüüd harrn all dootbleven, un mit de annern stünn dat ok nich mehr to'n besten. An'n 5. November weer dat bi bannig smuddelig Weder (in jenne Gegend fangt denn de Summer an), dor worrn de Matrosen en Steenriff gewohr, nich wieter af von't Schipp as tweehunnert Ellen. De scharpe Wind dreev uns dor liek up to un mit'n gewaltigen Krach seeten wi fast. Söß Mann von uns Lüüd, ik mit bi, wi kregen dat Biboot klor. Wi wolln nix as weg von Schipp un Riff. Wi roderten för dull. Negen Mielen wiet keemen wi, denn güng't nich mehr. De swore Arbeit up dat Schipp in de Daag vörher harr uns utpowert. Wi leeten dat nu up de Gnaad von Wind un Wellen ankamen, wat warrn söll. Nah'n Tiet von'n halwe Stunn passeer dat denn. En gewaltige Windbö von Norden her stört up uns dal un dat Boot güng koppheister. Wat mit mien Kameroden in't Boot worrn is, dorvon weet ik jüst so wenig as von de, de up dat Riff orer up dat Schipp bleven sünd. Ik glööw, se hefft woll all to Dood kamen. Wat mi angeiht, ik swümm up goot Glück, wo Wind un Water mi hendrieven dän. Von Tiet to Tiet föhl ik mit de Been na ünnen, kreeg aver keenen Grund. Middewiel harr de Storm nahlaten. Ik weer ganz af un künn nich mehr, dor mark ik mitmol fasten Bodden ünner de Fööt. Ik keem up Land to. De Strand steeg ganz sachten an. Meist'n ganze Miel weer dat wiet, bet ik up'n Drögen ankeem. Dat weer woll so bi Klock acht an'n Obend. En halve Miel güng ik noch wieter, aver von Minschen un Hüser künn ik nix sehn. Viellicht weer ik ok to mööd, wat gewahr to warrn. De Sünn brenn von'n Heven. Un denn de halve Pint Brannwien, de ik drunken harr, ehrer ik von't Schipp güng. Slapen woll ik, wieter nix. Ik leed mi in't Gras. Dorbi mark ik nich, wo kort un week dat weer. Denn fölln mi glieks de Ogen to. Ik slöp so fast, as noch nienich in mien Leven. Negen Stünnen heff ik dor woll legen nah mien Reken. Dat weer all Dag, as ik apwaken dä. Ik woll upstahn, aver ik kunn mi nich rögen. Ik leeg up den Rüggen un worr wies, dat mien Arm un Been an jede Siet fast an den Eerdbodden anbunnen weern. Ok mien langen un dichten Hoor seeten jüst so fast. Över mien Liev weern fiene Schnoorn tagen un hölln mi dal. Kieken künn ik bloß nah boben, un de Sünn schien mi so grell in de Ogen, dat weer nich uttohollen. Um mi rum hör ik so'n Gemuschel un Getuschel. Sehn künn ik aver nix as bloß den blauen Heven. Un denn weer mi, as wenn dor wat Lebenniges up mien linket Been togangen weer. Sachten kröbbel mi wat över de Bost un keem mi meist bet an't Kinn. Sowiet as dat man güng, plier ik nah ünnen. Wat kreeg ik to sehn? En lütten Minschen, man knapp söß Toll hoch, Flitzbagen un Piel in de Hännen un de Pieltasch up'n Puckel. Un denn föhl ik, wo so'n Stücker veertig von desülvige Aart düssen ersten achternah keemen. Ik harr mi so verjogt, dat ik luuthals losbölken dä. Dor neihten de lütten Buttjers in'n veerten wedder af. Wölk von jem, so heff ik laterhen gewohr worrn, hefft to Schaden kamen, as se von mi dalsprüngen. Bald aver keemen de Klabaters wedder trüch. Een von jem waag sik sowiet vör, dat he mien ganzet Gesicht översehn kunn. Vor luter Wunnerwarken höll he de Hännen in de Luft un keek to'n Heven un rööp mit grelle Stimm: „Hekinah degul." Un de

annern stimmten dor mit in, 'n poormol achter'nanner: „Hekinah degul." Domols wüß ik noch nich, wat dat heeten dä. Mien Sitatschoon weer je nu jüst nich kommodig. De düt lesen deit, de kann sik dat woll dinken. Dorum woll ik loskamen. Ik jackel an de Schnoorn, de mi an'n Bodden fasthollen dän. Un ik harr Glück. Wölk von de fienen Stricken reeten dörch, un en poor von de Plücker, wo se mit in de Eerd fastmakt weern, kreeg ik rutreeten. Mien linke Arm harr ik nu los. Ik böör em hoch un könn nu sehn, up wat von Aart un Wies se mi anbunnen harrn. Mit'n Ruck reet ik nu den Kopp hoch. Dat dä bannig weh, aver de Stricken, de mien Hoor an de linke Siet holen dän, de geven en beten nah. So könn ik den Kopp so'n twee Toll to Siet dreihn. Ik woll mi so'n lütten Buttjer griepen. Aver se weern to flink, neihten ut un makten dorbi'n ganz gefährlich Geschrich un Gekriesch. Dat weer eben verklungen, dor reep een von jem ganz luut: „Tolgo phonac." Un denn föhl ik, wo mehr as hunnert Pielen up mien linke Hand schaten worrn. Dat brenn as luter glöhnige Nadeln. Furts achterran schöten se nochinst, aver dütmol in de Luft, so as in Europa Bomben sleudert ward. Ik heff dat nich föhlt, aver ik glööv, up mien Lief güng en wahren Pielenregen dal. En poor dorvon kreeg ik in't Gesicht, dorum nehm ik glieks mien Hand dorvör. Wehdaag un Verdreeten leeten mi upstöhnen. Ik woll loskamen un reet nochmal an de Stricken. Aver furts schöten se wedder en Pielenregen af, grötter as de erste. Un wölk von jem nehmen ehrn Spieß un wolln mi steken. To'n Glück för mi weer aver mien Wams von Ossenledder. Dor keemen se nich dörch. Nu weer ik aver klöker. Bet to'n Düsterwarrn woll ik still liggen un mi denn erst losmaken. De linke Hand weer all frie. Mit de lütten Trabanters woll ik woll farig warrn, dach ik. Wenn de Suldaten alle nich grötter weern as de Buttjers, de ik sehn harr, denn könn ok de gröttste Armee von jem mi nich veel doon. Aver dat söll anners kamen. Ik harr mi je erstmol togeven. Un dorum schöten se keen Pielen mehr up mi af. Dorför geev dat nu aver'n gewaltigen Larm. Ik mark doran, dat dat jümmer mehr von jem warrn dän. Un denn weer dor noch wat. So'n veer Ellen lieköver von mien rechtet Ohr hör ik wat hamern un kloppen, as wenn dor wölk an't arbeiten weern. Ik dreih den Kopp sowiet doröver, as dat mi de Stricken in mien Hoor, de an de Plücker fastbunnen weern, jichtens tolaten dän. Dor könn ik en Stellaasch sehn, so bi annerthalf Foot hoch. Babenup harrn veer von der lütten Inwahner dor Platz up. Twee orer dree Leddern stünnen doran, wo se up hochstiegen kunnen. Een von jem weer de Utsicht nah en vörnehmen Mann. De höll mi en lange Reed, von de ik man keen Woort von verstahn heff. Süh, düt mutt ik noch dorto seggen: Ehrer de Macker mit sien Reed anfüng, reep he dreemol „Langro dekul san." (Wat all de fremden Wöör bedüden dän, dat hefft se mi laterhen verkloort.) Nu keemen so bi föfftig von de Buttjers un sneeden de Stricken af, mit de mien Kopp an de linke Siet anbunnen weer. So könn ik dat Gesicht nah rechts dreihen un mi den vörnehmen Minschen genau bekieken. He weer nich mehr de jüngst, aver he weer en beten grötter as de annern, de bi em stünnen. Een von jem, 'n beten länger as mien Middelfinger, 'n Deener weer dat woll, de dröög den Vörnehmen sien Släp. De beiden annern stütten em von de Siet her. Un denn legg he los mit siene Reed. Allens, wat so'n Redner in sien Repertoar inhet, dat kreeg ik to hören. Mal drauh he, denn versprök he wat, mal weer he dorbi, mi to be-

duurn un denn wedder snack he mi fründlich to. Ik änner em mit'n poor Wöör un geev to verstahn, dat ik em veel höger achten dä as mi sülmst. Dorbi reek ik de linke Hand hoch nah de Sünn un richt ok de Ogen nah baben. Ik woll em dormit seggen: „De Sünn is mien Tügen!"
Middewiel harr ik bannigen Hunger kreegen. Toletzt wat äten harr ik je lang, ehrer ik von't Schipp gahn harr. Un nu verlang mien Maag sien Recht jümmer dütlicher. Ik kunn nich anners, ok wenn sik dat in düssen Ogenblick nich gehören dä, ik möß em wiesen, dat ik wat to'n Äten hebben möß. To'n Teeken dorför legg ik mien Finger 'n poormol in den Mund. De Hurgo (so nömten se de vörnehmen Herrn) het mi ög verstahn. He steeg von de Stellaasch rünner un orden an, dat se Leddern an mi anstelln sölln. Mehr as hunnert von de lütten Lüüd stegen hoch. Se bröchten Körf vull Fleesch nah mienen Mund hen. (Düsse Odder harr ehr König jem geven, as he de erste Nahricht över mi kregen harr.) Dat Fleesch weer von mannich Aart Veeh, von wat von, dat kunn ik nich rutsmecken, Stücken von de Schullern, Schinken un Lennen. Utsehn dä dat as Hamelbraden un weer goot von Smack, aver lütter noch as'n Duvenflünken. Twee orer dree dorvon nehm ik up eenmol in'n Mund un dree Brööd dorto, de weern nich grötter as Gewehrkugeln. So flink as se man künnen, sleepten de Lüüd dat Äten ran. Se kregen ganz grote Ogen vör Wunnern över mien Grött un mien Apptit. Nu geev ik'n Teeken, ik müch wat drinken. Bi mien Äten harrn se je gewohr worrn, dat ik an ehr lütt Portschonen nich noog hebben dä. Se weern aver wat plietsch, un dorum tögen se een von ehr gröttsten Tunnen up mi rup, trudelten de nah mien Hand hen un slögen den Bodden rut. Ik nehm de an'n Mund un mit eenen Tog harr ik de ut. Dat weer je ok man knapp'n halve Pint nah uns Maat. Smecken dä dat goot, beter noch as'n feinen Burgunder. Ok dat tweete Fatt, wat se ranschaffen dän, putz ik jüst so weg un geev jem denn en Teeken, dat ik noch mehr hebben wull. Man bloß, se harrn nix mehr to Hand. Mien Äten un Drinken keem jem vör as'n Wunner. Se juchten vör Vergnögen un danzten up mienen

Bostkasten rum. Een um't annermol röpen se jümmer datsülvige: „Hekinah degul!" Denn bedüdten se mi, ik söll de beiden leddigen Tunnen rünnersmieten. Un se wahrschuten de Lüüd dor ünnen: „Borach mivola!", wat soveel heet as „Gaht von Siet!" As se denn sehgen, wo de Tunnen dörch de Luft flögen, geev dat'n groten Krakeel: „Hekinah degul — Hekinah degul!" Mi keem in'n Sinn, wat ik nich mal so'n Stücker veertig orer föfftig von jem faatkriegen un up de Eerd dalsmieten söll. Aver düssen Gedanken geev ik bald wedder up. Ik dach nämlich an de Pien un Wehdaag, de se mi all andaan harrn. Un dat kunn je ok noch leeger kamen. Un denn weer dat ok gegen mien Ehr; denn so as ik mi geven harr, mössen se je glöven, dat ik en verdräglichen Keerl weer. Un ik harr ok allens dat vör Ogen, wat se mi togoot daan harrn. Meist as'n Besöök weer ik bi jem. Wat geven se nich all för mi ut. Dor weer jem nix toveel. Un so föhl ik mi in de Plicht gegen jem. Man staunen dä ik doch över düsse lütten Lüüd. Wat bewiesten de nich för Kuraasch, wenn se up mi rupklöttern un up mienen Lief spazeeren gahn dän. In ehre Ogen möß ik doch'n gewaltiget Ungedööm wäsen, de bobenin noch de eene Hand frie hebben dä. Dat se dor gornich bang bi weern, dor künn ik mi bloß över wunnern.

Nah en Tietlang markten se, dat ik nix mehr to äten hebben wull. Dor keem denn een, dat weer'n Person, 'n Exzellenz, as'n seggt. De steeg an mien rechtet Been boben den Knövel rup, so'n halfstieg vörnehme Lüüd achter sik. Un denn stävel he up mi verlängs bet nah mien Gesicht ran. He höll mi'n Breef vör de Näs mit den Kaiser sien Siegel doran. Lesen künn ik dat je nich, man soveel kapeer ik doch, dat de Kaiserliche Majestät em schickt harr. Woll so tein Minuten lang preester he up mi los. He dä dorbi bannig ernstbeestig, aver argerlich weer he nich. Ik mark doran, dat he wüß, wat he woll. Mit de Hand wies he jümmer wedder in desülvige Richt, dorhen (ik worr dat laterhen gewohr), wo so'n halbe Miel af de Hauptstadt liggen dä. Dor söll ik hen, dat harr de Majestät mit sienen Staatsrat so besloten. Ik änner up Exzellenz siene Reed mit'n poor Wöör, dat ik gern frie wäsen much. Man dat weer för de Katt. Se können mien Spraak je nich verstahn. So geev ik en Teeken mit miene Hand, ganz vörsichtig. Ik weer bang, sünst künn de Exzellenz mit siene Lüüd dorbi to Schaden kamen. Ik legg mien friee Hand erstmol up de annere, denn um mienen Kopp un denn up'n Lief. Exzellenz harr mi woll verstahn. He keek nämlich meist'n beten wat fünsch un schüddel mit'n Kopp, as woll he seggen: „Dat kummt nich in de Tüt!" Un he geev mi mit de Hännen to verstahn, dat ik woll achter de Trallen kamen söll, aver dat se goot mit mi ümgahn wörrn. Un Äten un Drinken wörr ik satt kriegen. Mi keem nochmal in'n Kopp, mit lostorieten. Aver denn dach ik wedder an de Pielen, mit de se mi schaten harrn un ik föhl de Wehdaag un de Quesen in't Gesicht un up de Hännen. Dor seeten jümmer noch wölk von de Pielen in. Un de Pielscheeters, de bi mi rumstünnen, dat harrn ok noch mehr worrn. So geev ik mi to un wies jem, dat ik mi allens gefallen laten wull. Hööflich un mit vergnögte Gesichten güngen de Hurgo un sien Lüüd dorup in. Nu keemen 'n poor von jem un smeerten mien Gesicht un Hännen mit en goot rüüken Salv in. Un dat duur nich lang, denn weern mien Wehdaag weg. Denn geev dat wedder Unroh ünner de Lüüd. Ob se markt harrn, wat mi drücken dä? Jümmer luuter hör ik jem ropen: „Pepl om selan!" Un dorbi mark ik, dat se de Stricken, de mi an de linke Siet dalhölln, losmaken dän. Ik dreih mi up de rechte Siet un könn endlich mien Water loswarrn, wat mi all lang Not maakt harr. De Lüüd güngen rechts un links tosiet un makten de Bahn frie för dat, wat nu kamen söll. Ehr Ogen worrn jümmer grötter as dat losgüng. Dat Water wölter sik mank jem dörch as so'n gewaltigen Strom. Mi aver wörr wunnerbor tomoot. Ik harr mi verlichtert, weer satt worrn un de Wehdaag in't Gesicht un an de Hännen weern ok vörbi. Mi fölln de Ogen to un ik slööp so an acht Stunnen, as mi noher seggt worr. Dat weer ok keen Wunner. De Doktors harrn mi nämlich, so as de Kaiser dat anornd harr, 'n Slaapdrunk in den Wien dan. Un allens, wat se bet nuher mit mi maakt harrn, weer ok den Kaiser sien Odder. As se mi an'n Strand slapen funnen harrn, kreeg he furts Bescheed. Un he un sien Staatsrat, de hefft allens fastleggt, wat mit mi passeern söll: Dat Fastbinnen up de Eerd un dat ik Äten un Drinken satt kreeg un all dat annere ok. Un denn weer ok anornd, mi mit en passig Fohrtüüg nah de Hauptstadt to bringen. Düsse Besluß schient woll wat driest un ok gefährlich to wesen. Un dor kannst woll up af, wenn sik sowat ähnliches in Europa begeven dä, von all de Fürsten un Herrns hier worr dat keeneen nich riskeern. Ik denk nu aver, düsse lütte Majestät wies sik dormit ok as en klooken un eddeln König. He het dat würklich goot bedacht. Wat harr passeern kunnt, wenn de Lüüd versöcht harrn, mi mit ehr Spießen un Pielen in'n Slaap doot to maken. De ersten Pielen harrn mi upweckt. In mien Wehdaag un Dullheit harr ik de Stricken dörchreeten, mit de ik fastbunnen weer. In de Raasch harr ik allens kort un kleen haut un keeneen von de lütten Buttjers leven laten. De Lüüd in düt Land sünd överhaupt bannig klook. Se könnt vör allen goot reeken. Nanich annerwegens is de Weetenschop von de Mechanik un de Mathematik so hoch begäng as bi jem. Un de Kaiser drifft jem jümmer wedder dorto an, dormit noch wieter vöran to kamen. So hefft se to'n Bispill so'n Apparoten mit Rööd buut, wo se de gröttsten Bööm un anner sworen Kram mit transperteern könnt. De Kriegsscheepen, mannicheen dorvon is negen Foot lang, de lett König in'n Fuhrn tosamenbuun, dor, wo dat Holt wassen deit. Un denn ward de mit en Wagen dree- bet veerhunnert Ellen wiet bet an't Water henföhrt. Un düsse Kunst von de Mechanik, de worr nu ok för mi anwennt. Fiefhunnert Timmerlüüd un Technikers worrn furts an de Arbeit kregen. Se sölln en groten Wagen torecht maken, den gröttsten, de dat jichens geven harr. Se buuten en Stellaasch von Holt, söben Foot lang un veer Foot breet. Tweeuntwintig Rööd keemen dorünner. So weer dat Fohrtüüg dree Toll hoch över den Eerdbodden. Veer Stünnen harr ik woll legen, as se dormit farig weern. Se stellten dat toneben mi hen. Aver nu — wo wolln se mi dor nu woll rup kriegen? Dat weer en groot Problem. Aver de Lüüd weern je plietsch un harrn dat ok

bedacht. Se stellten achtzig Pöhl toneben mi up. Jedereen een Foot hoch. Um mienen Hals, de Hännen, den Lief un de Been leggten se Bänner rum. Starke Stricken, as'n Bindfoden dick, mit Hakens doran worrn an de Bänner fastmakt. Nu keemen negenhunnert von de Kerls mit de meiste Kuraasch ran. Över Rullen un Taljen tögen se mi an de Stricken hoch. Dat duur keen dree Stunn, dor leeg ik fastbunnen up den Wagen. Von all dat heff ik nix gewohr worrn, ik slööp je. Achterran hefft se mi dat vertellt. Föfteinhunnert Peer, jedet so bi veerunhalf Toll hoch, worrn vörspannt. Dat weern de gröttsten un starksten von den Kaiser sien. De sölln mi de halve Miel nah de Hauptstadt hentrecken. As de Tog so bi veer Stünnen ünnerwegens weer, dor waak ik dörch eenen lachhaftigen Vörfall up. Se harrn dat Fohrtüüg eben mal anholn. Dor weer wat kaputt gahn un möß up de Rehg bröcht warrn. Dor keemen 'n poor neeschierige junge Lüüd un wollen kieken, wo ik bi'n Slopen utsehn dä. Se kröbbelten up mi rum un sleeken sik bet an mien Gesicht ran. Een von jem, 'n Offzier von de Garde weer dat, de prökel mi mit sienen Savel in't Näslock rüm. Dat keddel so as mit'n Strohhalm un ik möss pruschen. De Slüngels aver sleeken sik sachten wedder weg. (Ik heff erst dree Weeken later gewohr worrn, worum ik dor upwaakt weer.) Bet to'n Obend hen keem mien Fohrwark noch'n ganz schönen Strämel vöran. Nachtens worr Foffteen maakt. Dorbi stünnen an jede Siet fiefhunnert Suldaten bi mi, de Hölfte von jem mit Fackeln un de annern harrn Flitzbagen un Pielen parot. Se sölln scheeten, wenn ik mi rögen dä. As annern morrns de Sünn hochkeem, güng de Fohrt wieter, un to Meddag weern wi man noch tweehunnert Ellen von 't Stadtdoor af. De Kaiser keem uns tomööt mit sienen ganzen Hoffstaat. De hogen Herrn Offziers weern an't uppassen up den Kaiser. He söll nich up mi rupstiegen. Se weern bang, he künn to Schaden kamen.

Midden in de Stadt höll dat Fohrwark bi en olen Tempel an, de gröttste in'n ganze Land weer dat, worr seggt. Vör'n poor Johrn weer dor en gräsigen Moord passeert. Un de Lüüd weern nu in den Glooven, dor dörf'n keen Gottsdeensten mehr in hollen. Se harrn dorum dat hillige Geschirr un ok de ganze Inrichtung rutholt. Un nu stünn dat Gebüüd leddig. Dor söll ik in wahnen, so harrn se dat besloten. Dat groote Norddoor weer veer Foot hoch un meist twee Foot breet. Dor kunn ik woll dörchkrupen. An jede Siet seet'n lütt Finster, nich höger as söß Toll över'n Grund. Dörch dat linke Finster tögen den König sien Smeedlüüd eenunnegentig Keden. De leeten so as de Keden, wo de Daams in Europa ehre Klocken an drägt. Se harrn ok desülvige Grött. Mit sößundörtig Slötter slöten se de an mien linket Been an. Lieköver von den Tempel up de annere Straatensiet, so bi twintig Foot weg, stünn en Toorn, man eben fief Foot hoch. Dor steeg de Kaiser mit de vörnehmsten von sienen Hoffstaat rup. He wull mi von dor her bekieken. Sehn kunn ik em nich, mi worr dat man bloß vertellt. Woll an hunnertdusend Minschen keemen an düssen Dag in de Stadt, so harrn klooke Lüüd utrekent. De wolln mi bloß mol sehn. En ganzen Hümpel Uppassers stünnen bi mi rüm; man bloß, dor kunnen de ok nix bi doon, dat so bi'n teindusend Neeschierige sik Leddern besorgten un up mi rümkröbbelten. Bald aver keem en Odder rut, de dat verbeeden dä, un wokeen sik dor nich an hollen dä, de söll'n Kopp körter maakt warrn.

De Arbeiters markten nu, dat ik mi nich alleen losmaken kunn. Se sneeden de Stricken dörch, mit de ik fastbunnen weer. Ik richt mi up un mi weer so schetterig to Sinn as noch nienich in mien ganzet Leven. De Lüüd aver weern ut Rand un Band. Dat Wunnern un Larmen is överhaupt nich to beschrieven, dat in de Gang keem, as ik upstahn un rumgahn dä. De Keden, de mi an't linke Been fasthollen dän, weern so bi twee Ellen lang. So kunn ik mi 'n beten in de Runnen bewegen. Un nich bloß dat. Se weern so dicht an dat grote Door fastmaakt, dat ik in den Tempel rinkrupen un mi dor lang in henleggen kunn. Düt Gebüüd söll nu en Tietlang mien Wohnhuus wesen.

De tweete Strämel

De Kaiser von Lilliput un en poor von sien Eddellüüd besökt den Schriever, de fastsett is. Wi kriegt to weeten, wo de Kaiser utsüht un wat he anhet. Studeerte Lüüd söllt em de Spraak bibringen. De Lüüd mögt em, wieldat he sachtmödig is. Se unnersökt alle siene Taschen un he mut Savel un Pistols afgeven.

Ik keem wedder up de Been und keek mi üm. Un dat mutt ik seggen, so'n feine Utsicht harr ik noch nich hat. Dat Land rundrum keem mi vör as'n wunnerboren Gorten. De Feller, veertig up veertig Foot groot, sehgn ut as Blomenbeeten. Dortwischen stünnen as gröne Placken jümmer wedder Holt un Buschwark. De gröttsten Bööm weer woll so bi söben Foot hoch. Linkerhand kunn ik de Hauptstadt sehn. Dat weer antosehn as en Bild wat för de Bühne malt is.

Ik harr nu all en poor Stünnen 'n bannig Drücken un Kniepen in'n Lief. Dat weer ok keen Wunner, twee Daag weer dat all her, dat ik dat letzte Mal ut de Büx west harr. Ik wüß nu nich, wat ik maken söll. Mi weer bannig scheneerlich to Sinn, aver dat Kniepen wörr jümmer leeger. Ik dach mi, dat best weer woll, in mien Huus to krupen, un dat dä ik denn ok. De Döör maak ik achter mi to. Ik güng so wiet rin, as de Keed an mien Been dat tolaten dä, un in en Eck verlichter ik mi. Aver dat mutt ik nu glieks seggen, düt weer dat eenzigst Mal, dat ik mi so wat unrentliches toschullen kamen leet. Wer düt hier lesen deit, de mag woll dinken: „Wat vertellt düsse Minsch so lang un breet von sowat." Aver de sall ok mol bedinken, wo mi to Sinn weer un wo leeg mi dat güng, denn let he mi dat vielleicht nochmal dörchgahn. Von düsse Tiet an wennd ik mi dat an, dat ik glieks nah'n Upstahn to düt Geschäft nah buten güng, so wiet af von mien Huus, as de Keed man eben recken dä. Un glieks achterran sorgten se dorför, dat de aasigen Hupen verswinnen dä, ehrer de eerst Besöök keem. Twee Knechten weern dorför anstellt, de bröchten dat mit de Schuufkoor weg. Wenn een nu fragen deit, worüm ik von düssen Umstand so'n

Weeswark maak un meent, dat harr doch eenglich nix to bedüden, denn mutt ik seggen: mi liggt dor to un to veel an, för de Lüüd as'n rentlichen Minschen to tellen. Ik weet nämlich, dat gifft nich wenig, de dat in Twiefel treckt.
Düt Ünnernehmen weer nu överstahn, un ik bruuk nu frische Luft, dorüm güng ik ut mien Huus herut. De Kaiser weer all von den Toorn hendal kamen un keem mi in de Mööt to rieden. Aver dat harr em meist bös ankamen. Sien Peerd, dat woll goot toreeden weer, kreeg wat to sehn, wat dat nich kennen dä. Ik möß em je vörkamen as'n gewaltig hogen Barg, de sik up Been bewegen deit. Un de Hingst schuu ok furts un güng up de Achterbeen hoch. Aver de Kaiser weer en goden Rieder. He kunn sik in de Sadel hollen, bet sien Lüüd ran weern un dat Peerd an'n Toom nehmen. So kunn Siene Majestät afstiegen un mi denn beögen. Von alle Sieten keek he mi an un sien Ogen worrn jümmer grötter. He keem aver nich dichter ran as bet dor hen, wo mien Keden mi henleeten. Bi em stünnen de Lüüd ut de Köök un ut den Wienkeller. De kummandeer he, dat se mi to äten un to drinken bringen sölln. De Spiesen harrn se up Wagens ranföhrt, un de schöven se nu sowiet nah mi to, dat ik dor anrecken kunn. Twintig Wagens weern mit wat to Äten belaad, jedereen dorvon geev twee orer dree Happen her. In korte Tiet harr ik dat allens vertehrt. Tein Fortügen drögen

jeder tein Tunnen mit wat to drinken. Ik kipp de in een Wagen tohop un putz dat mit eenen Tog weg. Mit de annern negen güng dat jüst so. Dat duur nich lang, denn harr ik allens blank maakt.

En beten af seeten up weeke Pulsterstöhl de Kaiserin un den Prinzen un Prinzessinnen von de hoge Familje, un ok de vörnehmen Daamens von'n Hoffstaat dorbi. De harrn allens mit ansehn. As dat denn mit den Kaiser sien Peerd passeert harr, dor güngen se nöger ran an Siene Majestät. Un wo de utsehg, dat will ik beschrieven. He is meist een Dumen breet grötter as all annern von den Hoffstaat, is'n staatsche Person, un dorum het woll jedereen, de em ansichtig ward, furts Achtung vör em. En eddel Gesicht is em to eegen mit'n habsbörgsch Ünnerlipp, de Näs as'n Aadler, de Huutfarv as von Oliven. Arm un Been un Lief sünd von godet Maat, un denn geev he sik as en würklichen Herrn un harr gode Maneeren — nimmt'n dat allens tosamen, denn kann'n em all von wieten ansehn, dat he en würkliche Majestät wesen deit. De Jüngst wer he domols nich mehr, knapp negenuntwintig. Söben Johr harr he all regeert un meistiets harr em dat goot raad. Weil ik mi em en beten genauer ankieken woll, legg ik mi up den Bodden hen un dreih mi to Siet. So weer mien Gesicht in desülvige Hööcht as sien, un he stünn man eben dree Ellen von mi af. Un ik heff em laterhen noch oftinst up de Hand hat, dorum weet ik genau Bescheed von sien Utsehn. Sien Tüch, wat he anharr, weer slicht un eenfach, half so as dat in Asien in de Mood is un half as in Europa. Up den Kopp seet em en Helm von Gold mit Juwels besett un'n Fedderbusch bobenup. Sien Savel määt so bi dree Toll in de Längde un weer an Griff un Scheed mit Demanten besett. Sien Stimm weer wat fien un hell, aver doch kloor un düütlich. Ok wenn ik uprecht stünn, könn ik em noch goot verstahn. De Daamens un vörnehmen Herrn von'n Hoffstaat weern prächtig antogen. Wenn'n jem dor so all bi'nanner ankieken dä, künnst meenen, dor weer en wunnerschönet Kleed utbreet, wo golden un sülvern Musters upstickt sünd. De Kaiserliche Majestät snack oftinst mit mi un ik änner em. Man bloß verstahn hefft wi beiden keeneen Woort nich. He harr ok wölk von sien Preesters un Studeerten dorbi (an ehr Tüüch weern se to kennen), de sölln mit mi snacken. Ik versöch dat in alle Spraaken, wo ik ok man 'n beten mit Bescheed wüß, in Düütsch, Hollandsch, Latiensch, Französsch, Spansch, Italiensch un ok in Lingua franca, wat so'n Aart Matrosen-Missingsch

is. Aver dor weer nix bi to maken. Nah'n Tiet von twee Stünnen güngen de Majestäten mit ehr Lüüd wedder af. To'n Uppassen bleven en ganz Reeg Suldaten bi mi. De sölln dorför sorgen, dat dat gewöhnliche Volk mi nich tonah keem un mi keen Tart andoon kunn. De Lüüd weern nämlich bannig driest un wrangeln sik dicht an mi ran. En poor von jem weern rein utverschaamt un schööten mit ehr Pielen up mi, as ik toneben mien Huusdöör up de Eerd sitten dä. Een Piel güng man knapp an mien linket Oog vörbi. De Överst von mien Uppassers leet söß von de leegsten Hauptmackers griepen. To Straaf worrn jem de Hännen bunnen un de Suldaten jögen jem mit ehre Spießen so wiet an mi ran, dat ik jem langen kunn. Ik kreeg jem tofaten un dä de ersten fief in de Tasch von mien Överrock. Bi den sößten maak ik, as woll ik em lebennig upfreten. De arme Kerl bölk ganz bannig un de Överst un sien Offziern kregen dat mit de Angst, ik nehm nämlich mien Taschenmeßt rut. Aver denn nehm ik jem de Angst. Ik maak en fründlichet Gesicht un sneed de Stricken dörch, mit de se em bunnen harrn un sett em sachten dal up de Eerd, wo he fix utneihn dä. De annern fief nehm ik nu ok een nahn'n annern ut mien Tasch un leet jem ok lopen. De Lüüd hefft mi dat hoch anrekend, de Suldaten un ok dat Volk weern dankbor, dat ik soveel Nahsehn wiest harr. Se snackten goot von mi un dat bröch mi an'n Königshoff en goden Namen.

As dat Obend worr, krööp ik in mien Huus. Un wenn dat ok nich so eenfach weer, ik leed mi eenfach lang up de Eerd hen. Noch'n veertein Daag güng dat so. In düsse Tiet orden de Kaiser an, för mi en Bett to buun. Sößhunnert Matratzen von gewöhnliche Grött halten se dorto ran, de worrn in mien Huus tosamenneiht. Hunnertföfftig Stück geben de Längd un Breed af, un worrn denn in veer Lagen över'nanner packt. Aver ik kunn den Footbodden jümmer noch dörchföhlen, de weer nämlich von glatte Steen. Nah desülvige Maaten kreeg ik ok Bettlaken, Wulldecken un Fedderbetten. För een as mi, de groote Plackeree achter sik harr, weer dat ganz kommodig.

De Nahricht von mien Kaamen harr in't ganze Land kunnig worrn, un nu keemen de Neeschierigen, vör allen de rieken Lüüd, de nix wieter to doon harrn. As so'n gewaltige Floot keemen se her un wolln mi sehn. In de Dörpen bleeven man bloß noch'n poor ole Lüüd trüch. Un de Feld- und Huusarbeit harr bös versüümt worrn, wenn de Kaiserliche Majestät dor nich mit Proklamatschoons un Staatsbefehlen gegenan gahn harr. He geev de Odder rut, dat de, de mi sehn harrn, up de Städ wedder nah Huus trüchgahn mössen. Un keeneen söll riskeern, dichter as up föfftig Ellen an mien Huus rantogahn, wenn he nich'n Extra-Verlööf hebben dä. Aver as dat nu mal so is, düt weer Gelegenheit för de hogen Staatsbeamten, de Hand uptohollen un mit de rieken Lüüd dörchtostecken. De Kaiser sett sik nu mit siene Ministers tosamen, un se ratslagten doröver, wat mit mi warrn söll. Von en goden Fründ kreeg ik laterhen to weeten, wat dor in den Staatsrat snackt worrn is. He wüß dorvon nämlich goot Bescheed un het mi verraad, dat de hogen Herrns mienetwegen in grote Bedrullje seeten harrn. Se weern bang, ik kunn mi losrieten. Annern meenen, dat kunn bannig düür warrn, mi to versorgen un am Enn wörr dat 'n grote

Hungersnot in't ganze Land geven. En poormol worr beslaten, dat se mi versmachten laten wulln, orer tominnst mit giftige Pielen up mien Gesicht un Hännen to scheeten un mi so üm de Eck bringen. Aver denn dachten se doran, dat denn mien Liek dor liggen dä un as Aas stinken wörr, un denn kunnen dor in de Hauptstadt Süüken von in Gang kamen un sik över dat ganze Königriek utbreeden. Midden in ehr ratslagen kloppen en poor von de Offzieren von mien Uppassers an de Döör. Twee von jem leeten se rinkamen un de geven Bescheed von dat, wat ik mit de söß Slüngels maakt harr (ik heff dor je'n beten wieder boben von vertellt). Dorvon kregen Siene Majestät un sien Ministers 'n bannig goden Indruck von mi un geven doruphen en Kaiserliche Anornung rut an alle Dörpen, de negenhunnert Ellen in de Runnen üm de Hauptstadt liggen dän. De solln jeden Morrn söß Rinner un veertig Schaap un anners wat to'n Äten för mi henbringen, un dorto soveel Broot as nödig weer un ok Wien un annerswat to drinken. Dat söll allens to rechte Tiet betahlt warrn, dorüm schreev Siene Majestät Schecks up siene eegen Schatzkamer ut. He is nämlich so'n König, de von sien eegen Gewees leven deit, von siene Domänen. Sien Lüüd nimmt he an Lasten un Stüürn nich mehr af, as dat partu nich anners geiht. Man bloß, wenn se mit em in'n Krieg treckt, denn mööt sien Ünnerdanen wat dat kösten deit sülmst betahlen.

Wat stell de König nich allens up de Been för mi. To mien Deensten kreeg ik sößhunnert Lüüd, de mi versorgen sölln. De kregen Kostgeld, un för ehr Ünnerkamen worrn Telten upstellt up beide Sieten von mien Huusdöör. Dreehunnert Snieders harrn den Updrag, för mi 'n Antog nah de letzte Mood to neihn, söß von de Klööksten von sien Studeerten kregen von den Kaiser de Odder, se sölln mi de Spraak bibringen. Wenn de Peer von den Kaiser, von de Eddellüüd un de Offzern toreeden wörrn, denn passeer dat för mien Huusdöör. Se sölln sik an mi gewöhnen. Allens, wat Siene Majestät anornd harr, dat worr genau so maakt as he dat hebben wull, un ik keem in dree Weeken goot mit de Spraak vöran. De Kaiser sülmst geev mi in düsse Tiet oftinst de Ehr un weer so gnädig, bi den

Spraakünnerricht to helpen. So kunnen wi uns all bald richtig wat vertellen. Ik nehm de ersten Wöör, de ik liert harr, dorto, em to seggen, he müch mi doch frielaten. Jeden Daag beed ik em un güng dorbi up de Knee för em. Wat ik von sien Antwurt verstahn kunn weer: „Kümmt Tiet, kümmt Raat." Un he sä, düsse Vörslag möß von sienen Staatsrat kamen, sünst weer dor sowieso nix bi to maken. Un vör allen möß ik erstmal „lumos kelmin pesso desmar lon empose", wat soveel heet as, ik möß em un sien Königriek Freeden toswörn. Un denn sä he ok noch, se würrn aver fründlich mit mi umgahn un ik söll Gedüür hebben un klook wesen, denn keem ik to godet Ansehn bi em un bi sien Volk. Denn geev he mi to verstahn, dat ik von twee von sien Beamten dörchsöcht warrn möß. Ik söll man nich bös wesen, dat weer nu mal Gesetz in sien Riek. Dat kunn je wesen, dat ik Wapens bi mi harr, de to mien Grött stimmen dän un dorüm gefährlich weern. Ik geev em mit Wöör un mit Teeken Bescheed, ik woll dat allens so maken, as he dat anornd dä, mi uttrecken un ok de Taschen ümdreihn. He sä noch, dat he woll wüß, dat güng bloß, wenn ik tostimmen un mithelpen dä. He höll mi aver för en eddeln un gerechten Minschen un harr soveel Tovertruun, dat he sien Lüüd mi in de Hännen geven kunn. Un allens, wat se mi afnehmen dän, kreeg ik trüch, wenn ik ut sien Land wedder afreisen dä. Wenn ik wull, könn ik dat ok rejell betahlt kriegen, den Pries kunn ik sülmst fastsetten.

Ik nehm de beiden Beamten in de Hännen un sett jem toerst in de Taschen von mien Överrock un denn ok in all de annern Taschen, de ik harr. Man bloß de beiden Taschen, wo mien Klock rinkeem un noch een Geheemtasch, de wies ik jem nich. Dor harr ik nämlich allerhand Kraam in, wo annerseen nix mit anfangen kunn. In de een harr ik en sülvern Klock, in de anner en Portmannee mit'n poor Goldstücken dor in. De beiden Beamten harrn Posensteel, Black un Papeer mit bröcht un setten en Protokoll up, wo akkrot allens upschreven weer, wat se bi mi funnen harrn. As se mit allens farig weern, frögen se mi, wat ik jem wedder dal setten much. Se wolln den Katalog nah

den Kaiser henbringen. Ik heff düt Verteeknis laterhen in uns Spraak översett, Woort för Woort. Un so sehg dat ut:
Imprimis: In de rechte Tasch von den Överrock von den groten Minschenbarg (so översett ik de Wöör *Quinbus Flestrin*), de wi toerst akkrot ünnersöchten, funnen wi wieder nix as en groot Stück ruhgen Stoff, so groot, dat dat för Ju Majestät ehrn ersten Troonsaal as Teppich to bruken weer. In de

linke Tasch sehgen wi en groote sülvern Laad mit'n Deckel von datsülvige Material, de weer so swoor, dat wi, de mit de Ünnersökung beupdragten Beamten, de nich anböörn kunnen. Wi födderten, de open to maken. Een von uns steeg dor rin un versack bet an de Knee in so'n Aart Pulver, von dat uns en beten wat in'n Gesicht flöög un uns beiden 'n poormal to'n Prußen bröcht. Denn nehmen wir uns de Taschen von de West vör. In de rechte funnen wi en groten Packen von dünne Bläder, de överenanner leggt weern un ungefähr de Dickte von dree Kerls harrn. Mit en dicket Tau weern de tohopen bunnen, un up dat Witte stünnen swatte Teeken up, von de wi mit Beduurn togeven mööt, dat wi nich genau seggen künnt, wat dat sünd. Wi nehmt aver för gewiß an, dat sik dat um Schriftteekens hanneln deit, wovon jedereen Bookstaav half so groot is as uns Hand. In de linke Tasch von de West fünn sik en Aart Apparot, bi den ut de Achtersiet twintig lange Pielers rutkeeken, de in een

Reeg stünnen un de Utsicht harrn as de Palisaden um den Hoff von Ju Majestät. Düsse Apparot nimmt de Minschenbarg dorto, sien Hoor to kämmen. Dat nehm wi sachts an, wi wolln em nich egalweg mit uns Frageree up'n Geist gahn. Dat weer nämlich nich so eenfach, em to verkloorn, wat wi meenen dän. In de grote Tasch up de rechte Siet von sien Middelkledaasch (so översett ik ehr Woort ranfulo, wo se mien Büx mit meenen dän) sehgen wi en mannslanget Rohr von Iesen, wat an en groot Stück Kantholz fastmaakt weer von noch gewaltigeret Utmaat as dat Iesenrohr. Up de een Siet dorvon stünnen grote Iesenstücken rut, de to en gediegen Utsehn torechtbööjt weern, wo wi nich rutkregen hefft, wat wi dorvon holln sölln. In de linke Tasch funn sik noch so'n Stück Geschirr von datsülvige Utsehn. An de rechte Siet seet noch en lütte Tasch, wo sik en poor runne platte Schieven von wittet un rodet Metall in funnen, de verschieden Grött harrn. En poor von de witten, dat schient so, as weer dat Sülver, weern so groot un so swoor, dat wi, mien Kolleeg un ik, de kuum anböörn kunnen. In de linke Tasch weern twee Dinger, as so'n Stänners, in de Gestalt wat unegol. De weern so hoch, dat wi Mööh harrn, bet boben hentorecken, as wi up den Grund von de Tasch stünnen. Een von düsse Süülen seet in en Futtral un dat schien, as wenn dat ut een Stück maakt weer. Bi de anner weern an dat böbelste Enn sowat, wat rund un witt weer, mal so dick as uns Köpp sünd. In jedereen von düsse Süülen weer en grote Stahlplatt inlaten. Wi kregen den to Ünnersökenden dorto, uns düsse Stahlplatten to wiesen, weil wi nämlich bang weern, dat kunn gefährlichet Warktüüg wäsen. He nehm de blanken Platten rut ut ehr Gehüüs un verkloor uns, wo de to bruukt ward in sien Land. Mit de een, sä he, raseert se sik den Bort af un de anner nehmt se to'n Fleeschsnieden. Twee Taschen harr he, dor kunnen wi nich rinkamen. He sä Klockentasch dorto, twee Slitzen sünd dat, de boben an de Middelkledaasch sitten doot un von sien'n Buuk ganz stramm tosamen drückt ward. An de rechte Siet hüng dor en grote sülvern Keed rut, an de en grote wunnerliche Maschien anbunnen weer. Wi födderten em up, wat ok man

jümmer an de Keed ansitten dä, he söll dat ruttrecken, wat he denn ok dä. Dorbi keem so'n runnes Ding todaag, half von Sülver un half von en dörchsichtiget Material. Up de dörchsichtige Siet weern sünnerbore Teeken to sehn, de rundrum an den Rand upmalt weern. Wi dachten, wi kunnen de anfaaten, worrn aver gewohr, dat uns Fingers von dat dörchsichtige Material upholln worrn. He höll uns de Maschien an't Ohr un wi hörten egolweg en Gedruus as von en Watermöhl. Wi nehmt an, dat dat en Deert is, wat wi in uns Land nich kennt, orer dat is en Gott, to den he beden deit. Nah uns Meenen kann dat tweete an ersten todreepen. He sä uns nämlich (wenn wi em richtig verstahn hefft, wat nich so eenfach weer, wiel he sik man bannig ungenau utdrücken kann), dat he nienich wat deit, ahn sik von düsse (wat dat ok wesen mag) raden to laten. He nööm dat sien Orakel un meen, dat wies em för allens, wat he doon deit, de rechte Tiet. Ut de linke Slitztasch treckte he en Nett rut, dat weer meist groot noog för en Fischersmann. Dat weer aver so trechtmaakt, dat sik dat as'n Geldbüdel open un to maken let, un dorto gebruuk he dat ok. Wi funnen in dat Nett en poor swore runde Stücken von geelet Metall, de 'n gewaltigen Weert hebben mööt, wenn sie würklich von Gold sünd. Wi harrn, so as de Anornung von Ju Majestät dat vörsehn harr, alle siene Taschen akkrot nahkeeken, dor worrn wi en Reemen gewohr, de um sien Lief bunnen weer. De is ut de Huut von en mächtig grotet Deert maakt. Dor hüng an de linke Siet en Savel von fief-Manns-Längd an dal, un up de rechte Siet en groten Sack, de in twee Kamers indeelt weer. De weern so groot, dat in jedereen von de beiden woll dree von Ju Majestät ehr Ünnerdanen Platz in finnen kunnen. In een von de Kamern funnen sik 'n Hümpel Kugeln orer Bäll von bannig sworet Metall, ungefähr so groot as uns Kopp un von so'n Gewicht, dat een, de de hochböörn will, veel Kuraasch hebben mutt. In de anner Kamer weer en Hupen swarte Köörn, de aver nich so'n Grött un ok nich so'n Gewicht hebben dän. Wi kunnen nämlich över fofftig dorvon in een Hand holln.
Ju Majestät, düt is dat ganz akkrote Protokoll von dat, wat wi

an den Lief von den Minschenbarg funnen hefft, de sik gegen uns heel sachtmödig benahmen het un ok för den Updrag von Ju Majestät de gehörige Achtung bewiesen dä. Ünnerschreeven un mit Siegel versehn an'n veerten Dag von den negenunachtzigsten Maand von de glückliche Regierungstied von Ju Majestät

Clefven Frelock
Marsi Frelock

Düsse Katalog worr nu den Kaiser vörlest, un dornah wies he mi an — dorbi weer he bannig kommodig gegen mi — ik müch dat allens afgeben, wat dor upschreven weer. As erstet födder he mienen Savel, de ik mit Scheed un allens, wat dorto höörn dä, von'n Gürtel nehm. He harr wieldeß Odder geven an dreedusend Mann von siene Elitesuldaten, de mit em kamen harrn, se sölln sik mit den nödigen Afstand in de Runnen um mi upstellen un Flitzbagen un Pielen parot holln. Ik geev dor gornich acht up, denn ik richt mien Ogen jümmer bloß up Siene Majestät. Nu verlang he von mi, ik söll den Savel blanktrecken. Ik dä, wat he sä, dor schrieten de Suldaten alle upmol los. Se verfehrten sik mächtig un kunnen sik vor Wunnern nich wedder inkriegen. De Savel weer woll von dat Soltwater 'n beten angahn, aver as de helle Sünnschien dor upfallen dä, dor blänker dat gewaltig. Dat glinster as von dusend Blitzen, as ik mit den Savel rumfucheln dä un blenn de Suldaten in de Ogen, dorum verjögen se sik so. Siene Majestät aver weer 'n forschen Keerl un verfehr sik lang nich so dull, as ik mi dacht harr. He befehl mi, ik söll den Savel wedder in de Scheed geven un em denn so sachten as't man güng, up de Eerd hensmieten, so bi söß Foot wieter as de Keed an mien Been recken dä. Denn födder he een von de Iesenrohren, dor meen he mien Taschenpistols mit. Ik nehm een rut un wiel he dat so wull, verkloor ik em so goot as't güng, wat dormit maakt ward. En Kugel laad ik nich rin, man bloß 'n beten Pulver, dat harr nämlich goot bleven. De Pulvertaschen weern so dicht, dat dor keen Water ankamen harr. (Dor geevt alle Seelüüd acht up, dat dat nich passeert.) Ik wahrschuu den Kaiser, he söll sik nich verjagen, un denn baller ik in de Luft. Dütmol weer de Schreck noch grötter as bi dat Fucheln mit den Savel. En poor hunnert von de Lüüd störten hen, as harr jem eener dalslahn. Sülmst de Kaiser, obschonst he nich henfallen weer, könn sik nich so fix wedder verhalen. Ik geev mien beiden Pistols up de sülvige Aart un Wies as den Savel af un ok de Pulvertasch mit de Kugels. Ik sä aver noch, se sölln mit dat Pulver nich to dicht an't Füür kamen, een lütte Funk könn dat ingang bringen un den ganzen Kaiserpalast in de Luft fleegen laten. Ok mien Klock geev ik hen. Dor weer de Kaiser bannig achter her, de to sehn. He rööp twee von de gröttsten Gardesuldaten, de sölln ehr an'n Stang up'n Nacken nehmen un nah em hendrägen, so as de Beerkutschers bi uns dat mit'n Beerfatt maken doot. He wunner sik över den Larm, de de Klock von sik geev un doröver, wo de Minutenwieser wieder güng. Dat kunn he nämlich sehn, wieldat so'n lütten Lüüd veel scharpere Ogen hefft as wi. He fröög sien studeerten Lüüd nah ehr Meenen von düssen Apparot. Un de weern bannig verschieden un undütlich. Ik bruuk dat hier nich uptotellen, wat se allens seggen dän. Miene Lesers könnt sik dat woll dinken, ok wenn dat nich ganz to verstahn is. Dornah geev ik den Kaiser mien Sülver- un Kuppergeld, mien Portmannee mit negen grote un en poor lütte Goldstücken, dat Taschenmeßt un dat Raseermeßt, den Kamm, de Snuftobacksdoos, mien Taschendook un mien Daagbook. De Savel, de Pistols un de Pulvertasch worrn up Wagens in de Lagerhüüs von Siene Majestät bröcht. Dat anner, wat mi tohörn dä, kreeg ik glieks wedder. Ik harr je noch (wieter boben heff ik dorvon schreven) en geheeme Tasch, de harrn de Beamten bi't Nahsööken nich funnen. Dor harr ik en Brill in (mien Ogen sünd nich mehr de besten, dorüm bruuk ik de mannichmol), en Wietkieker to'n tohopklappen un noch anner Kleenkraam, wat für den Kaiser keen Bedüüden harr. Nah mien Meenen bruuk ik em dat dorüm nich to wiesen, ik weer nämlich bang, dat kunn verloren orer kaputt gahn, wenn ik riskeer, dat ut de Hand to geven.

De drütte Strämel

De Schriever maakt allerhand Tietverdriev för den Kaiser un de vörnehmen Damens und Herrn, so as se dat nich gewohnt weern. Wo de Hofflüüd von Lilliput sik över ameseert. De Schriever ward friegeven, aver mit'n poor Uplagen.

Ik harr mi as sachtmödigen Minschen wiest un mi ok ornlich benahmen, dorum müchen de Kaiser un sien Hoffstaat mi lieden. Ok bi de Suldaten un dat Volk stünn ik in godet Ansehn. Un so füng bi mi dat Höpen an, dat se mi bald friegeven wörrn. Ik geev mi groote Möh, düsse Stimmung noch to verbetern. De Inwahners von Lilliput harrn ok jümmer weniger Bang, dat ik jem wat andoon dä. Mannichmol leed ik mi up de Eerd dal un leet fief orer söß von jem up mien Hand danzen, un amenn truuten sik de Jungs un Deerns sogor an mi ran un speelten Versteeken in mien Hoor. Ik weer ok mit de Spraak all bannig wiet vöran kamen un kunn meist allens verstahn un snacken.

Eens goden Daags kreeg de Kaiser Spaß doran, to mien Ünnerholln allerhand Theoter up de Been to bringen, un dat verstaht de Lüüd in düt Land veel beter as in alle Länner, de ik bet nuher kennen do. Am besten geföll mi, wat de Seildänzers anstellten. De weern up en dünne witte Schnoor togang, de so bi twee Foot lang weer, un de se twölf Toll över de Eerd utspannt harrn. Ik denk mi, mien Lesers sünd dormit inverstahn, wenn ik dor wat von vertellen do. Bi düssen Tietverdriev weern bloß so'n Lüüd dorbi, de en hogen Posten harrn orer de up besünneret Ansehn an'n Königshoff utweern. Von lütt up an öwt se sik in düsse Kunst. Se sünd nich alle von hoget Herkamen un hefft ok nich jümmer 'n gode Kinnerstuuv hat. Wenn so'n hogen Posten frie ward, wieldat een storven is, orer wenn de König eenen wegjogen deit (wat oftinst vörkümmt), denn gifft dat fief orer söß Kannedaten dorför. De ward mit en Schrieven vörstellig, wat se nich för Siene Majestät un den Hoffstaat to'n Tietverdriev up dat Seil danzen dörft. Un wer denn an höchsten springen deit un dorbi nich dalfallt, de kriggt

den Posten. Oftinst kriegt ok de böbelsten Ministers de Odder to wiesen, wat se bi düssen Spiejök noch farig bringt. Se mööt den Kaiser övertügen, dat se noch nix verliert hefft. De Finanzminister Flimnap, dat meent de mehrsten Lüüd, de hüppt up dat Spannseil tominst 'n ganzen Toll höger as jedereen anner von de hogen Herrns in'n ganze Kaiserriek. Ik heff dat sülmst sehn, wo he 'n poormal achter'anner en Salto slöög up so'n Aart Sniedbrett, wat se up dat Seil fastmaakt harrn. (So'n Seil is nich dicker as bi uns 'n gewöhnliche Schnoor.) As tweetbester achter den Finanzminister kümmt nah mien Meenen mien goden Fründ Reldresal, wat de Erste Minister för Privatsaken is. (Dat meen ik ehrlich un segg dat nich wegen de Fründschop.) Ok de annern Ministers nehmt sik in düsse Saak nich veel wat. Bi düssen Tietverdriev kümmt dat mannichmol vör, dat dor welk bi to Dood kaamt, un dat ward meist jümmer ok amtlich protokolleert. Ik heff dat mit eegen Ogen sehn, wo twee orer dree Kannedaten afstört sünd un sik 'n Arm orer 'n Been braken hefft. Gefährlicher is dat aver denn, wenn de Ministers upföddert ward to wiesen, wat se up düt Rebett noch könnt. Een will denn jümmer noch beter wesen as de anner, dorum riskeert se gefährlich veel un dat gifft woll keeneen, de nich all mal afstört is. Welk von jem is dat all twee- orer dreemol passeert. Mi is för gewiß vertellt worrn, dat een orer twee Johr vör mien Ankamen de Minister Flimnap sik um een Hoor dat Gnick braken harr. Passeert is em man bloß des- wegen nix, wieldat den Kaiser sien Sofaküssen dor tofällig lig- gen dä un den Swung upfungen het.

En anner Tietverdriev gifft dat ok noch, aver de ward bloß bi besünnere Gelegenheiten upföhrt. Un denn sünd dor keen annern bi as man bloß de Kaiser, de Kaiserin un de Erste Minister. De Kaiser leggt dree fiene Siedenbänner von söß Toll Längde up den Disch, een is blau, de anner rot un de drütte grön. Düsse Bänner gilt as Utteeken för de Lüüd, de de Kaiser sien besünnere Gnaad towennen will. De Kannedaten dorför ward in den groten Troonsaal von Siene Majestät exameneert. Se mööt wiesen, wo anstellig un fix se sünd. Un düt Examen is ganz anners as de erste Prööven, de se bestahn mööt. Ik heff sowat bet nuher in keeneen Land sehn, in de Ole Welt nich un in de Nige Welt ok nich. Un düt besünnere Examen geiht so: De Kaiser höllt 'n Stock in de Hännen. He höllt de in de Waag en Enn boben de Eerd un de Kannedaten kaamt een achter den annern ran. Un so, as de Kaiser den Stock hölt, höger orer sieder, so hüppt se dor röver orer se kruupt ünner dörch, mal mit den Kopp vörtau un mal trüchwards. Dat kümmt ok vör, dat de Kaiser dat eene Enn von den Stock anfaat un de Erste Minister dat annere. Un denn wedder höllt de Minister den Stock alleen wiß. Wer dor an anstelligsten bi is un dat Springen un Krupen an längsten utholln deit, de ward mit dat blaue Siedenband ehrt, de tweete kriggt dat rode un de drütte dat gröne. Düsse Bänner ward as so'n Girlanden duwwelt üm de Taille drapeert un maakt bannig wat her. Un dat gifft an den Kaiser sienen Hoff nich veele, de nich mit düsse Girlanden ut- staffeert sünd.

De Peer von de Armee un ok de ut den Königlichen Marstall harrn kee Schuu mehr vör mi. Se worrn je ok Dag för Dag in miene Neegde herbröcht. Se harrn sik so an mi gewöhnt, dat se bet an mien Fööt rankamen dän. Ik leed mien Hand up de Eerd un de Rieders leeten jem doröver springen. Een von den Kaiser sien Jägers sprung mit sien Peerd sogar mol över mien Foot, wo ik ok de Schoh noch bi anharr. Dat weer würklich 'n gewaltigen Satz. Molinst harr ik dat Glück, dat ik den Kaiser mit'n besünneren Tietverdriev ünnerholln kunn. Ik glööv, sowat harr he in sien ganzet Leven noch nich sehn. Ik fröög em, wat he mi nich 'n armvull Holtlatten holen laten kunn, jedereen so bi twee Foot lang un as'n Reetstock dick. Siene Majestät geev den böbelsten von sien Forstmeisters de Odder, he söll mien Beed an siene Lüüd wiedergeven. An'n annern Morrn keemen söß von jem an, jedereen mit'n Wagen mit acht Peer dorvör, un bröchten wat ik föddert harr. Negen von de Latten klopp ik in Afstännen so in de Eerd, dat se as Pielers in'n Veereck stünnen, wat up jede Siet tweeunhalf Foot mäten dä. Denn nehm ik veer annere Stöckers un bunn de in de Waag bi twee Foot övern Bodden an de Pielers an. Nu nehm ik mien Taschendook un maak dat an de uprechten Latten fast un treck dat nah alle Sieten stramm as so'n Trummelfell. De veer Stangen, de ik in de Waag rundrum anbunnen harr, de weern so'n Aart Gelänner an jede Siet. As ik dormit klor weer, sä ik to den Kaiser, wat he nich en Schwadron (dat sünd veeruntwintig Mann) von sien besten Kavallristen kamen laten wull, de kunnen dor up düsse Stellaasch exerzeern un Quadrillje rieden. Siene Majestät güng up mienen Vörslag in, un ik böör Peer un Rieders hoch up mien „Taschendook-Exerzeerplatz", de Rieders, umsnallt un to Peerd un de Offzeern, de jem kummandeern sölln dorto. Een nah'n annern nehm ik jem in de Hännen un sett jem rup. Se stellten sik in twee Afdeelungs up un denn güng't los mit dat Manöver. Se schööten mit stumpe Pielen un tögen blank, se jögen sik gegensietig, mascheerten vör un güngen wedder trüch. Allens harr'n grootarigen Schick un weer so akkrot, as ik dat noch nanich to sehn kregen heff. Un wieldat ik de veer Rickens rundrum as so'n Gelänner anbunnen harr, kunn ok keeneen von de Suldaten un de Peer von de Stellaasch dalfallen.

Den Kaiser geföll dat mächtig. He weer dor so von innahmen, dat he Befehl geev, düt Spektakel nu jeden Dag wedder uptoföhrn. Eenmol harr he dor sogar Spaß an, sülmst mit bi to wesen. He leet sik von mi rupböörn un kummandeer sülmst dat Manöver. Un denn kreeg he dat farig un snack siene Kaiserin solang wat vör, dat de sik in ehre Sänfte von mi hochnehmen leet. Kloor, de Dören von ehr Gelaat bleven to. Ik hööl ehr so bi twee Ellen von de Stellaasch af hoch un se kunn dat ganze Manöver goot översehn. Bi all düt Spektakel is to mien Glück nix Leeges passeert. Man bloß eenmol weer dor wat: En Rittmeister sien Peerd weer 'n beten wählig un schurr mit de Hoofen up dat „Exerzeer-Taschendook", un dat reet an de Städ twei. Dat Peerd pedd in dat Lock rin un denn güngen Peerd un Rieder koppheister. Ik keem jem furts to Hülp un höll dat Lock von ünnen her mit de Hand to. Denn sett ik de ganze Schwadron jüst so as ik jem rupbööt harr, een nah'n annern wedder up de Eerd dal. Dat Peerd harr sik de linke Schuller 'n beten reeten, aver dat weer nich so leeg. Un den Rieder is nix passeert. So goot as't güng heff ik mien Taschendook wedder heel makt, aver ob dat noch wat afholln künn, dor woll ik mi nich mehr up verlaten, un dorto weer dat Spektakel mit de Kavallrie-Schwadron mi ok to gefährlich.

Dat weer twee orer dree Daag, ehrer se mi friegeven hefft, dor weer ik jüst dorbi, den Kaiser un sienen Hoffstaat mit allerhand Spiejöken de Tiet to verdrieven, dor keem en Kureer an. De geev Siene Majestät Bericht von en besünnere Begevenheit. En poor von sien Ünnerdanen harrn an'n Strand spazeernreeden an de Städ, wo se mi funnen harrn. Un dor harrn se'n grotet swartet Ding gewohr worrn, dat sehg gediegen ut un leeg up de Eerd. De Rand von dat Ding reckte nah alle Sieten sowiet in den Runnen, as de Slaapkamer von Siene Majestät groot weer. In de Mitt weer dat Ding mannshoch nah boben utbuult. Erst harrn se bang west, dat dat wat Lebennigs wäsen kunn, aver dat weer denn doch nich so. Dat leeg nämlich in't Gras un röög sik nich. En poor von jem harrn 'n poormal ganz rundrum gahn un sik dat bekeeken. Un denn harrn se sik

an dat Utbuulte ranstellt, een den annern up de Schuller steegen un so boben rup kröbbelt. Boben up weer dat Ding ganz eben. Se harrn dor mit de Fööt up rumtrampelt un dorbi markt, dat dat swarte Ding inwennig holl weer. Un nu meenen se — se weern je man wat minnachtig un wüssen mit sowat nich Bescheed — se glöövten aver, dat kunn woll wat mit den Minschenbarg to doon hebben. Un wenn Siene Majestät dat recht weer, denn wolln se as gode Ünnerdanen dat Ding herbringen, se wolln ok man bloß fief Peer dorto nehmen.

As ik düsse Nahricht hören dä, wüß ik glieks Bescheed, wat dat weer. Un ik frei mi von Harten dorto. Dat weer nämlich so west: As ik nah dat Mallör mit uns Schipp dat so eben an Land schafft harr, weer ik ganz dörch 'nanner. Un ehrer ik an de Städ keem, wo ik denn toslapen harr, weer mi de Hoot von'n Kopp falln. Vörher bi't rodern in't Boot, harr ik em mit'n Snoor ünner't Kinn fastbunnen hat. Un dat harr holln, ok denn de ganze Tiet, as ik swümmen dä. Erst as ik all an Land weer, harr de Hoot mi von'n Kopp falln. Wegen jichenswat will de Snoor denn woll tweireeten hebben un ik heff dat nich gewohr worrn. Ik dach, ik harr em in't Water verlorn. Nu beed ik Siene Kaiserliche Majestät von Harten, he müch doch Odder geven, dat se mi dat Ding herbringen sölln, so drall as dat man güng. Un ik vertell em, wat dat von Ding is un woto de bruukt ward. Glieks an'n annern Dag keemen de Fohrlüüd ok all mit den Hoot an. Man bloß, sien Tostand weer nich de beste. In de

Kremp, annerthalf Toll von'n Rand, harrn se twee Löcker rinbohrt. Dor weern twee Hakens in fastmaakt, de se mit lange Reepen an't Peergeschirr fastbunnen harrn. Un so hefft se mienen Hoot mehr as'n halve engelsche Miel up de Eerd herslöpt. Nu is de Bodden dor aver bannig glatt un eben, un so het he lang nich soveel Schaden nahmen as ik erst meent harr.

Twee Daag nah düt Begevnis keem von den Kaiser en Befehl an sien Armee, un tworsten an de Suldaten, de in de Hauptstadt un dor um rum in Quarteer liggen dän, se sölln sik parot holln. Siene Majestät harr nämlich wat in'n Kopp kamen, wo he sik wedder mol up'n nige Aart un Wies de Tiet mit verdrieven kunn. He bröch mi sien Wunsch vör, ik söll mi henstellen as de Koloß von Rhodos, de Been so breet, dat ik noch kommodig stahn kunn. Un denn geev he sienen General (dat weer en olen verdeenten Suldat, de sik över nix mehr wunnern dä, ik kunn sehr goot mit em) de Odder, he söll sien Lüüd upmarscheern laten to en grote Parade, bi de si ünner mi mank mien Been dörch to defeleern harrn, de Infantrie in Reegen to veeruntwintig un de Kavallrie to sößtein, de Musik vörweg, de Fahns hoch un de Spießen dal. Allens in allen weern dat dreedusend Mann Infantrie un dusend Mann Kavallrie. Siene Majestät geev ok den Befehl ut: Jedereen von de Suldaten het bi'n Marscheern sülmst up den gehörigen Afstand von mien Person acht to geven — un dat bi Doodstraaf. Aver 'n poor von de jungen Offziern kunnen dat denn doch nich laten, eben mol een Oog nah boben, nah mi rup to smieten, as se ünner mi dörchmarscheerten. Un dat mutt ik togeven, mi weer dat'n beten scheneerlich. Mien Büxen weern domols nich in den besten Tostand un geven woll för mannicheen Gelegheit, sik doröver to wunnern un heemlich to lachen.

Ik harr all jümmer wedder Andräg stellt un Schrieven upsett un dorin beed, mi doch frietogeven. Un endlich nehm Siene Majestät sik düsse Saak an un geev mienen Andrag wieter, toerst in sien Kabinett un denn in de Versammlung von den ganzen hogen Staatsrat. Un alle weern se dormit inverstahn, mien Beed nahtogeven — alle bet up eenen. Un dat weer

Skyresh Bolgolam, de weer afslut dorgegen. Düsse Minsch weer in alle Dingen gegen mi. He kunn mi up den Dood nich af, un dorbi harr ik em nienich Oorsaak dorto geven. Gegen sien Stimm nehm de ganze Versammlung mienen Andrag an un de Kaiser sett sien Ünnerschrift dor ünner. Düsse Minister Skyresh Bolgolam, dat weer den Kaisen sien Galbet, sien Admeral. Un Siene Majestät höll grote Stücken up em. He harr je ok en vigelienschen Kopp för de Politik un weer up siene Aart 'n fixen Kerl. Man bloß von Natur weer he 'n bannig mukschen un gnadderigen Pinnenschieter. De annern in 'n Staatsrat setten em nu solang to, bet he amenn doch noch bistimmen dä, aver dat sett he doch dörch: Mien Friegeven güng man bloß mit 'n ganze Reeg Bedingen un Plichten för mi, un de woll he sülmst utklamüstern un upsetten. As he denn düsse Artikels toreeg harr, keem de Herr Minister Skyresh Bolgolam sülmst persönlich as amtliche Person bi mi dormit an. Twee Ünnerstaatssekretärs un noch 'n poor annere Herrn in hoge Positschoons geven em dat Geleit. De Artikels worrn mi vörlest un denn födder de Herr Minister von mi, ik söll em toswöörn, dat ik mi dor akkrot an hollen woll. Tweemal söll ik swöörn, eenmal so, as bi uns in England 'n Swuur geven ward, un denn ok noch so, as de Gesetzen von ehr Land dat vörschrieven doot. Un dat güng so: ik möß mien rechten Foot mit de linke Hand faten. Mien rechte Hand güng nah mien Kopp to, den Mittelfinger harr ik up den Luuspadd to leggen un den Duumen an de Flapp von 't rechte Ohr.

Ik kann mi denken, dat mannicheen von mien Lesers ganz geern en Indruck harrn von de Aart un Wies, wo de Lüüd in Lilliput so 'n amtliche Artikels upsetten doot. Un se interesseert sik vielicht ok dorför, wat von Plichten un Bedingen mi för mien Friekamen upleggt worrn. Dorüm heff ik dat ganze Dokument Woort för Woort in uns Spraak översett, so akkrot as ik man jichens kunn. Hier is nu dat amtliche Schrieven:
GOLBASTO MOMAREN EVLAME GURDILO SHEFIN MULLY ULLY GUE, de allgewaltig Kaiser von Lilliput, de Freid von de ganze Welt, de Herr, vör de jedereen in de Knee

geiht, sien Länner, de em tohörn doot, reckt sik över fiefdusend Blustrugs (dat sünd so bi twölf Mielen in de Runn'n) bet an de Ennen von de Eerd, Monarch von alle Monarchen, von Grött gewaltiger as de Söhns von de Minschen, sien Fööt reckt he bet in de Mitt von de Erdball dal un sien eddeln Kopp bet an de Sünn, he schnippst mit de Fingers un de hogen Herrns up de Eerd bevert de Kneen, leeflich is he as dat frische Fröhjahr, kommodig as de vulle Summer, fruchtbor as de gollen Harfst un gruglich as de iesige Winter. Siene Höchsthoge Majestät stellt den Minschenbarg, de körtens hierher in Uns Himmelsgliekes Land ankamen het, düsse nahstahn upschreeven Artikels vör. Dor sik akkrot un alltiets an to hollen, mutt he sik mit en hilligen Swuur in de Plicht nehmen laten.

De Erst Paragraf
De Minschenbarg dörf Uns Länner nich anners verlaten, as bloß, wenn em dorto Uns Verlöfnis mit Uns grootet Staatssiegel geven is.

De Tweet Paragraf
De boben nömte Minschenbarg dörf sik nich ünnerstahn, ahn Uns besünnere Odder in Uns Hauptstadt to kamen; kriggt he düsse Odder, denn mööt de Inwahners twee Stünnen vördem wahrschuut warrn, dormit dat se in ehre Hüser blieven doot.

De Drütt Paragraf
De boben nömte Minschenbarg dörf, wenn he spazeerngeiht, nanich annerwegens gahn as bloß up Uns gröttsten un breetsten Landstraaten, un em is dat utdrücklich verbaden, up en Wisch orer in en Koornfeld rin to gahn orer sik dor hentoleggen.

De Veert Paragraf
Wenn de boben nömte Minschenbarg up de Straaten, de in den vörigen Paragrafen benömt sünd, spazeerngeiht, sall he ganz vörsichtig wesen un Achtung geven, dat he nich up de Liever

von Uns Leeven Ünnerdanen un ok nich up ehre Peer orer Wagens pedden deit, un he dörf ok keeneen von Uns Ünnerdanen in de Hand nehmen, wenn de em dat nich utdrücklich geweern deit.

De Föfft Paragraf
Wenn dor en ielige Nahricht is, de extra geswinn en Städ henbröcht warrn mutt, so sall dat den boben nömten Minschenbarg sien Plicht wesen, den Baden un Sien Peerd söß Daagsreisen wiet in sien Tasch to drägen un den Baden un sien Peerd (wenn dat nödig deit) in'n goden Tostand in de Nögde von Uns Kaiserliche Majestät trüchbingen.

De Sößt Paragraf
De boben nömte Minschenbarg sall sik mit uns tohopen doon gegen Unse Fiende up de Insel Blefuscu un doon, wat he man jichens kann, dat alle Scheep von ehre Kriegsflott, de se jüst uprüsten doot för en Infall in Unse Länner, tonicht ward.

De Söbent Paragraf
De boben nömte Minschenbarg sall in de Tiet, wenn he nix to doon het, Unse Arbeiters to Siet stahn un jem helpen, de groten Steens hochtobööm, de dorto bestimmt sünd, de Muur üm den groten Park un üm de annern von Unse Königlichen Gebüüden faster to maken.

De Acht Paragraf
De boben nömte Minschenbarg sall in de Tiet von twee Maand en akkroten Plaan maken von de Grött un den Umfang von Unse Länner. He sall dat Bereeken dorto up de Grundlaag von sien eegen Schritten, mit de he de Küst afschritten sall, anstellen.

De Letzt Paragraf
Wenn de boben nömte Minschenbarg up düsse Paragrafen den fierlichen hilligen Swuur daan het, sik akkrot dor an to holln,

sall he Dag üm Dag Äten un Drinken kregen, un tworsten soveel, as 1728 von Uns Ünnderdanen to'n Leven notwennig hefft; bobenin sall he frieen Togang to Unse Königliche Person hebben un noch annere Teeken von Unse Königliche Gnaad kriegen.

Upschreeven, afsiegelt un utgeven in Unsen Palast to Belfaborac an'n twölften Dag von den eenunnegentigsten Maand von Uns Regeeren.

Up düsse Artikels geev ik mienen Swuur. Ik weer dor in groten un ganzen tofreden mit un geev mien Ja dorto mit Freid in't Hart, wenn mi ok en poor von de Paragrafen nich ganz nah de Mütz weern. Aver dat keem von de Leegheit von den Herrn Grootadmeral Skyresh Bolgolam. Nu worrn furts mien Keden losmaakt un ik kunn mi ganz frie bewegen. De Kaiser sülmst dä mi de Ehr an un weer de ganze Tiet bi den fierlichen Akt mit dorbi. Ik wies em mienen Dank dordörch, dat ik vör em up de Kneen güng. He sä aver, ik söll upstahn. Un denn sä he mi noch veele gode Wöör un streek mi mächtig rut. Ik will dat aver nich allens upschrieven, anners kunnen noch welke Lüüd meenen, dat ik mi dor wat up inbillen do. De Kaiser meen denn noch, he harr dat Tovertruun to mi, dat ik mi as en goden Deener wiesen wörr un all de goden Wöör verdeenen dä, de he mi all geven harr, un ok de, de he mi in Tokunft noch geven wull.
Nu will ik den Leser noch seggen, up den letzten Paragrafen acht to geven, wo mi de Frieheit toseggt is. Dor ward mi je soveel Äten un Drinken ankünnigt, as 1728 von ehr Lüüd to'n Leven bruukt. Ik fröög 'n Tietlang later en goden Fründ, de sik an den Kaiserlichen Hoff utkennen dä, wo se up düsse bestimmte Tall kamen harrn. Un de sä mi dat. De Reekenmeisters von Siene Majestät heff de Grött von mien Lief afmäät. Un wieldat se an mi nich anrecken kunn, harrn se 'n Quadranten dorto nahmen. Se funnen rut, dat mien Grött un de Grött von ehre Lüüd so weer as twölf to een. Von Statur sehgen wi je ziemlich egol ut, un so hefft se utreekent, dat

tominnst 1728 von jem in mien Lief rinpassen dän. Un se meenten, dorut folgte notwennig, dat ik soveel Nahrung hebben möß as soveel Lüüd von jem bruken dän. An düt Bispill könnt mien Lesers sik en Bild dorvon maken, wo scharpsinnig düt Volk is un wo klook un akkrot ehr Hoge Herr mit siene Wirtschaft umgahn deit.

De veerte Strämel

Mildendo, de Hauptstadt von Lilliput, un den Kaiser sien Palast ward beschreven. De Schriever un de Erste Minister besnackt de Laag in't Kaiserriek. De Schriever driggt den Kaiser sienen Bistand an.

Nah mien Friekamen weer mien erste Bitt, dat se mi togestahn dän, mi de Hauptstadt Mildendo antokieken. De Kaiser sä furts ja, geev mi aver mit up'n Weg, ik söll achtgeven up de Inwahners, dat ik jem un ok ehr Hüüs keenen Schaden maken dä. Dorüm worr de Lüüd kunnig maakt, dat ik de Stadt besöken un mi dor in ümkieken wull. De Stadtmuur is tweeunhalf Foot hoch un tominnst ölm Toll breet, en Peerkutsch kann dor rundrum up längsföhrn, ahn dat de afrutschen deit. Alle tein Foot staht links un rechts mächtige Toorns. Ik pedd över dat grote West-Door weg un güng ganz vörsichtig nah de Siet up de beiden Hauptstraaten lang. Ik harr mien korte Jack antogen. Mi weer nämlich bang ik kunn sünst mit de langen Slippen von mienen Överrock de Däcker un Dackrönnen Schaden andoon. An de Lüüd weer'n strenge Odder utgeven, jedereen söll in Huus blieben, un wer sik dor nich an holln dä un to Schaden keem, de harr sülmst Schuld un möß alleen dorför upkamen. Liekers sett ik de Fööt ganz sachten vöran. Dat kunn je wesen, dat de een orer anner sik, neeschierig as de Lüüd nu mol sünd, doch noch buten rumdriven dä. Un de woll ik doch nich up'n Kopp pedden. De Dackfinstern un de Huusdäcker seeten wull von all de Neeschierigen un ik glööv, up all mien Reisen heff ik noch keeneen Stadt sehn, wo so veele Minschen up eenen Hümpel tosamen weern. De Stadt weer genau veereckig, de Muur is up jede Siet fiefhunnert Foot lang. Twee grote Straaten, fief Foot breet, gaht över Krüüz un deelt de Stadt in veer Stadtdeele in, de een as de anner liek groot sünd. De Stiegens un Twieten, de nah de Siet afgüngen, weern man twölf bet achtein Toll breet. Dor kunn ik bloß rinkieken, to'n ringahn weern se to small för mi. Fiefhunnertdusen Inwahners harrn Platz in de Stadt. De Hüüs sünd dree bet fief Etaaschen hoch,

un in de Geschäften un up'n Markt gifft dat allens to köpen, wat'n sik bloß denken kann. Den Kaiser sien Palast liggt akkrot in de Mitt, wo de beiden groten Straaten sik krüzen doot. Rundrum um den Palast is en Muur buut, twee Foot hoch un twintig Foot von de Gebüüden af. Siene Majestät harr mi verlööft, över de Muur wegtostiegen. Un wieldat twischen Muur un Gebüüden veel Platz weer, kunn ik rundrum gahn un mi den Palast von alle Sieten bekieken. Dree Hööf weern dor, een in den annern. De butenst Hoff weer en Veereck von veertig Foot, de leeg um den annern beiden rum. In den binnersten weern de Gebüüden mit Salons, Stuven, Kamern un all de annern Rüüme von de königliche Familje. Un de woll ik to geern mal sehn. Aver dat weer nich so eenfach. Dat grote Door von een Hoff in den annern weer man bloß achtein Toll hoch un söben Toll breet. Un de Gebüüden von den butensten Hoff harrn de Höchd von tominnst fief Foot. De Muurn dorvon weern woll goot fast ut behaute Steen buut un veer Toll stark, aver ik weer doch 'n beten bang, wenn ik dor över weg stiegen wull, kunn ik dor wat an tweimaken. Lickers wull ik mi dat geern besehn. Un ok den Kaiser leeg doran, dat ik de staatsche Pracht von sienen Palast bewunnern söll. Nah dree Daag weer dat sowiet, dor harr ik en Utweg funnen. Erstmol güng ik nah den König sienen Park, de so bi hunnert Ellen afleeg. Dor sneed ik mit mien Taschenmeßt en poor von den gröttsten Bööm af. Von de Stämm maak ik mi twee Schemels, bi dree Foot hoch un so fast, dat se mien Gewicht dragen kunnen. Nu kreeg dat Volk in de Stadt nochmol Bescheed, dat ik kamen dä. Ik maak mi wedder up den Weg dörch de Straaten nah den Palast to. Dorbi harr ik de Schemels in de Hännen. As ik an den butensten Hoff ankamen dä, steeg ik up den eenen Schemel rup, nehm den annern in de Hand, böör em över dat Dack von de Gebüüden in den Hoff un sett em sinnig mank den ersten un tweeten Hoff dal, de Gang dormank weer mit acht Foot breet noog. Nu kunn ik licht von eenen Schemel up den annern röverstiegen. Mit'n Stock, wo ik en Haken anmaakt harr, hal ik den ersten nah mi hoch. Up düsse Aart un Wies keem ik in den binnersten Hoff. Dor leed ik mi up den Eerdbodden dal un dreih mi nah den Finsten von de middelste Etaasch to, de se woll extra för mi open laten harrn. Dor kreeg ik nu de grootarigsten Rüüms to Gesicht, de'n sik man vörstellen kann. Ik sehg de Kaiserin un de Prinzen, de in de verschieden Stuven un Salons weern, un de vörnehmsten von ehrn Hoffstaat um jem rum. Ehre Kaiserliche Majestät weer heel nett to mi, keek mi fründlich un vull Gnaad an, un dörch dat Finster hol se mi de Hand to'n Handkuß hen.

Aver nu sall düt erstmol noog wesen mit so'n Beschrievungen. De spoor ik mi up för en grotet niget Book, wat all meist farig is to'n Drucken. In dat Book steiht allens in, wat von düt Land to seggen is, wo dat anfangt het un wo dat denn wieter gahn is. Ok von all de hogen Herrns, de düt Land regeert hefft, steiht dor wat in, un dorvon, wat se von Kriegen föhrt hefft; un von ehre Politik, von ehre Gesetzen, ehr Weetenschop un ehre Reljon un von de Planten un de Deerten, de dat hier geven deit. In dat nige Book is denn ok to lesen, wat von Weeswark se drieven doot bi de Arbeit, bi't Fiern, in de Familjen, an'n

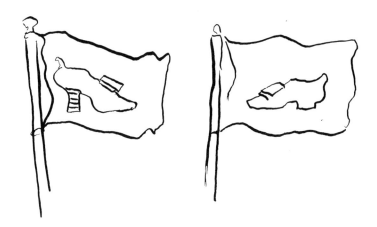

Fierobend un överhaupt allens, wat wert is, dat'n dor wat von weeten deit. Hier will ik man bloß von dat vertellen, wat sik in de neegen Maand, wo ik hier weer, mit dat Volk un mit mi begeven het. Een Morrn, dat weer woll so'n veertein Daag nah mien Friekamen, dor keem mien Fründ Reldresal nah mi hen, de Erste Minister för Privatsaken (so nömt se em.) He keem alleen, man bloß eenen Deener harr he dorbi. Den Wagen leet he 'n Enn von mien Huus af stahn, dor söll de töven. He frög mi, wat ik em nich en Stunn tohörn woll. Ik sä furts ja, he harr nämlich en hogen Posten un weer en düchtigen Mann. Aver nich bloß dorümhalben, he harr mi ok oftinst bistahn un goden Raad geven, wenn ik von den Kaiser un sien Lüüd wat hebben wull. Ik stell em an, mi up den Footbodden to leggen, dat he bi 'n Snacken dichter an mien Ohr weer. Aver em weer dat kommodiger, wenn ik em bi uns Vertellen up de Hand hölln dä. Toerst graleer he mi to mien Friekamen un meen, he harr dor ok nich wenig bi daan. Denn aver sä he ok, dat harr woll nich so ög wat worrn, wenn dor nich gewisse Umstännen an den Hoff wesen weern. Un denn füng he en lange Reed an: „Dat mööt Se (so reed he mi an) nämlich weeten, de Tostand von uns Land süht för en fremden Minschen woll nah wunner wat ut. Aver dor sünd twee Saken, de un mächtig tosetten doot. De een is en grote Striederee mank uns eegen Lüüd un de anner is en Gefohr von butenlanns, wo wi dormit reeken mööt, dat de gewaltige, överbastige Fiend över uns Land herfallen deit. Wat de erste Saak angeiht, dat verhöllt sik so: All so bi söbentig Maand lang gifft dat in uns Land twee Parteien, de sik in de Hoor liggt. De een sünd de Tramecksan un de annere de Slamecksan. De Naams kamt von de Hacken von ehr Schoh. Ob se sied orer hoch sünd, dor kann 'n jem an kennen. Nu ward seggt, dat nah uns ole Gesetzen de hogen Hacken de richtigen sünd, un dat will ok woll stimmen. Man bloß, Siene Majestät het fastleggt, dat to allens, wat mit dat Regeern un mit de hogen Postens tohopenhangt, de to vergeven sünd, man bloß de Lüüd mit de sieden Hacken to bruken sünd. Dat het Se gewiß ok all upfolln. Un Se hefft woll ok all markt, dat de Kaiserlichen Hacken von Siene Majestät tominnst een Drurr sieder sünd as bi jede annere Person an sienen Hoff. (Een Drurr is 'n Maat so bi den veerteinsten Deel von een Toll.) De Woot un Raasch, de de een Partei up de anner het, is so groot, dat se sik nich an eenen Disch setten doot, to'n Äten nich un to'n Drinken ok nich. Nichmol snacken doot se mit'nanner. Wi meent, dat de Tramecksan, de mit de hogen Hacken, 'n ganz Deel mehr Lüüd sünd as wi, aver dat Seggen in't Land, dat hefft wi. Man een Deel maakt uns Sorgen. Dat schient nämlich so, as wenn Siene Kaiserliche Hoheit, de Troonfolger, mit de Hoge-Hacken-Partei ünner een Deck steeken deit. Tominnst meent wi, dat sien een Hacken höger is as de anner. Dat kann'n dor an sehn, dat he'n beten in de Kuhl pedd. Düsse Saak bringt veel Unroh in uns Volk. Un denn kümmt dat annere noch dorto, de Gefohr von de Insel Blefuscu. Dat is dat annere grote Riek in de Welt, meist jüst so grootmächtig as dat Riek von Siene Majestät." Un nu reed de Erst Minister för Privatsaken mi wedder direkt an: „Se hefft je för gewiß seggt, dat geev in de Welt noch annere Königrieken un Länner, wo Minschenkinner in wahnt, de so'n Grött hefft as Se sülmst. Uns Philosophen meent nu aver, dat kann nich angahn. De glöövt ehrer, dat Se von'n Maand orer von een von de Steerns dalfalln hefft. Denn

dat is gewiß, hunnert Person von Ehre Grött worrn in körtste Tiet allens tonicht maken, wat dat an Früchten un Veeh in de Länner von Siene Majestät geven deit. Un in uns Geschichtsböker, de över sößdusend Maand trüchrecken doot, steiht von keen annere Gegend wat in, as man bloß von Lilliput un Blefuscu. Un mank düsse beiden Länner, dat woll ik Se seggen, gifft dat all sößundörtig Maand hendörch en ganz harten un leegen Krieg. Anfangt het dat mit den Striet um de Eier. Alle sünd sik dorin övereen, dat von'n Olen her de Bruuk weer, de Eier, de'n äten will, an dat stumpe Enn aftoslahn. So hefft de Lüüd in uns Land dat jümmer holln. Molinst woll de Opa von Siene Majestät, de hüüt regeert, en Ei äten. Un he slög, so as sik dat hörn dä, dat an dat stumpe Enn af. Un dorbi sneed he sik in'n Finger. Un dor geev sien Vader, wat de domolige Kaiser weer, en Odder rut an alle siene Ünnerdanen: Bi andrauhn von swore Strafen mööt von nu an de Eier an dat spitze Enn afslahn warrn. Över düt Gesetz keemen de Lüüd gewaltig in Raasch. In uns Geschichtsböker in dorvon schreeven, dat dat ut düssen Grund sößmol to'n Rebelljon kamen is.

Een Kaiser het dorbi to Dood kamen un en annern hefft se afsett un wegjagd. Un dorbi hefft de Fürsten von Blefuscu de Inwahners von uns Land jümmer noch uphißt. Aver de Suldaten von uns Armee sorgten dorför, dat Recht un Ornung wedder de Bobenhand kregen. En ganz Deel von de Upstännischen neihten ut orer worrn ut dat Land rutjagd. De kröpen denn bi den Fiend ünner. Annere, de in't Land blieven dän, leeten sik ehrer doot maken, as dat se de Eier an't spitze Enn afslaan dän. Dat weern, so ward seggt, mit de Tiet woll bi ölmdusend. Hunnerten von dicke Böker geev dat över düssen Striet, aver de von de Stump-Enn-Lüüd dörft all lang nich mehr druckt, verkofft un ok nich lest warrn. Ehr ganze Partei, dat is dörch'n Gesetz fastleggt worrn, dögt nich dorto, man ok bloß eenen högeren Posten to besetten. De ganze Tiet över, as de Rebelljons weern, leet de Kaiser von Blefuscu uns jümmer wedder von siene Botschafters vörsmieten, dat wi uns nich an dat Grundkapittel von unsen Glooven holln, so as dat von den groten Profeten Lustrog upschreeven is in de veerunföfftigsten Strämel von de Brundecral (dat is ehr Hillige Schrift). Uns Philosophen un Preesters aver meent, dat'n düsse Städ in den Text so nich utleggen dörft. Wat dor mit schreeven Schrift steiht, heet nämlich so: „Alle, de den wohren Glooven hefft, de slaat de Eier an't richtige Enn af." Un wat is nu dat richtige Enn? Bi düsse Fraag mutt nah mien ringe Meenen jedereen tosehn, dat he mit sien eegen Geweeten kloor kümmt. Aver tominst mutt doch gellen, dat uns böbelstet Amt tokümmt to seggen, wo düsse Städ utleggt warrn mutt. Nu sünd dor de Stump-Enn-Lüüd, de in Blefuscu ünnerkropen hefft, un veele hoge Herrns an den Kaiser sien Hoff hört up jem. Un nich bloß dat, de kriegt ok heemlich Biestand von ehr Partei hier in uns Land. Un so het düsse ehrlose Bagaasch dat farig bröcht, dat all soßundörtig Maand lang en furchtboren Krieg is mank de beiden Länner. Un dorbi geiht dat jümmer up un af, mal hefft de eenen Bobenhand un mal de annern. Veele Suldaten sünd dorbi all to Dood kamen. Wi in Lilliput hefft in düsse Tiet veertig grote Kriegsscheep verlorn un noch veelmehr lüttjere, un dorto dörtigdusend von uns besten Seelüüd un Suldaten. De Schaden, de wi den Fiend bibröcht hefft, is nah uns Meenen noch'n beten wat grötter as bi uns. Aver liekers hefft se nu en gewaltig grote Kriegsflott up de Been stellt, un nu sünd se dorbi un rüst sik för den Överfall up uns Land."

Un nu keem de Erste Minister för Privatsaken to den Sluß un de Hauptsaak von sien Reed: „Siene Kaiserliche Majestät het groot Tovertruun to Se Ehrn Moot un Se Ehr Kuraasch, dorüm het he mi herschickt, dat ik Se düssen Bericht von de Laag in uns Land geven söll."

Ik bed nu den Minister, he söll den Kaiser seggen, dat ik em hochachten dä as mienen höchsten Herrn, so hoch, dat ik as de gröttste Ehr för mi ansehg, em in allens, wat he seggt, furts to pareern. Un dat leet ik em ok noch seggen, dat he sik dorup verlaten kunn, wenn't up ankeem, worr ik mien Leven för em un sien Land up't Spell setten gegen alle, de em wat wulln.

De föffte Strämel

Mit'n besünnere Sluusohrigkeit wennt de Schriever en Överfall up dat Land af. He kriggt dorför en hogen Ehrentitel. Von den Kaiser von Blefuscu kaamt Botschafters un holt um Freeden an. Dörch'n Mallör brennt dat bi de Kaiserin. De Schriever hölpt dorbi, dat dat Füür nich wieter geiht.

Dat Kaiserriek Blefuscu, wat'n Insel is, liggt in Nordnordost von Lilliput. En Kanal von achthunnert Ellen Breed liggt twischen beide Länner. Ik harr dat Land Blefuscu noch nich sehn, un as ik von den Överfall hörn dä, den se plaanten, leet ik mi erst recht nich up de Siet von de Küst sehn, de dor hento leeg. Dat kunn je wesen, dat welk von ehr Scheepen mi to sehn kregen, un denn wüssen se Bescheed. In de Tiet, wenn Krieg weer, dörfen bi Doodstraaf keen Nahrichten twischen de beiden Länner hen un her gahn. Un nah uns Kaiser sien Anorden weer ok jede Schippsverkehr verbaden. Ik güng nah Siene Majestät hen un leed em en Plaan vör, de ik mi utdacht harr, un mit de ik den Fiend alle Kriegsscheep up eenmol wegnehmen kunn. Uns Spijons harrn nämlich rutkregen, dat de ganze Kriegsflott von Blefuscu in'n Haven för Anker leeg, fix un farig to'n Utlopen. Se tövten man bloß up passigen Wind. Siene Majestät stimm mienen Plaan to un ik güng an't Wark. Bi Seelüüd, de Bescheed wüssen, maak ik mi kunnig, wo deep dat Water in den Kanal weer. Se harrn dat oftinst utmäät un sän mi, bi Floot weer dat in de Mitt söbentig Glumgluffs deep (dat sünd nah uns Maat so bi söß Foot) un sünst nich mehr als fófftig Glumgluffs. Ik güng nu nah de Nordostküst hen. Lieköver von Blefuscu versteek ik mi achter'n lütten Anbarg. Ik hol mienen lütten Wietkieker ut de Tasch un ögte nah den Haven röver, wo de Flott vör Anker liggen dä. So bi föfftig Kriegsscheep weern dat un denn noch veele Transportscheep dorbi. Ik bekeek mi dat allens ganz genau un güng denn wedder nah Huus. Nu geev ik den Updrag (de Vullmacht dorto harr ik mi geven laten), se sölln mi 'n Barg von ehr starksten Reepen un en Hupen

Iesenstangen herbringen. De Reepen weern so dick as bi uns de Bindfodens un de Iesenstangen harrn de Längde un de Dickde as'n Knüttelsticken. Dormit dat se mehr afhollen dän, maak ik von dree Reepen een starket Tau, un von de Iesenstangen dreih ik jümmer dree to een tosamen un böög de Spitzen to Hakens üm. Fofftig so'n Hakens maak ik trecht un bunn an jeden dorvon een Tau an. Dormit güng ik nu nah de Küst. So bi 'n halve Stünn, ehrer de Floot keem, treck ik mienen Överrock, de Schoh un de Strümp ut un güng in't Water rin. So gau as dat man güng, streev ik los. In de Mitt von den Kanal möß ik en dörtig Ellen wiet swümmen, denn keem ik wedder an 'n Grund. Dat duur keen halve Stunn, dor weer ik an'n Haven. De Matrosen up de Scheep verfehrten sik bannig, as se mi to Gesicht kregen. Vör luuter Angst un Bang hüppten se in't Water un swömmten an't Över, so gau as se man kunnen. Letzto stünnen dor dörtigdusend Minschen tosamen. Ik güng nu bi un maak bi jedet Schipp een von mien Hakens in de Luuk up dat Vördeck fast un slööp de Ennen von de Reepen to'n Knütt tohopen. In de Tiet, as ik dormit begannen weern, schöten de Fienden dusende von Pielen up mi af. Veele dorvon bleven mi in't Gesicht un up de Hännen sitten. Dat maak mi grote

Wehdaag un behinner mien Doon nich wenig. An mehrsten harr ik Bang üm mien Ogen. Un dat harr ok scheevgahn kunnt. Aver dor föll mi upmol wat in, wat ik dorgegen doon kunn. In mien Geheemtasch (ik heff wieter boben dorvon vertellt, dat de beiden Beamten de nich funnen harrn bi'n ünnersöken) bewahr ik je en poor Utensiljen up, un dor weern ok mien Ogengläs mit bi. De kreeg ik nu rut, sett mi de up de Näs un drück se so fast an, dat se nich dalfalln kunn. Nu kunn ik bi mien Arbeit ruhig wietermaken un scheer mi nich mehr an ehr Pielenscheeten. Veele dorvon dröpen woll mien Brill, aver se kunnen mi wieter nix doon, as dat se man bloß de Ogengläs 'n beten hen un her schuven dän. Ik harr nu ög alle Hakens fastmaakt. Denn nehm ik de Knütt von de Reepen in de Hand un füng an mit Trecken, aver keen von de Scheep röög sik von de Städ. Se seeten alle fast an'n Anker. Nu bleev mi noch de Deel von mien Arbeit, wo ik an mehrsten bi riskeern möß. Ik leet de Reepen los, de Haken in de Schippsluken bleven sitten, un den sneed ik mit mien Taschenmeßt de Ankertauen dörch. Dorbi kreeg ik woll so bi tweehunnert Pielen in't Gesicht un up de Hännen. Nu nehm ik de tohopslöpten Ennen von de Hakenreepen wedder up un töög de föfftig gröttsten von de Kriegsscheep achter mi her, un dat güng ahn veel Anstrengen. De Lüüd von Blefuscu harrn erstmal keen Ahnung dorvon hat, wat ik woll wull. Se harrn sik so verjagt, dat se ganz dörchhen weern. As se sehn harrn, wo ik de Ankertauen kappen dä, meenten se toerst, ik wull de Scheep man eenfach so drieven laten, orer vielllicht ok jem een gegen dat annere stöten. Denn aver worrn se gewohr, dat ik an de Reepen trecken dä, un dat de Scheep alle een bi een achter mi nah keemen, rut up de wiete See. Se wüssen sick nich anners to helpen un füngen en Bölken un Schriegen an, so leeg, dat 'n sik dat nich vörstellen kann. Un ik finn ok keen Wöörd, dat to beschrieven. As ik denn wiet noog af weer von ehrn Haven, dat se mi nix mehr doon kunnen, bleev ik erstmol stahn. Dat durr'n ganze Tiet, bet ik de Pielen ruttogen kreeg, de mi in't Gesicht un up de Hännen seeten. Up de leegen Städen smeer ik mi de Salv up, de ik domols bi mien Ankamen up de Insel Lilliput kregen harr (ik heff dor all von vertellt). Nu nehm ik de Brill wedder af un tööv en Stunnstiet af, bet de Floot 'n beten aflopen harr, un denn güng ik wieter. Ik steevel midden dörch den Kanal, un töög mienen Fang dorbi achter mi her, liek up den königlichen Haven von Lilliput to un keem dor ok heel an.

De Kaiser un all sien Lüüd stünnen an de Kai un weern an't Afluurn, wo ik mien grotet Vörnehmen to Enn bringen dä. Erstmal harrn se von wieten sehn, dat de Scheepen so in'n Halfkring von Blefuscu her röver keemen, aver mi kunnen se noch nich wies warrn, ik güng je deep in't Water. As ik denn in de Mitt von den Kanal weer, worr jem bang, wieldat man bloß noch mien Kopp ut'n Water keek. De Kaiser meen all, ik harr mi verdrunken, un nu weer de Kriegsflott von Blefuscu ünnerwegens un wull jem tolief. Aver sien Sorg wohr nich lang. Mit jedeneen Schreed, de ik güng, keem mien Lief höger rut ut dat Water, un dat duur nich lang, denn weer ik so wiet ran, dat se mi hören kunnen. Ik holl mien Hand mit de Reepenennen, wo de Scheepen anhangen dän, tohöcht un rööp so luut as ik man kunn: „Hurra! Langet Leven för den grootmächtigen Kaiser von Lilliput!"

As ik an Land güng, nehm Siene Majestät mi mit Gnaad un Gunst in Empfang un höll en grote Reed to mien Ehrn. Un denn maak he mi up de Städ to en Nardac, wat de höchste Ehrentitel in Lilliput is. Siene Majestät dröög mi denn an, ik söll bi'n passige Gelegenheit ok noch all de annern Scheepen von sienen Fiend in unsen Haven halen. In sien Överkröppschigkeit, de he nich betähmen kunn, wull he dat ganze Kaiserriek Blefuscu översluken un to en Provinz von sien Riek maken. En Vizekönig söll dor denn regeern un alle Stump-Enn-Lüüd toschannen maken. Un wenn he denn dat ganze Volk dorto dwungen harr, dat se de Eier an't spitze Enn afslaan mössen, denn weer he dat, wat he jümmer all wullt harr: De Herr von de ganze Welt. Ik wull em von düsse Plaans afbringen un geev mi grote Möh dormit. Ik vertell em, wo nah mien Meenen de Politik maakt warrn möß un dat bi't Regeern vör allen dat Volk gerecht un ornlich behannelt warrn möß. Un denn sä ik em frierut, ik worr mi nienich dorto hergeven un nienich dorbi mitmaken, en Volk, wo de Minschen frie sünd un Moot hefft, to en Hupen Knechten to maken. Düsse Saak worr denn in den Staatsraat afhannelt, un dor weern de mehrsten klook noog, dat se desülvige Meenen harrn as ik.

Wat ik so liektohen seggt harr, dat weer den Kaiser sien Planen un sien Politik so towedder, dat he mi dat nich vergeven kunn. Mi worr vertellt, dat he in den Staatsraat achtersinnig un scheefsch von mi vertellte. Un de Klooken von de Herrns, de sik leever nich dat Muul verbrennen wulln, de sweegen still. Un dat schien so, as wenn se mien Meenen dormit recht geven dän. De annern aver, de mi nich utstahn kunnen, de geven ehrn Semp dorto mit ehrafsnieden Wöörd, mit de se mi heemlich in slechtet Licht bringen wulln. Un von düsse Tiet güng dat an, dat se minnachtig von mi snackten, un dat Siene Majestät mit en poor falsche Sluusohrn von Ministers up veniensche Wies allerhand Snackeree gegen mi ingang bringen dän. Erstmol bleev dat noch heemlich, aver dat duur man so bi acht Weeken, den keem dat jümmer mehr todaag. Dor het nich veel an fehlt, denn harr ik dorbi toschannen worrn. Dat is je nu mal so in de Welt, du kannst de hogen Herrns noch so veel to Gefallen dan hebben, wenn du eenmal nich so doon wullt, as se dat von de föddert, denn gilt all dien Verdeensten för nix mehr.

Dree Weeken nah düsse Saak mit de Kriegsflott keem en fierliche Gesandschop ut Blefuscu. De Herrns geven Siene Majestät de Ehr, de em tokamen dä, un bröchten demödig vör, dat se Freeden maken wulln. Düsse Freeden worr ok bald afsloten, un dat mit Bedingen, de för unsen Kaiser veele Vördeelen bringen dän. Aver dor will ik mien Lesers nich mit langwielen. De Gesandschop ut Blefuscu, dat weern söß vörnehme Eddellüüd mit en Gefolg von ungefähr fiefhunnert Herrns. En staatschen Uptog weer dat un passig för de Grött von ehr Herrn, den Kaiser, un passig ok för den groten Updrag, den se mitkregen harrn. Bi dat Verhanneln un den Afsluß von den Freedenverdrag weer ik mit bi. Un mit mien Ansehn, wat ik an'n Kaiserhoff harr (tominnst schien dat so, as wenn ik Ansehn harr), sett ik mi en beten för de Herrns ut Blefuscu in. Up Umweg kregen düsse Exzellenzen dat to weeten, dat ik as'n Fründ für jem intreeden weer un dorüm ehrten se mi mit ehrn Besöök. Toerst sän se mi veele Kumpelmenten över mien mootig Intreeden för jem, un den frögen se mi in den Namen un Updrag von ehrn Kaiser, wat ik jem nich mol in ehr Land besöken wull. Un denn sän se noch, se harrn all soveel Wunnerbores von mien gewaltige Kuraasch hört, un se müchten dor doch to geern en beten wat von to sehn kriegen. Ik leet mi nich lang nöden un dä jem den Gefallen. Wat dat allens weer, wat ik jem vörmaken dä, dor will ik aver den Leser nich mit uphollen. En poor Daag heff ik de Exzellenzen mit allerhand Tietverdriev ünnerholln, un oftinst weern se dorbi an't Staunen un Wunnern un se sän, dat harr jem veel Spoß maakt. Ik beed se denn, se müchen mi de Ehr andoon un den Kaiser mien Gröten överbringen. Un ik leet em seggen, dat ik em hoch achten dä, un dat he to Recht en groot Ansehn in de Welt harr un von de Minschen bewunnert worr. Un dat sölln de Exzellenzen em ok noch seggen, ik harr mi fast vörnahmen, Siene Königliche Majestät en Besök to maken, ehrer ik in mien Heimat trüchgahn dä. An den annern Dag worr ik bi unser Kaiser vörlaten, wat för mi as en grote Ehr to reeken weer. Un dorbi beed ik Siene Majestät, he müch verlöven, den Kaiser von Blefuscu to besöken. Siene Majestät weer so gnädig un geev mi dat to, aver ik mark woll, so warmhartig as fröhertiets snack he nich mehr mit mi. Ik kunn dor erst nich recht achter kamen, worüm he so kort un kolt weer; denn aver puster mi en Person (den Naam will ik leever nich seggen) in't Ohr, dat keem von Flimnap un Bolgolam. De harrn den Besöök von de Exzellenzen ut Blefuscu bi mi henstellt as en Teeken, dat ik mi heemlich up de Siet von de Fienden stellt harr. Aver dor weer je nu würklich nix von wahr. Düt weer dat erste Mal, dat mi kruuse Gedanken dürch den Kopp güngen över de Ehrlichkeit von Ministers un hoge Herrns.

Dat woll ik ok noch seggen, dat de Exzellenzen ut Blefuscu en

Dolmetscher mit dorbi harrn. De Spraken von de beiden Länner sünd nämlich jüst so verschieden, as dat bi de Länner in Europa ok is. Un jedet Land gifft dormit an, wo olt ehr eegen Spraak is, wo fien se sik anhört un wo mächtig de Wöör klingt. De Spraak von de Nahwers rekent se överhaupt nich mit. So weer dat ok bi unsen Kaiser. He harr je nu gegen de Lüüd von Blefuscu de Bobenhand dordörch, dat ik jem de Kriegsflott wegnahmen harr. Un so harr uns Majestät anornd, dat de Exzellenzen ut Blefuscu ehre Vullmachtenschrieven in de Spraak von Lilliput upsett wesen mössen, sünst leet he dat nich gellen, un Ehre Reed harrn se ok up Lilliputsch to holln. Dat mutt'n aver weeten, dat gifft man wenig Lüüd an de Küst, se mögt hoch orer sied von Stand wesen, de sik nich in beide Spraaken ünnerholln künnt. Dat kümmt dorvon, dat twischen beide Länner jümmer all veel Hannel un Wannel begäng weer. Un denn weern dor ok de Minschen, de ut dat eene Land weglopen un in dat annere ünnerkrupen dän von wegen dat Spitz- un Stumpenn von de Eier. In beide Länner is dat ok Mood, dat se de jungen Kerls ut de vörnehmen Familjen nah dat annere Land schickt, dat se dor wat von de Minschen un ehr Weeswark kennenliert, in de Welt rümkaamt un so wat för ehre Bildung doot. Dat de Spraaken ünnerlangs bekannt sünd, dat heff ik'n poor Weeken later gewohr warrn, as ik den Kaiser von Blefuscu besöken dä, um em mien Kumpelmenten to maaken. Dat ik dat dä, weer en groot Glück för mi un het mi vor böse Leegheiten wohrt, de mien Fienden mi andoon wulln. Dorvon warr ik noch vertellten, wenn't sowiet is.

Mien Leser fallt dat viellicht wedder in, wo mi dat mit de Artikels to mien Friekamen gahn het. Dor weern en poor Paragrafen bi, de mi nich nah de Mütz weern un mi gegen de Ehr güngen. Ik harr mi dor ok man bloß up inlaten, wenn ik dor afslut nich an vörbi kamen weer. Aver nu harr ik je den Titel Nardac, den höchsten, den dat man geven dä, un dorüm weer dat, wat in düsse Paragrafen von mi verlangt worr, mi ganz un gor toweddern; un dat mutt ik den Kaiser würklich togoden holln, he füng dor nich een eenzigs Mol von an.

Dat duur nich lang, dor keem nu en Gelegenheit, wo ik Siene Majestät 'n heel groten Deenst bewiesen kunn. (Dat meen ik domols jedenfalls.) Dat weer mol midden in de Nacht, dor geev dat en groot Geschrich an mien Döör. Hunnerten von Minschen larmten un bölkten so dull, dat ik ut'n Slaap tohöcht schööt un mi gefährlich verfehrn dä. Jümmer wedder hör ik jem dat Woort „Burglum" ropen. En poor von den Kaiser sien Deensten wrangelten sik dörch de Lüüd nah mi ran un beden mi indringlich, ik söll up de Städ nah'n Palast henkamen. Se sän, in den Deel von de Gebüüden, wo Ehre Kaiserliche Majestät de Kaiserin in wahnen dä, weer en grotet Füür an't brennen. Een von de Hoffdaamen harr nich uppaßt. Se harr in't Bett noch'n Roman lest un dorbi toslapen. Un dormit weer dat ingang kamen mit Brennen. Ik sprung furts op un stört los. Un wieldat de Maand schien un ok de Lüüd in de Stadt Odder kregen harrn, för mi de Straaten frie to maken, keem ik rasch hen nah den Palast, ahn ok man bloß eenen von de Inwahners up'n Kopp orer up de Töhn orer sünstwo hen to pedden. All von wieten kunn ik sehn, dat se dor, wo dat Füür weer, Leddern anstellt harrn. Mit Ämmers so groot as'n Neihhoot weern se an't Löschen. Se harrn dor noog von ranhalt, man bloß dat Water weer bannig wiet af. So flink as't güng, langten se mi de Ammers to, aver dat hulp man wenig, de Hitt weer to gewaltig. Mit mien Överrock harr ik dat Füür woll dootsticken kunnt, aver in die Iel harr ik de to Huus liggen laten un weer in mien kort leddern Wams losrönnt. Dor weer woll keen Hülp mehr, ik kunn nix bi maken un möß tosehn, wo de grootarige Palast dalbrennen dä. Ik weer all meist ganz afzaagt, woll mi dat aver nich ankamen laten un beet de Tähn tosamen. Un in düssen Momang keem mi in, dat ik doch noch wat maken kunn. An den Obend vörher harr ik nämlich en ornliche Portschoon von en grootarigen Wien drunken, Glimigrim heet de (de Lüüd in Blefuscu seggt Flunec dorto. Aver uns Sorte, so ward seggt, smeckt beter), un düsse Wien drifft mächtig dörch. To'n Glück harr ik in de Iel un Upregung noch nich dorto kamen, Water to laten. Nu harr mi heet worrn, ik stünn je dicht an't Füür un

streng mi bi'n Löschen düchtig an. Ik mark nu, wo de Druck von den Wien in mien Lief jümmer deegter woor. Dor leet ik em frien Loop un stüür den Strahl, viegelinsch as ik nu mal bün, akkrot up de richtigen Städen hen. In en Tiet von dree Minuten harr ik dat Füür doot, un de annern Deelen von den Palast, wo so veele Generatschoons an buut harrn, de harr ik vör't Tonichtwarrn wohren kunnt.

Wieldeß weer't nu hellichtern Dag worrn un ik güng nah mien Huus trüch. Den Dank von den Kaiser tööv ik nich erst af. Ik meen woll, dat weer en groten Deenst west, de ik för em dan harr, aver ik weer mi nich seeker, wat Siene Majestät to de Aart un Wies seggen wörr, up de ik dat maakt harr. Dat Grundgesetz von sien Riek seggt nämlich, dat jedereen, de binnen de Muurn von den Kaiserlichen Palast sien Water afsleit, mit den Dood bestraft ward, ganz egal, wat von Stand he tohört. En beten ruhiger worr ik, as Siene Majestät mi seggen leet, he woll den böbelsten Richter Odder geven, he söll bi mi Gnaad vör Recht gahn laten un dat ok in en amtlichet Dokument faststellen, man bloß düsse Urkund heff ik nich to sehn kregen. Mi worr in Geheemen todragen, de Kaiserin weer dat, wat ik dan harr, so ekelig, dat se sik in de achterste Eck von den Palast trüchtogen harr. Se harr ok seggt, düsse ekelige Deel von den Palast söll nienich wedder torecht maakt warrn. Se worr dor keeneen Foot wedder över de Süll setten. Un denn har se meist as mit'n Swuur tolavt, dat se mi dat nienich vergetten wörr un mi dat up Mark un Pennig trüchbetahlen woll. Un düt Versprecken harr se för de Herrns un Daamens afgeeven, de ehr an mehrsten vertruut sünd, dat worr mi ok noch todragen.

De sößte Strämel

Von de Lüüd in Lilliput, wo gelehrig se sünd, wat bi jem recht is, wat sik gehörn deit un wo se de Kinner anliert. Wo de Schriever in düt Land leven deit un wo he sik as'n Kavaleer för en vörnehme Daam wiest.

En Beschrievung von Land Lilliput ward in en extra Book to lesen sien, aver en beten wat över Land un Lüüd will ik mien Leser to Gefalln hier all mol upschrieven. De Grött von de Lilliputaners liggt so bi knapp söß Toll, un wat dat an Deerten, Planten un Bööm geven deit, het de passige Grött dorför. De gröttsten Peer un Ossen sünd so veer bet fief Toll hoch un de Schaap bi annerthalf Toll. Ehr Göös sünd so as bi uns de Lünken un so geiht dat wieter bet to de Lüttsten, de ik mit bloot Ogen meist nich mehr sehn kunn. De Ogen von de Lilliputaners paßt von Natur ut to dat, wat se sehn mööt. Se könnt bannig scharp kieken, aver nich so wiet. Ik geev en Bispill dorför: Ik harr veel Spaß as ik'n Köksch tokieken dä, wo se een Lewark, de nich mol so groot weer as bi uns 'n gewöhn- liche Fleeg, de Feddert afplücken dä. Ik denk ok an en junge Deern, de dorbi weer, en unsichtboren Tweernsfoden in en unsichtbore Nadel rintoprünen. De gröttsten Bööm staht in den Königlichen Park. De sünd bi söben Foot hoch un ik kann man eben boben anrecken, wenn ik mi up de Töhnspitzen stel- len do. De annern Planten paßt in de Grött dorto un ik denk, de Leser kann sik dat vörstellen.

De Lüüd hier sünd bannig klook un anslägsch, dat is all veele Generatschonen lang so, aver dorvon will ik nich veel seggen. Man, wo se schrieven doot, dat is gediegen. Dat geiht nich von links nah rechts as bi uns, ok nich von rechts nah links as in Land Arabien, nich von boben nah ünnen as bi de Chinesen un nich von ünnen nah boben as bi de Kaskagiers. Hier schrievt se von een Eck boben von dat Schriefpopeer schräg nah de anner Eck ünnen, jüst so as de vörnehmen Daams bi uns. Ehr Doden graavt se mit den Kopp nah ünnen in. Se meent nämlich, dat de nah ölmdusend Maand alle wedder upstahn doot. In düsse Tiet nu, seggt se, dreiht sik de Eerd (von de se glöövt, dat se eben un platt is) mit de Bobensiet nah ünnen, un wenn dat Upstahn angeiht, staht se glieks richtig up de Fööt. De Studeerten geevt je to, dat düsse Liehr nix as Tüünkram is, aver se seggt: „De Lüüd willt dat so hebben, denn willt wi jem dat man laten", un dorum graavt se ehre Doden jümmer noch so in. In düt Kaiserriek gifft dat Gesetzen un Bruken, de bannig gediegen sünd. Un wenn se man nich so kuntreer to dat weern, wat in mien eegen düüret Heimatland gellen deit, denn harr ik geern seggt, wo vernünftig ik jem finnen do. Aver ik will mi man leever betähmen. Mien Höpen is aver, dat de Lüüd sik dor ok an hollen doot. De erste Paragraf, von den ik vertellen will, hannelt von heemlichet un tückschet Angeven bi de Polizei. In düssen Paragrafen heet dat nu: Dat Unrecht, wat gegen den Staat daan ward, ward an dullsten straft. Wenn de Anklagte aver nahwiesen deit, dat he unschüllig is, ward de, de em anzeigt het, mit Schannen todood bröcht. Un wat de Unschüllige an Schaden nohmen het (de verlorn Tiet, sien Bang un Not, de he uttostahn harr, un ok, wat sien Afkaat em an Geld kost het), kriggt he veerfach goot maakt, toerst von den Besitt von den, de em angeven het, un wenn dor nich noog to holn is, gifft de Staatskass wat to. Un denn ward he vör alle Lüüd von den Kaiser ehrt, un in de ganze Stadt ward sien Unschuld kunnig maakt. Bedreegen is in düt Land en ganz leeget Verbreeken, veel leeger as Klauen, un ward mehrstiets mit den Dood bestraft. De Oorsak för düssen Paragrafen is düt: Se meent, wer vörsichtig is, uppassen un nahdenken deit, kann sien Haav un Goot woll wohrn. Aver en rejellen Minschen kümmt oftins gegen den sluusohrigen nich an. De is em mehrstiets över, un dat ik woll ok so. Un denn seggt se, bi'n Köpen un Verköpen un bi Geschäften up Pump geiht dat ahn Bedreegen nich af. Wenn dor nu keeneen gegenan geiht un dat ok keen Paragrafen to'n strafen geven deit, denn fleit dat jümmer jüst den rejellen Minschen an un de Bedreeger is fein rut. Mi fallt jüst mol so'n Fall in: Dor weer een wegen Bedreegen anklagt, för den ik bi den Kaiser 'n godet Woort inleggen wull. Düsse Minsch, en

Deener, söll en groten Bedrag an sienen Herrn överbringen, aver he het dormit afhaut. Ik sä den Kaiser, de Slüngel harr sik woll an dat Tovertruun von sienen Herrn vergahn, aver dat geev doch woll noch leegere Verbreeken. Dor worr Siene Majestät bannig fünsch, dat ik den Verbreeker jüst dat togood holln woll, wat in sien Ogen de leegste Ümstand weer bi dat, wat he dan harr. Dorto wüss ik denn nich mehr to seggen as dat, wat'n denn gewöhnlich seggt, nämlich: in annere Länner is annerswat begäng. Ik mutt seggen, ik heff mi mächtig schaamt dorbi. Bi jedet Regeern gilt doch: Godesdoon ward löhnt un Unrechtdoon ward straaft. Ik heff aver noch keen Land funnen as bloß Lilliput, wo sik de Herrns dor würklich nah richten doot. In düt Land gilt nämlich: jedereen, de nahwiesen kann, dat he de Gesetzen dreeunsöbentig Maand lang akkrot inholln het, de staht bestimmte Vörrechten to, un he kriggt ok Geld ut en Pott, de extra dorför dor is. Woveel dat is, richt sik nah sienen Stand un siene Levensumstännen. Un denn geevt se em ok den Titel Smilpall — „de Rechtliche". De ward to sien Naam tosett, geiht aver nich an sien Kinner wieter. As ik de Lüüd vertellen dä, dat bi uns de Gesetzen man bloß jümmer mit Straaf dörchsett ward, dor sän se, dat weer doch 'n groten Mangel, wenn Goodsdoon nich löhnt worr. Jüst dorup ward bi jem acht geven, un dorüm het dat Justitia-Denkmal, dat vör de Gerichten steiht, bi jem söß Ogen, twee vörn, twee hinnen un up jede Siet een. Un de Gerechtigkeits-Daam het ok 'n Büdel mit Gold, den se in rechte Hand höllt. Dat Swert, dat noch in de Scheed stickt, driggt se in de linke Hand. Dormit ward wiest, dat se mehr von Löhnen höllt as von Strafen.

Wenn de Lüüd för de hogen Postens utsöcht ward, denn kiekt se mehr up'n goden Levenswannel as up'n överkloken Kopp. Se seggt, dat hört to de natürlich Ornung in de Welt, dat de Minschen regeert warrn mööt. Dorüm is dat erste, wat'n dorto bruken deit, de gesunne Minschenverstand. In de Natur is nienich vörsehn west, dat dat Hanteern mit de Staatsgeschäften so'n geheemen Kraam is, dat man bloß de Klööksten un Överklööksten dat begriepen könnt. Von düsse Sorte gifft dat in jedereen Generatschoon sowieso man bloß'n ganz poor. Se seggt, wenn een dat man wollen dä, kunn jedereen en wohrhaften un gerechten Keerl wesen, de sien Maat weet, un dor kummt dat up an. Un wenn de denn noch bedachtsam is un'n goden Willen het, denn is he för jedeneen Posten in sien Land to bruken. Man bloß denn, wenn to en Amt nödig is, dat'n dorup studeert hebben mutt, denn sall dat noch dorto kamen. Fehlt aver bi en Minschen de ornliche Levenswannel un is dat mit de Wohrheit un de Gerechtigkeit ok nich wiet her, denn maakt dat Studeern ok keen betern Minschen ut em. Dorum is dat gefährlich, wenn so'n Lüüd up de hogen Postens kamen doot. Se seggt ok, wenn een wat verkehrt maakt, wiel he dat nich beter weeten deit, aver sünst up'n goden Levenswannel ut is, denn kann de Schaden för de Minschen niemals ganz leeg warrn. Is dor aver een överklooke un hochstudeerte Person, de en tücksch un sluusohrig Natur het, de man jümmer up sien eegen Vördeel bedacht is un dat denn ok noch för recht utgeven deit, denn is dat dusendmol leeger un bringt de Lüüd in't Verdarven. De Lüüd hier meent ok, wer de Glooven an högere Macht fehlen deit, de dögt nich to jichenseen Amt in ehr Land. De Majestäten weet nämlich düssen Herrn över sik un regeert in sien Updrag. Un dor paßt dat afslut nich to, wenn wi eenen Minschen mitregeern laat, de de högere Macht nich gellen let. För een von de leegsten Verbreeken gilt, wenn eener sik nich bedanken deit. (Fröhertiets weer dat in anner Länner ok so, heff ik mol eenerwegens lest.) Se seggt, wer den, de em wat Godes deit, keenen Dank günnt, de kann nix anners wesen as en utmakten Fiend von de Minschheit. De kennt nämlich afslut keen Plichten gegen annere, un dorümhalven is so'n Minsch dat Leven nich wert.

Wenn ik von düsse Gesetzen un Ornungen vertellen do, denn meen ik dat so, as se von de Anfängen her west sünd un nich so, as de slechte Natur von de Minschen sik dat trecht böögt het, as dat leider ok bi düt Volk is. Ik denk dor bloß an den Hopphei, den se maakt, wenn dat um de hogen Postens geiht. Dor hefft de de Näs vörn, de an besten up dat Seil balanxieren un danzen könnt. To de höchsten Ehrn kaamt de, de an smietigsten över den Stock springen orer ünnerdörch krupen könnt. Düt Weeswark, dat mutt de Leser weeten, gifft dat noch nich so lang, dat het erst de Grootvader von Siene Majestät upbröcht. Un dörch de Striederee un Sliekeree mank de verschieden Parteien het dat so leeg worrn, as dat nu is.

Wat de Lilliputaners von de Plicht mank Öllern un Kinner meent, is ganz anners as bi uns. Se seggt: Wenn Keerl un Fru sik tohopen doot un eens ward, denn kummt dat von en Naturgesetz, dat för alle Kreaturen gilt, nämlich, dat ehre Aart mehrt un erhollen ward. Un düt Naturgesetz let jem, jüst so as anner Deerten ok, mit'nanner slapen, wiel se dor Lüsten un Freid an hefft. Dat se mit ehr Kinner leeflich umgahn doot, dat het sien Oorsak ok in de Natur. Dorüm steiht nah jem ehr Meenen en Kind nich in de Plicht gegen Vader un Mudder, de em dat Leven geven un to Welt bröcht hefft. So'n goot Wolldoon is dat je ok nich, wenn'n sik dat Elend von dat minschliche Leven ankieken deit. Un de beiden hefft bi'n Bislapen ganz wat anners dacht un föhlt. So seht se dat hier an mit Vader, Mudder un Kinner un se meent, de Öllern sind englich de letzten, de 'n Kinner in de Hännen geven kunn. Dorüm gifft dat in jede Stadt Staatsschoolen, wo alle Öllern ehre Kinner, Jungs as Deerns henschicken mööt (de Deputatlüüd un de Daglöhners bruukt dat nich), wenn se twintig Maand olt sünd. Se meent nämlich, in düt Öller sünd se sowiet, dat se anfangen könnt mit liern. De Schoolen sünd dornah verschieden, ob Jungs orer Deerns dor hengaht un ok dornah, ut wat von Stand un Familjen se kaamt. De Lehrers sünd düchtige Lüüd, de weet, wat de Kinner tokamen mutt nah den Stand von ehr Öllern un nah ehr Gaven.

Ik vertell nu erstmol wat von de Schoolen för de Jungs un naher von de för de Deerns. In de Schoolen, wo de Jungs ut aadlige un vörnehme Familjen henkaamt, sünd hochstudeerte Lehrers von hoget Ansehen anstellt, un de hefft Hülpslüüd mit dorbi. Mit Kledaasch un Äten un Drinken ward de Kinner slicht un eenfach holln. Vör allen ward dorup achtgeven, dat se sik ehrhaftig un gerecht, kurascheert un dorbi trüchhöllern geven doot. Jem ward ok Sachtmoot, Gottsgloven un Heimatleef bibröcht. Von Nixdoon holt se överhaupt nix, un frie kriegt se man bloß to'n Äten un Slapen un noch twee Stünnen Sport an'n Dag. Bet se veer Johr olt sünd, ward jem von Deeners bi'n Antrecken hulpen, dornah mööt se alleen tosehn, dat se in de Kledaasch rinkaamt. De bi de Deensten Fruunslüüd sünd, de hefft en Öller nah uns Reeken so bi föfftig rum. Aver de doot man ringe Arbeiten. Mit de Deensten, of Kerls orer Fruuns, dörft de Schölers nich snacken. Bi'n Spazeerngahn sünd se in lütte orer gröttere Koppels tohopen, un dor mutt jümmer een von de Lehrers orer ehr Vertreters mit bi wesen. So willt se de Slechtigkeiten von jem afholln, de so ög an uns Kinner randragen ward. Besöök von de Öllern gifft dat man tweemol in't Johr un denn ok bloß för een Stunn. Bi'n Kaamen un bi'n Afscheed nehmen dörft se de Kinner een Kuß geven, un de Lehrer, de jümmer dorbi is, paßt dorför up, dat se nich mit'nanner pustern un ok nich rümfiecheln doot. Geschenken, Speeltüüg, Snökerkram un sowat dörft se jem nich mitbringen. De Familjen mööt Schoolgeld, Kost un Logis betahlen, un wenn se dor nich to rechten Tiet mit togangen kaamt, ward dat von Staats wegen intogen.

In de Scholen för de Kinner ut gewöhnliche Familjen, von Kooplüüd, Hannelslüüd un von Handwarksfamiljen geiht dat jüst so her, man bloß is dat dor passig för ehrn Stand inricht. De Jungs, de en Handwark liern söllt, de kaamt mit söben Johr in de Lehr. Aver de von beten höger Herkamen sünd, blievt in de School, bet se föfftein worrn hefft, dat is's Öller as bi uns eenuntwintig. In de letzen Johrn ward se nich mehr ganz so streng holln, se kaamt denn bilütten mehr ünner Lüüd.

In de Deerns-Schoolen för de högeren Familjen geiht dat jüst so to as in de högeren Jungs-Schoolen, man bloß, dat de Deensten, de jem bet fief Johr bi'n Antrecken hölpen doot, allens sittsame Fruuns sünd. Aver von de Lehrers orer ehr Vertreters is jümmer een dorbi un paßt up, dat de Kinnermäkens jem keen grugliche orer narrsche Geschichten orer anner dumm Tüüg vörtühnt, as dat bi uns Deensten so Mood is. Wenn se en faatkriegen doot, de sowat vertellt, de ward vör alle Lüüd mit Pietschen dörch de Stadt jagt, un dat dreemal achternanner. Dornah kaamt se een Johr in't Kaschott un ward denn up Levenstiet in de wöste Gegend utsett. De jungen Daams wohrt sik ok, jüst so as de Jungkerls dorför, as Bangbüxen un Dummbüdels to gellen. Se geevt ok nix up Ringen an de Fingers, Keden um den Hals un annern Putz, wat mehr is as Anstand un Rentlichkeit. Sünst heff ik keenen Ünnerscheed mank Deerns- un Jungsschoolen faststellt, man bloß bi'n Sport ward de Deern nich so dull rannahmen. Extra is för jem, dat se wat von de Huusarbeit liern doot, aver dorför bruukt se in annere Rebetten nich so veel in 'n Kopp to nehmen. De Meenen is nämlich, dat dat för de Daams von Stand dorup ankümmt, dat en Fru för ehrn Mann en verstännige un düchtige Kamrodin is, wieldat se je nich jümmer 'n smucke junge Fru blieven kann. Wenn so'n Deern twölf is, dat is hiertolannen dat Öller to'n Friegen, denn halt de Öllern orer de Vörmund ehr af un bedankt sik veelmals bi den Lehrer. Bi den Afscheed gifft dat oftinst veele Traanen — bi de, de afholt ward jüstso as bi de, de dorblieven doot.

In de School för Deerns ut ringere Familjen ward de Kinner allens bibröcht, wat för jem un för ehrn Stand passig is. De von jem, de in de Lehr kamen söllt, wat mit söben Johr frielaten. De annern blievt, bet se ölm sünd. Familjen, de dat man klöterig geiht, de aver ehr Kinner nah de School geevt, betahlt nich bloß dat Kostgeld, wat ring hollen is, de mööt ok noch en lütten Andeel von ehr Inkamen extra an den Schoolvörsteher afgeven, un dorvon ward ehr Kinner ornlich utstaffeert. In een Paragrafen is fastsett, woveel de Öllern för jem utgeven dörft. De Lilliputaner find dat nämlich nich in Ornung, wenn Kinner in de Welt sett ward, bloß wieldat Kerl un Fru sik nich betähmen könnt, un denn dat Versorgen up dat Land fallen deit. Bi de Lüüd von Stand is dat wat anners, de staht dorför in, dat för jedet von ehr Kinner soveel Geld parot steiht, as nah ehrn Stand nödig is. Un mit düt Geld ward sparsam un rejell ümgahn.

De Deputatlüüd un de Daglöhnersfamiljen behollt ehr Kinner to Huus. Wat ut de warrn deit, het för dat Land nich veel Bedüden. Se bruukt nich veel mehr to liern, as dat se mit Ploog un Eggens ümgahn un dat Land bestelln könnt. Wenn se aver olt un krank sünd, dann ward se in Spitalhüser versorgt. Sowat as Prachern un Beddeln kennt se in Lilliput nich.

Viellicht müch je nu de een orer anner von mien Lesers geern weeten, wo ik mit mien Leven un mit mienen Huushalt trechtkamen heff in de Tiet, de ik hier weer — negen Maand un dörtein Daag weern dat —, dorüm will ik dor en beten von vertellen. Ik bün je wat anstellig, heff en anschlägschen Kopp, un denn gilt je ok: „Noot maakt plietsch." Un so harr ik dat farigkregen un mi ut de gröttste Bööm ut den Königlichen Park'n kommodige Stohl un en Disch tohopen timmert. Un wieldat mien Kleedaasch all wat afreeten weer, kregen tweehunnert Wittneiherschen de Odder, se sölln för mi'n poor Hemmen, wat an Bettüüg un 'n poor Dischlaken neihn, allens von den starksten un dicksten Stoff, den se man finnen kunnen. Liekers mössen se dat Linnen mehr as dreeduwweltmol över'nanner neihn. De dickste Sorte bi jem is noch wat fiener as uns Batist. Wenn se weeven doot, ward de Stücken gewöhnlich dree Toll breet un dree Foot lang. To'n Maatnehmen leed ik mi up de Eerd. Dorbi stünn een von de Wittneiherschen bi mienen Hals un een an mien Knee. Se harrn en Reep in de Hand un tögen de stramm, un doran lang weer de drütte von jem mit't Maatstock von een Toll Längde an't mäten. Dornah brukten se man bloß noch dat Maat von mienen Duumen, dormit kunnen se denn all annern Maaten utreeken. Wenn se to'n Bispill den Umfang von den Duumen duwwelt nehmen, harrn se den Umfang von't Handgelenk. Up düsse Wies harrn se akkrot alle Maaten von'n Hals bet an de Tallje. Un wat se sünst noch bruken dän, dat nehmen se von mien olet Hemd af. Ik breed dat dorto up den Footbodden ut. Denn keemen ok noch dreehunnert Snieders, de för mi Jack un Büx un all dat anner Övertüüg to'n Antrecken maken sölln. Bi de weer dat Maatnehmen en beten anners. Ik sett mi in de Kneen, un se stellten en Ledder bi mi an, de bet an mienen Hals recken dä. Een von jem steeg dor rup un leet dat Loot bet up de Eerd dal. So kregen se de Längde för den Överrock. De Tallje un de Arms määt ik sülmst bi mi. Arbeiten dän de Wittneiherschen un de Snieders in mien Huus (dorför harr sülmst dat gröttste von ehr Hüser noch to lütt west). As se dat Tüüg farig harrn, sehg dat ut as so'n Pätschwörk, wo de Daams in England sik de Tiet mit verdrieven doot, man bloß bi mi weern de Flickens alle von een Farv. För mien Äten weern dreehunnert Kocks un Köökenjungs un -deerns anstellt. För de weern Baracken utstellt, wo se in an't Koken un Maken weern, un wo se mit ehre Familjen ok in wohnen dän. Jedereen von de Kocks bröch mi twee Spiesen. Twintig von de Deensten böör ik up mienen Disch, hunnert annern tövten up den Footbodden, wölk mit Fleeschgerichten, annern harrn Tunnens mit Drinken, de se sik an Bänner över de Schuller hangt harrn. Wat ik dorvon hebben wull, worr von de, de boben up'n Disch stünnen, mit Reepen up'n plietsche Aart hochhievt, so as'n dat in Europa mit Waterämmers ut'n oSoot maken deit. De Grött von de Fleeschportschoons weer för mi en goden Happen, un een fattvull Drinkels soveel as 'n goden Tog. Ehr Hamelbraden smeckt nich so goot as uns, aver ehr Rindfleesch is ganz grootarig. Molinst kreeg ik en Lennenstück, dat weer so groot, dat ik dreemol tobieten möß, aver dat keem nich oft vör. De Lüüd, de mi bedeenten, verfehrten sik, as se sehgn, wo ik allens mit Huut un Knaken wegputzen dä, as'n dat in uns Land mit'n Lewarksflünk maakt. Wenn dat'n Goos orer 'n Kuckelhahn geven dä, harr ik de för gewöhnlich mit een Happs weg. Un dat mutt ik seggen, de Smack weer veel beter as bi uns. Von dat lüttere Fedderveeh kunn ik twintig bet dörtig Stück upmol up de Spitz von mien Meßt nehmen.

Eensdaags leet Siene Kaiserliche Majestät mi Bescheed geven, he woll sik sülmst un siene Kaiserliche Gemahlin mit de Prinzen un Prinzessinnen von Stand wat togoden doon (so drück se sik ut) un mit mi tosamen dinneern. Un denn keemen se un setten sik in prächtige Pulstersessels lieköver von mi up den Disch, un de Kaiserliche Gard stünn üm jem rüm. Flimnap, de böbelste Finanzminister, weer dor ok mit bi un harr to'n Teeken von sien hoget Amt den Marschallstab mitbröcht. Ik sehg, wo he jümmer wedder scheevsch nah mi röver schuul, aver ik wies em, dat ik mi dor överhaupt nich üm quälen dä. Ik woll nu wiesen, woveel ik von mien düüret Heimatland holln dä un mien Gäst sölln grote Ogen maken, dorum verputzt ik gröttere un ok mehr Ätenportschoons as ik sünst dä. Laterhen is mi dat kloor worrn, düsse Besöök von Siene Majestät keem den Herrn Flimnap goot topaß, dat he mi bi den Kaiser slecht maken kunn. Un wenn he mi nah buten hen ok um den Bort güng, wat eenglich to sien mufflige Natur gornich passen dä, achter mienen Rüggen weer he mi bös towedder un kunn mi up den Dood nich af. So höll he den Kaiser vör, dat in de Staatskass Ebbe weer, un dat mienetwegen. Em weer de Tiet bannig knapp, för mien Kost un Logis Geld rantoschaffen. Ahn hoge Tinsen weer dor nix to maken. De Staatsobligatschoons weern ünner negen Perzent nich ünner de Lüüd to bringen. Ik harr Siene Majestät all över annerthalf Milljonen Sprugs köst (dat is ehr gröttstet Geldstück, nich dicker as 'n Flitterblatt) un he kunn bloß raden, dat Siene Majestät tosehn söll, mi bi de erstbest Gelegenheit lostowarrn.

Nu aver mutt ik erstmal en feine Daam in Schutz nehmen, de von mienetwegen veel uttoholln harr. De Finanzminister kreeg dat een goden Daags mit de Ieversüük wegen sien Fru. Dor harrn nämlich en poor Sludertanten em heemlich vörsnackt, dat se wat mit mi hebben dä. An'n Kaiserhoff güng en Tietlang de Schandalgeschicht um, de Fru Finanzminister harr mi sogar molinst heemlich in mien Huus besöcht. Dorto mutt ik seggen: Ik nehm dat up mien Swuur, dor is nix von wohr, dat is'n Lögenkram. De Gnädige Fru, wat'n ehrhaftige Person is, het wieter nix daan, as dat se fründlich un mit Tovertruun mit mi ümgahn het. Ik stried dat nich af, dat se mannichmol in mien Huus kamen is, aver jümmer apenbor un nienich heemlich. Se keem ok nienich alleen, dor weern jümmer noch dree Daams mit bi in de Kutsch, mehrstiets ehr Swester un ehr Dochter, un denn noch en gode Fründin von ehr. Un dat weer ok bi annere hoge Daams so begäng. All mien Deensten könnt dat betügen, dat se nienich en Kutsch vör mien Huus sehn hefft, wo se nich weeten dän, wer dor insitten dä. Wenn denn een von mien Lüüd mi Bescheed geev, güng ik furts an de Döör un sä höflich, as sik dat gehört, Goden Dag. Denn nehm ik de Kutsch mit de beiden Peer vörsichtig in de Hand (wenn een sößspannig kamen harr, spannten de Kutschers veer von de Peer af) un sett se up mienen Disch. Ik harr üm den Disch Rickels rummaakt, de ik hoch un dal stelln kunn, dormit dat keen Unglück geven kunn. Oftinst stünnen dor veer Scheesen mit Peer un'n Barg von Besöök to glieker Tiet up mienen Disch un ik seet up mien Stohl un wenn jem dat Gesicht to. In de Tiet, wenn ik mi mit de Gesellschop wat vertellen dä, kutschierten de Wagens vörsichtig up mienen Disch rüm. So heff ik mannicheen schönen Nohmeddag beleevt.

Un nu födder ik den Herrn Finanzminister Flimnap orer ok sien beiden Spijons (un ik heff keen Bang, jem bi Namen to heeten) Clustril un Drunlo up, se söllt mi geföllig nahwiesen, dat jichens ok man een eenzig Person heemlich nah mi henkamen is. Een Utnahm geev dat, de Minister Reldresal — aver de harr von Siene Majestät eegens de Odder dorto. (Ik heff dat je all vertellt.)

Ik harr mi bi düsse Umstännen je nich so lang upholln, wenn dat nich um dat gode Ansehn von en würklich vörnehme un ehrhaftige Daam gahn dä: Von mien eegen goden Roop will ik gornix seggen, obschonst ik de Ehr heff, en Nardac to sien, un dat kann nichmol de Finanzminister von sik seggen. Dat de Herr Flimnap över mi steiht, dat mutt ik woll togeven, aver dat kümmt man bloß von sien Amt. Jedereen weet doch, dat he man bloß en Glumglum is, un dat is en Titel, de is gegen den Nardac noch en Nummer sieder as in England de Marquis gegen den Herzog. De Lögen, de Herr Flimnap dor in de Welt sett harr un wo he ok egolweg up bestahn bleev (ik heff dor laterhen Bescheed von kregen up en Aart un Wies, de ik hier

nich seggen kann) hefft em, den Finanzminister dorto bröcht, dat he sik en ganze Tietlang to sien Fru bannig muulsch un vergnatzt geven het un to mi noch gnatteriger un gnietschiger. Letzto het he denn doch insehn mößt, dat dat allens wieter nix as Sluderee west weer, un het sik mit sien Fru wedder verdragen. Ik aver harr mien Ansehn bi em verspeelt un mark ok bald, dat ik bi den Kaiser keen Steen mehr in 't Brett harr. Dorför geev Siene Majestät jümmer mehr up dat, wat düsse Slieker von Finanzminister em in't Ohr pusten dä.

De söbente Strämel

De Schriever ward gewohr, dat he wegen Hoch- un Landsverraad verklagt warrn sall un he neiht ut nah Blefuscu. Wo se em dor upnehmen doot.

Ik will nu kunnig maken, wo ik ut düt Land afreist heff. Ik holl dat aver för richtig, vörher von de Muscheleen to vertellen, de nu all twee Maand lang ingang weern. In mien Leven heff ik bet nu her keen Ahnen dorvon hat, wo dat an so'n Königshoff togahn deit. Vunwegen mien ringen Stand harr ik dor je ok nix to söken. Över de Natur von de hogen Herrns un Ministers harr ik all allerhand lest un ok vertellen hört, ik heff mi aver nich vermoden west, so wiet af von mien Land ganz leege Bispillen dorvon antodrepen. Un ik heff för gewiß annahmen, dat in düt Land nah högere Prinzipen regeert ward as in Europa.

Ik weer jüst dorbi un wull mi klormaken för den Besöök bi den Kaiser von Blefuscu, dor kreeg ik sülmst Besöök. En hoge Person keem nah mien Huus. (Dat weer en Person, de ik mol bistahn harr, as se bi Siene Kaiserliche Majestät ganz ünnerdörch weer.) Heemlich bi de Nacht keem de in en Sänft, de rundrum tohangt weer, leet den Naam nich seggen, aver beed mi, ik müch de Döör apen maken. De Lüüd, de em dragen harrn, worrn nah Huus schickt. Ik nehm de Sänft, wo Siene Lordschaft noch insitten bleev, in mien Rocktasch. Mienen besten Deener geev ik Instrukschoons för den Fall, wenn eener nah mi fragen dä. He söll seggen, dat ik mi nich goot föhl un to Bett gahn harr. Denn slööt ik de Döör achter mi to, stell de Sänft up mienen Disch un sett mi dorto. So weer ik dat wennt, wenn ik Besöök harr. As ik Siene Lordschaft Goden Obend seggt harr, sehg ik em an sien Gesicht an, dat em wat bös up'n Magen liggen dä. Ik fröög em, wat von Sorgen he woll hebben dä. He änner mi, ik söll em gedüllig anhörn, dat weer en Saak, de mi an Ehr un Leven güng. (Von dat, wat he denn vertelln dä, heff ik mi Notizen maakt, un heff dat nu akkrot upschreven.)

„Ju", so reed he mit an, „Ju mööt weeten, dor sünd körtens Jo

'ntwegen heemlich de Utschüssen von den Staatsrat tohopen ropen worrn, un vör twee Daag is Siene Majestät to en Besluß kamen. Dat weet Ju je woll, solang as Ju all hier sünd, is Skyresh Bolgolam, de Galbet (d.h. Grootadmeral) Jo'n Doodfiend. Wo dat mit anfangt het, weet ik nich, aver von de Tiet an, as de Saak mit de Kriegsflott von Blefuscu weer un Ju to hoget
Ansehn kamen harrn, is sien Dullheit jümmer grötter worrn, wieldat dor sien Ehr as Admeral ankratzt worrn is. Düsse Lord Bolgolam het dat nu farigbröcht, dat en Klaagschrieven gegen Ju upsett is un dat wegen Hoch- und Landsverraad un anner swore Verbreeken. Bi dat Upsetten von dat Klaagschrieven sünd noch en poor von de Herrns bi west: de böbelste Finanzminister Flimnap (von sien Raasch up Ju wegen sien Fru hefft Jü woll hört), un denn noch General Limotoc un Lalcolm, de den König sien Land un de Schatzkamer verwalten deit, un de böbelste Richter Balmuff."
Bi düsse Vorreed wull ik Siene Lordschaft jümmer wedder ünnerbreken. Ik dach an mien Verdeensten för dat Land un doran, dat ik mi nix to schullen kamen laten harr. Un ik worr bannig argerlich. Aver Siene Lordschaft beed mi, ik müch stillswiegen. Un den snack he wieter: „Ik weet Ju veelen Dank för all dat, wat Ju för mi daan hefft, dorüm heff ik versöcht, ruttokriegen, wat gegen Ju ingang is. Un dat is mi ok raad. Un denn heff ik mi ok noch en Afschrift von de Anklaag besorgen künnt. Dat kann mi den Kopp kosten, liekers will ik Ju dormit

helpen." Un denn lees he mi de Artikels von de Anklaag vör.

Anklaagschrieven
kuntra Quinbus Flestrin, den Minschenbarg

Artikel I
De Anklaagte het sik en Gesetz towedder verholln, wat in de Tiet von dat Regeern von Siene Kaiserliche Majestät Calin Deffar Plune rutkamen is, wo in anornd is: As Hochverraad sall ansehn un ok so straaft warrn, wenn en Person binnen de Muurn von den Kaiserlichen Palast sien Water afslahn deit. Obschonst den Anklaagte düt Gesetz bekannt wesen möß, het he ganz apenbor dorwedder hannelt un het vörgeven, he harr dat daan, wiel he dat Füür utmaken wull, wat in de Gemächers von de Gemahlin von Siene Allerhöchste Kaiserliche Majestät ingang kamen harr. Up düsse veniensche, gemeene un düvelsche Aart un Wies het de Anklaagte sien Urin in de Gemächers aflaten, de in den Palast liggen doot, un sik in de Gebüüden befinnen doot, wo dat Afslahn von Urin verbaden is. Dat Füür is dor woll von utgahn, aver dat het keen Bedüden wegen dat Gesetz, wat dat Wateraflaten angeiht unsowieter, un wegen de nödige Achtung unsowieter.

Artikel II
De Anklaagte het sik gegen Siene Allerhöchste Kaiserliche Majestät un gegen dat Land un dat Riek von Siene Allerhöchste Kaiserliche Majestät vergahn un is dormit schül-

lig wegen Hoch- un Landsverraad.

As de boben nömte Flestrin de Kriegsflott von den Kaiser von Blefuscu in den königlichen Haven bröcht harr, het Siene Allerhöchste Kaiserliche Majestät em de Odder geven, he söll ok all de annern Scheep von dat Kaiserriek Blefuscu requereern un ut düt Land en stüürplichten Provinz von uns Land maken, wat von en lilliputschen Vizekönig regeert ward. Un denn sölln nich bloß de wegjagten Stump-Enn-Lüüd, de in Blefuscu ünnerkrapen harrn, toschannen maakt un üm de Eck bröcht warrn, so söll dat mit alle Inwahners von Blefuscu maakt warrn, wenn se nich stantepee de Stump-Enn-Irrlehr afswörn wullen. De boben nömte Flestrin het aver den Verraad begahn un bi Siene Allerhöchste Glückselige Dörchleuchten Kaiscrlichc Majestät nahfraagt, wat he em düsse Odder nich wedder afnehmen kunn, un tworsten het he dorbi vörgeven, he kunn nich gegen sien eegen Ehr an, un dat möß he, wenn he Gewalt up dat Geweeten von en unschüllig Volk leggen söll un friee Minschen to Knechten un jem ehr Leven tonicht maken dä.

Artikel III

De boben nömte Flestrin het sik as Landverrader bedragen, as de Botschafters ut dat Land Blefuscu ankamen harrn. As Lüüd, de den Krieg verlorn harrn, keemen de Afgesandten von den Kaiser von Blefuscu an den Hoff von Siene Allerhöchste Kaiserliche Majestät üm Freeden in, aver de Anklaagte het jem bistahn, jem Moot maakt, gode Wöör för jem inleggt un ok noch dorför sorgt, dat se Ünnerhollen harrn — und dat allens, obschonst he genau dorvon Bescheed wüß, dat se Deeners von den Herrn weern, de bet för korte Tiet een von de leegsten Fienden von Siene Allerhöchste Kaiserliche Majestät west harr un mit uns in'n Krieg stünn, de noch nich to Enn weer.

Artikel IV

Wat de Anklaagte Quinbus Flestrin opstunns an't maken is, dat is ganz un gor gegen de Plicht, de en truuen Ünnerdanen von

Siene Allerhöchste Kaiserliche Majestät nahkamen mutt. He is nämlich dorbi un maakt sik kloor för en Reis nah den Kaiser von dat Land Blefuscu. Siene Allerhöchste Kaiserliche Majestät het em dat woll molinst toseggt, aver nu sleit de benömte Flestrin dor sienen verradschen un achtersinnigen Vördeel rut un deit so, as wenn Siene Allerhöchste Kaiserliche Majestät dat so recht weer, un will düsse Reis ünnernehmen. Wi mööt aver annehmen, dat he dorbi heemlich in'n Sinn het, den Kaiser von Blefuscu, de bet vör körten noch de Fiend von Siene Allerhöchste Kaiserliche Majestät weer, bitostahn, em Vördeel to schaffen un em starker to maken.

As mien Besöök, Siene Lordschaft, sowiet vörlest harr, sä he: „Dor sünd ok noch en poor annere Artikels; aver düsse, de ik Ju vörlest heff, sünd de leegsten." Un denn vertell he wieter: „Dat mutt ik aver nu ok seggen, wenn se över düsse Anklaag an't diskuteern weern, denn het Siene Majestät jümmer wedder goot von Ju snackt. He het up de Deensten henwiest, de Ju för em daan hefft. Un bi dat, wat Ju as Verbreeken to Last leggt ward, het he up dat Gode henwiest, wat Ju dorbi in 'n Sinn hat hefft. De Finanzminister un de Admeral wolln dor aver nich von afgahn, dat Ju mit grote Qual un in Schannen dootmaakt warrn sölln. Jo'n Huus söll bi nachtens ansteeken warrn un de General söll mit twintigdusend Suldaten parot stahn, de mit Giftpielen in Jo'n Gesicht un up Jo'n Hännen scheeten sölln. En poor von Jo'n Deeners sölln heemlich Odder kriegen, dat se Giftwater up Jo'n Bettüüg un Jo'n Hemmen sprütten sölln. Dat worr en gewaltige Qual för Ju geven, so leeg, dat Ju Ju sülmst dat Fleesch von Lief rieten un elend to Dood kamen worrn. De General stell sik ok up de Siet von de beiden un so harrn se de Mehrheit vör sik. Siene Majestät woll aver Jo'n Leven schonen un bröch upletzt den Schatzverwalter up sien Siet. Dornah geev de Kaiser Odder an den Ersten Minister för Privatsaken, Reldresal, wat jümmer 'n goden Fründ von Ju bleven is, he söll sien Meenen vörlegen. Un de dä dat up so'n Aart un Wies, as dat en würklichen Fründ tokummt. Jo'n Verbreeken weern woll leeg, dat möß he ingestahn, aver dat weer doch woll möglich, dat Siene Majestät, de en würklich echten un groothartigen Fürst weer, siene Kaiserliche Gnaad anwennen dä. He sä, sien Fründschop to Ju weer alle Lüüd kunnig, un de Herrns von den Staatsrat kunnen viellicht meenen, he harr dorümhalven so spraaken, aver so as he von Siene Kaiserliche Majestät Odder kregen harr, woll he sien Meenen frie un apen seggen. He woll nu en Vörslag maken, up den sik de Herrns woll inlaten kunnen: Siene Majestät müch Jo'n Verdeensten bedenken un ok sien eegen barmhartig Natur un Ju dat Leven laten. As Straaf söll dat noog wesen, dat Ju de Ogen utsteeken ward. Nah sien ringe Meenen weer mit düssen Utweg noog achtgeven up Recht un Gesetz. Togliek worr de ganze Welt den Sachtmoot un de Gnaad von den Kaiser bewunnern, un ok de Herrns, de de Ehr hefft, siene Majestät mit ehre kloken Raatsläg to Siet to stahn, wörr dat von de Minschen hoch anrekent, wo gerecht un groothartig se in düsse Saak vörgahn dän. Dat Ju dat Ogenlicht hergeven mööt, dat maak för jo'n Kuraasch nix ut, dormit kunnen Ju Siene Majestät jümmer noch gode Deensten doon. Un nich bloß dat, sä Minister Reldresal, dat geev ok noch den Vördeel, dat de Moot grötter un de Bang ringer weer, wenn een de Gefohr nich sehn kunn. Dat harr'n ok bi Jo'n Röverhalen von de Kriegsflott von den Fiend sehn. Dor harrn de Ängsten um Jo'n Ogen de gröttste Haken bi west. Un denn weer dat ok genog för Ju, allens mit de Ogen von de Ministers antosehn, dat maken de höchsten Dörchleuchten je ok nich anners.

Bi düssen Vörslag keem de Staatsrat bannig in de Raasch. Admeral Bolgolam kunn sik nich betähmen, he sprüng hoch un rööp, he kunn sik man bloß wunnern, wo de Minister dat wagen kunn, sien Meenen up de Aart un Wies to seggen, dat so'n Verbreeker an't Leven blieven söll. Alle wahren Grundlaagen von de Staatsräsong kunnen doch nix anneres seggen as düt: Jüst wegen de groten Deensten, de Ju toweeg bröcht hefft, sünd Jo'n Verbreeken duwwelt leeg. So, as Jü dat Füür in de Gemächers von Ehre Majestät de Kaiserin mit Urin utmaken kunnen (he beschüddel sik, as he dat sä), so weer dat to anner Tiet för Ju ok möglich, up düsse Aart un Wies den ganzen Palast ünner Water to setten. Un mit de Kuraasch, mit de Ju de Kriegsscheep von den Fiend herhalt hefft, kunnen Ju bi den ersten Arger de Scheep ok wedder trüch bringen. He kunn sik ok goot vörstellen, dat Ju in Jo'n Hart en Stump-Enn-Minsch sünd; un in't Hart fangt dat Verraden an, ehr'n dor wat von marken deit, un deswegen verklaag he Ju as Verrader un bestünn up Jo'n Dood. De Finanzminister hau in desülvige Karw. He wies up de leddige Staatskass von Siene Majestät her, de dordörch so in de Bedrullje kamen harr, dat Ju mit Äten un Drinken un allens to'n Leven versorgt warrn mööt. Dat weer bald nich mehr goot to maken, as he sä. Un wat de Minister vörslaan harr, Ju de Ogen uttosteeken, dat kunn dor överhaupt nix bi helpen. Dor mössen ehrer Bang bi hebben, meen he, dat dat noch leeger warrn dä. Dat kunn'n je an welke Sorten von Fedderveeh ok sehn, de worrn je extra dorümhalven blind maakt, dormit se ehrer fett warrn dän, wieldat se denn duller un ok mehr freten dän. Siene Allerhöchste Majestät von Gotts Gnaden un ok de Staatsrat, wat je de Richters sünd, de weern in ehr Geweeten von Jo'n Schuld övertüügt, un dat weer doch woll noog för en Doodsurdeel. Bewiesen, so as de Bookstaven von't Gesetz dat vörsehn dän, weer in so'n Fall ganz un gor unnödig.

Siene Kaiserliche Majestät woll aver dat Doodsurdeel afslut nich verkünnen. He woll sik as'n gnädigen Herrn wiesen un maak den Vörslag, wenn de Herrns von'n Staatsrat den Verlust von't Ogenlicht as en to ringe Straaf ansehn dän, denn kunn'n se laterhen je noch en annere Straaf dorto geven. Jo'n Fründ de Minister Reldresal, mell sik sachtmödig to Woort, wat se em nochmol anhörn wulln, he wull sien Gedanken to dat värdregen, wat de Finanzminister von de groten Lasten wegen Jo'n Futterasch meent harr, wo de Staatskass von Siene Majestät mit in Bedrullje keem. He sä, Siene Exzellenz dä doch de Kaiserliche Staatskass ganz alleen vörstahn, dorum kunn he doch düsse Malesch dordörch bikamen, dat he bilütten jümmer weniger för Jo'n Äten un Drinken un so utgeven dä. Wenn Ju nich mehr noog Nahrung kriegen dän, worrn Ju swack un mööd warrn, keen Apptiet mehr hebben un jümmer weniger vertehrn, un denn weer dat in en poor Maand tomenn mit Ju. Un de Stinkeree von Jo'n Liek kunn je ok nich mehr soveel Schaden doon, wieldat de je all up de Hölft tohopendröögt weer. Glieks nah Jo 'n Dood kunnen denn fief- orer sößhunnert von de Ünnerdanen von Siene Majestät dat Fleesch von Jo 'n Knaken afsnieden un foderwies in en wösten Landstrich bringen un inkuhlen, länger as twee orer dree Daag worr dat nich duurn. So weer denn ok keen Gefohr, dat dat Süüken geven kunn. Dat Knaakengeripp kunn je as Munjement för de kamen Generatschoons erhollen blieven.

Vunwegen de Fründschaft, de he vör Ju het, maak sik Minister Reldresal in düsse Saak gewaltig stark för Ju un krecg dcn Kumpermis farig, so as he dat toletzt vörslan harr. Sien Plan, Ju bilütten verhungern to laten, worr beslaten un kreeg den Stempel „Ganz Geheeme Staatsangelegenheit". Dat Urdeel, Ju de Ogen uttosteeken, worr mit schreven Schrift wiesholln. In düsse Meenen keemen se alle övereen, man bloß Admeral Bolgolam woll sik jümmer noch nich togeven. Un dat keem dorvon, dat he en Macker von Ehre Majestät, de Kaiserin, weer. De leeg em egolweg in de Ohrn, he möß up Jo 'n Dood bestahn. Ehr Woot un Raasch up Ju harr noch keen beten nahlaten. To leeg harr ehr dat ankamen, up wat von schändliche Aart un Wies Ju dat Füür in ehre Gemächers utmaakt harrn — un denn weer düsse Method je ok noch gegen de Gesetzen.

Nah dree Daag sall nu Jo 'n Fründ, de Minister in den Updraag von den Staatsrat in Jo 'n Huus herkamen un Ju de Klaagschrift vörlesen. Un he sall Ju ok bibringen, wo sachtmödig un gnädig Siene Majestät un de Staatsrat sünd, dat se as Straaf wieter nix beslaten hefft, as man bloß dat Ju dat Ogenlicht hergeven mööt. Siene Majestät het dor afsluut keen Twiefel an, dat Ju Jüg dor dankbor un demödig in geven doot. Un Ju ward ok toseggt, dat twintig von de Dokters von Siene Majestät bi de Operatschoon dorbi sünd. De geevt dor acht up, dat allens sien rechte Ornung het un dat akkrot togeiht, wenn se Ju mit spit-

ze, heel scharpe Pielen in de Ogen scheeten doot."
Nu weer Sien Lordschaft tomenn mit sienen Bericht un sä to'n Sluß noch: „Ju weet nu Bescheed. Wat Ju mit düsse Informatschoons anfangen willt, dat mööt Ju sülmst weeten. Ik mutt tosehn, dat keeneen dor wat von gewohr ward, dat ik hier bi Ju west heff. Dorüm mutt ik furts wedder afgahn, un dat jüst so heemlich, as ik kamen heff." Un so dä he denn ok. Aver ik seet nu, alleen mit den Kraam, ganz schön in de Kniep.
Nu geev dat hiertolannen bi den jetzigen Fürsten un de Herrns, de mit em mitregeern dän, en Bruuk, mit den se vör Johrn sülmst anfangt harrn (fröhertiets weer dat ganz anners west, worr mi vertellt). Jümmer, wenn dat dorum güng, en fünsch un greesig Urdeel to vullstrecken (wenn de Monarch in sien Dullheit un Raasch dat wull orer wenn een von de venienschen un achtersinnigen Sliekers an'n Hoff dat bedrieven dän), denn höll de Kaiser ein grote Reed vör den ganzen Staatsrat. He preester von sien grote Sachtmoot un Gnaad un von sien Groothartigkeit un verkloor de Lüüd, dat weer nu mal sien Natur; alle Minschen in de ganze Welt wüssen dat un reeken em dat hoch an. Düsse grote Reed worr den furts in't ganze Königriek kunnig maakt. Dat geev nix anners, wat de Minschen so dull in Angst un Bang bringen dä, as düsse Loffreden up de Gnaad von Siene Majestät. Dat harrn se nämlich all lang mitkregen, je grootariger un länger von Wolldoon und Gnaden von Siene Majestät prahlt worr, üm so grugeliger un beestiger weer de Straaf, un üm so unschülliger weer dat Opfer. Wat mi angeiht, mutt ik erstmol seggen, dat ik dor nix von kennt heff, wo dat bi de Herrns un ehre Mackers an de Fürstenhööf hergahn deit. Ik bün dor nich rinboorn un dor ok nich in uptrocken. Un dorüm heff ik bi düsse ganze Saak woll verkehrte Ansichten. Ik kunn nämlich bi düt Urdeel nich dorachter kamen, wo Sachtmoot un Gnaad dorin to finnen weer. Ik reken dat (un dor seet woll mien Fehler) ehrer för streng un hart as för sachten. Mannichmol keem mi in'n Kopp, wat ik mi nich dat Gericht stellen kunn. Dat weer woll nich aftostrieden, wat in de Artikels upschreven weer, aver viellicht kunn dat je

wesen, dat se mi wat togoot hölln un dat Urdeel nochmol revedeern dän. Man nu heff ik in mien Leven oftinst över so'n Staatsperzessen lest un dorbi gewohr worrn, dat dat jümmer so kümmt as de Richters sik dat vörnahmen hefft. Un dor wull ik mi in so'n gefährliche Sitatschoon un bi so mächtige Gegenlüüd lever doch nich up verlaten, dat för mi wat Godes dor bi rutkamen kunn. Tietwies weer ik ok so wiet, dat ik mi to Wehr setten wull. Solang as ik frie wesen dä, kunnen se mi mit all ehre Suldaten nix doon. Un dat harr mi nich veel köst, ehr Hauptstadt mit Steens in Klump to haun. Aver von düssen Plaan güng ik wedder af, dat weer mi gegen de Ehr. Dor weer je de Swuur, den ik den Kaiser geven harr, un ik dach ok an all dat Gode, wat he mi harr tokamen laten, un an den Titel von en Nardac, mit de he mi grote Ehr andaan harr. Wo dat mit dc Dankborkeit an de Fürstenhööf holln ward, dorvon wüß ik nämlich noch nich Bescheed. Wenn ik dat ehrer kapeert harr, denn harr ik mi dor an holln un seggen kunnt: Wenn Siene Majestät jetzt so streng un wedderlich mit mi is, denn maakt mi dat von alle Plichten frie, de ik em fröher mal verspraken heff. De Besluß, to den ik letzto kamen heff, ward mi woll mannicheen (nich to Unrecht) övelnehmen. Dat mutt ik nämlich togeven, dat ik frie bün un ok mien Ogenlicht noch hebben do, dat kummt bloß dorvon, dat ik vörielig weer, un dat ik dat nich beter weeten dä. Wenn ik de Natur von de hogen Herrns un Ministers beter kennt harr (laterhen heff ik de bi veele von düsse Herrschaften kennenliert) un ok wüßt harr, wo se mit Verbreekers umgaht, de noch weniger utfreten hefft as ik, denn harr ik geern un furts un dankbor so'n lichte Straaf annahmen. Aver ik harr je de Verlööf von Siene Kaiserliche Majestät, dat ik den Kaiser von Blefuscu besöken dörf. Un ehrer de dree Daag rüm weern, schreev ik an mienen Fründ, den Minister, dat ik dat ünnernehmen wull, wat de Kaiser mi verlööft harr. Ik wull mi furts an düsse Morrn nah Blefuscu up de Reis maken. De Antwurt up mienen Breef töäv ik nich erst af. Ik güng nah de Siet von de Insel, wo uns Kaiserliche Flott vör Anker liggen dä. Ik nehm en Tau un slööp dat an den Bug von en groot

Kriegsschipp an; denn hal ik den Anker hoch, töög mien Kledaasch ut, pack de (tosamen mit mien Bettüüg, wat ik ünner'n Arm mitnahmen harr) up dat Schipp un töög dat achter mi her. Mit Padden un mit Swümmen keem ik nah den Königlichen Haven von Blefuscu hen, wo de Lüüd an'n Kai all lang töövt harrn. Mi worrn twee Keerls todeelt, de Bescheed wüssen un mi den Weg nah ehre Hauptstadt wiesen sölln, de densülvigen Naam het. Ik nehm jem in de Hännen un güng bet up tweehunnert Ellen an dat Stadtdoor ran. Dor sett ik jem dal up de Eerd un sä jem, se müchen den Minister von mien Ankamen Bescheed geven, un se sölln em seggen, dat ik up de Odder von Siene Majestät töven wull. Nah'n knappe Stunn kreeg ik de Antwurt. Siene Majestät wull mit de königliche Familje un de hogen Herrns kamen un sik vör dat Stadtdoor upstellen un dor up mien Kamen töven. Ik güng hunnert Ellen vör, de Kaiser un sien Gefolg steegen von ehr Peer af un de Kaiserin mit ehre Daamens keemen ut de Kutschen rut. Se weern goot toweg un ik heff nix dorvon markt, dat jem bang orer verlegen weer. Ik leed mi vör jem up de Eerd dal un geev den Kaiser un de Kaiserin mit'n Handkuß de Ehr, de jem tokamen dä. Dornah sä ik to Siene Majestät, dat ik kamen weer, so as ik dat verspraken harr, un dat mien Herr, de Kaiser von Lilliput, mi de Verlöv dorto geven harr. Ik geev em ok to verstahn, dat weer en grote Ehr för mi, so en mächtigen Monarchen to sehn, un ik wull em in allens to Deensten wesen, wat in mien Macht stünn un nich gegen de Plicht gahn dä, mit de ik mien Herrn in Lilliput verspraken weer. Von mien eegen Slamassel sä ik aver keen Woort. Ik harr dorvon je ok noch keen amtlichen Bescheed kregen un geev mi dorum so, as wüß ik dor nix von af. Ik kunn mi ok nich vörstellen (un dat harr nah mien Meenen ok unklook west), dat de Kaiser von Lilliput dor wat von kunnig maken dä, solang as ik nich in sien Riek weer un he mi nich langen kunn. Aver mit düsse Meenen harr ik mi bannig sneeden, dat söll ik ög gewohr warrn.

Ik will mienen Leser nich dormit langwielen, wo dat bi mien Ankamen an den Kaiserlichen Hoff togahn het, man bloß dat will ik seggen, dat weer allens so, as dat to en würklich eddeln un groothartigen Monarchen passig is. Von de Maleschen, de ik ok harr, bloß soveel: Wieldat ik keen Huus un ok keen Bett hebben dä, möß ik up den Footbodden liggen un mi dorbi in mien Pätschwörkdeck inwickeln.

De achte Strämel

De Schriever het Glück. He kann von Blefuscu wegkamen un kummt nah'n poor Maleschen heel un gesund in sien Heimatland an.

Dree Daag nah mien Ankamen güng ik an de Nordostküst von de Insel en beten spazeern. Dor worr ik so'n halve Miel rut up de See en Ding gewohr, dat leet as'n Kahn, de up'n Kopp liggen dä. Ik töög Strümp un Schoh ut un padd twee- bet dreehunnert Ellen dörch't Water dor up to. Dorbi mark ik, dat de Floot dat Ding jümmer beten neeger ran drieven dä. Nu kunn ik ok düütlich sehn, dat weer würklich en Boot, un ik dach mi, viellicht het de Strom dat von en Schipp losreten. Ik güng trüch nah de Stadt un beed Siene Kaiserliche Majestät, he müch mi twintig von de gröttsten Scheep geven, de em von de Flott noch bleven harrn, un dorto dreedusend Seelüüd ünner dat Kommando von sienen Vizeadmeral. De Scheep seiln rum um de Küst, wieldeß ik den körtsten Weg nehm nah de Städ hen, wo ik dat Boot toerst sehn harr. De Flott harr dat noch neeger an de Küst ranbröcht. De Matrosen weern mit Tauwark utrüst, wat ik vörher wegen de nödige Dickte ut Reepen tohopendreiht harr. As de Scheep rankeemen, töög ik mien Kledaasch ut un güng nah dat Boot hen. Bet up hunnert Ellen keem ik so ran, dat letzte Enn möß ich swümmen. De Matrosen smeeten mi dat Tau her un ik maak dat eene Enn in en Lock vörn an't Boot fast un dat annere an een von de Kriegsscheep. Wieldat ik mit de Fööt nich an'n Grund keem un dorüm nich mittrecken kunn, kregen wi den Kahn nich vöran. Mi bleev nix anners över, ik müß achter den Hawaristen swümmen un em mit den Hand wieter stöten. Un wieldat de Floot jümmer noch up de Küst tolopen dä, keemen wi so bilütten vöran. Nah'n Tietlang — de Scheep stüürn jümmer noch up de Küst to — weern wi sowiet, dat ik an'n Grund kamen kunn, wenn ik den Kopp in'n Nacken legg un dat Kinn ut't Water böör. Ik verpuuß mi twee oder dree Minuten. Denn geev ik dat Boot en ornlichen Schubs, un dat dä ik jümmer wedder. Denn güng mi dat Water man bloß noch bet ünner de Arms. Nu weer dat swörste von de Arbeit daan un ik nehm de annern Tauen rut, de in een von de Scheep legen harrn. Ik maak jem toerst an dat Boot fast un de annern Ennen an negen von de Scheep, de mit mi mitkamen harrn. De Wind stünn goot, de Matrosen harrn den Kahn nu in Sleeptau un ik schööv nah, bet wi man noch veertig Ellen von't Över afweern. Ik tööv af, bet de Floot wedder aflopen harr un güng an't Boot ran, wat nu up'n Drögen liggen dä. Tosamen mit tweedusend Mann, de mit Tauwark un allerhand Vörrichten togangen weern, kreeg ik dat farig, den Kahn umtodreihn. Un ik kunn faststellen, dat dor nich veel an kaputt weer

Ik wull mien Boot in den königlichen Haven von Blefuscu bringen un maak dorto erstmol so'n Aart Paddels. Dat alleen duur all tein Daag. Un denn keemen noch mehr Scherereen dorto. Aver dor will ik wieter nix von vertellen, sünst ward dat den Leser noch to dröhnig. As ik in den Haven ankeem, leep en gewaltige Koppel Minschen tosamen. De makten bannig grote Ogen, as se dat riesengrote Schipp to Gesicht kregen. Ik sä to den Kaiser, dat mi en godet Schicksal düt Boot harr tokamen laten. Dat kunn mi nah en günstige Städ henbringen, wo ik viellicht en Schipp finnen dä, wat mi nah mien Heimatland trüchbringen worr. Ik fröög Siene Majestät, wat se mi nich helpen wull, dat ik Material to'n Heelmaken för mien Boot kriegen dä. Un ik beed em ok üm sien Verlöv för mien Afreisen. Nah en beten fründlich Hen un Her sä he mi beides to.

De ganze Tiet över wunner ik mi, dat von den Kaiser in Lilliput noch keen Bescheed an den Kaiserhoff von Blefuscu kamen harr, de mi bedrepen dä. Laterhen worr mi heemlich vertellt, Siene Majestät harr dorvon utgahn, dat ik dor nix von afweeten dä, wat se mit mi vörharrn. He glööv, mien Besöök in Blefuscu harr wieder nix to bedüden, un ik weer man bloß ut Höflichkeit henföhrt, wieldat ik den Kaiser ut Blefuscu dat toseggt un he mi dat verlööft harr. He reeken fast dormit, dat ik nah'n poor Daag trüchkämen dä, wenn ik mien Plichten nahkamen weer. Man as dat länger duurn dä, worr he unrohig un sett sik mit Finanzminister Flimnap un den sien Bagaasch tohopen. Se besnacken sik, un Siene Majestät schick en Mann von Stand los, mit'n Afschrift von dat Klaagschrieven gegen mi un mit den Updrag, den Monarchen von Blefuscu de ganze Saak to verkloorn. He söll em von mien grote Verbreeken vertellen un vör allen von de grote Sachtmödigkeit von sienen Herrn, de doran to marken wer, dat he dorför sorgt harr, dat ik mit wieter nix straaft warrn söll as man bloß mit Ogenutsteeken. Un de Kureer söll ok mitdeelen, ik weer vör düt gerechte un weeke Urdeel utneiht, un nu harr ik binnen twee Stunnen trüchtokamen. Wenn ik düsse Odder nich nahkamen dä, denn worr mi de Titel Nardac afnahmen un ik vör alle Minschen as Verrader henstellt. Un ok dat gehör noch to den Bescheed von den Kaiser von Lilliput, dat de sik dor up verlaten dä, sien Kaiserliche Broder weer je doch woll an Freeden un Fründschop mank ehr beiden Länner intresseert un worr mi an Hännen un Fööt bunnen utliefern, dat ik as Verbreeker straaft warrn kunn.

Dree Daag beraad sik de Kaiser von Blefuscu över düt Verlangen, un denn geev he en Antwurt, de bannig höflich weer, un wo he um Nahsehn beed. He sä aver ok, he kunn dat unmöglich nahkamen, wat von em föddert worr, nämlich mi in Fesseln trüchtoschicken, un dat wüß sien Kaiserliche Broder sülmst ganz genau. Ok wenn ik em sien Kriegsflott wegnahmen harr, weer he bi mi in deepe Dankesplicht wegen de groten Deensten, de ik em bi den Freedensverdrag doon harr. He kunn aver ok mitdeelen, dat beide Majestäten de Sorgen mit mi nu bald los warrn dän, ik harr nämlich an'n Strand en Riesenschipp funnen, un dor kunn un worr ik mit up de hoge See rutföhrn. He harr anornd, dat Schipp mit mien Hülp un ünner mien Upsicht torechttomaken. He reeken dormit, dat ehre beiden Länner all in'n poor Weeken keen Last mehr mit mi hebben worrn.

Mit düsse Antwurt güng de Kureer trüch nah Lilliput un Siene Majestät vertell mi allens, wat sik begeven harr. Toglik sä he mi in Geheemen to, wenn ik in sien Deensten blieven dä, woll he mi vör allen Schaden gnädig wohrn. He meen dat gewiß ehrlich dormit, aver ik harr mi vörnahmen, mi nienich wedder up Fürsten un Ministers to verlaten, wenn ik doran vörbikamen kunn. Mit allen nödigen Respekt un mien ünnerdänigsten Dank för sien gnädig Anbott beed ik em, he möch mi gahn laten. Ik sä em, dat Schicksal — goot orer böös — harr mi nu mal dat Schipp tokamen laten un dorüm harr ik mi de Afreis för wiß vörnahmen. Ik wull mi leever up dat grote Water rutwagen, as dat ik de Oorsaak för den Striet mank twee so mächtige Majestäten wesen wull. Ik harr nämlich to weeten kregen, dat mien Afreisen den Kaiser gornich so unrecht weer. Dörch en Tofall keem ik dorachter, dat he sik sogar dorto freun dä, un de mehrsten von sien Ministers ok.

Düt allens dreev mi an, mien Afreisen noch ehrer in Gang to bringen, as ik dat erstmol dacht harr. Von den Kaiser un sien Lüüd kreeg ik dorbi grote Hülp. Se luurten dor all ungedüllig up, dat mien Reis endlich ingang keem. Fiefhunnert Arbeiters kreeg ik towiest, de sölln nah mien Bescheed twee Seils för mien Boot maken. Se nehmen ehr starkstet Linnen dorto, mössen aver dörtein Lagen över'nanner neihn. In de Tiet maak ik dat Tauwark trecht, wo ik tein, twintig orer ok dörtig von ehr dicksten un starksten Reepen bi tohopen dreihn dä. Tofällig harr ik an'n Strand en groten Steen funnen, den ik as Anker nehmen wull. To'n Dichtmaken von mien Boot un ok noch för annerswat kreeg ik den Talg von dreehunnert Keuh. För de Roders un Masten sneed ik de gröttsten von ehr Bööm af un harr dor ornlich Möh mit. De Schippstimmerlüüd von Siene Majestät güngen mi dorbi to Hand; ik maak de groffe Arbeit un se putzten allens fein blank.

Een Maand duur dat ungefähr, denn weer ik mit allens farig. Nu wull ik Siene Majestät adjüs seggen un leet mi bi em to'n letzten Besöök anmellen. De Kaiser un de Kaiserliche Familie keemen ut den Palast rut. Ik leed mi vor em up de Eerd dal mit dat Gesicht nah ünnen. Siene Majestät weer heel gnädig un höll mi sien Hand to'n Handkuß hen. De Kaiserin un de Prinzen makten dat jüst so. As Geschenk kreeg ik von Sien Majestät fofftig Geldbüdels, wo in jedereen tweehunnert

Sprungs in weern, un he geev mi ok noch en Bild von sik in Levensgrött. Beide Saken pack ik in een von mien Hanschen, dat se nich to Schaden kamen dän. Von de Fiern un den ganzen Upwand to mienen Afscheed geev dat soveel, dat kann ik den Leser gornich allens vertellen.

Ik harr heel veel Futteraasch in mien Boot inpackt: Fleesch von hunnert Ossen un dreehunnert Schaap, Brot un Drinkels dortau un ok farigkokte Menüüs, soveel as veerhunnert Kökenmeisters farig kriegen kunnen. Söß Keuh un twee Bullen un jüst soveel Schaap un Schapböck nehm ik lebennig mit, de wull ik in mien Heimatland mitnehmen un düsse Rass dor tüchten. To freten för de Deerten, solang, as se an Bord weern, harr ik 'n Hümpel Hau un'n Sack Korn inpackt. To geern harr ik ok en Dutz von de Inwahners von dat Land mitnahmen, aver dor woll de Kaiser afsluut nich up bieten. He leet dorümhalven all mien Taschen akkrot nahsöken, un ik möß siene Majestät up mien Ehrnwoort toswörn, dat ik keeneen von sien Ünnerdanen mitnehmen dä, ok denn nich, wenn de dor sülmst mit inverstahn weern orer ok, wenn een von jem dat geern wull. Nu harr ik allens fein in de Reeg, so goot as ik dat man kunn, un an'n 24. September 1701 morrns Klock söß sett ik de Seils un föhr af. De Wind keem ut Südost. An'n Obend so bi Klock söß harr ik woll veer Mielen nah Norden vöran kamen, dor worr ik in Nordwest en lütte Insel gewohr, woll so'n annerthalf Mielen af. Ik seil nah de Leesiet von dat Eiland un leet dor mien Anker dal. Dat schien so, as wenn dor keen Minschen up wahnen dän. Ik dä mi en beten för mienen Apptiet togoden un leed mi to'n utrauhn hen. So bi söß Stunnen heff ik nah mien Reeken dor legen un goot slapen. (Düsse Tiet weet ik dorvon, wiel dat twee Stunnen nah mien Upwaken Dag warrn dä.) Dat weer'n helle Nacht, as ik hochkeem un ik vertehr mien Fröhstück, ehrer de Sünn upgüng. De Wind stünn goot, ik hal den Anker hoch un seil den sülvigen Kurs as an den Dag vörher. Mien Kumpaß wies mi de Richt. Ik woll, wenn't möglich weer, een von de Inseln finnen, de nah mien Meenen in Nordost von Vandiemensland liggen doot, aver an düssen Dag keem mi nix in Sicht. Erst den annern Dag so bi Klock dree an'n Nahmeddag — nah mien Reeken weer ik woll tweeunsöbentig Mielen von Blefuscu weg — worr ik en Schipp gewohr, wat Kurs Südost föhrn dä. Ik holl mien Boot akkrot up Ost un bölk so luut as ik man kunn, kreeg aver keen Antwurt. Ik mark aver, dat ik neeger ran keem, de Wind flau nämlich 'n beten af. Ik sett alle Seils, de ik hebben dä, un nah en Tiet von 'n halve Stunn worrn de Lüüd up dat Schipp mi gewohr. Se tögen en Fahn up un schööten en Kanoon af. Mi güng grote Freid dörch mien Hart. Ik kunn je nu för gewiß annehmen, mien düret Heimatland un all mien leeven Lüüd, de ik dor trüchlaten harr, doch nochinst wedder to sehn. Ik heff meist keen Wöör, mit de ik seggen kunn, wo dull ik mi frein dä. Dat harr to unvermoden kamen. De Matrosen up dat Schipp halen de Seils dal, un an'n 26. September twischen Klock fief un Klock söß güng ik langssiets bi dat Schipp. Ik wüß mi vör Freid meist nich to laten, as ik de engelsche Fahn ansichtig worr. Nu steek ik mi de Keuh un de Schaap in de Rocktaschen un güng mit allens, wat ik harr, an Bord. Dat weer en engelsch Hannelsschipp, wat von Japan her dörch den Nord- un den Südpazifik up den Weg nah Huus weer. De Kaptein, Mr. John Biddel ut Deptford, weer en heel fründlichen Minschen un en düchtigen Seemann. Uns Positschoon weer dörtig Grad Süd. Bi de fofftig Mann starke Crew dreep ik en olen Kamroden von mi, Peter William mit Naam. De leed bi den Kaptein 'n good Woort för mi in, un de güng heel nett mit mi üm un fröög mi nah Woher un Wohen. Ik vertell em dat mit'n poor Wöör. He nehm mi dat erst nich af un glööv, ik weer an't Tüdern. He dach, ik weer in'n Kopp dörch'nanner von all dat Leege, wat ik mit dörchmaakt harr. Aver as ik de swatten Keuh un de Schaap ut mien Taschen to'n Vörschien bröch, kunn he sik nich noog wunnern un glööv mi dat, wat ik em vertellen dä. Ik wies em ok dat Geld, wat mi de Kaiser von Blefuscu mitgeven harr, dorto ok dat Bild von Sien Majestät in Levensgrött un noch'n poor von de Saken, de ik ut dat Land mitkregen harr. Twee von de Geldbüdels mit de tweehunnert Sprungs dorin schenk ik em un

sä em to, he söll ok en drächtig Koh un en drächtig Schaap hebben, wenn wi in England ankamen harrn.

Ik will nu nich veel Wöör maken von düsse Fahrt, nah de wi ahn groot Maleschen an'n 13. April 1702 in de Downs ankeemen; aver en lütt Mallör passeer mi doch noch. De Rotten up dat Schipp sleepten mi nämlich en von mien Schaap weg. De Knaken dorvon legen akkrot afnagt in en Eck. Dat anner Veeh bröch ik heel un gesund an Land. Ik sett de lütten Deerten to'n Grasen up en Bouling-Platz bi Greenwich af. Erstmol weer mi 'n beten bang, of se dat Gras woll mögen dän, aver dat weer dor so schön fien, dat se sik düchtig sattfreten kunnen. Up de lange Fohrt harr ik dat Veeh man bloß dorüm an't Leven holln, wieldat de Kaptein mi 'n beten wat von sien besten Twieback afgeven het. Dat heff ik jem tweikröömt un mit Water vermengeleert jeden Dag to freten geven. In de kort Tiet, de ik in England bleev, heff ik de lütten Deerten veel Städen för Geld wiest un gode Geschäften dormit maakt. Ehrer ik denn wedder up Reisen güng, kunn ik jem för sößhunnert Daler verköpen. Von de Tiet an hefft se sik goot vermehrt, vör allen de Schaap, un ik denk mi, wegen de bannig fiene un weeke Wull kummt dat de Wullspinners un Wullwevers goot topaß.

Twee Maand bleev ik nu to Huus bi mien Fru un mien Familje, denn aver kunn ik dat nich mehr uthollen. Mien Lengen dornah, anner Länner to sehn, worr to groot. Ik besorg för mien Fru en schönet Huus in Redriff un leet ehr dat up't beste utstaffeern; un ik leet ehr ok noch föfteinhunnert Dalers dor. Wat ik sünst noch an Geschäftskaptal hebben dä, dat nehm ik mit, en Deel in Boorgeld un en Deel in Hannelswoor, dor wull ik gode Geschäften mit maken. Von Unkel John, wat de öllste von mien Unkels weer, harr ik en schönen Buurnhoff in Eppin arwt, de mi johrum so bi dörtig Dalers inbringen dä. Dorto harr ik noch den „Swarten Ossen", en Kroog in Fetter Lane, för lange Johrn pacht, de smeet nochmol jüst soveel af. Dat allens tosamen weer rieklich noog, dat mien Familje dor goot von leben kunn un nich de Gemeen to Last fallen bruuk. Mien Söhn, John heet he nah den Unkel, harr sik goot rutmaakt un güng all up de högere School. Mien Dochter Betty (jetzt is se all lang goot verfriet un het ok all Kinner) weer domols bi en Wittneihersch in de Lehr. As ik mien Fru, mien Jung und mien Deern Adjüs seggen dä, leepen bi uns alle veer de Tranen, un denn güng ik bi de „Adventure" an Bord. De „Adventure" weer en Hannelsschipp von dreehunnert Tunns ünner den Befehl von Kaptein John Nicholas ut Liverpool un söll nah Surat seiln. Wat ik up düsse Fohrt beleevt heff, dat to vertellen spoor ik mi up för den tweeten Deel von mien Reisberichten.

De Reis nah Brobdignag

De erste Strämel

En gewaltigen Storm. Se halt Water mit'n Boot. De Schriever föhrt mit, dat Land to bekieken. Se laat em an'n Strand trüch. Een von de Inwahners findt em un nimmt em mit nah den Buurn sien Huus. Wo em dat dorbi geiht und wat em allens so passeert. Wo de Lüüd dor utsehn doot.

Von Natur ut bün ik wat unrastig, un mien Schicksal weer ok so, dorüm dreev mi dat twee Maand nah mien Trüchkamen nah Huus all wedder üm. An'n 20. Juni 1702 güng ik bi de Downs up de „Adventure" an Bord. Kaptein John Nicholas ut Cornwall kummandeer dat Schipp, dat nah Surat föhrn söll. Mit'n heel goden Wind keemen wi bet an't Kap von't Gode Höpen, wo wi an Land güngen un frisch Water faten dän. Wieldat wi aver en Leckaasch gewohr worrn, bröchen wi de Ladung an Land und bleven den Winter över dor. De Kaptein kreeg dat Wesselfeever un wi kunnen erst utgangs März wedder in See gahn. Wi setten de Seils un keemen goot vöran. Uns Fahrt güng dörch de Straat von Madagaskar. As wi noordlich von de Insel weern, so bi fief Grad Süd, keem de Wind up, de in düsse Gegend von Dezember bet Mai egolweg von Nord bet West weiht. An'n 19. April frisch he denn bannig up un weer twintig Daag lang veel mächtiger as gewöhnlich un keem ok mehr ut Westen. In düsse Tiet worrn wi afdreven bet 'n Enn oostlich von de Molukken un bi dree Grad noordlich von den Äquator. Dat stell de Kaptein bi de Observatschoon fast, de he an'n 2. Mai maken kunn, wieldat nämlich de Wind sik leggt harr. Ik weer heel froh, dat de See wedder ruhig weer, aver de Kaptein wahrschuu uns. He wüß nämlich mit de Seefahrt in düsse Gegend goot Bescheed, un he geef de Odder, dat Schipp för'n Storm kloortomaken. Un dat keem akkrot so, as he seggt harr. Glieks an'n annern Dag keem en Wind von Süd her up, to den seggt se dor Süder-Monsun.

Wi markten, dat de Storm jümmer duller warrn dä. Wi haaln dat Sprietseil dal un stünnen parot, üm dat Fockseil to handen. Dat Weder worr aver jümmer leeger. Wi sehgen nah, of de Kanonen fastbunnen weern un handen den Besan. Uns Schipp weer wiet af von Land, dorüm wolln wi lever vör'n Wind lopen as bidreihn un ahn Seils drieven. Wi reffen dat Fockseil un set-

ten dat fast. Dat Fockschoot halten wi nah achtern. Dat Roder leeg hart an Luuv. Uns Schipp höll sik heel goot. De Fockholler worr belegt, aver dat Seil reet twei. Dorüm verhalten wi de Rah, tögen dat Seil in un makten allens kloor. Dat weer nu'n richtigen Orkaan worrn un gewaltige Brekers keemen över Bord. Wi halten dat Taljenreep von den Kolderstock un keemen den Stüürmann to Hülp. De Marsstang wolln wi nich dalnehmen, un leeten allens staan. Dat Schipp höll sik nämlich goot vörn Wind. Wi wüssen ok, dat wi uns mit de Marsstang in de Takelaasch beter holln kunn, un dat wi so beter vörankamen dän. Bang bruken wi nich to hebben, de See geev nämlich friee Fohrt her. As der Storm vörbi weer, woorn Fock- un Grootseil sett, un wi dreihten bi. Denn setten wi glieks noch den Besan, dat Grootmars- un dat Vörmarsseil. Uns Kurs weer Ostnordost bi'n goden Südwestwind. Wi verhalten de Stüürbordgeien, smeeten de Luvbrassen üm, tögen de Leebrassen an un setten jem fast. De Besangei nehmen wi up Luuv un hölln dat Schipp an'n Wind, so scharp as dat man güng. Bi den Storm un den nahkamen scharpen Westsüdwest dreven wi woll fiefhunnert Mielen nah Ost af, un ok de öllste Matroos an Bord kunn nu nich mehr seggen, wonehm in alle Welt wi woll weern. Proviant harrn wi rieklich an Bord, dat Schipp weer kloor un maak gode Fohrt un de Crew weer gesund un goot toweeg; man bloß mit frischet Water keemen wi in de Bedrullje. Den Kurs to holln weer nah uns Meenen beter as nah Nord aftodreihn; dat wörr uns nämlich nordwestwards von de Grote Tartaree un in't Iesmeer bringen.

Denn keem de 16. Juni 1703. En Schippsjung, de up de Topmars stahn dä, rööp: „Land ahoi!" Wi hölln dor up to, un an 17. Juni kreegen wi vulle Sicht up en grote Insel — orer weer dat'n Kontinent? Dat kunnen wi nich kloorkriegen. Up de Südsiet von dat Land reck sik en smallen Landstriepen in de See. De Bocht dorachter weer nich deep noog för'n Schipp von över hunnert Tunns. Nich wieter as een Miel af von Land smeeten wi Anker, un de Kaptein schick 'n Dutz von sien Lüüd mit dat grote Biboot los, de sölln nah Water söken. Tunns un anner Gelaats nehmen se mit. Un ok Savels und Gewehrn. Ik fróg, of ik woll mitföhrn kunn; ik wull mi dat Land ankieken un tosehn, wat sik dor woll allens anfinnen dä. As wi an Land keemen, weer von'n Spring orer 'n Strom nix to sehn; un ok von Minschen, de dor wahnen dän, weer keen Spoor to finnen. De Matrosen güngen nu los, wat se in de Nöögde von't Över woll Drinkwater finnen dän. Ik maak mi alleen in'n anner Richt up'n Weg. So bi een Miel wiet keem ik up steenig Land, wo nix up wassen dä. Ik worr mööd dorbi un wieldat dor nix weer, wat mi intresseern kunn, güng ik bilütten wedder nah de Bocht to trüch. Ik keem an'n Strand und worr gewohr, dat uns Lüüd all wedder in't Boot seeten un för Gewalt up dat Schipp to rodern dän. Ik wull jem achternah bölken, wenn se mi ok woll knapp hören kunnen — aver dor sehg ik en överbastig Ungedöm, wat jem achternah weer. Dat güng up twee Been un maak gewaltige Schritten, un dat Water güng em nich höger as bet an de Knee. To'n Glück weern uns Lüüd all en halve Miel vorut, un

denn weern dor ok bannig spitzige Klippen in de See; so kunn düt Riesenbeest dat Boot nich mehr faat kriegen. Mi is dat allens laterhen so vertellt worrn; denn ik weer je veel to bang, as dat ik dorbleven un tokeeken harr, wo dat Mallör utgahn dä. So flink, as ik man kunn, neih ik ut in de Richt, wo ik herkamen harr. Ik klatter up'n lütten Anbarg, wo ik in't Land kieken kunn, un sehg rundrum Feller un Grönland. Ik weer rein baff, as ik up de Wischen dat gewaltig hoge Gras to sehn kreeg, wo Hau von maakt warrn söll; dat harr nämlich 'n Höchde von twintig Foot.

Nu keem ik up en Landstraat to gahn, so meen ik sachts. Dorbi weer dat för de Lüüd dor nich mehr as'n Footstieg dörch ehr Gassenfeld. Ik güng en Enn wieter, kunn aver nah de Sieten nich veel sehn. Dat weer nämlich meist Aarntiet un dat Koorn reck sik tominnst veertig Foot hoch. Een Stunn duur dat, bet ik an't Enn von dat Feld keem, wat mit'n Knick von woll hunderttwintig Foot Höchde umheegt weer. Wo hoch de Bööm weern, dat kunn ik nichmal taxeern. An den Knick stünn en Trepp to'n Röverstiegen nah de anner Siet. Veer Stuffen harr de, un wenn'n boben weer, denn möss'n noch över en Steen röver. Dor rup- un rövertostiegen weer för mi unmöglich, de Stuffen weern jedereen söß Foot hoch un de Steen baben över twintig Foot. Ik füng dorüm an, nah en Lock in de Knick to söken, wo ik dörchkrupen kunn. Dor sehg ik, wo up dat Feld jennsiet von den Knick een von de Inwahners up de Trepp tokamen dä. Dat weer just so'n överbastig Ungedöm as de, de in't Water achter uns Boot her west harr. Mi keem he so hoch vör as'n Karktoorn, un sien Schritten taxeer ik up tein Ellen. Mi worr angst un bang, un ik verkrööp mi in't Koorn. Denn sehg ik em baben up de Trepp. He keek up dat Feld to rechtern Hand trüch un ik hör em ropen mit en Stimm, veel luuter as so'n Luutspreeker. Dat dröhn so gewaltig hoch an'n Heven, dat ik meen, dat weer dat Dunnern von'n Gewitter. Nu keemen söben Mann her, just so'n Riesenkeerls as he, de harrn jedereen 'n Handseeßel in de Fuust, so groot as bi uns söß grote Seeßels. Düsse Lüüd harrn nich so'n ornlich Tüch an as de erste, dat weern woll sien Knechten. As he jem nämlich en poor Wöör sä, güngen se bi, dat Feld to meihen, wo ik mi in verkropen harr. Ik höll mi so wiet as möglich von jem af, kunn aver man langsam vöran kamen. De Halms von't Koorn stünnen nich wieter as een Foot voneen; ik kunn mi man mit Noot dor dörchwrangen. Ik schaff dat aver doch, dat ik wiederkamen dä. Man denn keem ik an en Stück in't Feld, dor harr dat Koorn dörch Regen un Wind to'n Liggen kamen. Dor weer nu Sluß för mi. Ik keem nich een Schritt mehr vöran. De Halms harrn sik so vertüdert, dat ik dor nichmol dörchkrupen kunn, un de Grannen von de affollen Ahren weern so hart und scharp, dat se mi dörch mien Tüüg in't Fleesch sneeden. Ik hör de Meihers all achter mi, keen hunnert Ellen af. Von de Strapaazen weer ik ganz af un harr keen Levensmoot mehr; ik wüß ok nich, wat nu warrn söll. So legg ik mi, wo ik jüst weer, in en Fohr up de Eerd dal un wull nix anners mehr as starven. Mien Hart weer mi swoor von Truur, as ik an mien Fru un Kinner dinken dä, de nu verlaten, ohn Mann un Vader weern. Ik schull mi sülmst, dat ik so stiefnackt un dummerhaftig up mien tweete Reis bestahn harr, obschonst all mien Frünnen un Anverwandten mi dorvon afraad harrn.

In mien leegen Tostand möß ik an Lilliput dinken. Dor harrn de Inwahners mi ansehn as dat gröttste Wunnerwesen, wat dat man jichens in de Welt geven harr. Mit een Hand harr ik de ganze kaiserliche Kriegsflott wegtrecken kunnt un all dat annere farigkreegen, wat in ehr Geschichtsböker för ewig wißhollen ward, un wat för Kinner un Kindskinner meist nich to glöven is un doch von Milljonen betüügt ward.

Mi güng dörch den Kopp, wo minnachtig ik mi vörkamen möß, dat ik för düsse Lüüd hier just so nixhaftig weer, as en enzelten Lilliputaner in uns Land. Aver dat weer je man half so leeg as dat annere, wo ik ok an dinken möß. Dat kann'n doch överall gewohr warrn, so as en Minsch grootbastiger ward, so waßt sien Fünschwesen un sien Gräsigkeit jümmer mit. Ik kunn mi dorumhalven nix anners vermoden wesen, as dat de erst best von düsse willen Ungedöms mi as Snökerkraam ansehn un upfreten dä. Ik mutt de Philosophen recht geven, wenn se seggt, of wat groot orer lütt is, dat kann'n erst bi en Vergliek sehn. Dat kunn je wesen, dat de Lilliputaners en Minschenslag funnen harrn, wo de Lüüd gegen jem just so lürlütt weern, as se dat gegen mi sünd. Un dat is je ok nich unmöglich, dat'n eens goden Daags jichenswo in de Welt Minschen wies ward, bi de düt Riesengeslecht hier ok man as'n Muus ünner de Fööt is. Ganz verfehrt un dörch'nanner leeg ik dor in de Fohr an de Eerd un kunn un kunn un kunn nich loskamen von düsse Gedanken. Upmol aver keem een von de Meihers up tein Ellen nah mi ran, höll denn aver an un verpuß sik 'n beten. Mi worr angst un bang, un ik dach, he kunn mi bi'n negsten Schritt to Muus pedden orer mi mit sien Handseeßel middendörch haun. Mien Ängsten worrn noch grötter, as he sik anschick, wedder los to gahn, un ik schree so luut, as dat luuter nich güng, un wenn mien Bang noch so groot weer. Dat Riesenkreatur bleev stahn un keek sik 'n Tietlang ümher un kreeg mi letzto dor ünnen to Gesicht. He gee sik nu so vörsichtig as een, de en lüttjet gefährlich Deert griepen will, un sik dorbi in acht nehmen deit, dat

dat Rackertüüg em dorbi nich bieten orer kleien kann. (Ik heff dat to Huus in England af un an ok so maakt, wenn ik en Wesselk fangen wull.) Un denn riskeer he dat un greep mi mit sien Duumen un Wiesfinger von achtern üm de Tallje. He böör mi hoch, bet ik man bloß noch dree Ellen von sien Ogen af weer. So kunn he mi von ünnen bet baben ganz genau bekieken. En godes Ahnen geev mi in, dat he mi woll erstmol wieter nix doon wull. So behöll ik'n kloren Kopp un nehm mi vör, mi nich to wehren. Ik höll still, obschonst ik so bi sößtig Foot baben de Eerd sweven dä. De Riesenkeerl weer woll bang, ik kunn em mank de Fingern dörchwitschen, dorüm faat he goot fast to un prams mi bannig in de Sieten. Ik weer mächtig in Ängsten un wull em dat wiesen, dorüm höll ik ganz still un slöög mien Ogen nah de Sünn hoch; dorto leed ik de Hännen tohop as to'n demödig Bitt un stamer en poor Wöör mit bevern Stimm, so as dat to mien Sitatschoon passig weer. Ik harr Bang, he kunn mi jeden Moment up de Eerd dalsmieten, as wi dat je för gewöhnlich maakt, wenn wi en lütt eklig Deert dootmaken willt.

Aver en godet Schicksal wull dat anners. De Ries harr woll Gefalln funnen an mien Stimm un mien Weeswark. He keek mi an as'n Wunnerpopp un maak grote Ogen, as he marken dä, dat richtige Wöör ut mienen Mund keemen, wenn he de ok nich verstahn kunn. He faat mi jümmer noch bannig fast an mit sien Duumen un Wiesfinger, wat mi gräsig weh doon dä. Ik kunn dat nich mehr uthollen un füng an mit süfzen un stöhnen. Tranen leepen mi ut de Ogen de Backen dal, un ik dreih den Kopp von een Siet nah de anner. Dor woll ik em mit wiesen, wo groot Wehdaag he mi maken dä. Letzto het he woll denn doch kapeert, wat ik wull. He nehm sien Rockschoot hoch un leed mi dor sachten rin, un denn leep he nah de Person, de ik toerst up'n Feld sehn harr, wat woll sien Herr weer (so keem mi dat vör, as ik jem mit'nanner snacken hör). Een Buur weer dat, un as'n em ansehn kunn, en bastigen Keerl.

De Knecht vertell em von mi, wo he mi funnen un wat he mit mi afleeft harr. Denn nehm de Buur 'n lütten Strohhalm, so lang as bi uns'n Goden-Dag-Stock un böör dor mien Rockslippen mit hoch. He meen woll, dat weer so'n Aart Ümslag, den ik von Natur hebben dä. He puß mi de Haar von Siet, dat he mien Gesicht beter sehn kunn. Denn rööp he all sien Knechten her un fröög jem (mi worr dat laterhen so vertellt), wat se woll sünst all molinst sowat Lüttjet as mi up de Feller sehn harrn. Nu sett he mi sachten up alle Veer up de Eerd, aver ik stell mi glieks up de Been un güng sachten en poor Schritten hen un her. So wull ik jem wiesen, dat ik nich vörhebben dä wegtolopen. Se setten sik in de Runn um mi rum up de Eerd dal, dat se mi beter bekieken kunnen. Ik töög den Hoot af un maak nah den Buurn hen en deepen Deener; denn gung ik in de Knee, reck em de Hännen tomööt un keek em dorbi in de Ogen. So luut as ik man kunn, sä ik en poor Wöör, nehm mien Geldbüdel, wo ik Goldstücken in harr, ut de Tasch, slöög de Ogen dal un höll em de Geldknipp hen.

He nehm se up sien apen Hand hen un holl ehr dicht an de Ogen ran, dat he sehn kunn, wat dat weer. Mit'n spitzige Nadel, de he ut'n Ärmel töög, dreih he dat Ding 'n poormal üm, kunn

dor aver woll keen Klook in kriegen. Ik bedüüd em, he söll sien Hand up de Eerd dalleggen, wat he ok dä; denn nehm ik den Geldbüdel, maak em apen un kipp em allens, wat dor in weer, up de Hand: söß spansche Golddalers, jedereen mit'n Wert von veer Pistols, un denn noch twintig bet dörtig lüttjere Geldstücken. Ik sehg, wo he den lütten Finger mit de Tung anlicken dä un erst een von de Golddalers upnehm, un denn noch een. Mi keem dat so vör, as kunn he dor överhaupt nix mit anfangen. He bedüüd mi, ik söll dat Geld wedder in de Knipp rin doon un de denn in de Tasch steken. En poormal höll ik em dat noch hen, aver denn dach ik mi, dat weer woll dat best, dat to doon, wat he mi bedüden dä.

Middewiel weer he woll övertügt, dat ik en verstännige Kreatur wesen möß. He snack jümmerto up mi dal, un de Dunner von sien Stimm reet mi in de Ohren, as wenn en Watermöhl an't Larmen weer, aver de enzelten Wöör kunn ik goot ut'nanner holln. So luut as ik man kunn, änner ik em in verschieden Spraaken, un he höll sien Ohr bet up twee Ellen nah mi ran. Aver dat hulp allens nix, wi kunnen uns afsluut nich verstahn. He schick sien Lüüd wedder an de Arbeit; denn kreeg he sien Taschendook ut de Tasch, breed dat duwweltleggt up sien Hand ut un leed de mit dat Dook nah baben vör mi hen; denn bedüüd he mi, ik söll dor rup stiegen, un dat kunn ik licht, de Höchd weer je nich mehr as een Foot. Ik meen, dat weer richtig, em to pareern un leed mi lang hen up dat Taschendook; mi weer nämlich bang, ik kunn sünst to Fall kamen, wenn he mi hochnehmen dä. He slög dat Dook bet an'n Hals um mi to, un so kunn mi nix passeern, as he mi denn nah em tohuus hendrägen dä. Dor reep he sien Fru un wies mi ehr. De aver maak'n Geschrich un neih ut, jüst so as de Fruuns in England dat maakt, wenn jem 'n Poggütz orer 'n Spinn tonah kamen deit. Se beluur mi von wieten en Tietlang un sehg, wo akkrot ik pareer, wenn ehr Keerl wat von mi föddern dä. Doruphen worr se bald fründlicher to mi un füng sogor an, um mi rumtofiecheln.

Dat güng up Meddag to, so bi Klock twölf, dor dröög en Deener dat Äten up. Dat geef 'n ornlich Portschoon Fleesch (so as dat in'n Buurnstand holln ward) in en Schöddel, de veeruntwintig Foot wiet weer. To de Familje von den Buurn hör noch sien Fru, dree Kinner un en ole Grootmudder. As se sik all dalsett harrn, stell de Huusherr mi en Enn af vör sik up den Disch, de woll dörtig Foot hoch weer. Ik harr bang, dat ik dalfallen kunn, un in mien Ängsten bleef ik so wiet von de Dischkant weg, as dat man güng. De Fru sneed en lütt Stück Fleesch twei, krööm 'n beten Brot up 'n Holttöller dorto un sett dat vör mi hen. Ik maak en deepen Deener nah ehr to, nehm mien Meßt und Gavel ut de Tasch un füng an mit Äten. De Familje keek mi wat to un harr dor veel Spaß an. Nu schick de Huusfru een von de Magden nah'n lüttjet Slucksglas (dat weer so groot as bi uns ein Waterämmer) un gööt mi dor wat to drinken in. Ik möß mi mächtig in't Geschirr smieten, dat ik dat Ding hochböörn kunn und möß beide Hännen dorto nehmen, un mit alle nödige Hochachtung drunk ik up dat Woll von de gnädige Fru. So luut as ik man kunn, bölk ik up Engelsch: „Three Cheers for the Lady!" Doröver follen de Lüüd an'n Disch von Harten in't Lachen, un dat so dull, dat ik meist doov worr von dat Gedröhn. Dat Drinkels harr en Smack as 'n lichten Appelwien un weer nich unrecht. Denn bedüüd de Huusherr mi, ik sött nah sien Holttöller henkamen. Ik güng över den Disch nah em hen un (de Leser ward verstahn un mag mi dat nahsehn, dat ik de ganze Tiet heel un deel dörch'nanner weer) dor weer't ok all passeert. Ik harr en Brotkanten nich gewohr worn, strumpel doröver un slöög so lang as ik weer mit dat Gesicht nah ünnen up den Disch hen. To'n Glück dä ik mi aver keen Schaden.

Ik richt mi furts wedder up; un as ik sehg, wo de goden Lüüd dat duurn dä um mi, nehm ik mienen Hoot (wegen den Anstand an'n Disch harr ik em ünnern Arm nahmen) un swunk em över'n Kopp. Dorbi reep ik dreemal Hurra un wies jem up düsse Aart un Wies, dat ik mi bi't Störten keen Schaden daan harr. Nu güng ik wieter up mien gnädigen Herrn to (so warr ik em von nu an seggen). Glieks toneben em seet sien jüngst Söhn, wat en venienschen Snösel von tein Johr weer. De greep mi bi de Been un böör mi hoch in de Luft, dat ik an'n ganzen Lief dat Bevern kreeg. Sien Vadder reet em mi ut de Hand un hau em een'n an'n Dassel, so gewaltig, dat so'n Slag in Europa 'n ganze Schwadron von Kavallristen umhaut harr. Denn woll he den Jung von'n Disch wegjagen. Ik harr aver Bang, de Bengel kunn dull warrn up mi; un wieldat ik ganz goot weeten do, wo tücksch de Kinner bi uns von Natur ut gegen so'n lütt Vehwark as Sparlings, Kaninken, lütt Katten un Hunnen sünd, dorum föll ik vör mien gnädigen Herrn up de Knee, wies up den Jung un bedüüd em, so goot as ik kunn, dat ik nich wull, dat de Jung straft ward. De Vadder dä mi den Gefallen, un de Bengel sett sik wedder up sien Stohl. Ik güng hen nah em, nehm sien Hand un drück em dor en Kuß up. Mien gnädiger Herr nehm sien Söhn bi düsse Hand un bröcht em dorto, mi sachten dormit to eien.

As wi midden bi'n Äten weern, sprung en Katt, wat de lütt sööt Druuvappel von de Huusfru weer, up ehrn Schoot. Ik hör upmal achter mi en Gedruus, as wenn 'n ganz Dutz Knüddelmaschien in Gang weern un dreih mi um; un dor worr ik gewohr, dat de Katt an't Snurren weer, wieldeß de Fru dorbi weer, ehr to fuddern un to straaken. Nah de Utsicht von Kopp un Poten keem mi dat vör, as wenn dat Deert dreemal so groot as'n Ossen weer. Dat ossige Glupen von düt Ungedöm maak mi ganz wirrig, obschonst ik ganz an't annere Enn von den Disch stahn dä, över föfftig Foot af; un denn höll de Fru dat Beest je ok wiß. Ik weer bang, dat kunn upmal losspringen un mi mit ehr Klauen bi'n Wickel kriegen. Aver dat harr keen Not, de Katt keek mi överhaupt nich an, ok denn noch nich, as mien gnädige Herr mi dree Ellen von ehr af hensetten dä. Nu harr ik aver all oftinst von gefährliche Deerten hört, dat se denn an ersten in de Raasch kaamt, wenn'n weglopen orer Ängsten wiesen deit; un up mien Reisen heff ik mehr as eenmal gewohr worrn, dat dat ok so is. Dorüm nehm ik mi vör, in düsse mulmig Sitatschoon ruhig to blieven un mi keen Bang ansehn to laten. Ik nehm all mien Moot tosamen un güng driest fief- orer soßmal vör de Ogen von dat Kattendeert hen un her. As ik dorbi bet up en halve Ell an ehr rankeem, töög se sik trüch, as wenn ehr Bang vör mi grötter weer as mien Ängsten vör ehr. Bi de Hunnen harr ik nich so'n Bang. Dree orer veer von jem leepen in de Stuuv rüm, as dat in so'n Buurnhuus is. Een dorvon weer en Dogg, so groot as veer Elefanten. En anner weer 'n Windhund, 'n beten länger as de Dogg, aver nich so bastig.

As dat Äten meist vörbi weer, keem de Baadmudder rin. Se harr 'n Suugkind von een Johr up'n Arm. Dat Gör worr mi glieks gewohr, un so as Kinner dat denn maakt, wenn se 'n Speeltüüg hebben willt, legg de Lütt mit en Geblarr los, dat harrst von de London Brigde bet nah Chelsea hören kunnt, un reck dorbi de Hännen nah mi ut. De Mudder weer nahgeevsch un stell mi vör dat Kind hen. Un düsse Nickel harr nix beters to doon, greep mi furts um de Tallje un steek sik mien Kopp as Nuckel in'n Mund. Ik bölk so dull los, as ik man kunn. Dor verjöög sik dat Krööt un leet mi vör Schreck fallen. Ik harr mi för wiß dat Gnick braken, wenn de Mudder nich ehr Schört upholl harr. De Baadmudder woll den Schreehals mit de Klöterbüß to Ruh bringen, de dat Kind an'n Schnoor um den Lief hüng. (Dat Ding weer ut'n leddig Fatt maakt mi grote Steens dorin.) Aver dat weer umsünst, dat Gör bölk jümmer beter bi. Dor maak se dat, wat bi'n Suugkind letzto jümmer helpen deit, so geev em de Bost. Un dor mutt ik nu ingestahn, dat mi bet nu her nienich irgendwat so eklig west het, as düsse unbannige Bost, de ik nu to Gesicht kriegen dä. Ik weet ok afslut keen Vergliek, wo ik den neeschierigen Leser en Bild von ehr Grött, ehr Utsehn un Farv mit geven kunn. Bi söß Foot quüll de Bost nah vörn rut un määt rundum tominnst sößtein Foot. De Nuckelknuppen weern woll half so groot as mien Kopp un jüst so as de Bost buntplackig von Quaddeln un Striepen un Sünnplackens. Dat kunn nix geven, wat mi noch wedderlicher weer. Ik kunn dat so genau sehn, wieldat ik je up den Disch stünn un dat Ungedöm von Bost mi dicht vör de Näs liggen dä. De Baadmudder harr sik nämlich dalsett, dat se den Lütten beter anleggen kunn. Bi düt Ansehen keem en mi uns engelschen Daams in den Sinn un ik dach doran, wo schier un glatt de ehr Huut utsüht. Dat schient aver doch bloß so, wieldat se von unseegen Grött sünd. Wenn'n nämlich dörch'n Vergrötterungsglas kieken deit, denn süht dat woll 'n beten wat anners ut. De Huut kann von wieten noch so eben un schier laten, ut de Neegde ward'n gewohr, wo ruch un schrumpelig un pleckig se is.

Mi fallt dorbi in, as ik in Lilliput weer, heff ik de Lüüd dor för de smucksten un glattsten Minschen von de Welt ansehn. Molinst snack ik dor mit en Studeerten över, wat 'n goden Fründ von mi weer, un de meen, wenn he mi von wieten, von 'n Footbodden her ankieken dä, denn keem em mien Gesicht veel schierer un glatter vör, as denn, wenn ik em up mien Hand nehmen dä un dicht ran höll. Dat weer, so sä he, för em to erst 'n bannig gräsigen Anblick west. In mien Huut harr he grote Löcker sehn, mien Bortstoppeln weern teinmal so dick as de Börsten von 'n Ever un mien Gesicht harr veele verschiedene Farven, de afsluut nich tohop passen dän. De Leser ward mi verlöven, wenn ik nu för mi sülmst seggen do, dat ik jüst so'n smucken Keerl bün as de mehrsten von mien Aart in uns Land, un dat de Sünn mi up all mien Reisen man ganz wenig verbrennt hat. Mien Fründ, domols in Lilliput, sä mi ok noch von de Daams an'n Kaiserlichen Hoff, dat de een Sünnplacken harr, de anner 'n breetet Muulwark, un bi de drütte weer de Näs to groot. Ik kunn dor aver nix von sehn bi jem.

Düsse Gedanken, de ik hier upschreven heff, keemen mi, as ik de Riesenbost von de Riesen-Baadmudder vör mi sehn dä. De harrn jeden annern gewiß ok kamen un ik woll jem nich weglaten; sünst kunn de Leser je up de Idee kamen, düsse Riesenminschen weern würklich gräsig antosehn. Allens wat recht is, aver dat mut ik jem togoden seggen: se sünd 'n smucken Minschenslag. Vör allen keem mi dat Gesicht von mien Gnädigen Herrn (un he weer je man bloß 'n Buur) heel schier un eben wör, wenn ik man wiet noog af weer un em von ünnen up de Eerd, sößtig Foot weg, ankieken dä.

As dat Äten vörbi weer, güng mien Gnädige Herr rut nah sien Lüüd. Vörher aver (dat kunn ik an sien Stimm un sien Weeswark marken) bedüüd he sien Fru eernsthaftig, se söll goot up mi achtgeven. Ik weer nu bannig mööd un wull geern slapen. De Gnädige Fru mark dat, leed mi in ehr eegen Bett un deck mi mit 'n reinet Taschendook to, wat aver grötter un groffer weer as dat Grootseil von 'n Kriegsschipp. Ik slööp woll an twee Stunnen un dorbi drööm mi, dat ik tohuus bi Fru un Kinner weer. Ümso leeger worr denn de Last up mien Seel, as ik upwaken dä un mi alleen un verlaten vörfinnen dä in de gewaltig grote Slaapstuuv; de weer gewiß twee- bet dreehunnert Foot breet un över tweehunnert Foot hoch, un dat Bett, wo ik in liggen dä, määt woll twintig Ellen in de Breede. De Gnädige Fru weer an de Huusarbeit un harr de Döör toslaten. As de minschliche Natur nu mal is, weer dat an de Tiet, dat ik mal ut de Büx möß, un dorüm weer dat nödig, dat ik von 't Bett rünnerkamen dä. Man bloß de Bettkant weer bi acht Ellen hoch boben den Footbodden. Wat söll ik maken? Luut to ropen, dat riskeer ik nich un dat harr woll ok nix nützt. So'n Stimm, as ik heff, wat kunn de woll utrichten, wo dat doch bannig wiet weer von de Slaapstuuv, wo ik liggen dä, bet nah de Köök, wo de Familje sik uphöll. As ik dor nu seet in düsse verdreihte Sitatschoon, keemen upmal twee Rotten an den Bettvörhang hochtostiegen un weern hen un her up dat Bett an't rumsnüffeln. Een von jem keem dicht an mien Gesicht un ik verjöög mi gewaltig. Ik behöll aver 'n kloren Kopp, sprung

up un töög mien Savel ut de Scheed, dat ik mi dormit wehren kunn. Düsse gräsigen Beester weern nu so driest un keemen jeder von een Siet up mi los. Een von jem legg mi all de Pooten up den Kragen. Aver ik keem em vörto. Ehrer dat mi dat Beest wat doon kunn, ramm ik em mien Savel in'n Buuk un slitz em von vörn bet hinnen up — un bautz, kipp de Rott vör mi üm. As de anner sehn harr, wat ehrn Macker passeert weer, neih se ut, kreeg aver noch 'n deepe Wunnen up'n Puckel mit, wo dat Bloot man so rutstrullen dä. As ik dat schafft harr, güng ik langsom up't Bett up un af. So kreeg ik wedder Atem, verhaal mi un keem wedder to Kräften. Düsse överbastigen Deerten harrn de Grött as bi uns de Doggen, weern aver veel flinker un heel unbannig; un wenn ik to'n Slapen mien Savelreemen nich ümbeholln harr, denn harrn se mi bestimmt kort un kleen reten un upfreten. De Steert von de dode Rott heff ik afmäät, de weer man een Toll körter as twee Ellen. Dat dode Beest leeg dor nu in't Bett un weer jümmer noch an't blöden. Ruttrecken much ik dat nich, dat weer mi to eklig. Dor keem mi dat so vör, as wenn de Rott noch 'n beten levig weer, un ik hau ehr mit mien Savel nochmol ornlich över't Gnick un maak dormit richtig 'n Enn mit ehr.

Dat duur nich lang, dor keem de Gnädige Fru rin. As se mi vull Bloot sehn dä, nehm se mi in de Hand. Ik wies up de dode Rott, grien dorbi un bedüüd ehr, dat mi nix passeert weer. Dorto frei se sik bannig. Se rööp de Magd, dat de dat dode Beest mit'n Tang upnehmen un ut'n Finster smieten söll. Denn sett se mi up den Disch un ik wies ehr mien blödigen Savel, wisch den mit mien Rockslippen af un steek em in de Scheed. Mien Liefdrücken worr nu leeger un ik möß ganz nödig de beiden Geschäften besorgen, natt un dröög. Dat kunn je keeneen anner för mi doon, un dorüm versöch ik, de Gnädige Fru to verklaren, dat se mi up den Footbodden dalsetten much; un dat dä se denn ok. Mi weer dat to schneneerlich, mi noch düütlicher uttolaten, un ik wies bloß up de Döör un bück mi dorbi 'n poormal deep dal. Dat duur 'n ganze Tiet, aver letzto keem se dor doch achter, wat ik wull. Se nehm mi wedder in de Hand, güng mit mi in den Gorten un leet mi up de Eerd dal. Ik güng so bi tweehunnert Ellen an de Siet und bedüüd ehr, se much nich herkieken un mi ok nich nahkamen. Denn krööp ik mank twee Bläder von en Süürkenbusch un kunn nu endlich de Natur nahgeven.

De Leser mag mi dat nahsehn, dat ik von so'n Kleckerkram vertellen do. Wat gewöhnliche un eenfoldige Minschen sünd, de möögt wull meenen, dat harr keen Bedüden. Aver wat'n Philosoph is, de kann dor gewiß wat mit anfangen. För em is mien Vertellen gewiß en Hülp, sien Gedanken un Inbilden vullkamen to maken, un dat denn to'n Goden för sik sülmst un för de Minschheit antowennen. Dat is je överhaupt dat Eenzigst, woto ik düssen un annere Berichten von mien Reisen för de Minschheit upschreven heff. Mi leeg nix an schöne Wöör orer an klooke Gedanken orer an'n överspönige Schrievwies, mi güng dat toerst un vör allen üm de Wohrheit. Wat mi up mien Reisen passeert ist, dat het mi bannig to Harten gahn un sik in mien Kopp fastsett, un ik heff bi mien Upschrieven ok nich dat Ringste weglaten. Ganz akkrot weer ik dorbi un heff mien erstet Handschrieven dorvon nochmol genau nahsehn un en poor Städen rutstreken, de nich von Bedüden weern. Ik weer nämlich bang, de Lüüd kunnen mi för wietlöftig un babenhen ansehn, as'n dat je oftinst reisen Lüüd nahseggen deit, un mehrstens to recht.

De tweete Strämel

Wat de Dochter von den Buurn von Deern is. De Schriever ward nah verschiedene Städer un nah de Haupstadt henbröcht. Wat he dor allens so afleevt.

Mien Gnädige Fru harr en Deern von negen Johr, de weer för ehr Öller bannig flink un plietsch. Se kunn goot mit Nadel un Tweern ümgahn un maak nüdliche feine Kleeder för ehr Popp. Ehr Mudder un se harrn sik nu utdacht, se wulln för mi to Nacht de Poppenweeg trechtmaken. De Weeg keem denn in de lütte Schuuflaad von en Smuckkasten, un wieldat se bang weern wegen de Rotten, stelln se dat Ganze up en Brett, wat frie an Böhn uphangt weer. Dat söll mien Bett sien, solang as ik bi jem blieven dä. As ik anfüng, ehr Spraak to liern un seggen kunn, wat ik hebben wull, worr mi mien Slaapstäd jümmer 'n beten kommodiger maakt. De lütte Deern weer heel anstellig. Ik harr man erst een- orer tweemal vör ehr Ogen mien Kledaasch afleggt, dor kunn se mi all an- un uttrecken. Aver wenn se mi dorbi gewehrn leet, maak ik ehr düsse Möh nich. Se neih för mi söben Hemmen un noch'n poor annere Stücken, un obschonst se dat fienste Linnen nehm, wat se man kriegen kunn, weer dat noch groffer as bi uns dat Sacklinnen. Mien Wäsch het se mi jümmer mit ehr eegen Hännen wuschen.
Se weer ok mien Schoolmeestersch, de mi ehr Spraak bibringen dä: ik wies up en Deel, un se sä mi den Naam dorför in ehr Spraak; un all nah'n poor Daag kunn ik alleen seggen, wat ik hebben wull. Se weer heel sachtmödig un nich grötter as veertig Foot, wat för ehr Öller 'n beten lütt weer. Se geev mi den Namen „Gildrig", de se in de Familje un laterhen in't ganze Land för mi nehmen. Düt Woord bedüüd dat, wat up Latinsch „nanunculus", up Italiensch „homunceletino" un in uns Spraak „Dwargenspittel" seggt ward. Düsse Deern heff ik dat vör allen to danken, dat ik an't Leven bleven heff. So lang as ik in dat Land weer, hefft wi jümmer tohopen bleven. Ik sä to ehr mien Glumdalclitch, orer mien lütt Uppassersch. Un dat weer

bannig undankbor von mi, wenn ik nich ehr to Ehrn seggen dä, wo goot se för mi uppaßt un wo leeflich se mit mi ümgahn het. Ik wünsch mi von ganzen Harten, ik kunn ehr all dat Wolldoon trüchgeven, so as se dat verdeent. Un mi kümmt dat ganz leeg an, dat ik, wenn ok ganz unschüllig, de unglückliche Oorsaak weer, dat se, wat ik leider annehmen mutt, in Ungnaad keem.
Nu füng dat bald an, dat ünner de Nahwerslüüd von mien Gnädigen Herrn kunnig worr, un se dor ok över sludern dän, dat he up sien Feld en gediegen Kreatur funnen harr, de de Grött von so'n Splacknuck harr, aver sünst heel un deel as'n Minsch antosehn weer, un sik ok in all sien Weeswark as'n Minsch geven dä. He harr, so worr vertellt, en eegen lütt Spraak, un he harr von ehr Spraak ok all en poor Wöör liert, güng uprecht up twee Been, weer sinnig un still; keem furts, wenn'n em ropen dä un pareer in allens, wat'n em upgeev. He harr de fiensten Arm un Been von de Welt, un sien Huut weer schierer un glatter as de von en Eddelmannsdochter von dree Johrn. Eensdaags keem en anner Buur to Besöök, de wahn nich wiet af un weer'n Fründ von mien Gnädigen Herrn. He weer neeschierig, of dat woll allens andem weer, wat de Lüüd sik von mi vertellten. Se halten mi furts her un stellten mi up den Disch. As se dat föddern dän, güng ik hen un her, tög mien Savel rut un steek em wedder weg, maak vör den Gast von mien Gnädigen Herrn en Deener, fröög em in sien Spraak, wo em dat güng un sä em, dat wi em geern to Besöök bi uns harrn. Ik maak dat allens akkrot so, as mien lütt Uppassersch mi dat bibröcht harr.
De Besöök, en öllern un kortsichtigen Keerl, sett sien Brill up, dat he mi beter sehn kunn. Ik kunn nich anners, mi föll dat in't Lachen; sien Ogen leeten nämlich dörch de Brillengläs so as de Vullmaand, wenn he dörch twee Finstern in de Stuuv kiekt. Uns Lüüd markten, wat mi so lustig maken dä und weern mit mi an't Grienen. De ole Keerl weer dömlich noog, sik dat antotrecken. He arger sik fix un worr bannig fünsch. Von de Lüüd worr he as'n bannig raffigen Minschen ansehn, un he weer ok würklich so, un dat weer'n groot Mallör. He geev näm-

lich mien Gnädigen Herrn den bösen Raat, he söll mit mi an'n Marktdag nah de Stadt hen (mit'n Peerd weer dat en halve Stunn to rieden, also so bi tweeuntwintig Mielen) un söll mi dor as'n afsünnerlichet Dings för Geld wiesen. Ik ahn nix Godes, as ik sehg, wo mien Gnädige Herr un sien Fründ en ganze Tiet de Köpp tosamen hölln un an't pustern weern. Dorbi keeken se af und an nah mi hen un wiesten up mi. In mien Bangen weer mi ok so, as kunn ik en poor von ehr Wöör hören un verstahn. De ganze Geschicht, de se utklamüstert harrn, worr ik denn an'n annern Morrn gewohr. Glumdalclitch, mien lütt Uppassersch, vertell mi dat allens. Plietsch as se weer, harr se dat von ehr Mudder rutkreegen. De arme Deern nehm mi in'n Arm un barg mi an ehr Bost, un dorbi ween se von Harten un weer bannig schaamsch un truurig. Se weer bang, dat de groffen un aasigen Lüüd mi Schaden andoon kunnen, mi viellicht dootdrücken orer mi'n Arm orer 'n Been breeken dän, wenn se mi in de Hand nehmen. Se harr mi ok ansehn, wo schuu un trüchhollern ik von Natur ut weer, un wo ik up mien Ehr un Ansehn achtgeven dä. So kunn se sik dinken, wat von Schannen dat för mi wesen möß, wenn se mi as Sensatschoon för dat gewöhnliche Volk för Geld sehn leeten, so as'n dat mit'n Kalw maken deit, wat twee Köpp orer fief Been het. Se sä mi, ehr Papa un Mama harrn ehr dat verspraken, de Gildrig hör ehr; aver nu sehg se, dat se dat genau so maken worrn as letzt Johr. Do harrn se ehr nämlich en Schaaplamm schenkt. Aver as dat denn fett weer, harrn se dat doch an'n Slachter verköfft. Wat mi sülmst angeiht, so kann ik seggen, dat ik nich so bang weer as mien lütt Uppassersch. Ik glööv för gewiß, dat ik eensdaags wedder freekamen dä, un düsse Höpen heff ik nienich upgeven. Un dat mi de Schannen andaan warrn söll, as Wunnerdeert angluupt to warrn, dat kunn ik woll af, mi kenn je keenen Minsch in düt Land. Un wenn ik jichens wedder trüchkamen söll nah England, kunn mi dat Mallör dor keeneen verövel nehmen; denn ik dink, sülmst de König von Groot-Britannien harr in mien Sitatschoon datsülvige Mallör hinnehmen mößt un harr dor ok nix bi doon kunnt.

As de Fründ von mien Gnädigen Herrn dat vörslahn harr, keem ik an'n nehgsten Markdag mit in de Stadt; un dorto harr he mi in en lütten Kasten rinsett. Mien lütt Uppassersch seet up'n Kinnersadel, den se achter ehrn Vader up sien Peerd fastbunnen harrn. Mien Kasten weer rundrum to un harr en lütte Döör, wo ik rin- un rutgahn kunn. In de Wännen harr se en poor Löcker bohrt, dat Luft rinkamen kunn. De Deern harr doran dacht un harr mi de Wulldeck ut ehr Poppenstuuv rinleggt, so kunn ik mi dalleggen. Liekers worr ik up de Reis, de man bloß 'n halve Stunn duur, bannig dörchschüddelt un flöög jümmer hen un her. Mit jedeneen Schritt keem nämlich dat Peerd bi veertig Foot vöran, un in'n Zuckeldraff güng dat up un dal as bi'n Schipp, dat in'n groten Storm von de Wellen trakteert ward, man bloß, dat düsse Wellen veel dichter een achter'nanner keemen.

Uns Reis weer en beten wieder as von London nah St. Albans. Mien Gnädige Herr kehr in den Kroog an, wo he för gewöhnlich hengüng. En Tietlang besnack he sik mit den Kröger un denn meed he sik den Gultrud, wat de Utrooper is. De söll in de ganze Stadt kunnig maken, dat in den „Grönen Aadler" en sünnerbore Kreatur antokieken weer, nich ganz so groot as'n Splacknuck (dat is hiertolannen en lüttjet slanket Deert, bi söß Foot lang) von alle Sieten sehg düt Wesen ut as'n Minsch, kunn verschiedene Wöör seggen un de Lüüd mit hunnerterlei

Kunststücken ünnerholln.

In de gröttste Gaststuuv von den Kroog stünn en Disch von gewiß dreehunnert Quadratfoot, dor setten se mi rup. Mien lütt Uppassersch stünn dicht toneben mi up en lütten Schemmel, geev acht up mi un sä mi, wat ik to doon harr. Dormit dat Gewöhl in de Gaststuuv nich to gefährlich warrn kunn, geev mien Gnädige Herr de Odder, dat nich mehr as dörtig Lüüd up eenmol rin kamen un mi bekieken sölln. Ik spazeer up den Disch rum, so as de Deern mi dat sä. Se fröög mi wat mit so'n Wöör, de ik verstahn kunn, un ik änner ehr, so luut as mien Stimm dat man hergeven dä. Ik dreih mi öfterinst nah de Tokiekers hen un maak 'n deepen Deener, sä jem Godn Dag un smeet mit sinnige un lustige Döntjes, de ik kennenliert harr, üm mi. Ik böör en Fingerhoot vull Drinkels hoch, den Glumdalclitch mi as Drinkglas geven harr, und drünk up dat Woll von de Daams un Herrns üm mi rüm. Ik tög mien Savel un fuchel dor mit in de Luft rum, as de Fechtmeisters dat in England maakt. Mien lütt Uppassersch geev mi'n Stück von'n Strohhalm un ik exeer dormit as 'n Suldat mit de Peek; düsse Kunst harr ik nämlich in mien jungen Johrn mal liert.

An den Dag keemen twölf Koppels von Tokiekers in de Gaststuuv, mi to beglupschen, un jedetmal möß ik densülvigen dummerhaftigen Spiejökenkraam wedderkaun. Mit de Tiet maak mi dat so mööd un verdreetlich, dat ik amenn meist half doot weer. De Lüüd, de mi sehn harrn, vertellten so wunnerliche Saken von mi, dat de annern, de noch buten weern, all anfangen wulln, de Dören dörchtobreken, dat se man jo noch rinkamen dän. Wieldat mien Gnädige Herr dorup ut weer, noch lang Geld mit mi to maken, wull he dat nich togeven, dat mi eener anfaten dä, as man bloß mien lütt Uppassersch. Dorüm worrn de Bänken för de Tokiekers so wiet von den Disch af upstellt, dat keeneen an mi ranrecken kunn. Een venienschen Bengel von Schooljung aver smeet Hasselnööt direktemank up mien Kopp to. Ik kunn mi jüst noch wohrn, un de Kugel suuß ganz knapp an mi vörbi. De Nööt weer so groot as bi uns en lütten Körbs un harr so'n Swung achter, dat se mi glatt den Brägen breet haut harr, wenn se mi drapen harr. Mi dä dat woll, as ik sehg, wo se den Lümmel ornlich de Jack vull hauten un em denn rutsmeeten.

Mien Gnädige Herr leet kunnig maken, he wörr mi den nächsten Marktdag nochmol wiesen. In de Tiet bet dorhen leet he mi en kommodigen Reiskasten maken, un dor harr he ok woll Oorsaak to; ik weer nämlich so kaputt von düsse erste Reis un von dat acht Stunnen Spijök maken för de Tokiekers, dat ik mi knappmol noch up de Been holln kunn un ok keeneen Woord mehr rutkriegen dä. Dree Dag duur dat, bet ik mi verhalt harr. Aver ik kreeg to Huus ok keen Roh. Dor keemen nämlich alle Nahwers, de Herrns von Stand weern, bet to hunnert Mielen ringsümher. Se harrn hört, wat ik von besünnere Kreatur weer un wolln mi nu in't Huus von mien Gnädigen Herrn beglupschen. Dat weern gewiß nich weniger as dörtig Lüüd mit Fruuns un Kinner (de Lüüd wahnt nämlich dicht bi'nanner in dat Land), un jümmer, wenn mien Gnädige Herr mi utstellen dä in sien Huus, mössen se den Pries för en vulle Stuuv betahlen, ok denn, wenn man bloß een Familje dor weer. So keem dat, dat ik en ganze Tietlang jeden Dag in de Week (bloß nich an Middeweken, wat ehr Sünndag is) to doon harr. Ik keem nich veel to Roh, un dorbi worr ik noch nichmol in de Stadt bröcht.

Mien Gnädige Herr sehg nu, woveel Geld he mit mi verdeenen kunn, un he nehm sik vör, mi in all de groten Städer von dat Land to wiesen. He maak allens kloor för de Reis. He pack in, wat he ünnerwegens bruken dä, richt in sien Huus allens trecht un sä sien Fru adjüs. Un an'n 17. August 1703, dat weer bi twee Maand nah mien Ankamen, reisten wi los nah de Hauptstadt, de binah akkrot in de Mitt von't Land liggen dä, so bi dreedusend Mielen von uns Huus weg. Mien Gnädige Herr leet sien Deern Glumdalclitch achter sik up dat Peerd sitten. Up'n Schoot harr se mien Reiskasten, de noch mit'n Reep an ehr fastbunnen weer. De Deern harr mien Kasten von alle Sieten mit Tüüg utslaan un dorto dat weekste nahmen, wat se kriegen kunn, un ünner den Stoff noch goot utpulstert. Ehr Poppenbett harr se för mi dor ok noch rinstellt. Hemmen un allens, wat ik sünst an Tüüg noch bruken dä, harr se mi kommodig farig maakt. Up de Reis keem sünst keeneen mit uns mit, as bloß een Jung ut'n Huus, de mit de Bagaasch achter uns herrieden dä.

Mien Gnädige Herr harr sik vörnahmen, he wull mi in alle Städer wiesen, wo wi up de Reis dörchkamen dän. He wull babenin ok noch bet to hunnert Mielen von de Straat af jedet Dörp mitnehmen, wo Geld to maken weer, un ok jedet Huus, wo'n Person von Stand wahnen dä. Wi keemen man langsam vöran, den Dag nich mehr as söben bet acht Stieg Mielen. Glumdalclitch beklaag sik jümmer wedder, dat se von den Zuckeldraff von dat Peerd ganz kaputt weer; aver dat dä se mientwegen, se wull mi schonen. Oftinst, wenn ik ehr dorüm beden dä, nehm se mi ut mien Reiskasten rut, leet mi frische Luft snappen un mi de Gegend ankieken. Dorbi höll se mi jümmer an en Lien wiß, so as bi uns de Kinner anbunnen ward, dat se nich weglopen doot. Wi keemen över fief orer söß grote Strööms weg, de mehr as dreeduwweltmol so breed un deep weern as de Nil orer de Ganges. Ik weet nich genau, aver ik glööv, ik heff nanich ok man een Beek to sehn kreegen, de so small un so sied weer as de Themse bi de London Bridge. Tein Weeken weern wi ünnerwegens, un in achtein grote Städer hefft se mi utstellt, un dorto noch in veele Dörpen un bi besünnere Familjen.

An'n 12. Oktober keemen wi in de Hauptstadt an. In ehr Spraak heet de „Lorbrulgrud", dat „Prachtstück von de ganze Welt". Mien Gnädige Herr nehm sik en Wahnung in de Hauptstraat, nich wiet af von den Königspalast. He leet överall Plakaten uthangen, wo akkrot upstünn, wat ik weer un wat ik maken dä. He nehm sik ok en grote Stuuv, so bi dree- bet veerhunnert Foot breet, un besorg sik 'n runden Disch, de över un röver bi sößtig Foot mäten dä, wo ik mien Kunststücken up vördregen söll. Dree Foot von de Kant af keem en Tuun von dree Foot Höchde hen, dat ik nich dalfallen kunn. Teinmal den Dag worr ik nu wiest; un de Lüüd makten grote Ogen un weern

hoch tofreden mit dat, wat ik jem beeden dä. Ik kunn nu ok ehr Spraak all heel goot snacken un verstünn jedet Woord, wat se mi sän. Ik harr middewiel ok ehr A-B-C liert un kunn jem düt un dat verkloren. Glumdalclitch weer je mien Lehrersch un harr mi dat allens bibröcht, as wi noch to Huus weern. Un se ünnerricht mi ok ünnerwegens, wenn Tiet dorto weer. Se harr en lüttet Book in de Tasch mit, nich veel grötter as en Atlas von Sanson, dat weer so'n Book, as de jungen Deerns de kriegt, wo von ehrn Gottsgloven wat insteiht un wo de up eenfache Aart un Wies in verkloort ward. Mit düt Book harr se mi de Bookstaven bibröcht un de Wöör verkloort.

De drütte Strämel

De Schriever kummt an den Königshoff. De Königin köfft em von sienen Gnädigen Herrn, den Buurn, af un schenkt em den König. Dat gifft en Diskuschoon mit en poor hoge Studeerte von Siene Majestät. De Schriever kriggt en eegen Stuuv. De Königin höllt veel von em. He maakt sik stark för de Ehr von sien Heimatland. Dat kummt to'n Striet mit den Dwarg von de Königin.

Schinneree und Plackeree weer dat för mi, wat ik jeden Dag uttohollen harr; un dat duur man 'n poor Weeken, denn güng mi dat hundsmiserabel. Bi mien Gnädigen Herrn aver güng dat nah de Wies „Je mehr he het, je mehr he will!" Heel veel verdeen he an mi, kunn aver den Hals nich vull kriegen. Mi smeck all keen Äten un Drinken mehr, un ik sehg ut as'n Dodengeripp. De Buur mark dat, un he keem to de Meenen, dat ik nu woll bold doot blieven worr; dorüm wull he vörher noch so veel ut mi ruthalen, as he man jichens kunn. Un he simmeleer doröver, wo dat an besten to maken weer. As he noch so an't överleggen weer, keem en Slardral (dat is en Kamerdeener an'n Königshoff) un bröch em de Odder, he söll mi up de Städ nah de Königin henbringen. Se un ehre Hoffdaams wolln mi mit miene Kunststücken to'n Amüsemang hebben. En poor von jem harrn mi all mal sehn un allerhand von mi vertellt, wat von smucken Keerl ik weer, wo ornlich un sittsam ik mi benehmen dä, un wo verstännig un plietsch ik weer.

Ehre Majestät un ehre Daams weern ganz weg, so geföllen jem mien Maneern. Ik legg mi to ehr Fööten dal un beed üm de Ehr, dat ik ehr den kaiserlichen Foot küssen dörf; aver düsse goothardige Hoheit bööör mi nah baben un sett mi vör sik up den Disch hen. Denn höll se mi ehrn kaiserlichen Lüttfinger hen, den ik mit beide Arms umfaten un mi an de Bost drücken dä. Dorbi nehm ik de kaiserliche Fingerspitz mit groot Ehrfürchten ganz sachten an de Lippen. Ehre Majestät fröög mi denn nah düt un dat von mien Heimatland un von mien

Reisen. So goot as ik man kunn geev ik ehr Antwurt, mit klore Wöör ahn veel ümrüm. Nebenher keem se dor up to snacken, of ik woll an den Königshoff blieven müch. Ik maak en deepen Deener bet up de Dischplatt un geev demödig to Antwurt, dat ik de Knecht von mien Gnädigen Herrn weer, aver wenn ik so kunn as ik wull, reken ik mi dat as'n hoge Ehr to, mien ringet Leven un all mien Kräften in den Deenst von Ehre Majestät to geven. Doruphen fröög se mien Gnädigen Herrn, of he mi nich för en goden Pries verköpen wull. Dat keem mien Buurn woll goot topaß; he meen je, ik harr woll keen veer Weeken mehr to leven, un he kunn mi günstig loswarrn, un dor ok noch fix bi verdeenen. So födder he dusend Goldstücken; un de worrn em furts hentellt, jedet Stück dorvon ungefähr so groot as'n Achthunnert-Moidor-Stück. Wenn'n dor nu aver up kieken deit, wo sik dat mank düt Land un Europa in alle Saken verhöllt un woveel dat Gold bi jem wert is, denn is dat nich soveel as bi uns dusend Guineen.

Ik sä to de Königin, ik weer nu de unnerdänigst Deener von Ehre Majestät un hör ehr nu to, dorum müch ik üm en besünnere Gnaad beden. Un as se mi fründlich ankieken dä, fröög ik, of se nich ok Glumdalclitch in Deenst nehmen kunn, as mien Uppassersch un Lehrersch. Ik vertell Ehre Majestät ok, wo goot se bet nu her up mi achtgeven un wo leeflich se mit mi umgahn harr; un dat kunn se doch nu ok man wieterhen doon. Ehre Majestät geev mien Beed glieks nah, un de Buur weer dor ok mit inverstahn, ja, he weer hochtofreeden, dat he sien Deern an'n Königshof ünnerbringen kunn. Un dat leeve Mäken wüß sik vör Freid gornich to laten. Mien vörmalen Gnädige Herr sä mi adjüs un meen noch, he harr mi doch nu würklich goot ünnerbröcht. Ik änner em keen Woord un nicköpp em man so eben 'n beten von de Siet to.

De Königin mark dat, wo minnachtig ik to den Buurn weer, un as he rutgahn harr, fröög se mi nah de Oorsaak dorför. Ik scheneer mi nich, Ehre Majestät de Wohrheit to seggen un vertell ehr, wo dat west weer, as sien Knechten mi as'n arme un unbedarfte Kreatur dörch en Tofall up sien Feld funnen harrn.

Ik sä ok, dat ik em för nix wieter Dank to wiesen bruuk, as dat he mi domols nich den Brägen inhaut harr. Un denn worr ut mien Vertellen so wat as en Reed. Düsse Dankplicht, sä ik, weer woll mehr as rieklich utgleeken dörch dat veele Geld, wat he mit mi verdeent harr, as he mi in dat halve Königriek rümwies. Un denn harr he je för mi ok noch'n goden Pries kreegen. Dat Leven, wat ik bi em hat harr, weer so strapzeerig west, dat en Deert dor woll bi dootbleven harr, wat teinmal deftiger weer as ik. Dat ik mi von morrns bet abends so dull afmarachen möß, dormit dat gewöhnliche Pack wat to'n lachen harr, dor weer ik heel krank von worrn. Un harr de Gnädige Herr nich glöövt, dat ik bald dootgahn dä, denn harr Ehre Majestät dor nich so billig von afkamen. Nu aver höll se je ehr Hännen över mi, un ik stünn ünner den Schutz von en groot un eddel Kaiserin, de de beste Smuck von Gotts Natur weer, de Druuvappel von de ganze Welt, de grootarige Freid von ehr Ünnerdanen, de Kron von de Schöpfung — un nu weer ik free von alle Ängsten un harr keen Bang mehr, dat irgendeen leeg mit mi umgahn kunn. Un to dat, wat de Buur meent harr, dat ik bold dootgahn dä, dor geev dat nu keen Oorsaak mehr to. De Neegde von so'n över de Maaten eddel Majestät leet in mi dat Höpen wassen, dat noch heel veel Leven in mi weer.

Dat weer't, wat ik in mien Reed an de Kaiserin seggen dä. Ik maak dor'n ganz Reeg Fehler bi un keem ok'n poormal in't Stamern, aver ik geev mi grote Möh. In den letzten Deel von de Reed harr ik mi goot rinfunnen in de Aart un Wies, de düt Volk bi'n Snacken vör de Herrns eegen is. Düsse Utdrücke harr Glumdalclitch mi bibröcht, as se mi an den Königshoff henbröcht harr.

Mit grote Gnaad sehg de Königin mi de fehlerhaftig Utspraak nah. Se wunner sik aver doch, wat so'n lütten Buttjer von Grips un Pli in'n Kopp hebben kunn. Se nehm mi up ehr Hand, wat ik mi as'n grote Ehr toreken dä, un bröch mi nah den König hen, de jüst in sien Studeerstuuv ringahn harr. Siene Majestät weer antosehn, dat he en eddeln Fürst weer, stolt un mit'n ernsthaftig Gesicht. He keek erstmal man so nebenher nah mi hen un fröög denn de Königin 'n beten von babendal, wat se sik woll in en Splacknuck verkeeken harr; dor höll he mi nämlich för, as ik dor up de Hand von Ehre Majestät up'n Buuk liggen dä. Aver düsse Eddelfru harr bannig veel Pli un Witz un leet sik dat nich ankamen. Se stell mi sachten uprecht up den Schrievdisch un födder mi up, ik söll Siene Majestät dat sülben vertellen, wer un wat ik weer. Ik dä dat denn ok mit'n poor Wöör. Un denn halten se ok Glumdalclitch rin, de harr vör de Döör stahn un dat nich uthollen kunnt, dat ik ehr ut de Ogen keem. Se geev mi in allens recht, as ik dorvon vertellen dä, wat in dat Huus von ehrn Vader allens mit mi passeert weer.

Nu is de König een von de klöösten Minschen in sien ganzet Riek (he weet vör allen in Philosophie un Mathematik Bescheed as man een). Erstmol bekeek he mi ganz akkrot von ünnen bet baben, wo ik utsehg un wo ik mi geven dä. As ik mi nu uprecht stell un up twee Been güng, ehrer dat ik mit snacken anfüng, dor meen he, ik weer woll so'n Aart Maschinenminsch orer Minschenmaschin to'n uptrecken, de en plietschen Klockenmaker maakt harr. (Düsse Kunst is nämlich in düt Land so wiet vöran kamen, as nanich annerwegens.) As he aver mien Stimm hören dä un gewohr worr, dat ik richtig un vernünftig snacken kunn, wunner he sik doch bannig. He weer aver nich tofreeden mit dat, wat ik vertellt harr dorvon, wo ik an sien Königshoff kamen harr. He wull dat nich glöven un meen, Glumdalclitch un ehr Vader harrn sik dat Märchen utdacht un mi en Reeg Wöör bibröcht, dat se mi to'n högern Pries verköpen kunnen. Dat weer sien Meenen un doruphen fraag he mi ut. Aver he kreeg jümmer vernünftige Antwurten, wo nix an uttosetten weer as man bloß, dat ik en annern Tungenslag harr un ehr Spraak noch nich so goot kunn. Un denn geev ik ok noch en poor Wöör un Snacks von mi, de woll up'n Buurnhoff henpassen dän, aver sik an'n Königshoff nich gehörn dän; aver dat weern Wöör, de ik in de Familje von den Buurn liert harr.

Siene Majestät leet nu dree von de klöcksten von sien Perfessers kamen, de in de Weetenschop bannig goot Bescheed wüssen. De dree harrn in düsse Week ehrn Deenst, so as dat in düt Land begäng is. De Herrns güngen nu erstmal bi, un bekeeken mi up mien Utsehn heel scharp un ünnersöchen mi akkrot von ünnen bet baben un von vörn bet achtern. Un dorbi keem rut, dat se verschieden Meenen von mi harrn. In een Deel aver weern se övereen. Ik paß nich in de Naturgesetzen över Deerten un Minschen, de von jem rutfunnen un upstellt weern, un dorum meenten se, ik kunn nich up gewöhnliche Aart un Wies to mien Natur kamen hebben. Se stellten nämlich fast, dat ik nich instannen weer, mi sülmst dat Leven to erholln, ik kunn nich dull noog lopen, keem nich flink noog up'n Boom rup un kunn ok mit mien Pooten keen Löcker in de Eerd graven. As se mien Tähn ünnersöchen, meenten se, ik hör to de Fleeschfreters von de Deerten, aver nu weern man de mehrsten Deerten mit veer Been veel grötter un starker as ik, un de Müüs un anner lütt Deerten weern to flink för mi. Un so kunnen se dat nich klook kriegen, wo ik woll von leven dä. Dat eenzigst weer, dat ik mi von Snicken un anner Kruuptüüg erholln kunn. Man bloß, dat dat letzto doch unmöglich weer, dat bewiesten se mit veele un kloke Bewiesen ut ehr Weeten, de se een den annern um de Ohrn slögen. Een von düsse Perfessers meen sogar, ik weer sowat as'n Embryo, orer ik harr vör de Tiet rutkrapen. Aver düsse Meenen smeeten de beiden annern von de Herrns furts wedder üm un sän, mien Arms un Beens, Hännen un Fööt weern doch ganz un gor utwussen, dorüm müß ik all en poor Johr leevt hebben. Ok an mien Bort leet sik dat bewiesen, dor kunn'n nämlich mit'n Vergrötterungsglas de Stoppeln düütlich sehn. Dat ik en Dwarg wesen kunn, dat wolln se ok nich togeven; dorto weer ik eenfach to lütt. Dat weer je an en Vergliek mit den Schootdwarg von de Königin furts to sehn. Dat weer nämlich de lüttste von all de Dwargen in't ganze Land, von de'n jichens wat hört orer sehn harr, un de weer bi dörtig Foot hoch.

So güng de Diskuschoon mank de dree Herrns lange Tiet jümmer hen un her, een geev sik jümmer noch klööker as de anner. Letzto aver worrn se sik doch noch eenig in ehr Meenen un sän, ik weer en „Relplum Scalcath", wat akkrot översett „lusus naturae" heet, „Spaß von de Natur". Un dat is nu akkrot dat, wat de modernen Philosophen in Europa ok seggt. De Lüüd, de sik dorto holln doot, wiest de „geheeme Oorsaak" trüch, wat fröhertiets den Aristoteles sien Jüngers sän, wenn se bi een Saak mit ehrn Verstand nich mehr wieter kamen kunnen. Un nu hefft de „lusus naturae"-Jüngers dat Ei von Kolumbus för düt Problem funnen. Un so hefft se dorför sorgt, dat dat Weeten un de Klookheit von de Minschheit en Fortschritt maakt het, de'n sik gewaltiger gornich dinken kann. As düt nu bi dat Diskereern un Simmeleern un Klookschieten rutkamen harr, fröög ik, wat se mi nich ok mal up en poor Wöör tohörn wulln; denn dreih ik mi nah Siene Majestät to un vertell em up mien Ehrenwoort hen, dat ik ut en Land keem, wo Milljonen von Minschen as ik wahnen dän. Keerls un Fruuns, un dat dor de Deerten un de Bööm un de Hüüs de passige Grött hefft, un dorümhalven kunn ik mi woll wahrn un an't Leven erholln, jüst so goot as jedereen von de Ünnerdanen von Siene Majestät. Mehr woll ik gornich ännern up den Tüünkraam von düsse Herrns. För dat, wat bi ehr Klookschieteree rutkamen harr, weer dat woll noog. Düsse Perfessers aver keeken mi so von babendal an un meenten, ik kunn dat je goot butenkopps, wat de Buur mi vörsnackt harr.

De König, de mehr Grips in'n Kopp harr, schick de studeerten Herrns nah Huus, un denn leet he den Buurn halen, de to'n Glück noch nich afreist harr. Siene Majestät snack erstmal ünner veer Ogen mit em, un denn stell he uns alle dree vör sik, mi un mien lütt Uppassersch up de een Siet un den Buurn up de anner. Un he füng an, dat to glöven, wat wi vertellten. He meen, dat kunn je viellicht doch de Wohrheit wesen. He beed de Königin, se söll överall Odder geven, dat se mit mi ornlich un sachten ümtogahn harrn. He weer ok de Meenen, dat Glumdalclitch den Posten as mien Uppassersch beholln söll; he harr nämlich markt, dat wi beiden uns von Harten todaan weern. De Deern kreeg en passige Kamer in't Königssloß, un een von de Hoffdaams worr ehr as Gouvernante towiest. En

Kamerjungfer kreeg se ok as Hülp bi'n An- un Uttrecken un babenin noch twee Deensten, de ehr to Hand gahn dän. Wat aver mi angüng, so weer Glumdalclitch de eenzigst, de sik üm mi kümmern dörf.

Ik söll nu en eegen Slaapstuuv kregen. Mien Uppassersch un ik, wi ratslagten un makten en Plaan, wo de utsehn söll; denn geev de Königin ehrn eegen Kunstdischer den Updrag, en Kasten für mi to maken, akkrot nah mienen Plaan. Düsse Discher weer en fixen Handwarksmeister, un dat duur man dree Weeken, dor harr he dat Stabürken farig, genau so, as ik em dat verkloren dä. Dat Hüsken ut Holt weer sößtein Foot lang un jüst so breet; de Höchde määt twölf Foot. Een Döör weer inboot un Finstern to'n up- un dalschuven. Toneben de groote Stuuv weern noch twee lüttje Kaamers dorbi; dat weer nich anners, as dat bi de Slaapstuven bi uns to Huus is. As Bön harr he babenup en Brett mit twee Scharneeren anmaakt, de sik hochböörn leet, dat'n dor von baben her dat Bett rinstellen kunn, wat de Pulstermeister von Ehre Majestät fix un farig herbröcht harr. Glumdalclitch nehm dat jeden Dag rut an de fri-

sche Luft, schüddel dat mit ehr eegen Hännen up, stell dat an'n Abend wedder rin un maak dat Dack över mi to. En annern fixen Handwarksmeister, de wunnerschöne lüürlütte Saken trechtpusseln kunn, stell mi an, he wull för mi twee Lehnstöhl, twee Dischen un en Schapp för mien Kledaasch maken von en Material, wat so ähnlich as Elfenbeen utsehn dä. De Wännen von mien Stuuv weern rundum week utpulstert, jüstso as de Footbodden un de Böön; ik söll nich to Schaden kamen, wenn de, de mi dor in drägen dä, mal nich uppassen dä. De Pulstern weer ok deswegen dor, dat mi de Stuckelee nich to leeg worr, wenn ik in en Kutschwagen föhrt worr. Ik fröög, wat ik woll en Slott för mien Döör kriegen kunn, wegen de Rotten un Müüs. De Smed güng bi, so'n Ding to maken. Erstmal woll dat nich recht wat warrn, aver denn kreeg he doch en Slott farig, dat lüürlüttste, wat'n jichens bi em sehn harr. Ik heff bi uns to Huus molinst een to sehn kreegen, dat wat grötter weer, dat seet an dat Huusdoor bi een von uns Eddellüüd. Den Slöttel von mien Döörslott behöll ik in mien eegen Tasch, mi weer nämlich bang, dat Glumdalclitch den verleern kunn. De Königin besorg för mi dat fienste Siedentüch, dat dat dor geven deit, dor söll ik wat to'n Antrecken von kriegen. Dat Tüch weer nich veel dicker as en Wulldeck bi uns. Toerst keem mi dat wat stief un piekerig vör, aver nah en Tietlang harr ik mi dor an gewöhnt. Se maakten mi dat so, as dat in düt Königriek de niegste Mood weer, un dat weer smuck un staatsch antosehn. Ehr Mood lett to een Deel so, as bi de Lüüd in Persien, un to'n annern as bi de Chinesen.

De Königin harr sik rein 'n beten in mi verkeeken. Se müch mi so geern bi sik hebben, dat se nich äten wull, wenn ik nich dorbi weer. Up den Disch, wo Ehre Majestät an't Spiesen weer, stellten se en Extradisch för mi hen, glieks toneben ehrn Ellenbagen; en Stohl keem dorto, up den ik sitten kunn. För Glumdalclitch harrn se en Schemmel hensett, wo se up stahn dä, dicht bi mienen Disch, dat se mi helpen un för mi sorgen kunn. Ik kreeg ok en Service mit sülvern Schöddeln un Töllers un allens, wat dortan hört, dor fehl nix an. Gegen dat Geschirr von de Königin weer dat nich grötter as'n Poppenservice von de Aart, as ik dat molinst in London in en Speeltüügladen sehn heff. Mien lütt Uppassersch bewohr dat in en lüttje sülvern Doos up, de se in ehr Tasch harr; un wenn ik to'n Äten keem, geev se mi dorvon, wat ik bruken dä. Afwaschen dä se dat ok jümmer mit ehr eegen Hännen. Wenn de Königin spiesen dä, weer keeneen anners dorbi, as man bloß de beiden Prinzessins. De öllere von jem weer domols sößtein un de jüngere weer dörtein Johr un een Maand. Ehre Majestät geev mi een Stück Fleesch up een von mien Schöddeln un ik sneed mi dat sülmst up. Se harr dor'n groot Vergnögen bi, mi totokieken, wo ik mit so'n Mini-Äten togang weer. Se sülmst harr en swacken Magen un möß sik vörsehn, aver se putz mit een Mundvull soveel weg, as'n Dutz Buurn bi uns bi de ganze Mahltiet upäten doot. En Tietlang weer dat för mi bannig wedderlich antosehn. De Flünk von en Lewark kreeg se heel un deel mit Knaken un allens mank de Tähn un mahl dat dörch as nix, un dorbi weer de negenmol so groot as bi uns de Flünk von en utwussen Puterhahn. Un en Stück Brot, so groot as twee von uns Fiefpundsbrööd, weer för ehr nich mehr as een Mundvull. Ut ehrn gollen Beker drünk se mit een Sluck mehr as een Oxhöft, wat nah uns Maaten tweehunnertunveertig Liters sünd. Ehr Meßt weer duwwelt so lang as en liekböögt Seeßel; un Löppel, Gavel un dat anner Geschirr weern ok von düsse Grött. Mi fallt in, dat Glumdalclitch molinst ut Neeschierigkeit sehn wull, wo dat bi'n Äten an de Tafeln bi de Herrn an'n Königshoff togeiht, dorüm güng se mit mi dor hen, wo mit tein orer twölf von düsse gewaltigen Meßten un Gavels to glieker Tiet rümfohrwarkt ward. Dat weer furchtbor antosehn för ehr, so gräsig, as ik dat in mien ganzet Leven noch nich beleevt harr.

Nu is dat in düt Land so begäng, dat an jeden Middeweeken (dat is je ehr Sünndag, wat de Leser all weet) de König un de Königin mit ehre ganze Familje, Deerns un Jungs, tohopen in den Salon von Siene Majestät ehr Mahltiet hollen doot. De König harr mi middewiel sien Gnaad towennt, dorüm keemen mien lütt Disch un Stohl up de Königstafel dicht bi em to stahn, to sien linkern Hand jüst vör den Soltstreier. Siene Majestät harr dor Spaß an, sik wat mit mi to vertellen. He fröög mi, wo dat denn in mien Land so togahn dä, un wo dat in Europa weer mit de Religion, mit de Gesetzen, mit dat Regeern un mit de Klookheit von de Lüüd. Ik geev em dor Bescheed up, so goot, as ik man kunn. He harr en kloren Kopp un weer fix mit Begriepen, un ik kunn mi man bloß wunnern, wo akkrot he doröver urdeelen dä. Ik keem nu in Gang mit Vertellen un röter em wat vör von mien levet Vaderland, un wo dat dor weer mit de Geschäften un mit dat Krieg maken to See un up Lannen, över de Striederee in de Religion un mank de Parteien. Dorbi worr ik woll'n beten wietlöftig, wat ik doran marken kunn, wo he sik dorup geven dä. Mi leet dat nämlich so, dat he up'n anner Aart upwussen weer as de Lüüd bi uns, up en Aart un Wies, de woll mannich Nahdeelen bringen dä; he keem nu nämlich bi, böör mi mit de rechte Hand hoch, straak mi mit de anner Hand sachten över de Backen un füng von Harten mit lachen an över mien Gedröhn; un denn fröög he mi, wat ik denn nu eenglich weer, en Whig orer en Tory. Achter Siene Majestät stünn de ganze Tiet all sien Erste Minister mit den Ministerstab in de Hand, de meist so groot weer as de Grootmast von de „Souverän". Nah den dreih he sik üm un meen, mit de Grootbastigkeit von de Minschen kunn dat nich wiet herwesen, wenn dat von so'n lütt Kropptüüg, as ik dat weer, nahaapt warrn kunn. „Aver ik will wetten", sä he denn, „düsse Spittels hefft ok ehre Titels un Ordens un meent, wunnerwat se dormit sünd. Se maakt sik lütte Neester un Erdlöcker un seggt dor „Stadt" un „Huus" to. Se bildt sik gewaltig wat in up ehr Kledaasch un ehr Muusgespannen, se freet und laat sik freten, se maakt Krieg, se striet sik, se bedreegt, sünd achtersinnig un veniensch un verraad een den annern!"

So bleev he egolweg an't vertellen un mi leep dat afwesselnd heet un kolt den Buckel dal, so arger mi dat. Ik kunn dat meist nich mehr af, wo he mien grootarig Vaderland rünnerputzen dä. Wo kunn he bloß so minnachtig von mien düret Heimatland snacken, von dat wunnerbore Groot Britannien, wat doch de böbelst Herrschaft över all Künsten un Kriegen weer un de Tuchtpietsch för den Erzfiend Frankreich, de Gerechtigkeit in Person för alle Länner in Europa, wo Sittlichkeit un Frommsien, Ehrborkeit un Wohrheit ehr Tohuus hebben doot; dat Land, wo alle Welt mit Achtung up kieken deit, de wölk mit groten Stolt un de annern mit Afgunst. Wo kunn ik dat utholln, dat dütt mien düret Heimatland vör mien Ohren so utverschaamt beleidigt worr.

Leiders weer aver ik in en Sitatschoon, wo ik mi dat nich leisten kunn, so'n Beleidigungen öveltonehmen. Düsse Tostand worr mi nu so recht kloor, un denn keemen mi ok all de ersten Twiefel in 'n Kopp, of dat denn för mi överhaupt Beleidigungen weern. Ik harr mi je all'n poor Maand an düsse Lüüd gewöhnt; doran, wo se utsehn dän un ok an ehr Stimm un Spraak. Un dat harr ik dorbi gewohr worrn: allens, wat ik mi ankieken dä, harr so'n Utmaaten, de to de Statur von düsse Lüüd passen dä. Un dat Gräsen, wat ik anfangs wegen ehr Grött un ehr Utsehn hat harr, dat harr sik middewiel meist ganz un dor geven. Un wenn ik domols en Koppel von uns Lords un Ladys in ehr upfi-

dummte Kledaasch un ehr aapsche Königsgeburtsdagsklamotten to Gesicht kreegen harr, wo se as so'n Muulaapen un Zieraapen in rümlopen doot, de Näs so hochdrägt, dat dat dor meist rinregen kunn, wo se sik upplustert un deenert un an't rötern un snötern sünd; ik glööv, wenn ik dat domols so sehn harr, denn harr ik mi woll nicht betähmen kunnt, jüst so över jem to lachen, as de König un sien Herrns över mi. Mi güng dat wohrhaftig mannichmol so, dat ik över mi sülmst grienen dä, wenn de Königin mi up ehr Hand nehm un mi vör'n Speegel holln dä. Denn kunn ik nämlich uns beiden nebenanner bekieken, jedereen von uns in sien vulle Grött. Un dor weer nix, wat mi lachhaftiger vörkeem, as wenn ik mi mit Ehre Majestät verglieken wull. Ik fung all an to glöven, dat ik tohopenschrumpelt weer as wenn se mi to heet wuschen harrn.

An leegsten aver keem mi de Dwarg von de Königin an. De arger mi un maak mi rünner, wo he man kunn. He harr de lüttste Statur, de dat bi en Minschen in düt Land jichens geven het (he weer, glöv ik, nichmal dörtig Foot hoch); un as he nu en Kreatur sehg, de soveel deeper ünner em stünn, worr he bannig utverschaamt. Wenn he in't Vörzimmer von de Königin an mi vörbigüng, wo ik up den Disch seet un mi mit de Daams un

Herrns von Stand ünnerhollen dä, denn weer he jümmer beter bi an't Prahlen un Sakkereen. Dat keem nich oft vör, dat he mi in Roh laten dä. Mehrstiets steek he mi dat hen, dat ik so'n lüürlütten Buttjer weer. Ik betahl em dat denn dormit trüch, dat ik „mien levet Broderhart" to em sä un em fragen dä, wat he nich mit mi Ünnerkriegen speelen wull. Ik weer je nich up'n Mund follen un geev em fix Antwurten, as ik de bi de snöseligen Loopjungs an'n Hoff oftinst hört harr.

Eensdags bi'n Äten harr düsse veniensche Snösel sik över wat argert, wat ik em seggt harr. Ik seet dor un dach an nix Leeges, dor klötter he in sien Dullheit up de Armlehn von Ehre Majestät ehrn Stohl rup, kreeg mi um den Lief tofaten un smeet mi in en groot sülvern Schöddel rin, de vull Melkslackermaschü weer; un denn neih he ut, so fix, as he man kunn. Ik versack bet över beide Ohrn in düssen Pamps, un harr ik nich so goot swümmen kunnt, de weer ik bös dormit togangen kamen. Glumdalclitch harr nämlich jüst nah de annere Siet von de Stuuv hengahn, un de Königin harr sik bannig verjagt; se seet dor, as weer se verhext, un kunn mi nich helpen. Mien lütt Uppassersch keem nu flink antospringen un angel mi ut de Schöddel rut, aver een Liter von de Slackermaschü harr ik doch all slooken; denn bröchen se mi to Bett. Mi het dat Mallör wieter nix dan, aver mien Antog weer heel un deel rungeneert. De Dwarg kreeg ornlich wat mit de Pietsch un möß to Straaf de Schöddel vull Sahne utdrinken, wo he mi rinsmeten harr. He keem ok nienich wedder to Gnaden bi de Königin, un dat duur nich lang, dor schink se em an en vörnehme Daam. Ik kreeg em nich wedder to sehn, un dat weer mi en groten Trost; ik weet nich, wat düsse achtersinnige Slüngel in sien dullen Kopp sünst nich noch allens anstellt harr.

En Tietlang vörher al harr he mi en venienschen Schavernack andaan. För de Königin weer dat viellicht wat to'n Lachen, aver se weer ok wat argerlich doröver, un se harr den Bengel up de Städ wegjagt, wenn ik in mien Goothartigkeit nich 'n goot Woort för em inleggt harr. Düt weer nämlich passert: Ehre Majestät harr sik en Hollknaken up ehrn Töller nahmen un dat

Knakenmark rutkloppt. Denn stell se den Knaken wedder so as vörher liekup in de Schöddel trüch. De Dwarg luur beteß üm den Disch rüm; un as Glumdalclitch jüst mal nah den Bistelldisch hengahn harr, sprüng he up den Schemel, wo se sünst up stünn un up mi achtgeven dä; denn greep he mi mit beide Hännen, drück mi de Been tohopen un wrangel mi bet an'n Buuk in den Hollknaken rin. Ik bleef dor in steeken un seet 'n ganze Tiet fast, un dat sehg bannig lachhaftig ut. Binah en ganze Minut duur dat, ehrer överhaupt een gewohr warrn dä, wat mit mi passeert weer, un luut bölken müch ik nich, dat weer mi to scheneerlich. Wieldat nu aver de Spiesen von de groten Herrns meistiets nich so heet up den Disch kaamt, dä mi dat nix an mien Been, man bloß min Strümp un de Büx kreegen fix wat af. De Dwarg keem dütmol mit 'n Dracht Prügel dorvon af, wieldat ik för em beden dä.

Oftinst lacht de Königin mi wat ut, vunwegen dat ik för Veeles, wat dat dor geev, bangen weer. Se fröög mi denn, wat de Lüüd bi uns tohuus ok all so'n groote Bangbüxen weern as ik. In ehr Land gifft dat in 'n Sommer nämlich bannig veel Fleegen, un düsse ekligen Brummers sünd jedereen so groot, as bi uns en gewöhnlich Lewark. Wenn ik nun mal bi'n Äten weer, summten un brummten de mi üm de Ohren, dat ik vör jem keen Roh hebben dä. Mannichmol setten se sik ok up mien Äten un scheeten dat vull orer leggten dor ehr Eier up af. De Lüüd von düt Land könnt dor nix von sehn, wieldat se mit ehr groote Ogen nich so nipp kieken könnt, as ik mit mien, un dorüm ward se so'n Lüttkraam as de Fleegenschiet nich gewohr. Mannichmol keemen de Östers ok up mien Näs dal orer setten sik mi vör'n Kopp un piekten mi, dat dat Bloot keem; un dorbi makten se en furchtbore Stinkeree. Ik kunn ok ganz goot an ehr Been dat Kleevkraam wieswarrn, wo se, as uns Naturforschers dat seggt, mit överkopp an de Stuvenböön rumlopen könnt. Ik harr dor bannig Last mit, dat ik gegen düsse ekligen Deerten ankamen dä, un ik verjög mi jedesmal, wenn se mi an't Gesicht fleegen dän. Nu harr de Dwarg sik anwennt, dat he en Handvull von düsse Brummers fangen dä, so as de

Schooljungs bi uns dat maakt, un denn leet he jem batz ünner mien Näs fleegen. He wull mi dormit verjogen un togliek söll de Königin dor Spoß an hebben. Ik höll mi de Beester up de Aart un Wies von'n Lief, dat ik jem in de Luft mit mien Savel in Stücken hauen dä, wenn se üm mi rümbrummen. Ik harr dor bald so den Bagen bi rut, dat de Lüüd groote Ogen makten un mi heel dull bewunnern dän.

An een Morrn harr Glumdalclitch mi in mien Kasten up de Finsterbank hinsett, dat ik frische Luft kriegen dä. Se dä dat, wenn godet Weder weer. (Bi uns ward oftinst 'n Vogelbuur buten toneben dat Finster an en Nagel uphangt, aver dat weer för mien Kasten to gefährlich.) Ik harr een von de Schuuvfinstern apen maakt, seet an mien Disch un harr mien Fröhstück vör mi. Up mien Töller harr ik 'n Stück söten Koken to liggen un woll dat nu vertehrn. Dor keemen mitmol mehr as twintig Wöpsen in mien Stuuv rintofleegen, de söte Kokenduft harr jem woll in de Näs steegen. Dat huul un brumm um mi rüm as twintig Baßfleiten von twintig schottsche Huulbüdels. Welk von de Wöpsen grepen sik Stücken von mien Koken un güngen dormit af, annern von jem sußten mi üm Kopp un Gesicht, dat ik meist benüsselt worr von den Larm, un ik keem in grote Ängsten wegen jem ehr Stickels. Ik behöll aver 'n klaren Kopp un mien Kuraasch, stünn up, töög mien Savel un güng up jem los. Veer von jem kunn ik doothaun; de annern neihten ut un ik maak furts dat Finster to. Düsse Beester weern so groot as bi uns de Rapphöhner. Ik töög jem de Stickels rut; annerthalf Toll weern de lang un so scharp un spitz as'n Nadel. Ik heff de akkrot upbewohrt un jem tohopen mit annere afsünnerliche Saken vör veele Lüüd in Europa wiest. As ik denn wedder nah Huus kamen dä, geev ik dree dorvon as Geschenk an dat Gresham College, den veerten behöll ik för mi sülben.

De veerte Strämel

Dat Land ward beschreven, un de Schriever maakt den Vörslag, uns Landkorten dorvon up den nigsten Stand to bringen. Von den Palast von den König un von de Hauptstadt. Up wat von Aart un Wies de Schriever reisen deit. Wo de Hauptstadt utsüht.

Ik will nu den Leser en Bild dorvon geven, wo düt Land utsehn deit. Ik kann dat aver man von de Gegenden, wo ik rümkamen heff, un dat is nich mehr as tweedusend Mielen rund um de Hauptstadt Lorbrulgrud. Ik weer je mit bi dat Gefolge von de Königin, un wenn se mit den König ünnerwegens weer, föhr se nienich wieter as düsse tweedusend Mielen mit. Dor bleev se un tööv, bet Siene Majestät von de Reis nah de Grenzen wedder trüchkeem.

Dat Land von Siene Majestät is so bi sößdusend Mielen lang un dree- bet fiefdusend Mielen breet, un dorüm bün ik övertügt, dat uns Geographen in Europa bannig up'n Holtweg sünd mit ehr Meenen, dat mank Japan un Kalifornien wieder nix as bloß Water to finnen is. Ik weer all jümmer de Meenen, dat mutt dor Land geven, wieldat nämlich nödig is, de Balanx to holln mit den groten Eerddeel von't Tatarenland. Dorüm sölln de Geographen man bigahn un ehre Land- un Seekorten in de Reeg bringen un düt grote Land an den Nordwesten von Amerika inteeken. Wenn se dor alleen nich recht mit togangen kamen doot, will ik jem dor geern bi to Hand gahn.

De Utsicht nah is düt Land as so'n Warder, de in Nordost bet an en Reeg von Bargens recken deit, de woll dörtig Mielen hoch sünd. Welk von düsse Bargens speet Füür, un dorüm kann dor keeneen röverkamen. Sülmst de klööksten von de Studeerten in düt Land weet nich, wat von Lüüd up de anner Siet wahnen doot, orer of dor överhaupt Minschen leven könnt. An de anner dree Sieten von dat Land is dat grote Water, aver in dat ganze Königriek gifft dat nich en eenzigen Haven. Dor wo de Strööms in de Ozean münnen doot, is de Küst ganz vull von spitzige Steens un scharpe Klippen, un de

See geiht meistiets so unbastig, dat sik keeneen rutwagen kann, ok nich mit dat lüttste Boot. So hefft de Lüüd hier överhaupt keen Gelegenheit, Minschen von annerswo in de Welt to drepen. Up de groten Strööm in't Land aver föhrt heel veel Scheep, un dor gifft dat ok dull veel Fischen, de grootarig smecken doot. Fischen ut'n Ozean kriegt se kuum mol, de sünd dor nämlich ok nich grötter as bi uns in Europa, un dorüm lohnt sich dat för jem nich, de to fangen. Un nu kann'n dat nah mien Meenen kloor sehn, dat de Natur nanich annerwegens so'n Planten un Deerten togang bröcht het, as man bloß up düsse Placken von de Eerd. Wo dat kamen deit un wat dat von Oorsaken het, dat ruttokriegen, dat will ik man de Philosophen överlaten.

Af un an fangt se hier ok mol en Walfisch, wenn de See tofällig mol een gegen de Felsen smieten deit. De eenfachen Lüüd ät dor denn mit goden Apptit von. Ik heff hier Walfischen sehn, de so groot weern, dat een Keerl alleen de knappmol up'n Nacken nehmen un drägen kunn. Mannichmol bringt se so'n Deert in'n groten Twee-Mann-Korf nah Lorbrulgrud un wiest em dor as Naturwunner. Molinst heff ik so'n Fisch sogor in en Schöddel up de Königstafel sehn, aver dat keem nich oft vör. Ik glööv nich, dat Siene Majestät veel dorvon holln het, dat to äten. Dat sehg ehrer so ut, as wenn em dat Deert wegen de Grött toweddern weer, obschonst ik in Grönland all mol een sehn heff, de noch'n End grötter weer.

De Lüüd in düt Land wahnt heel dicht bi'n anner. Se leevt in eenunföfftig grote Städer, dorto gifft dat meist eenhunnert lüttere Städer mit Muurn um rum un ok noch veele Dörpen. Mien Lesers sünd viellicht wat neeschierig, wo de Städer utsehn doot, dorum will ik Lorbrulgrud beschrieven, wat de Hauptstadt is. Düsse Stadt het twee Deelen, de meist egol groot sünd. Se liggt jede up een Siet von den Stroom, de dor dörchgeiht. Mehr as achtzigdusend Hüser gifft dat dorin, wo so bi sößhunnertdusend Minschen in wahnt. De Stadt is dree Glonglungs lang (dat sünd ungefähr veerunföfftig engelsche Mielen) un tweeunhalf Glonglungs breet. Ik heff dat sülben nahmäät up de königliche Landkoort, de up den Befehl von Siene Majestät maakt worrn weer. Extra för mi harrn se düsse Koort, de över eenhunnert Foot lang is, up den Footbodden utbreet, un ik heff denn mit plackbarfte Fööt de Längde tweerröver un ok rundum 'n poormal afschritt un nah dat Maat, wat angeven weer, heel akkrot utrekent.

De Königspalast is nich een groot Huus; dat sünd heel veel verschieden Hüser, de een an't annere ansett sünd, un dat Maat is rundrum söben Mielen. De groten Saals dorin sünd woll tweehunnertunveertig Foot hoch un hefft de Längde un Breed, de dorto passen deit. Wenn Glumdalclitch mol mit mi utföhrn wull, de Stadt antokieken orer to'n Inköpen in de Geschäften, denn kreegen wi en Kutschwagen stellt. Ehr Gouvernante weer denn jümmer mit dorbi, un mi nehm de Deern in mien Kasten mit. Oftinst beed ik mien lütt Uppassersch, dat se mi ut mien Gelaat rutnehmen müch, un dat dä se denn ok un dröög mi up ehr Hand. So kunn ik mi de Hüüs un de Lüüd goot ankieken, wenn wi dörch de Straaten föhrn dän. Uns Kutschwagen weer nah mien taxeern ungefähr so groot as de Westminster Hall, viellicht nich ganz so hoch; aver so genau kann ik dat nich seggen.

As de Gouvernante eensdags den Kutscher bi en poor Geschäften anhollen leet, makten sik de Snorrers an den Wagen ran. Dat weer för en Oog, wat in Europa dat Kieken liert harr, de gräsigste Anblick, de'n sik dinken kann. Dor stünn en Wief mit'n gewaltigen Swulst an de Bost, wo een Lock an't annere in weer. Twe or dree von de Löcker weern so groot, dat ik dor licht rinkrupen un mi ganz un gor in versteken kunnt harr. Toneben von düt Wief stünn en Kerl mit'n Kropp an'n Hals, grötter as fief Wullballens, un en anner weer dor mit Holtbeen, de jedereen bi twintig Foot hoch weern. Dat gräsigst un ekligst aver weern de Lüüs, de up jem ehr Plünnen rumkrupen dän. Ik kunn de Been un den Köpp von dat Aastüüg ganz düütlich mit bloot Ogen sehn, veel düütlicher, as wenn ik een von uns Lüüs ünner'n Mikroskop kriegen worr. Un ok ehrn Rüssel kunn ik sehn, wo se mit an't rumwöhlen weern, as de

Swien in de Schiet. Dat weer dat erste Mol, dat ik düsse Aart to Gesicht kreeg, un an leefsten harr ik bigahn un een dorvon uteneen sneeden, wenn ik man dat passige Warktüüg dorbi hat harr. (Leiders weer mien Doktortasch mit mien Instrumenten up dat Schipp trüchbleven.) Ik harr dat gewiß dan, wenn sik dorbi ok mien Magen ümdreiht harr.

To mien grooten Reiskasten, wo ik för gewöhnlich in transporteert worr, leet de Königin eensdags noch en lüttere Reiskamer för mi maken; de weer twölf mal twölf Foot groot un tein Foot hoch. Dor güng dat Reisen wat kommodiger mit. De annere weer nämlich rieklich groot för Glumdalclitch ehrn Schoot, un in de Kutsch weer dat wegen de Grött ok bannig umständlich un in'n Weg. De lütte Kasten worr von densülvigen Discher maakt, de ok de annere tohopentimmert harr. Ik weer de ganze Tiet dorbi un geev em Bescheed, wo dat maakt warrn söll. Düsse Reiskamer weer akkrot so lang as breet un harr an dree Sieten en Finster in de Mitt von de Wand. Von buten weern dor iesern Trallen vörsett, dat dat ünnerwegens keen Mallör geven kunn. De veerte Siet harr keen Finster. Von buten weern an düsse Siet twee dicke Krampen anmaakt, wo en Ledderreemen dörchtogen worr. Wenn de Person, de mi drägen dä, up'n Peerd rieden wull, worr em de Kasten mit den Reemen üm den Lief fastbunnen. Tomeist dröög Glumdalclitch mi; wenn ehr aver mol nich woll weer, keem düsse Upgaav jümmer een oprechten un rejellen Deener to. Up den kunn ik mi würklich verlaten, egol, of ik mit den König ünnerwegens weer orer mit de Königin; of ik mi in de Goorns ümkieken dä orer of ik en vörnehme Daam orer en Minister besöken wull. Dat duur nämlich nich lang, dor kennen mi veele in't Land, un ik harr Ansehn bet hen nah de höchsten Lüüd in't ganze Königriek. Dat ik so hoch in'n Kurs stünn, dat keem, glööv ik, nich von meen Verdeensten; dat leeg woll ehrer doran, dat se sik bi den König 'n goden Namen maken wulln.

Wenn ik up de Reisen mol keen Lust mehr harr, in de Kutsch to föhrn, denn bunn sik en rieden Deener mien Reiskasten üm un sett em vör sik up'n Küssen. Ik harr denn dörch de Finstern

nah alle dree Sieten gode Utsicht up de Gegend rumdum. In mien Stuuv stünn en Klappbett, un von 'n Böön hang en Hängematt dal. Twee Stöhl un en Disch weer up den Footbodden fastschroben un kunnen so nich hen un her fleegen, wenn dat Perd mol in Draff güng, orer wenn de Kutschwagen stuckern dä; dordörch kunn ik dat Up un Af goot verdrägen, ok wenn dat mannichmol heel dull
hergüng; ik bün je oft genog up See ünnerwegens west.
Wenn ik mi de Stadt ankieken wull, denn nehm Glumdalclitch mi jümmer in mien Reiskasten mit. As dat dor begäng is, seet se in en Sänfte, de von veer starke Mannslüüd dragen worr un harr mi in mien Kasten up ehrn Schoot. Twee Deeners in Montur von de Königin güngen to ehrn Geleit mit. Oftinst keemen denn neeschierige Minschen, de wat von mi hört harrn, heel dicht an de Sänfte ran. In ehr Fründlichkeit leet de Deern de Drägers anholln un nehm mi up de Hand, dat de Lüüd mi beter sehn kunnen.
To geern wull ik mi molinst de grote Domkark un besünners de Toorn dorvon ankieken. Dat weer nämlich, so worr jedenfalls seggt, dat höchste Boowark in't ganze Königriek. An een Dag bröch mien lütt Uppassersch mi denn dor hen, aver ik mutt ehrlich seggen, so grootarig funn ik düssen Toorn denn doch nich; de weer nämlich von de Eerd bet baben an de Spitz nich höger as dreedusend Foot. Wenn'n nämlich mol bedinken deit,

woveel grötter hier de Minschen hier sünd as bi uns in Europa, denn ist dor eenglich keen Oorsaak, düt Boowark to bewunnern, denn bi so'n Vergliek kann düsse Toorn nichmol mit den von Salisbury mitholln. Man, ik will düt Land nich ring achten, ik heff dat veel to danken mien Leven lang. Ik will dat geern togeven: Wat düssen berühmten Toorn viellicht an de Höchde fehlen deit, dat het he von't Utsehn soveel mehr un is woll dat herrlichst un gewaltigst Boowark, wat'n sik vörstellen kann. De Muurn sünd meist eenhunnert Foot dick un ut gewaltig grote Steen muurt, de se veerkantig trechthaut hefft; jedereen dorvon is woll veertig Quadratfoot groot. Up alle Sieten staht dor Götter- un Kaiserbiller ut Marmor, grötter as'n levigen Minschen, un jedereen steiht in en Hüsken, wat in de Muur inlaten is. As ik dor so rümgüng, funn ik up de Eerd mank allerhand Affall den Lüttfinger von een von de Biller (dat harrn se woll nich gewohr worrn, dat de affolln weer) de weer akkrot veer Foot un een Toll lang. Glumdalclitch wickel den in ehr Taschendook un nehm em in ehr Tasch mit nah Huus; dor heeg se em up, tosamen mit anner Speelkraam, wat ehr leef weer, so as Kinner in ehr Öller dat geern maakt.

De königliche Köök is en grootarigen Ruum, so bi sößhunnert Foot hoch mit en rundbagen Deck. De grote Backaven is man tein Schritt lütter as de Kuppel von de St.-Pauls-Kathedral; ik weet dat dorüm so genau, wieldat ik düsse extra nahmäät heff, as ik von mien Reis wedder nah Huus kamen harr. Woll ik nu allens dat beschrieven, wat dor noch weer, de Kökenröst, de gewaltigen Pütt un Pannen un Ketels, de Fleeschbatzen, de sik an de Bratspetten dreihten un all dat annere, denn worrn de Minschen bi uns dat knappmol glöven. Tominst de, de an allens wat rumtonölen hefft, de worrn seggen, dat ik gewaltig överdrieven dä, so as'n dat von reisen Lüüd oftinst kennen deit. Dat wull ik mi nu aver nich nahseggen laten, dorüm is mi bang, dat dor nu jüst dat Gegendeel bi rutkamen het. Un wenn dat, wat ik hier von Brobdignag (so heet dat Land för gewöhnlich) vertellt heff, in jem ehr Spraak översett warrn dä, un de König un de Lüüd dor worrn dat wies, denn worrn se Oorsaak hebben, sik to beklagen. Se kunnen mi vörhollen, ik harr jem bannig Unrecht dan un veel Verkehrts vertellt; un ik harr allens veel lütter maakt, as dat in Würklichkeit is.

Aver dat will ik doch noch vertellen: In de Königlichen Marstall staht mehrstiets nich mehr as sößhunnert Peer. Düsse Deerten sünd so bi veerhunnertföftig bet veerhunnertsößtig Foot hoch. Wenn Siene Majestät an hoge Festdaag utrieden deit, mut dat je wat hermaken, dorüm het he denn en Eskorte von fiefhunnert Gardesuldaten to Peerd as Geleit dorbi. För mi weer dat dat wunnerborste Bild, wat ik mi man vorstellen kunn, un ik wull nich glöven, dat dat wat geven deit, wat noch staatscher utsehn kunn. Aver denn kreeg ik molinst siene ganze Armee bi de Paraad to sehn — man dorvon will ik laterhen vertellen.

De föffte Strämel

Wat de Schriever allens so afleevt. En Verbreeker ward dootmaakt. De Schriever wiest, wo goot he mit'n Schipp ümgahn kann.

Wo schön harr ik in düt Land leven kunnt, wenn ik man nich so lütt weer; dordörch keem ik oftinst up lachhafte un ok up leidige Aart un Wies to Mallör. Ik nehm dor nix för, dat ik dor nu wat von vertellen do. Jümmer wedder dröög Glumdalclitch mi mal in mien lütt Hüüsken in de Königlichen Goorns, un af un an nehm se mi dor rut un höll mi in de Hand, orer se sett mi up de Eerd dal, dat ik mi'n beten de Fööt verpedden kunn. Mi fallt in, dat uns eensdags de Dwarg in den Goorn achternah keem. Dat weer, as de Königin em noch nich weggeven harr. Mien Uppassersch harr mi dalsett un ik stünn mit den Dwarg tohopen bi en poor Bööm, wo Dwargappeln up wussen. Mi steek de Haver un ik woll em wiesen, dat ik'n plietschen Kopp hebben dä. Ik brüüd em mit'n achtersinnigen Snack över em un de Bööm, de ik ut mien Heimat kennen dä, un de sik in ehr Spraak jüstso achtersinnig anhören dä as in uns. Dat woll de veniensche Slüngel sik aver nich gefallen laten un mi dat trüchbetahlen. Un as ik jüst ünner een von de Dwargappelbööm ünnerdörch gahn dä, schüddel he den Stamm direktemang baben mien Kopp. En Dutz Appeln flögen mi üm de Ohrn, de weern meist so groot as'n Bristoler Tunn. Eenen dorvon kreeg ik in't Gnick, as ik mi eben dalbücken dä. Ik slöög lang hen up de Eerd, keem aver wieter nich to Schaden. Wieldat ik en goot Woort för em inleggen dä, kreeg he keen Straaf; eenglich harr ik je ok sülmst Schuld doran mit mien Brüden.

En annnermol sett Glumdalclitch mi in't Gras dal, dat ik dor 'n beten rümspeelen kunn, wildeß se mit ehr Gouvernante 'n Enn af 'n beten spazeern güng. Mitmol keem en dullen Hagelslag, de harr so'n Gewalt, dat he mi batz up de Eerd dalslaan dä. Ik leeg dor un de Hagelköörn neihten so fors up mi dal, dat ik an'n ganzen Lief dörchbaakst worr. Mi weer to Sinn, as wenn se mit Tennisbäll up mi scheeten dän. Ik schaff dat aver doch

noch, up alle veer nah en Rabatt hentokrupen, wo Immenkruut up stünn. An de Afwindsiet legg ik mi platt dal mit dat Gesicht nah ünnen. De Hagel kunn mi nu nix mehr doon, aver ik weer von baben bet ünnen so kaputtslaan, dat ik mi tein Daag lang nich up de Straat sehn laten kunn. Eenglich bruukt'n sik över düt Mallör nich to wunnern, bi allens nämlich, wat in düt Land mit de Natur tohopenhangt, gifft dat densülvigen Ünnerschied to mien Heimatland, as bi de Grött von de Minschen; un dorüm is hier en Hagelkoorn meist achteinhunnertmol so groot as in Europa. Ik weet dat deswegen so genau, wieldat ik neeschierig weer un dat nahmäät und nahwaagen heff.

In densülvigen Goorn keem ik'n annermol to en heel gefährlichet Mallör. Mien lütt Uppassersch sett mi mol an en Städ af, von de se meen, dat mi dor nix passeern kunn (ik bed ehr dor oftinst üm, wenn ik mit mi alleen wesen wull). Mien Kasten harr se tohuus laten, se wull sik dor nich mit rümmersleepen, un nu güng se an'n anner Städ in Goorn mit ehr Gouvernante un noch 'n poor anner bekannte Fruuns spazeern. Se weer all 'n ganz Enn af, so wiet, dat se mi nich mehr hören kunn, dor keem de lütt Jagdhund von den Gärtner tofällig in den Goorn rin un snüffel in de Neegde rüm. He harr mien Ruuch in de Näs un keem direktemang up mi los, faat mi mit de Snuut un leep furts nah sien Herrn hen. Dor leed he mi sachten up de Eerd dal, keek sien Herrn an un widdel mit'n Steert. To'n Glück harrn se em so goot anliert, dat he mi vörsichtig mank de Tähn nahmen harr, so kreeg ik nich de lüttste Schramm af un ok mien Tüüg keem nich to Schaden. De Gärtner, den ik all lang kennen dä un de mi goot weer, verfeer sik ganz bannig, he dä mi richtig leed. Vörsichtig nehm he mi mit beide Hännen hoch un fröög mi, wo mi dat güng. Ik weer aver noch ganz benaut un ut de Puust, dat ik keen Woort rutkriegen kunn. En poor Minuten duur dat, bet ik mi wedder verhalt harr, un denn bröch he mi heel un gesund nah mien Uppassersch hen. De harr wildeß nah de Städ trüchkamen, wo se mi afsett harr un weer in grote Ängsten, as ik up ehr Roopen nich kamen un mi ok nich melln dä. De Gärtner kreeg wegen sien Hund mächtig wat to hören von Glumdalclitch, aver wieldat keeneen dor wat von nahseggen dä, keem dor an'n Königshoff ok keeneen achter. Uns weer dat recht so. De Deern harr nämlich bang, dat de Königin in Raasch kamen kunn; un wat mi angeiht, ik kunn mit so'n Geschicht gewiß ok keen groten Praat maken. Nah düt Begeven nehm Glumdalclitch sik fast vör, dat se mi nienich mehr ut de Ogen laten wull, wenn wi butenhuus weern. Ik harr dat all lang ahnt, dat dat so kamen kunn, dorüm harr ik ehr nix nahseggt von'n poor anner Slamassels, de mi mallört weern, wenn se mi af un an alleen laten harr. Molinst flöög en Kükenwieh över'n Goorn un stört mitmol up mi dal. Ik weer man kurascheert noog, mien Savel ruttorieten un mi ünner'n dichtet Spaleer to versteeken, sünst harr he mi gewiß mit sien Krallen greepen un mit mi afgahn. En annermol klatter ik up de Spitz von en jüst upsmäten Mullworpshupen rüm. Un denn sack ik mitmol bet an'n Hals in dat Lock rin, wo düsse Wüppop de Eerd rutsmeeten harr. Dorbi worr mien Tüüg von ünnen bet baben heel dreckig, un dat se mi dat nahsehen sölln, dorüm vertell ik tohuus ganz wat anners, wo dat von kamen harr. Dat weer woll'n beten swinnelt, aver ik reken mi dat as'n Nootlöög to. Denn molinst güng ik alleen spazeern un weer in Gedanken in mien levet Heimatland, dor strumpel ik över 'n Snickenhuus un bleek mi dat rechte Schänbeen af.

Mannichmol, wenn ik alleen un in Gedanken an't Spazeerngahn weer, beleev ik wat, wo ik nich recht von weet, of ik mi doröver frein orer argern sall. Ik worr nämlich wies, dat de lütten Vagels vör mi averhaupt nich bang weern. Man jüst en Ell von mi af hüppten se hen un her un söchen sik Wöörms un annerswat to'n freten. Se geven sik dor so driest bi, as wenn dor överhaupt keen anner Kreatur in de Neegde weer. Ik denk dor an, wo molinst en Draußel so utverschaamt weer un mi en Stück Koken ut de Hand rieten dä, wat Glumdalclitch mi eben to'n Fröhstück geven harr. Wenn ik mal versöch, mi een von düsse Vagels to griepen, denn güngen se mi to Kopp. Se probeerten, mi de Fingers aftohacken, dorüm paß ik up, dat ik jem mit mien Hännen nich tonah kamen dä. Se hüppten denn wieter, as wenn nix west harr un söchen nah Wöörms un Snicken, as se dat vördem daan harrn. Eensdags aver weer mien Gedüür tomen, ik nehm mi 'n dicken Knüppel un smeet em mit aller Gewalt nah en Geeleritsch. Ik harr Glück un dreep em, un he föll batz dal up de Eerd. Mit beide Hännen kreeg ik em an'n Hals tofaten, un leep dor nah mien lütt Uppassersch mit hen. Ik keem mi dorbi vör, as wenn ik gegen en Drachen wunnen harr. De Vagel weer aver man bloß benaut un keem bold wedder to Besinnung. Ik höll em 'n Armlang von mi weg, dat he mi mit sien scharpen Krallen nich recken kunn; aver he slöög mit sien Flünken um sik, un ik kreeg links un rechts gewaltige Slääg an'n Kopp un an'n Lief, dat ik woll twintigmol sowiet weer, em los to laten. Denn aver keem mi een von de Deensten to Hülp un dreih den Vagel den Hals üm. An'n annern Dag kreeg ik em as Braden to'n Meddagäten, so harr de Königin dat anornd. Wenn ik mi recht besinnen do, weer düsse Geeleritsch 'n beten grötter as bi uns en Swaan.

Oftinst nööten de vörnehmen Eddelfruuns an'n Hoff Glumdalclitch, se müch jem doch in ehr Kemnaaten besöken un mi mitbringen. Se wulln sik dat Vergnögen maken, mi antosehn un antofaten. Denn keem dat jümmer wedder mal vör, dat se mi von Kopp bet Foot uttögen un mi lang hen an ehrn Bussen leggten. Mi weer dat bannig eklig, wieldat (ik will de Wohrheit seggen) ehr Huut bannig kriemig rüken dä. Ik vertell düt nich (un ik will ok nich, dat dat so to stahn kümmt), dat ik düsse Daams slecht maken do. Nee, ik heff grote Achtung vör jem. Ik vertell dat dat wegen wat anners. Ik glööv nämlich, dat ik so'n fiene Näs hebben do, wieldat ik soveel lüttjer bün. Düsse vörnehmen Daams weern sik een för de anner un ok för ehre Mackers gewiß jüst so wenig toweddern, as de Daams von densülvigen Stand bi uns dat för ehre Mackers sünd. Un dat mutt ik ok seggen, de Ruuch, den se von Natur hebben doot, is jümmer noch veel ehrer uttoholln, as wenn se sik mit Parföng insmeert; von düssen Stinkkraam worr ik malinst rein benüsselt. Ik denk dorbi ok an mien Daag in Lilliput. Dat weer mal an en heeten Dag, un ik harr mi ornlich ümdaan un heel in Sweet kamen. Dor beklaag sik en Fründ von mi (wieldat he en ganz goden Fründ weer, müch he dat doon) över den starken Ruuch, de von mi utgahn dä. Dorbi kann 'n mi eenglich up düt Rebett jüst so wenig nahseggen as de meisten von mien Aart. Mi dücht äver, dat sien Näs, wenn ik de mit mien verglieken do, jüst soveel fienrüükscher is, as mien Näs in'n Vergliek to de von de Lüüd hier. Aver to Ehren von de Königin, wat mien Herrin is, un von Glumdalclitch mutt ik in düsse Saak seggen: Wo se rüken doot, dat is jo so leeflich as bi irgendeen von de Daams in mien Heimat.

Am mehrsten weer mi bi de vörnehmen Eddelfruuns (wenn wi dor to Besöök weern) toweddern, wo se sik vör mi geven dän. Se makten sik denn gorkeen Ümstännen un dän so, as wenn ik en Kreatur weer, de överhaupt nich mitrekent ward. Jem weer dat keen beten schaamig, vör mien Ogen all ehr Kledaasch aftoleggen un sik denn en frischet Hemd över to trecken. Ik stünn wildeß up ehr Frisierkommood un harr jem splitternaakt direkt vör de Ogen. Dat weer aver wohraftig allens annere as'n Utsehn, de mi dat Bloot in Hitt bringen kunn. In't Gegendeel, mi weer dat so eklig un wedderlich as man wat. Ehr Huut sehg nämlich von dicht bi bannig ruhg un uneben ut, von'n unegole

Farv, hier un dor weern'n Swartplackens dor up, so groot as'n Töller. De Haar hüngen dal so dick as Binnelschnoor, un von ehr anner Utsehn will ik man gornich erst anfangen to vertellen. Se dachen sik dor ok nix bi, vör mien Ogen dat, wat se drunken harrn, wedder uttobreken. — Tominst fiefhunnert Liters weern dat, un se speeten dat in en Pott, wo woll dree Tunns ringaht. De nüüdlichst von de Hoffdaams weer en Deern von sößtein Johr. Se weer jümmer vergnögt un harr allerhand Kneep in'n Kopp. De keem mannichmol her un leet mi up een von de Nuckelknuppens von ehr Bost rieden un maak ok sünst noch allerhand Undöög. De Leser ward mi nahsehn, wenn ik dor nich so genau von vertellen do. Mi weer dat allens aver so toweddern, dat ik Glumdalclitch beden dä, se müch sik 'n Utreed infallen laten, dat ik bi düsse junge Daam nich mehr to Besöök henbruuk.

Eensdags keem en jungen Herrn bi uns an, dat weer de Brodersöhn von mien Uppassersch ehr Gouvernante. De leeg de beiden in de Ohren, se sölln doch mitkamen un tokieken, ween en Verbreeker todood bröcht worr. De Mörder harr en goden Fründ von em dootmaakt. Glumdalclitch wull erst nich mit. Se harr von Natur en weeket Hart, aver de beiden snackten ehr solang to, bet se letzto doch mitgüng. Ik mag je eenglich so'n gräsig Theater överhaupt nich sehn, aver ik weer ok neeschierig un woll mi dat denn doch ankieken. Dat weer je ok wat, dat'n nich alle Daag to sehn kriegen kunn. Up dat Schaffott, wo he todood kamen söll, stünn en Stohl. Dor bunnen se den Verbreeker up fast, un denn hauten se em mit'n Savel von'n veertig Foot Längde mit een Slag den Kopp af. Dat Bloot sprütt ut de Adern rut. Dat duur 'n ganze Tietlang, un de Fontän sprüng so gewaltig hoch in de Luft, dor kunn de grote Fontän von Versailles nich mitholln. De Kopp baller up den Footbodden von't Schaffott mit so'n gewaltigen Rums dal, dat mi dat vör Schreck hochjagen dä. Un dorbi stünn ik tominst en engelsche Miel af.

De Königin leet sik geern von mien Seereisen vertellen. Se hör mi dorbi heel nipp to. Un wenn ik molinst afzaagt weer un to nix Lust hebben dä, weer se jümmer parot, mi uptomuntern. So fraag se denn mi mol, of ik woll mit Seils un Roders umgahn kunn. Se meen, dat weer viellicht ganz goot för mien Gesundheit, wenn ik mi en beten rögen dä, bi'n Rodern orer sowat. Ik änner ehr, dat ik mi up beides goot verstünn, ik weer woll as'n Dokter up dat Schipp west, aver harr ok, wenn't nödig weer, mitarbeit as'n Matros. Man, wo dat hier in ehr Land gahn söll, dat güng mi nich in'n Kopp; hier weer doch de lüttste Kahn all so groot as bi uns een groot Kriegsschipp. Un so'n Boot, wo ik mit umgahn kunn, dor kunn'n doch up keeneen von ehre Strööms un Beeken mit föhrn. Doruphen sä Ehre Majestät, ik söll doch mal 'n Teeknung von en Boot maken, wat för mi passig weer; denn söll ehr eegen Discher mi dat buun. Se wull denn ok för mi en Städ besorgen, wo ik seiln kunn. De Discher weer 'n fixen Arbeiter un bruuk nich länger as tein Daag, dor harr he dat Schipp akkrot nah mien Anwiesen farig. Dat weer en feinet Boot mit de vulle Takelaasch. Acht Minschen von mien Aart kunnen kommodig dor in ünnerkamen. De Königin frei sik dor bannig to. Se nehm dat Schipp in ehrn Rockschoot un leep dormit nah'n König hen, em dat to wiesen. Siene Majestät woll dat glieks utprobeern un sett den Kahn mit mi an Bord in sien vulle Baadwann rin. De Wann weer aver rieklich small un ik kunn mit de beiden lütten Roders nich arbeiten. De Königin harr sik ok all wat anners utdacht. Se leet von ehrn Discher en hölten Trog maken, dreehunnert Foot lang, föfftig Foot breet un acht Foot deep. Dat dor keen Water rutlopen kunn, worr de mit Teer akkrot dicht maakt. Upstellt worr düsse Trog in een von de Stuven an de Butenmuur von den Palast. Dor stünn he an de Wand up'n Footbodden. Dicht an'n Grund von den Trog seet en Hahn, wo dat Water mit aflaten worr, wenn dat anfüng to stinken. Twee Deeners kunnen em denn ög in'n Tiet von'n halve Stunn wedder vullfüllen. Up düt Water weer ik nu oftinst to mien Vergnögen an't rodern, un de Königin un ehre Daams harrn dor ok ehrn Spaß an. So flink un plietsch, as ik mi dorbi anstellen dä, meenten se, dat weer för jem em kommodige Tietverdriev. Mannichmol sett ik ok dat Seil. De Daams weih-

ten mi mit ehr Fächers den Wind to un ik harr wieder nix to doon as to stüürn. Wenn se denn mööd worrn, keemen 'n poor Hoffjungs, de bröchen mien Boot mit ehr Puust in Swung. Ik wies denn, wo goot ik mit so'n Schipp ümgahn kunn. Ik stüür mol nah stüürbord un mol nah backbord, jüst as mi dat in'n Kopp keem. Wenn ik dor denn noog von harr, dröög Glumdalclitch mien Boot wedder nah ehr Stuuv hen un hüng dat to'n Drögwarrn an en Nagel.

Bi düsse Tietverdrievf geev dat molinst en Mallör, wo ik meist bi todood kamen harr. Een von de Hoffjungs harr mien Schipp in den Trog rinsett, dor wull Glumdalclitch ehr Gouvernante mi dor rinböörn. Se weer aver so iewerig dorbi, dat ik ehr dörch den Fingers rutschen dä. Ik harr gewiß veertig Foot deep up den Footbodden dalstört, wenn ik nich ganz grotet Glück hat harr. In dat Liefken harr de gode Fru nämlich en grote Knöpnadel steken un de höll mi up. De Kopp von de Nadel peek nämlich jüst mank mien Hemd un den Büxenbund dörch un ik bleef an mien Liefreemen in de Luft behangen, bet Glumdalclitch keem un mi losmaken dä.

En annermol paß een von de Deeners nich up. He weer dorbi un füll den Trog mit frischet Water vull. Un he acht dor nich up, dat em 'n groot Pogg ut sienen Ämmer rutwitschen dä. De Poog verkrööp sik bet ik in mien Boot sitten dä. Denn harr he sik mienen Kahn as Platz ton'n Utrauhn utkeeken. He klötter rup un dormit duuk dat Boot up sien Siet gefährlich deep in't Water. Ik möß mi mit mien ganz Gewicht dorgegen leggen un de Balanx hollen, sünst harr dat glatt ümslaan. As de Pogg in't Boot keem, hüpp he mit een Satz half so wiet, as dat Boot lang weer, un denn sprüng he jümmerto vörwarts un trüchwarts baben mien Kopp weg. Dorbi smeer he mi dat Gesicht un mien Tüüg mit sien ekligen Snodder to. He weer so gräsig-groot un sehg so eklig ut, dat ik meen, dat kunn keen Deert geven, wat noch asiger is. Ik rööp Glumdalclitch to, se söll mi man alleen mit em farig warrn laten. Dat duur 'n ganze Tiet, aver letzto harr ik em doch sowiet, dat he ut mien Boot ruthüppen dä.

De gröttste Gefohr, in de ik in düt Land kamen bün, keem von een Aap, de een von de Kökenjungs tohörn dä. Glumdalclitch harr mol eenerwegens hengahn. Se woll inköpen orer en Besöök maken. Se harr mi tohuus laten un in ehr Stuuv inslaten. Dat weer schönet Weder, dorüm weer dat Stuvenfinster apen maakt. Ik weer so as gewöhnlich in mien groten kommodigen Kasten. De Döör un de Finstern dorvon stünnen wiet apen un ik seet ganz in Gedanken an mien Disch. Mitmol hör ik, dat dor wat in't Stuvenfinster rinsprüng un von een Siet nah de anner dörch de Stuuv hüppen dä. Ik worr en beten unrohig, röög mi aver nich von mienen Stohl. Denn aver riskeer ik dat doch hentokieken, un ik sehg dat nüdliche Deert, wo dat rein ut de Tüt weer, koppheister scheeten dä un jümmer up- un dalsprüng as so'n Gummiproppen. Denn keem dat nah mien Kasten ran, keek dat neeschierig von alle Sieten an un gluupsch denn dörch de Döör un den Finstern rin. Ik verkrööp mi in de achterste Eck von mien Stuuv. As de Aap denn aver biblieven dä, von alle Sieten rintoluurn, kreeg ik so grote Ängsten, dat ik dat nichmal farig kreeg, mi ünner't Bett to verstecken, obschonst ik dat ög kunnt harr. En ganze Tietlang weer he an't ringlupschen un grienen un snatern. Letzto worr he mi gewohr. As so'n Katt mit de Muus speelt, lang he mit een von sien Pooten nah de Döör rin. Obschonst ik jümmer wedder utkniepen dä un en annere Städ henlööp, kreeg he mi doch tofaten. An mien Rockslippen (de weern bannig dick un fast, wieldat se von Siedentüüg ut düt Land maakt weern) töög he mi ut mien Hüsken rut. He nehm mi up sien rechten Armpoot un höll mi as so'n Baadmudder ehr Kind, wat se jüst de Bost geven will. Sowat ähnlichs heff ik in mien Heimat ok all mol sehn. Dor harr en Deert von düsse Aart dat mit en lütt Katt genau so maakt. Ik füng an un woll mi dorgegen wehren, aver dor drück de Aap mi so dull, dat ik mi dor lever in geven dä. Mit sien linke Poot straak he mi jümmer wedder sachten över de Backen. Ik glööv, he het mi för en Junget von sien eegen Aart ansehn. Bi den Tietverdriev, den he sik up düsse Aart maken dä, worr he upmal stört. An de Stuvendöör röög sik wat, as wenn een de apen maken wull. Mit en Juppdi sprüng he mitmol nah dat Finster rup, wo he rinkamen harr, un von dor up de Dackpannen von Blee und an de Dackrönn. Dorbi leep he up dree Been. Mit dat veerte höll he mi wiß un keem so up dat Dack von en anner Huus, dat dicht an uns ranrecken dä. Jüst in de Momang, as de Aap mit mi dörch dat Finster sprüng, hör ik, wo Glumdalclitch luut upjuchen dä. De arme Deern keem meist üm den Verstand, un bölk sik rein von Sinnen. Alle Lüüd, de up düsse Siet von den Palast weern, makten en bannigen Upstand. De Deeners birrsten los, Leddern rantohalen und hunnerten von Minschen löpen up den Hoffplatz tosamen un keeken nah den Apen hen. De seet middewiel baben up'n Dackförsten von dat Huus. He harr mi as 'n Lüttkind in een von sien Vörpooten faat un fudder mi mit de anner. He maak dat up de Aart un Wies as so'n Deerten dat doot. Mit de anner Poot drück he sik wat ut een von sien Backentaschen rut un stopp mi dat in den Mund. Un wenn ik nich äten wull, geev he mi 'n Klaps. Veele Lüüd von dat dumme Volk dor ünnen föll nix anners dorto in, as dat se doröver lachten. Ik glööv, man kunn jem nich mal bös wesen deswegen. För jedeneen anners

as för mi weer dat würklich lachhaft antosehn. En poor von de Lüüd smeeten mit Steens. Se meenten woll, so kunnen dor den Aap mit rünnerdrieven. Aver dat Smieten worr furts verbaden, sünst harrn se mi dor gewiß den Brägenkasten mit voneen haut.

Nu worrn de Leddern anstellt un wölk von de Lüüd steegen rup. As de Aap dat marken dä, dat se em binah von alle Sieten angüngen, wull he utneihn. He sett mi up een von de Förstenpannen af (he meen woll, dat he up dree Been nich flink noog lopen kunn) un denn neih he ut. Dor seet ik nu dreehunnert Ellen baben de Eerd, un dat duur un duur. Jeden Momang reken ik dormit, dat de Wind mi dalweihn kunn orer dat mi swinnelig worr un ik koppheister von baben dalsusen dä. Aver denn keem en fixen jungen Keerl, dat weer en von Glumdalclitch ehr Deeners, de klötter nah mi rup, steek mi in sien Büxentasch un bröch mi heel un gesund nah ünnen. Von den ekligen Kraam, wat de Aap mi in'n Hals stoppt harr, weer ik meist stickt. Mien lütt Uppassersch prökel mi dat mit en lüttje Nodel wedder rut. Ik möß breeken un dat verlichter mi bannig. Ik weer aver so swack, un dat infaamte Deert harr mi ok den Lief so dull tohopen wramst, dat ik veertein Daag in Bett blieven möß. De König un de Königin un ok de Daams un Herrns an 'n Hoff fragten jeden Dag nah mi un sorgten sik um mien Gesundheit. En poormal keem Ehre Majestät sülmst, mi in mien Krankdaag to besöken. De Aap worr dootmaakt, un dat geev de Odder, dat so'n Deert nienich wedder in den Königspalast holln warrn dörf.

As ik wedder gesund weer, maak ik bi den König en Besöök un bedank mi för de Gnaad, de he mi tokamen laten harr. Siene Majestät aver föll nix Beteres in, as dat he mi wegen mien Mallör fix wat utlachen dä. He fröög mi, wat mi woll dörch den Kopp gahn harr, as ik in den Apen siene Pooten leeg un wo mi dat Äten smeckt harr, dat he mi geev. De König brüüd mi ok mit de Fraag, of mi de Aart un Wies von den Aap sien Fuddern Spaß maakt harr un of de frische Luft dor up dat Dack nich goot west weer för mien Apptit. He wull denn ok weeten, wat ik maken worr, wenn ik in mien Heimat sowat beleven dä. Ik geef Siene Majestät doruphen to verstahn, dat wi in Europa man bloß 'n ganz poor Apen harrn, de ut annere Länner to'n Ankieken dor henbröcht weern; un de weern so lütt, dat ik licht mit 'n Dutz von jem farig warrn kunn, wenn se tatsächlich so driest weern un mi angriepen worrn. Un wat dat groote Apendeert angüng, wo ik hier körtens mit to doon hat harr (för mi weer dat wohrhaftig so groot as'n Elefant), sä ik to den König, de Bang harr mi man den Kopp verfeert, dat ik gornich an mien Savel dacht harr, sünst harr ik em viellicht dor so mit up de Pooten haut, dat he de flinker wedder ruttagen, as he de rinsteken harr. (As ik dat sä, maak ik en bannig branstig Gesicht un hau dorbi mit de Fuust up den Griff von mien Savel.) De ganze Tiet snack ik mit'n faste Stimm un smeet mi in de Bost as en Mann, de bang is, dat se em sien Kuraasch un sien Moot nich glöövt. Aver mien Reed bröch mi wieder nix in, as dat se mi luut wat utlachen dän. Un dat hülp ok nix, dat Siene Majestät neben mi stünn. In siene Neegde harrn se mi eenglich den gehörigen Respekt wiesen mößt, aver se kunnen ehr Lachen nich betähmen. Ik keem doröver in't Nahgrüveln un fröög mi sülmst, of dat nich eenglich en Dummheit is, wenn sik en Mensch Ansehn geven will bi so'n Lüüd, mit de he sik överhaupt nich verglieken kann. Un dat güng mi ok noch oftinst nah, as ik wedder tohuus in mein Heimatland weer. Dat gifft je so mannicheen ringen Keerl, de nix gillen deit un von Herkamen nix upwiesen kann, de nah nix utsüht, keen Pli un keen Grips in'n Kopp het. Un denn maakt so'n Minsch 'n groten Praat un will sik mit de vörnehmen un hogen Lüüd in't Königriek up een Stuff stellen.

An den Königshoff geev dat jeden Dag wat över mi to lachen. Glumdalclitch harr mi över de Maaten leef, aver se kunn dat nich laten, dat jedesmol de Königin to vertellen, wenn ik wedder mal 'n Dummheit maakt harr. Se glööv nämlich, dat Ehre Majestät dor'n spaßigen Tietverdrief mit harr.

Molinst weer de Deern nich goot toweg. Dat se frische Luft kregen söll, bröch de Gouvernante ehr een Stunn wiet (dat sünd dörtig Mielen) ut de Stadt rut. An en smallen Footstieg mank de Feller steegen se ut den Kutschwagen rut. Glumdalclitch stell mien Kasten up de Eerd un ik keem rut un woll mi'n beten de Fööt verpedden. Up den Weg leeg en Hupen Kohschiet. Ik woll mol sehn, of ik noch soveel beenig weer un dor röver springen kunn. Ik nehm en ornlichen Anloop un sprung los. Leiders harr ik doch nich ganz Swung noog nahmen; un as ik wedder up de Been keem, stünn ik bet an de Knee midden in de Schiet. Dat weer gornich so eenfach, dor wedder ruttokamen, aver letzto schaff ik dat doch. Ik harr mi gräsig tosöölt dorbi. Een von de Deensten putz mi, so goot as he kunn, mit sien Taschendook af. Ik vertreck mi in mien Hüsken un mien Uppassersch slööt de Döör achter mi to, bet wi tohuus weern. Se vertellten de Königin, wat passeert weer, un de Deensten sluderten mien Mallör an'n ganzen Hoff utenanner.

Wenn dat in de Daag dornah eenerwegens wat to lachen geev, güng dat allens up mien Reeknung.

De sößte Strämel

De Schriever denkt sik allerhand ut, wo de König un de Königin ehrn Spoß an hefft. He wiest sik as 'n goden Muskant. De König will weeten, wo dat in Europa togeiht un de Schriever vertellt em dor wat von. Wat de König dorto meent.

Een- orer tweemal in de Week weer ik för gewöhnlich dor mit bi, wenn de König an't Upstahn weer un de Morrnaudienz afhöll. Oftinst keem ik dor upto, wenn de Babutz an sien Bort togangen weer. Toerst weer dat för mi würklich gräsig antosehn. Dat Raseermeßt weer nämlich meist duwwelt so lang as'n Seeßel. As dat bi jem begäng weer, worr Siene Majestät man tweemal in de Week raseert. Molinst kreeg ik den Babutz dorto rum, dat he mi'n beten von den afbrukten Seepenschuum geven dä. Ik puul mi dor veertig orer föfftig von de dicksten Bortstoppeln rut, denn söch ik mi en lütten Holtspläder un snittker den as'n Steg för'n Kamm trecht. Von Glumdalclitch leet ik mi ehr lüttste Nadel geven un bohr dormit Löcker in dat Holt rin, alle in'n egalen Afstand. De afraseerten Bortstoppeln schraap ik mit mien Meßt af, bet se an een Enn spitz weern un maak jem denn akkrot in de Löcker fast. Nu harr ik en Kamm, mit de ik wat anfangen kunn, un dat to rechten Tiet. An mien olen harr'n nämlich middewiel soveel Tähn afbraken, dat de nich mehr to bruken weer. Un ik wüß in dat Land keen Handwarksmann, de so fien un akkrot arbeiten kunn, dat he mi een nigen maken kunn.

Düt let mi nu an en Tietverdriev dinken, wo ik mannicheen Stunn mit tobröcht heff. Ik bed de Kamerjungfer von de Königin, se müch för mi de Hoor uphegen, de Ehre Majestät utkämmt worrn. Mit de Tiet kreeg ik 'n schönen Hümpel tohopen. Denn besnack ik mi mit den Kunstdischer, wat'n Fründ von mi weer. Em harrn se seggt, dat he lüttje Arbeiten för mi maken söll. Ik sä em nu, he müch mi twee Stohlgestellen tohopentimmern, nich grötter as de, de ik in mien Hüsken to stahn harr. Denn söll he mit'n fienen Ahl lüttje Löcker rinbohrn, rundüm de Städen, wo de Lehn un de Sitt henkamen sölln. Ik söch mi de dicksten Hoor, de ik finnen kunn, ut mienen Hümpel un flecht jem in de Löcker rin, jüst up de Aart un Wies, as dat in mien Heimat bi de Reetstöhl maakt ward. De farigen Stöhl bröch ik denn Ehre Majestät to'n Geschenk, un se bewohr jem in ehr Schatull up. Af un an leet se jem vör de Lüüd sehn, un de keemen doröver rein in't Wunnerwarken. De Königin nööd mi, ik söll mi mol up de Stöhl hensetten. Aver ik geev ehr to verstahn, dat ik dat allemal nich doon kunn. Ehrer wull ik dusendmal starven, as dat en scheneerlich Deel von mien Lief up de heel eddel Hoor to sitten keem, de vörher as grootarigen Smuck dat Haupt von Ehre Majestät kleed harrn. Mit mien anslägschen Kopp maak ik noch allerhand Niges. Ut de Hoor prüün ik en lütt nüdlich Geldknipp tohopen, de weer so bi fief Foot lang. Von buten stünn dor in gollen Bookstaven de Naam von Ehre Majestät up. Se geev mi dat to, dat ik de Geldtasch an Glumdalclitch schinken dä. Ik mutt nu aver togeven, dat dat mehr en Stück to'n Ankieken weer, as dat'n dor Geld rindoon kunn. För dat Gewicht von de Geldstücken weer se nich fast noog. Dorüm heeg de Deern dor ok bloß 'n poor Kleenigkeiten in up, so as Deerns dat geern maakt.

De König harr veel Freid an Musik. Dorüm hal he sik oftinst Muskanten an den Hoff, dat se Kunzerten geven dän. Mannichmol halten se mi dor ok mit hen. Ik seet denn in mien Kasten, de up den Disch stünn, un hör mi dat an. En Melodie kunn ik aver nich rutkennen, de Krach weer to gewaltig. Un dat is gewiß, wenn up alle Trummels, de dat in uns königliche Armee geven deit, to glieker Tiet dicht vör mien Ohr rumneiht worr un dorto alle Trumpeten blast worrn, so dull, as dat man geiht, denn weer dat noch lang nich so luut, as düt Spektakel. Ik leet för gewöhnlich mien Kasten sowiet as dat güng, von de Städ af stellen, wo de Muskanten ehrn Platz harrn. Denn maak ik alle Finstern un Dören dicht to un töög ok noch de Gardinen vör. Denn weer de Musik ok för mi antohören.

In mien jungen Johren harr ik liert, en beten up dat Spinett to speelen. So'n Ding harr Glumdalclitch in ehr Stuuv ok stahn;

un tweemal in de Week keem en Lehrer un geev ehr Stunnen. Ik segg Spinett to dat Instrument, dat sehg nämlich ungefähr so ut un worr ok so speelt. Ik keem nu up de Idee, dat ik den König un de Königin to ehr Vergnögen mal en Stück ut mien Heimat vorspeelen kunn. Aver dat weer denn doch 'n bannig Stück Arbeit. Dat Spinett weer meist sößtig Foot lang un de Tasten jedereen meist een Foot breet. Wenn ik de Arms ganz lang maken dä, kunn ik man eben över fief dorvon henrecken. Wenn ik jem daldrücken wull, möß ik dor ornlich mit de Fuust ruphauen. Dat weer to swoor un dor harr ok nix Vernünftigs bi rutkamen. Ik grüvel mi denn wat anners ut, un dat güng beter. Ik snittker mi twee Trummelstöcker trecht, jedereen so groot as'n gewöhnlichen Knüppel. Dat een Enn weer en beten dicker, dor töög ik en Stück von en Muusfell över. Wenn ik dor nu mit up de Tasten hauen dä, güngen de nich twei, un de Musik stör dat ok wieter nich. Vörn vör dat Spinett, so bi veer Foot deeper as de Tasten, worr en Bank henstellt. Dor börten se mi rup, un ik rönn nu, so flink as ik man kunn, dor hen un her up un slög dorbi mit de Trummelstöck up de richtigen Tasten. So kreeg ik dat farig, de beiden Majestäten en Stück vörtospeelen, wo Gigue to seggt ward. Se freiten sik doröver un weern heel tofreeden. Dat weer dat leegste Stück Arbeit, wat ik jichens mitmaakt heff, liekers kunn ik nich mehr as sößtein Tasten anslaan. Melodie un Baß kunn ik dorümhalven ok nich togliek speelen, as anner Muskanten dat maakt; un dat weer doch en Nahdeel för mien Kunzert.

Dat de König en Eddelmann mit heel veel Grips in'n Kopp weer, harr ik all fröher gewohr worrn. He leet mi oftinst halen un mit mien Kasten up den Disch in sien Studeerstuuv henstellen. Denn söll ik een von de Stöhl ruthalen un mi dree Ellen von em af up en lütt Kommood hensetten. So weer ik binah up en Höchde mit sien Gesicht un wi hefft uns mannichmol wat vertellt. Eensdags faat ik mi en Hart un sä to Siene Majestät, ik kunn dat nich verstahn, dat he so'n minnachtig Meenen von Europa un all de annern Länner in de Welt hebben dä. Un dorbi harr he doch 'n heel anslägschen Kopp un en hogen

Verstand. Un dat weer doch ok nich jümmer so, dat bloß in 'n groten Lief ok'n groten Verstand sitten dä. In uns Land harr ik all dat Gegendeel beleevt, nämlich dat de gröttsten un dicksten Lüüd gewöhnlich an wenigsten von düsse Gaven afkregen harrn. Un in mien Land worrn de Immen un de Minken as de Deerten ansehn, de fliediger, ansteliger un klöker sünd as veele von de grötteren. Dat müch je wesen, dat ik würklich so'n ringen Keerl weer, as he meenen dä, aver ik reken dor doch mit, dat ik för Siene Majestät viellicht 'n Deenst von groot Bedüden doon kunn. De König hör mi nipp to un kreeg bilütten en betere Meenen von mi, as he vörher harr. He meen, de Regeerers hölln för gewöhnlich von ehr eegen Regeern so veel, dat se wat anners gornich mitreken dän (düsse Meenen harr he von mien Vertellen kregen un glööv dat nu ok von annere Monarchen), aver he beed mi, ik müch em genau Bericht geven von de Regeerung in mien Land. Dat kunn je wesen, dat dat dor viellicht wat Godes geven dä, wat he övernehmen kunn.

Leeve Leser, du kannst di woll dinken, dat mi doruphen oftinst

dornah verlangen dä, dat ik snacken kunn as Demosthenes orer Cicero. Denn harr ik de Ehr un de Herrlichkeit von mien düret Heimatland up en Aart un Wies rutstrieken kunnt, as dat ehr Grött un ehr Würd tokamen deit. Toerst verkloor ik Siene Majestät, dat to uns Land dree grote un starke Königrieken tohört, de up twee Inseln liggen doot. Un de worrn von een Monarchen regeert. De Kolonien in Amerika harr ik noch gornich mitrekent. Denn nehm ik mi veel Tiet to vertellen, wo goot bi uns de Feller drägen doot un wo angenehm dat Weder is. Lang un breet snack ik von dat engelsche Parlament, wat ut twee „Houses" tohopensett is. De vörnehme Deel weer dat „House of Peers". Dor harrn de hogen Herrn von'n vörnehmste Stand ehrn Platz in, de de öllsten un gröttsten Göder ut'n Land tohört. Düsse Herrns, sä ik, worrn von Kind up an för düsse Upgaav uptagen. Se sölln laterhen den König un dat ganze Riek in alle Saaken gode Ratsläg geven un ok de Gesetzen mit utgrüveln. Se worrn ok dorto utbildt, dat se bi dat höchste Gericht, wat de letzte Instanz in't Königriek is, ankamen kunnen. Jem worr bibröcht, dat se de besten von de

Suldaten warrn sölln, de mit den gröttsten Moot, de sik nix toschulden kamen laten, tru un fast to ehrn Landsherrn holln un mit ehr Leven för ehr Land instahn sölln. Dorüm worr dor akkrot up achtgeven, dat se in alle Künsten un ok mit dat Kriegmaken up't best Bescheed weeten dän. Ik streek düsse Herrns mächtig rut un sä, se weern de schönste Smuck för uns Land un en faste Muur üm dat Königriek. Se stünnen ehre hochberühmten Vöröllern in nix nich nah. Jüstso as de keemen se dorümhalven so hoch to Ehren, dat se in alle Döögten un in allens Gode en Vörbild för dat ganze Volk weern. Ok nich een eenzigst Mal harr'n dor wat von hört, dat viellicht een von de Nahkämers in düt Rebett ut de Aart slaan harr. In dat hoge „House of Peers" harrn denn noch en poor heel hillige un frame Lüüd ehrn Platz; de wörrn Bischofs nöömt. Se harrn de Upgaav, up den rechten Gottsgloven achttogeven un up de Lehrers uptopassen, de dat Volk dor in anlierten. Düsse Persons worrn von den Landesherrn sülmst un von sien klööksten Raatgevers ut den Klerus utsöcht. Dorbi nehmen se de besten von de, de in ehrn Levenswannel heel frame Lüüd weern un togliek de deepsten Gedanken över allens harrn. Dat weern wiß un wohrhaftig de rechten Patriarchen un de wohren Vörbiller för den Klerus un dat ganze Volk.

Denn keem ik up den annern Deel von't Parlament to snacken, wo wi „House of Commons" to seggt. Dat weern de düchtigsten Persons von Stand, de von dat Volk in en friee Wahl utsöcht worrn. Un wieldat se as en Bild för de Klookheit von't ganze Land ansehn worrn, achten de Lüüd dorup, wat se ok dorför to bruken weern un ehr Heimatland heel leef hebben dän.

Düsse beiden Deelen, wat uns Parlament weer, sä ik to Siene Majestät, dat weer de vörnehmste un bedüdenste Versammlung in ganz Europa; un de weer mit den Landsherrn tosamen för dat Regeern un vör alle Gesetzen tostännig. Denn vertell ik von uns Gerichten. Babenan stünnen de Richters, sä ik. Dat weern klooke Minschen, de von alle Lüüd hoch acht worrn. Se wüssen Bescheed, wo de Paragrafen uttoleggen sünd.

Se harrn to seggen, wat rechtens is, wenn Lüüd in Striet keemen. Un se harrn ok de Upgaav, Leegheit to strafen un Gootheit to wahren. Ik snack denn dorvon, wo plietsch in uns Land de Regeerers mit de Finanzen umgahn dähn, un dorvon, wat uns Suldaten up Land un to See mit ehrn Moot un Kuraasch allens von Heldendaten farig bringt. Ik sä em, woveel Inwahners uns Land het; dorbi güng ik dorvon ut, woveel Milljonen Minschen to de verschieden Konfesschoons orer de verschieden Parteien tohörn doot. Ik vergett nichmol, wat uns Lüüd bi'n Sport un anner Tietverdrieb anstellen doot. Ik bröch allens vör, wat uns Land Ehr andoon kunn un geev to'n Sluß noch 'n korten Överblick över dat, wat sik in mien Heimatland England in de letzten hunnert Johr allens begeven het un wat allens so los weer.

Dat duur en lange Tiet, bet Siene Majestät un ik mit düt Vertellen un Fragen un Antwurten tomenn kamen dän. Fiefmol weer ik to Audienz bi em un jedesmol weern dat 'n poor Stunnen. De König hör heel nipp to un noteer sik oftinst wat up von dat, wat ik sä. Un he schreev sik ok up, wat he mi noch fragen wull.

As ik mit mien langet Vertellen farig weer — dat weer bi de sößte Audienz — dor keem Siene Majestät mit allerhand Twiefel un Inwennen an un harr bannig veel to fragen. Dorbi keek he jümmer wedder in sien Notizbook. He wull weeten, wo dat bi'n Träneern von Grips un Kuraasch bi de jungen Eddellüüd togüng, un wat mit jem, wenn se sowiet weern, in de ersten Johrn för gewöhnlich maakt worr. He fröög ok, wat denn passeer, wenn een von de vörnehmen Familjen keen Nahkämers harr. Dat Parlament möß doch wedder up sien vulle Tall kamen. He wull weeten, wo dat up ankamen dä bi de, de to nige Lords maakt worrn sölln; of dat dornah güng, wo den Landsherrn jüst de Kopp nah stünn, orer dornah, woveel Geld se een von de Daams an'n Hoff tosteken dän orer den Premierminister. He fröög ok dornah, of woll ok mol so een to'n Lord maakt worr, de sik för de Partei stark maken dä, de gegen de Regeerung weer. Siene Majestät intresseer ok, wo goot de Lords in de Gesetzen Bescheed wüssen un wo se dat liert harrn. He wull dat dorüm weeten, wieldat düsse Herrns je woll instannen weern, as letzte Instanz över dat Haav un Goot von ehre Mitminschen to bestimmen. He weer ok in Twiefel, of bi düsse Heerns nich doch de een orer anner bi wesen kunn, de wat raffig weer, orer de wat gegen een von sien Mitminschen hebben dä. Un dat kunn doch ok wesen, dat dor en armen Stackel bi weer, de en apen Hand för „Smeergeld" hebben dä; orer of nich ok annerswat Unrechts passeern kunn. Denn keem he up de hilligen Lords to snacken. Von de harr ik vertellt, dat se wegen ehr Klook in de Religion un wegen ehren Döögten un framen Levenswannel to düssen Stand kamen weern. He meen nu, of dat nich wesen kunn, dat wölk von jem, de vörher as gewöhnliche Preesters un Kaplaans bi ehrn Patroon anstellt weern un to kuschen harrn, dat de as Lords sik noch an dat hölln, wat se vörher gewöhnt west weern.

Denn wull he weeten, wo dat woll dreiht worr, wenn de Lüüd för dat „House of Commons" wählt worrn. Dat kunn doch angahn, dat dor en Slöpendriever mit'n groten Geldbüdel weer, de de gewöhnlichen Lüüd dorto bringen kunn, dat se em wählen dän un nich ehr eegen Gootsherrns orer en Herrn von Stand ut de Nahwerschop. He kunn dat ok nich recht verstahn, dat de Herrns dor so scharp up weern, in düsse Versammlung 'n Platz to kriegen. Ik harr doch togeven, dat so'n Posten veel Möh maken dä un dor ok veel Geld tohör; mannicheen harr dat all to'n Bankrott bröcht. Se kregen je keen Geld dorför un ok keen Pension. Dat mössen doch Ausbunds von Döögt un Eddelsinn wesen, de nix anners in Sinn harrn, as bloß dat Woll von't Volk. Dor harr Siene Majestät nu intowennen, em weer bang, of dat dorbi woll jümmer in Ehrn un uprichtig togahn dä. He wull weeten, of so vörnehme un eddele Herrns nich ok wat achtersinnig wesen kunnen un sik för ehr Möh un Utgaven annerswat togoden kamen leeten; viellicht dat se en swacken un scheevschen Landsherrn un sien venienschen Ministers bi ehre Plaans towillen weern, dor ehrn Vördeel von tögen un dat Woll von't Volk hinnenanstellen dän. Bi düsse Saak keem un keem he mit sien Fragen un Twiefeln nich tomenn. He fröög mi dat Kalv von de Koh. Ik glööv, dat is beter, wenn ik doch nich noch mehr von upwarmen do.

Bi dat, wat ik von uns Gerichten vertellt harr, wull Siene Majestät in heel veele Saaken akkrot Bescheed hebben. Un dor kunn ik em goot Utkunft geven. Ik harr nämlich vör Johren mol en langen Perzeß an't Kanzleigericht hat. Recht harr ik woll kregen, man för de Perzeßkosten möß ik upkamen, un dat harr mi meist rugeneert. De König fröög, wolang dat woll duurn dä, bet över Recht un Unrecht urdeelt worr, un woveel dat kösten dä. He woll ok weeten, wat de Afkaaten sik ok för so'ne Saken stark maken dörft, von de kloor up de Hand liggt, dat se unrecht, tücksch orer fünsch sünd. Denn fröög he, of dor wat von to marken weer, dat de Konfesschoon orer de Partei bi de Gerechtigkeit wat to seggen harr. Bi de Afkaaten intresseer em, of se den groten Överblick över de Gesetzen un de Gerechtigkeit hebben dän, orer of in düsse Saak bi jem de Supp man bloß up dat eegen lüttje Füür kaakt worr; un of se un de Richters mit dorbi weern, wenn de Gesetzen maakt worrn, bi de se sik je rutnehmen dän, de Paragrafen so uttoleggen un hentodreihn, as jem dat jüst nah de Mütz weer. He fröög ok nah, of so'n Richters to verschiedene Tieden in desülvige Saak mol so un mol so urdeelt harrn un of se ok mannichmol ole Urdeels upföhrt harrn un dormit dat Gegendeel bewiesen wulln; of de Gerichten un de Afkaaten rieke orer arme Institutschoons sünd un of se dorför betahlt worrn, wenn se för orer gegen een Saak uptreden orer ehr Meenen kunnig maakten. Vör allen wull he weeten, of Richters un Afkaaten molinst ok in dat „House of Commons" en Platz kriegen dän.

Denn keem he up de Saak mit de Finanzen un sä, dor harr mien Kopp mi doch woll 'n beten vörnarren hat. De Stüürn in uns Land harr ik up fief bet söß Milljonen taxeert. Wat ik aver von de Utgaven vertellt harr, dor keem he nah sien Reeken up duwwelt so veel, un bi dat, wat he sik dorvon noteert harr, weer he heel akkrot west. He harr nämlich erst meent, wo bi uns dormit umgahn worr, dat kunn em in sien Land ok togoden kamen. Sien Bereken kunn dorüm bi düsse Saak nich verkehrt wesen. Wenn dat aver wohr weer, wat ik em seggt harr, denn woll em dat nich in'n Kopp gahn, wo en Königriek jüst so as'n Privatperson mehr utgeven kunn, as Innahmen dor weern. He fröög mi denn nah de Lüüd, de wi dordörch wat schullig bleeven, un wull weeten, wo wi dat Geld von nehmen dän, jem to betahlen. He wunner sik ok över mien Vertellen, dat wi oftinst Krieg maken dän. Dor keem doch soveel Leeges mit in de Welt un de kösten doch soveel Geld. Uns Lüüd weern je woll bannig dulle Striethamels, orer sünst möß dat in de Nahwerlänner so wesen; un denn harrn uns Generals je woll mehr Geld as de König. He fröög, wat wi in annere Länner as uns Inseln denn ok woll to söken harrn; wenn dat nich üm Hannel un Wannel güng orer um Verdrääg orer dorüm, dat uns Scheep up de Küst uppassen dän, denn harrn wi annerwegens doch gornix verloren. An dullsten möß he sik aver doröver wunnern, dat dat bi uns en Armee von betahlten Söldners geev, obschonst wi in deepsten Freeden leevten in en Land, wo friee Minschen wahnen dän. He sä, wi worrn doch von so'n Lüüd regeert, de wi ut free Stücken sülmst dorto wählt harrn, dorüm kunn he dor keen Klook in kriegen, vör wen wi woll bang weern orer gegen wen wi Krieg maken sölln.

Mit en Bispill fröög he mi denn nah mien Meenen: Wat en Kerl up sien Huus nich sülmst mit sien Kinner un sien Familje beter uppassen kunn as'n halv Dutz Hallunken, de he sik up goot Glück von de Straat tohopensöken un jem ringen Lohn betahlen dä. De kunnen doch hunnertmal mehr kriegen, wenn se ehr Geldgevers den Hals afsnieden dän.

Lachen kunn Siene Majestät man bloß doröver, dat ik de Tall von uns Inwahners dornah utreken dä, wo se to de verschieden Konfesschoons un Parteien tohörten. Wunnerliche Rekenkünsten meen he dorto. „Dat gifft doch jümmer Lüüd", sä he, „de mit ehr Meenen gegen dat stahn doot, wat de mehrsten Lüüd in't Land meent. Ik finn keen Oorsaak, düsse Minschen to'n anner Meenen to dwingen: Wenn en Regeerung dat deit, is dat Tyrannee. Worüm sall'n de nich lever dorto

dwingen, dat Muul to hollen? Kriegt de Regeerers dat nich farig, denn sünd dat flaue Waschlappens." Un he geev wedder en Bispill: „Dat kann'n woll nahsehn, dat eener Gift in sien Slaapkamer upbewohrt, aver dat kann'n doch nich togeven, dat he dat Gift as Medizin an annere Lüüd verköpen deit."
Siene Majestät sä, ik harr bi't Uptellen von de Tietverdrievs von uns hogen un sieden Lüüd ok von't Speelen snackt. He woll nu weeten, mit woveel Johrn de Kinner dormit anfangt un wo olt se sünd, wenn se dormit uphört; woveel Tiet se dormit tobröchen un of se so hoch speelten, dat se dorbi arm warrn kunnen. „Kunn dat nich wesen", meen he denn, „dat achtersinnige un slechte Persons dor bannig plietsch bi togang sünd un veel Geld maakt? Un de annern dat Fell över de Ohren treckt? Denn kunnen viellicht ok de jungen Herrns von Stand bi jem in Schulden kamen un sik an den slechten Umgang gewöhnen. Se kaamt denn doch ög von de rechten Padd af un denkt nich mehr an't Liern un Studeern. Un wenn se denn ehr Geld verspeelt hefft, blifft jem nix anners över, as dat se sik ok in't Falschspeelen öwt un de annern bedregen doot."
Bannig verbaast weer de König von dat, wat sik in dat letzte Johrhunnert in uns Land todragen het. För em weer dat en lange Reeg von Konspiratschoons un Rebelljoons, Mord un Dootslag, Revolutschoons un Deportatschoons un wat allens as böse Saken achterran kümmt, wo Raffigkeit, Striederee, Sliekeree, Sluderee, Grugen un Gräsen, Woot, Afgunst, Geilen, Leegheit orer Machtjieper groot schreven ward.
Nah düt allens nööd Siene Majestät mi noch inst to en Audienz. He faat de Hauptsaken von mien Vertellen nochmol tosamen un maak en Vergliek von siene Fragen mit miene Antwurten. Denn nehm he mi in sien Hännen, straak mi sachten över de Backen un snack mi goot to. Bet an mien Levensenn warr ik sien Wöör un sien Stimm nich wedder vergeten: „Mien lütte Fründ Gildrig, du hast en schöne Reed up dien Heimatland holln, de di hoch antoreken is. Du hest mi för veele Saaken klore Bewiesen geven: dat de an'n besten to'n Paragrafenmaker dögen deit, de en Dummbüdel, en Fuuljack

un en Swienegel is; dat de an besten de Paragrafen verkloorn, utleggen un anwennen kann, de jem am besten verdreihn, tonichtmaken un dor an vörbikamen kann. Ik seh bi ju en poor Prinzipen för't Regeern, de molinst ganz goot för't Land weern, aver de Hölft dorvon hefft se afschafft un de annern hefft se ümdreiht un in de Schiet pedd. Du hest mi veel vertellt un ik heff mi dor veel ut vernehmen kunnt, aver dat heff ik överhaupt nich ruthören kunnt, dat eener för de Posten, den he kriegen sall, ok wat dögen mutt. Un dat heff ik ok nich mitkreegen, dat eener wegen sienen goden Levenswannel in de adeligen Stand sett ward. Denn is dat je woll so, dat dat för en Preester nix bringt, wenn he fram un ornlich is un ok sien Klookheit helpt em nich. De Suldaten hefft nix dorvon, wenn se sik goot föhrt orer Moot un Kuraasch bewiesen doot. Un de Richters, wenn se höger kamen willt, nützt jem ehr Uprichtigkeit jüst so wenig as de Ministers de Leev to ehr Land orer de Raatgevers ehr Klookheit." Un denn keek Siene Majestät mi in de Ogen un sä: „Un wat di angeiht, du hest je de mehrste Tiet von dien Leven up Reisen west. Dorüm müch ik woll annehmen, dat du mit de Leegheiten in dien Heimatland nich veel to doon kregen hest. Aver ut dat, wat du mit dien Wöör vertellt un mi up mien Fragen ännert hest — dat weer je nich so eenfach, wat ut di ruttokriegen — dor kann ik man bloß düt ut vernehmen: Bannig veel Lüüd in Jo'n Land, woll de meisten, hört to de heel unnütz Aart von lüttet gräsiget Aastüüg, wat de Natur jichens verlööft het, up de Eerd rümtokrupen."

De söbente Strämel

De Schriever wiest, wo leef he sien Heimatland het. He maakt den König en goden Vörslag, de aver nich annahmen ward. De König het bannig wenig Ahnung von de richtige Politik. Mit de Plietschigkeit is dat nich wiet her in düt Land. Wo dat mit de Gesetzen, dat Militär un de Parteien in düt Land is.

An leefsten harr ik dat, wat nu kummt, deep in de Eerd versteken. Aver nu geiht mi de Wohrheit je över allens in de Welt, dorum kann ik nich anners, ik mutt dat upschrieven.
Dat weet woll jedereen, dat mi nix in de Welt mehr gilt as mien godet, leevet Vaderland. Un as dor so minnachtig von snackt worr, güng mi dat bannig gegen den Strich. Man bloß, wenn ik dat wiesen dä, weer dat to nix goot, wieldat ik dor jümmer för utlacht worr. Wat söll ik also maken, ik möß dat uthollen. Un de Leser ward gewiß nahföhlen, wo leeg dat för mi weer, dat ik in düsse Sitatschoon rinkamen bün. Dat keem je bloß dorvon, dat de König so neeschierig un bannig püttscherig weer un bi jede Fraag allens ganz genau weeten wull. Ik harr je nee seggen un mienen Mund hollen kunnt, aver denn weer ik mi bannig undankbor un groff vörkamen. Aver dat ik mi en beten verdeffendeern do, will ik seggen: an veele von sien Fragen heff ik mi an vörbidrückt. Un jede Saak heff ik in en beteret Licht sett, wenn't ok nich jümmer ganz de Wohrheit weer. Ik heff mi dorbi as en goden Patrioten geven, so as Dionysos von Halikarnassos dat bi en Geschichtsforscher för goot hollen deit: Ik wull dat verbargen, wat an mien Heimatland scheevsch un minnachtig is, un dat rutstrieken, wat goot un schön is. Mit düssen Vörsatz heff ik mi grote Möh geven bi allens, wat mank düssen groten Monarchen un mi snackt worrn is. Leiders het dat aver nix hulpen.
Aver, dat mutt'n düssen König woll togoden holln; he leevt hier up en Insel un weet von de ganze annere Welt nix von af. He kennt överhaupt nix dorvon, wat in annere Länner begäng is. Un wo so'n Weeten fehlt, dor loopt de Minschen ög mit

Schuuklappen an de Ogen un mit'n Brett vör'n Kopp rum. To'n Glück is dat bi uns in Europa allens ganz anners. Sowat gifft dat dor överhaupt nich. Un dat weer gewiß nich recht, wenn'n dat as Maat för de ganze Minschheit nehmen wull, wat so'n Fürst, de wietaf von allens sien Riek het, för goot orer för leeg ansüht.

Ik will nu eben noch von een Saak snacken, de meist nich to glöven is; aver de is wohr un gifft mi recht in dat, wat ik eben seggt heff. Un dor kann'n ok an sehn, wo truurig dat is, wenn junge Lüüd bi't Upwassen nich över de eegen veer Wännen rutkieken doot.

Ik woll mi bi Siene Majestät in en beteret Ansehn bringen, dorüm vertell ik em von den klooken Minschen, de sik vör dree- orer veerhunnert Johr utklamüstert harr, wo dat Pulver maakt ward. Ik sä to den König, wenn in en Hupen von düt Pulver — un wenn de ok so groot weer as 'n Barg — wenn dor de lüttste Füürfunken rinfallt, denn steiht de ganze Hupen up een Slag in hellet Füür un flüggt mit'n gewultigen Rumms un'n mächtigen Dröhn, duller as de Dunner, in de Luft. Un wenn'n von düt Pulver wat in en Iesenrohr rinstoppt un en Blee- orer en Iesenkugel von passige Dickte dorför setten deit, denn drifft dat Pulver düsse Kugel mit so'n Gewalt un mit so'n Tempo rut, dat dor nix vör standhollen kunn. De gröttsten von de Kugeln, de so afschaten ward, kunnen ganze Kumpanien von en Armee upmol tonicht scheeten. Un nich bloß dat, se hauten ok de dicksten Muurn in Grus un Mus; un Scheepen mit dusend Mann an Bord neihten se up een Slag in'n Meeresgrund dal. Un wenn'n de Kugeln denn noch mit Keden tosamen binnen dän, denn slögen se de Masten un de Takelaasch kort un kleen; hunnerten von Matrosen worr de Lief voneen reeten un allens, wat weer, güng in Dutten. Wenn en Stadt belagert worr, dän wi oftinst ok in de Iesenkugels, de inwennig hollig weern, Pulver rin un schöten jem mit'n Slüdermaschien in de Stadt rin. Wenn de denn dalgüngen, denn reeten se dat Plaaster von de Straaten up un slögen de Hüser in Grus un Mus. Se krepeerten denn un ballerten Iesenspläders nah alle Sieten, de de Lüüd den Brägenkasten kaputt hauten.

Ik sä to Siene Majestät, ik wüß genau, wat in so'n Pulver allens rinhörn dä: De Saken geev dat överall un de weern ok gornich düür. Un ik verstünn mi ok dorup, dat tohop to mengeleern. Wenn em dat recht weer, kunn ik sien Arbeitslüüd anliern, so'n Iesenrohrn in de Grött to maken, de to allens annere in sien Königriek passen dä; de gröttsten brukten nich länger as hunnert Foot to wesen. Twintig orer dörtig dorvon mit'n gehörige Portschoon Pulver un Kugeln laad, worrn ok de dicksten Stadtmuurn, de dat in sien Land geven dä, in en poor Stunnen kort un kleen hauen. Un genauso kunn he de Hauptstadt toschannen maken, wenn de Lüüd dorin dat molinst infallen dä, överbastig un upsternaatsch to wesen un em nich pareern wullen. Ik wull dat geern för Siene Majestät doon as mienen ünnerdänigsten Dank för all sien königlichen Günsten un för allens Gode, wat he mi all tokamen laten harr.

De König aver kreeg dat kolde Gräsen över dat, wat ik em von de gruglich Kriegsmaschien vertellen dä. Un he verjöög sik ok vör mienen Vörslag, düsse Maschiens för em to buun. He weer ganz verbaast, dat so'n swacken un minnachtigen Kruper as ik (dat weern sien eegen Wörr) so'n beestige Gedanken hebben kunn. He kunn dat nich begriepen, wo ik so gräsige Saken von Blootvergeeten un Tonichtmaken, de de Kriegsmaschiens anrichten doot, vertellen kunn, ahn dat mi dat anrögen dä. He sä, de düsse Maschien toerst utdacht harr, de möss je wull en ganz leegen Geist west sien, en Düwel för de Minscheit. He sülmst harr je sünst de gröttste Freid an dat, wat de Forschers in de Weetenschop orer in de Natur rutfinnen dän; aver he wull leever sien halvet Königriek verleern, as dat he in düsse Saken Bescheed weeten dä. Un he geev mi de scharpe Odder, wenn mien Leven mi noch wat weert wesen dä, söll ik dor nienich wedder von snacken.

Mien Leser ward mi recht geven, wenn ik segg: Wat sünd dat von kruse Gedanken! Aver sowat kann doch bloß en Minsch dinken un seggen, de mit Schuuklappen un mit'n Brett vör'n Kopp rumlopen deit. Un dorbi het düsse Fürst alle Gaven, wo de Minschen em för verehren doot, em leef hefft un Achtung geevt. He is so kumpabel as man een, klook von Verstand, mit'n anslägschen Kopp, het allens wat he bruukt to'n Regeeren un ward von sien Ünnerdanen up dat Höchst ansehn. Un düsse Fürst is sowat von pütscherig un het so överleidige Vörbehollen, as wi in Europa uns dat gornich vörstellen könnt. He let sik de Gelegenheit ut de Näs gahn, de em to'n afsluten Herrn över sien Volk maakt harr — över dat Leven von de Minschen, över ehr Frieheit un över all ehr Haav un Goot.

Wenn ik dat so segg, denn ward de Leser in mien Heimatland woll heel minnachtig von düsse König dinken. Aver dor liggt mi gornix an, de heel veel goden Sieten von so'n famosen Keerl in Verroop to bringen. Ik meen, dat kümmt bi em vör allen dorvon, dat he dat nich beter weeten deit. De Lüüd hier sünd bi de Politik noch nich sowiet as in Europa, wo de Herrns mit de anslägschen Köpp sik to'n Woll von dat Volk mannicheen venienschen un achtersinnigen Dreih utklamüstert hefft. Ik besinn mi noch goot dorup, wo ik malinst bi'n Vertellen mit den König so ganz biher dorvon snacken dä, dat se bi uns all'n poor dusend Böker över de Kunst von't Regeern schreven hefft. Doruphen kreeg he en bannig ringe Meenen von uns Verstand. (Wo ik dach, dat dor jüst dat Gegendeel bi rutkamen dä.) He sä mi för gewiß, dat he dat up den Dood nich afkunn, wenn en Landsherr orer en Minister mit vernienschen Muscheleen un achtersinnige Kungeleen togangen weer. He künn ok nich begriepen, wat ik mit „Staatsgeheimnisse" meenen dä. Dor weer doch gorkeen Fiend un ok keen anner Land, wat in de Wirtschaft wat utspioneern wull. Un de ganze Klookschieteree un de Gedankenspekulatschoons harr he för't Regeern nich nödig. Vör em weer dat rieklich noog, wenn'n dorto sienen plietschen Kopp anstrengen dä, sik klore Gedanken maak, gerecht un sachtmödig weer un dat Urdeel bi de Striedereen vör't Gericht nich up de lange Bank schuven dä. Un denn tell he noch en poor Regeln up, de liggt för jedereen klor up de Hand un sünd dat nich weert, dat'n dor groot wat von hermaken deit. De Meenen von Siene Majestät weer: Wenn en Minsch dat farig bringt, dat up een Städ twee Koornahren orer twee Grashalms wassen dän, wo vörher man een wussen het, denn harr he de Minschheit wieter bröcht un sien Land 'n grötteren Deenst daan, as dat ganze Gesocks von Politikers tosamen.

Wat de Bildung von dat Volk angeiht, dor is dat nich wiet mit her. Dat beten, wo jem dat up ankummt, is ög upteilt: Dat de Lüüd en sittsamen un anstännigen Levenswannel föhrt; dat se in de Geschicht von ehr Land Bescheed weeten doot, dat se de Poesie un dat Nahdinken hoch hollt, un dat se in de Mathematik heel goot anliert ward. In düsse poor Saken, dat mutt'n togeven, dor weet se up best mit Bescheed. Woto se nu aver de Mathematik hier bedrieven doot, dat worrn de Minschen bi uns rein lachhaft finnen. Se bruukt düsse Kunst nämlich to nix anners, as man bloß up so'n Aart un Wies, dat dat de Lüüd in ehr Arbeit wat helpen deit, in de Landwirtschaft, in't Handwark un bi anner Warv. Bi uns ward düsse Aart von Mathematik je nich veel mitrekent. Wat aver hochbeenige Ideen angeiht, överleidiget Simmeleern orer negenklooke Gedankenspeelereen över Saken, de dat bloß in'n Kopp geven deit, dor heff ik hier nix von vörfunnen. Ik heff mi grote Möh geven, dat ik jem tominnst en Spierken dorvon in ehr Kopp rinremmst kreeg, aver dor weer nix bi to maken.

Von de Gesetzen in ehr Land is vörschreven, dat keeneen dorvon mehr Wöör hebben dörf, as ehr A-B-C Bookstaven het, un dat sünd man tweeuntwintig. Un dat gifft wohrhaftig bloß'n ganz poor, de nah düsse Längde rankamen doot. Se sünd mit de eenfachsten un klorsten Wöör upschreven. Jedereen kann de begriepen. Un de Lüüd kriegt dat nich farig, jem up mehr as man een eenzig Aart un Wies utoleggen. Dor sünd se nich veniensch un achtersinnig noog to. Un dat weer en ganz leeget Verbreeken, wenn eener herkamen dä un en dicket Book schrieven wull, wo en Paragraf to verstahn weer un wat'n bi'n Utleggen un Anwennen allens bedinken mutt. Bi de Urdeelen

in ehr Perzessen, egol of dat'n Striederee mank Nahwers is orer of en Verbreeker vör Gericht steiht, geevt se up ole Urdeelen von fröhertiets nich veel. Dor gifft dat ok man wenig von. Un dorüm het keeneen von de Afkaaten dor Oorsaak to, mit vernienschen un achtersinngen Kneep antogeven.
Dat Bookdrucken kennt se hier as bi de Chinesen all von ganz ole Tieden her. Liekers sünd ehr Bibloteeken nich groot. Wat den König sien is, de as de gröttste gilt, staht dor nich mehr as dusend Böker in en Regaal von twölfhunnert Foot Längde. Mi weer verlööft, mi soveel, as ik man wull, dorvon uttolehnen. De Discher von de Königin maak för mi en hölten Stellaasch, de in Glumdalclitch ehr Stuuv upstellt worr. De weer fiefuntwintig Foot hoch, harr Stuffen von föfftig Foot Längde un sehg ut as so'n Trittledder, as en Tripp to'n wieterstellen un stünn mit dat ünnerst Enn tein Foot von de Wand af. Wenn ik en Book lesen wull, denn worr dat an de Wand anlehnt. Ik steeg denn toerst up de böbelste Stuff von de Ledder, dreih mi nah dat Book hen un füng an't böbelste Enn von de Siet mit lesen an. Ik güng so bi acht bet tein Schritten nah rechts un nah links, so wiet as de Regens jüst lang weern. Harr ik bi de Reeg ankamen, de en Stück sieder weer as mien Ogen, denn pedd ik een Stuff deeper un güng wedder hen un her to'n lesen. Un so güng dat wieter, bet ik de Siet tomenn harr. Denn klötter ik wedder nah baben un nehm mi de anner Siet jüst so vör. Dornah slög ik dat Blatt um. Dat kreeg ik goot farig, wenn ik beide Hännen nehm. Dat Papeer weer so dick un stief as'n Pappdeckel; un de gröttsten Scharteeken harrn nich mehr as achtein bet twintig Foot Längde.
Ehr Schrievwies is kloor un ohne Fisematenten; dat let sik goot lesen. Se geevt nämlich dor bannig acht up, dat se alle överleidigen Wöör un prahlige Utdrück weglaten doot. Ik heff veele von ehr Böker lest, vör allen de över de Geschicht von ehr Land un de över de Moral. An een von düsse letzten heff ik heel veel Spaß hat. Düt Heft leeg jümmer in Glumdalclitch ehr Slaapstuuv. Tohörn dä dat ehr Gouvernante, wat en öllere staatsche Daam weer, de dat mit frame Böker över de

Sittsamkeit harr. In düssen Smöker weer dorvon schreven, wo ög de Minschen sik wat vörmaken laat un denn von de rechte Döögt afkamen doot. Fruuns un dat eenfache Volk hollt dor 'n Barg von so'n Böker; aver de annern Lüüd hefft dor nich veel wat mit an'n Hoot. Ik weer wat neeschierig, wat woll en Schriever ut düt Land to so'n Saak to seggen harr. He nehm sik alle de Themen vör, wo de Moralapostels in Europa sik ok mit befaten doot; un he wies dorup hen, wo lüürlütt un minnachtig de Minsch von Natur is un sik bi veel Deel nich to helpen weet. Vör de Gewalt von Unweder kunn he sik jüst so wenig woorn as vör de Raasch von de willen Deerten. De weern em in allens över; dat een harr mehr Kuraasch; dat anner kunn duller rönnen; bi dat drütte weer't de Instinkt, de em de Vördeel geev un dat veerte weer fliediger. Un babenin harr de Natur in de jüngste Tiet, de nu tomenn güng, bannig rünnerkamen. In Vergliek mit de olen Tieden keemen nu man bloß noch bannig mickrige Nahkämers to Welt. De Schriever weer ok de Meenen, dat leeg doch up de Hand un weer vernünftig to glöven, dat de Minschen von Anfang her veel grötter west harrn; ja, dat mössen in ole Tieden Riesen west hebben. Dat worr in de Geschichtsböker för gewiß utseggt un dat stünn ok in de olen Vertellens. Bewiesen dorför weern ok de gewaltig groten Knaken un Dodenköpp, de se an verschiedene Städen in't Königriek utgraavt harrn. Dor kunn sik de verschrumpelte Minschheit von hüüt överhaupt nich mit mäten. Denn worr in dat Book verkloort, dat dat nah de Naturgesetzen gornich anners möglich weer; de Minschen mössen von Anfang her grötter un starker west hebben, dat se nich dörch jedet lütte Mallör tonicht maakt warrn künnen; von en Dackpann, de von'n Huus dalfallt, orer von en Steen, de 'n lütt Jung smieten deit, orer dörch't Versupen in'n lütten Beek. Mit so'n Bewiesen vör sien Meenen geev he denn ok klooke Raatslääg, de to en anstännig un sittsam Leven helpen kunnen. Ik will de hier nich nahplappern. Nah mien Meenen is dat ganz un gar unnödig. Aver ik kunn von een Gedanken nich afkamen, de mi dorbi in'n Kopp keem: Wo du ok hinkieken deist, so recht övereen kaamt de Minschen nanich mit de Natur. Jümmer wedder sünd se in Striet dormit. Un denn gaht se dor meist överall furts bi un sünd mit Moralpreestern togang. Orer se sünd untofreeden un beklaagt sik doröver, dat de Natur so unpassig is. Man ik glööv, wenn se dat genau bekieken dän, denn worrn se gewahr, dat se to so en Striet överhaupt keen Oorsaak hefft, — in mien Heimatland jüst so wenig as bi düt Volk.

Von de Militärsaken is düt to seggen: Se prahlt dormit, dat to de Armee von den König eenhunnertsößunsöbentigdusend Mann Infanterie un tweeundörtigdusend Mann Kavallerie hört. Aver ik fraag mi, of düsse Hümpel von Lüüd överhaupt as'n richtige Armee antosehn is. De sett sik nämlich ut Hannels- un Handwarkslüüd ut de Städter un ut Pachtbuurn von Lannen tosamen. De Offzieren sünd allens Herrns von hogen un sieden Stand. Un keeneen von jem kriggt Geld dorför orer het Verdeenst dorvon. Ehr Exerzieren un ehr Manövermaken mutt'n je würklich laven. Dat klappt prima un se hollt ok gode Ornung. Aver ik sehg dor noch keen Grund to'n Prahlen bi. Dat kann je ok nich anners wesen, wo doch jedereen Pachtbuur ünner den Befehl von sien eegen Standsherrn steiht un jedereen Stadtbörger ünner de von de Senatsherrn von sien eegen Stadt, de se mit geheeme Afstimmen wählt hefft, as dat in Venedig begäng is.

Ik heff oftinst dorbi tokeeken, wenn de Afteilung von Lorbrulgrud an't Öven weer. Up en groten Platz von twintig Mielen in't Veereck dicht bi de Stadt marscheerten se up. Alltohopen weern dat nich mehr as fiefuntwintigdusend Mann Infanterie un sößdusend Kavallristen; akkrot utreken kunn ik dat nich, wieldat se up so'n groot Stück Land togang weern. En Rieder up sien groot Peerd kunn woll so bi negentig Foot hoch wesen. Ik heff dat Bild vör Ogen, wo düsse gewaltig grote Hupen von Rieders up een Kummando de Savels to glieker Tiet rutrieten un in de Luft swenken dän. Keen Minsch kann sik dat vörstellen, wo grootarig dat utsüht, un wo'n sik dorbi verjagen kann, dor blifft een för Wunnern dat Muulwark apen stahn. Dat sehg ut, as wenn teindusend Blitzen up eenmal von alle Sieten ut'n Himmel dalscheeten doot.

Ik weer nu neeschierig un wull geern weeten, wo düsse Landsherr up de Idee mit en Armee von Suldaten kamen harr un weswegen he sien Lüüd Militärorornung bibringen wull. He wüß je von keen annern Königrieken un dat geev ok nanich irgendeenen Weg, von en anner Land nah sien Riek hentokamen. Bi dat Vertellen mit den König un bi't Lesen in ehr Geschichtsböker keem ik aver bald dorachter. Mit de Johrhunnerten harr sik nämlich in düt Land desülvige Süük breet maakt, ünner de de ganze Minschheit lieden deit. De Herrns von Stand sünd mit all ehr Doon un Dinken dorup ut, dat Seggen to hebben; dat Volk streevt dornah, dat se frie wesen willt un doon könnt, wat jem paßt; un de König het nix anners in'n Sinn, as dat he alleen de Macht hebben will, över all un jedereen to befehlen, wo em keeneen rinsnacken deit. To'n Glück gifft dat'n ganze Reeg von Gesetzen, wo se düsse dree Parteien mit an de Kandaar nehmen könnt. Aver se hefft alle dree, mal de een, mal de anner, jümmer wedder ehrn Willen mit Gewalt dörchsett. Un dat het jedesmal en Krieg mank de Lüüd in't eegen Land geven. Dat letzte Mal weer dat to de Tiet von den Grootvader von düssen König. Dörch en Vergliek hefft se domols den Uprohr glücklich tomenn bröcht, un alle Lüüd in't Land weern dormit inverstahn, dat de Armee upstellt worr, bi de dat Pareern afsluut de erste Plicht is.

De achte Strämel

De König un de Königin maakt en Reis bet an't Enn von ehr Land. De Schriever is mit dorbi. He vertellt dor lang un breet von, wo he ut dat Land rutkamen deit. He kümmt trüch nah sien Heimatland.

Dor heff ik jümmer ganz fast mit rekent, dat ik doch molinst wedder friekamen worr. Wo dat togahn kunn, dat wüß ik aver nich. So dull, as ik mien Kopp ok anstrengen dä, ik kreeg keen Plaan tokehr, bi den ik ok man de ringste Utsicht harr, dat he raaden kunn. Dat Schipp, mit dat ik hier herkamen harr, weer dat erste, wat de Lüüd hier jichtens to Gesicht kregen harrn. Un de König harr de scharpe Odder utgeven, jedet Schipp, dat in Sicht keem, an Land to halen. Mit Mann un Muus söll dat up'n Koor nah Lorbrulgrud henbröcht warrn. He weer dor nämlich bannig achterher, mi en Fru to besorgen, de to mien Grött passig weer. He wull mien Aart tüchten. Aver dor wull ik nich mitspeelen; ik söll mi dorto hergeven, Kinner in de Welt to setten, de se denn as tahme Kanalljenvagels in en Vagelbuur hollen wulln un denn viellicht as Afsünnerlichkeiten an de rieken Lüüd in't ganze Königriek verköpen dän. Leewer harr ik dootblieven wullt, as düsse Schann up mi to nehmen.

Gewiß, se güngen heel fründlich mit mi üm un wulln mi geern dorbehollen. En mächtiget Königsspoor weer mi heel goot, un alle Lüüd an'n Königshoff müchen mi lieden. Aver worum dat so weer, dat weer gegen de Ehr von dat Minschsien överhaupt. Ik kunn un kunn nich vergetten, wat ik to Huus trüchlaten harr. Mien Fru un mien Kinner tövten doch up mi un ik harr ok heel groot Lengen dornah, wedder ünner Minschen to leven, de so weern as ik. Ik wull so as jedereen up Straaten un in de Feller spazierengahn, ahn dat ik bang hebben möß, dat mi een as'n Pogg orer en lütten Köter up'n Kopp pedden kunn. Süh, un denn keem ik to mien Frieheit ehrer as ik dacht harr; un up en Aart un Wies, as'n sik dat gornich vörstellen kann. Wo dat dorto kamen is un wo sik dat begeven het, dat will ik akkrot de Reeg nah vertellen.

Ik weer nu all twee Johr in düt Land. As dat drütte Johr anfangen dä, maken de König un de Königin en Reis nah de Südküst von ehr Königriek. Glumdalclitch un mi nehmen se dorbi mit. So as gewöhnlich seet ik in mien Reiskasten. Ik heff dor je all von vertellt, wo kommodig düsse Stuuv von twölf Foot Breede weer. Ik harr mi ünnern Böön en Hängematt anmaken laten, de weer mit Reepen von Sied an de veer Ecken uphangt. So kreeg ik dat Rumpeln nich so to spören, wenn de Deener mien Kasten vör sik up sien Peerd nehm; wat ik mi af un an utbeden dä. Oftinst wenn wi ünnerwegens weern, leeg ik ok in mien Hängematt un slööp. In dat Dack von mien Kasten harr de Discher up mien Verlangen en veereckig Lock von een Foot insaagt. Wenn dat denn warmet Weder weer, kunn ik bi'n Slapen frische Luft kriegen. Tomaken kunn ik dat, wenn ik wull, mit en Schüver, de sik in en Nuut hen un her schuven leet. Ik harr dor acht up geven, dat düsse Luuk nich jüst midden över mien Hängematt to sitten keem.

De Reis güng nah den König sien Palast hen, de dicht bi Flanfasnic liggen deit, wat en Stadt is, de von de Küst nich wieter as achtein Mielen afliggen deit. Dor wull Siene Majestät en poor Daag blieven. Glumdalclitch un ik, wi weern bannig mööd. Ik harr mi'n beten verköhlt un de arme Deern weer so krank, dat se in Huus blieven möß. Ik aver wull gern mol dat grote Water sehn. Wenn överhaupt, weer dat je de eenzigst Städ, von wo ik afhauen kunn. Ik geev mi so, as wenn mi dat nich goot güng, noch klöteriger, as dat würklich weer un beed dor üm, dat ik mi an'n Strand de frische Seeluft togoden doon kunn. Een von de Pagen, den ik goot kennen dä un de mi all öfterinst dragen harr, müch mi doch henbringen. Ik warr dat nich vergetten, wo besorgt Glumdalclitch üm mi weer. Se strüüv sik lang, ehrer se dat togeven dä un se bunn dat de Jungen up de Seel, ja goot achttogeven up mi. De hellen Tranen leepen ehr dorbi de Backen lang, as wenn se ahnen dä, wat mit mi passeern söll. De Jung bröch mi in mien Kasten so bi en halve Stunn wiet von den Palast an den Strand, wo de hogen Klippen weern. Ik sä em, he söll mi man dalsetten. Denn maak ik een von de Finstern apen un keek mit Lengen un Truuern up de See rut. Mi güng dat gornich goot un ik sä to den Jungen, ik wull mi to'n Slapen en beten in mien Hängematt henleggen. Ik meen, dat worr mi wedder up de Been helpen. Ik güng in mien Hüüsken, un de Jung maak dat Finster dicht to, dat keen Küll rinkamen söll. Ik keem ög in Slaap un heff dat nich recht mitkregen, wat denn passeert is. Aver ik kann mi vörstellen, wo dat denn wietergüng. De Jung meen woll, dor kunn nu nix Leeges passeern. He lööp mank de Klippen rüm un wull nah Vageleier söken. Kort vör'n Inslapen harr ik nämlich dörch't Finster eben noch mitkregen, wo he dor rumstövern dä un ut de Ritzen een orer twee Eier hochnehm — aver dat is je ok egol, wo dat weer — ik waak jedenfalls upmal mit een Slag up. Dat harr en dullen Ruck geven an den Ring baben up mien Kasten. (Den harrn se dor anmaakt, dat se mi kommodiger transporteern kunnen.) Ik mark, wo mien Kasten in de Luft hochbööt worr un denn mit en gefährlich Tempo afsusen dä. Mit den ersten Swung harr mi dat meist ut mien Hängematt rutsmeeten. Denn worr de Fohrt wat ruhiger. Ik bölk en poormal so luut, as mien Stimm dat man hergeev, aver dat weer allens umsünst. Ik keek nah't Finster hen, kunn aver nix sehn as Wulken un blauen Heven. Liek över mien Kopp hör sik dat an, as wenn dor grote Flünken slögen. Un denn keem mi dat sachten in, wo klöterig mien Sitatschoon weer. Dor harr nämlich en Aadler den Ring baben an mien Kasten mit sien Snavel faat. Un so, as so'n Vagels dat mit en Schildkröt in ehrn Panzer maakt, wull he mi up en Felsen dal ballern un mi ut den Kasten ruthacken un upfreten. Mit sien scharpe Ogen un sien fiene Näs find düsse Vagel sien Freten, un wenn dat ok noch so wiet weg is. Denn helpt dat nichmol, wenn sik een noch beter versteken deit, as ünner en tweetöllig Brett.

Nah'n korte Tiet worr de Larm von dat Flünkenslagen upmal jümmer luter. Mien Kasten flöög hen un her un up un dal as'n Uthangschild bi starken Storm. Ik meen, dat ik ok Slääg hören kunn, de up den Adler dalgüngen. (Ik bin gewiß, so'n Vagel weer dat, de den Ring von mien Kasten in'n Snavel harr.) Un denn mark ik mitmol, wo ik liek nah ünnen afsusen dä, woll 'n ganze Minut lang. Dat Tempo weer so dull, dat mi meist de Atem utgüng. Un denn weer mien Störten mit en gewaltigen Platsch tomenn. Dat dröhn mi in de Ohrn, duller as de Niagara-Waterfall. Dornah seet ik een Minut ganz in Düstern; un denn güng dat mit mi wedder nah baben un ik kunn Licht sehn an de böbelste Kant von mien Finster. Nu kapeer ik, ik harr in't Water fallen. Von dat Gewicht von dat Möbelmang in mien Stuuv un de breeden Iesenplatten, de an de veer Ecken von Footbodden un Böön anmaakt weern (de sölln mienen Kasten Halt geven) un von mien eegen Gewicht dorto sack mien Kasten so bi fief Foot deep in't Water rin. Ik dach mi domols — un ik meen dat hüüt ok noch — dat het woll so togahn: As de Aadler mit mien Kasten wegfleegen dä, keemen twee orer dree annern von düsse Aart Vagels achter em her un wulln em sienen Fang afjagen. He möß sik wehren un dor bleev em nix anners över, as mi fallen to laten. De Iesenplatten an den Footbodden ünner mi (dat weern de dicksten) hölln bi'n Dalfallen mien Kasten in de Balanx. Se wendten dat ok af, dat he bi'n Upslaan up dat Water in Dutten güng. De weer würklich goot un fast maakt un de Ingang weer keen Döör mit Angeln, dat weer een to'n Up- un Dalschuven as so'n Schuuvfinster. So bleev mien Stuuv so dicht, dat dor man 'n ganz beten Water rinkeem. Erstmal riskeer ik dat nu un schööv dat Brett von de Luuk an'n Böön apen, dat dor frische Luft rinkamen kunn (dorto weer de je ok dor), ik weer je all meist stickt; un denn klötter ik mit veel Möh ut mien Hängematt rut. In mien Bedrullje domols möß ik an mien leewe Glumdalclitch dinken. Wo harr ik Lengen dornah, dat ik bi ehr wesen wull. En eenzig Stunn harr mi so wiet von ehr wegbröcht. Un — düt is de reine Wohrheit — obschonst ik sülmst in deepstet Unglück sitten dä, güng mi mien lütt Uppassersch nich ut den Sinn. De arme Deern weer würklich to beduurn. Se dä mi von Harten leed. Wat möß ehr dat weh doon, dat se mi verloren harr. Un dorto keem se gewiß bi de Königin in Ungnaad. Ehr Levensglück weer ganz un gor tonicht maakt.

Ik weet nich, of dat veele Reislüüd geven deit, de in grötteret Mallör orer leegere Noot west sünd as ik domols. Ik möß jeden Momang dormit reken, dat mien Hüsken in Dutten güng, orer von de erste scharpe Stormbö orer von een von de anrullen Breekers ümsmeten worr. Wenn man een eenzig Glasschiev kaputtgahn dä, weer dat för mi de Dood. De Finstern harrn dat woll nich afhollen, wenn dor nich von buten de dicken Iesentrallen vörseeten harrn. (De weern dor je vörmaakt, dat ik up Reisen nich to Mallör keem.) Ik worr nu gewohr, wo bi en poor Ritzen Water dörchsiepern dä. Dat weer nich veel, wat dor rinkeem, aver ik güng doch bi un stopp jem to, so goot as dat güng. Ik wull dat Dack von mien Kasten hochklappen, dat ik mi baben upsetten kunn, aver dat raad mi nich. Dor harr ik mi tominst en poor Stunnen länger vör't Verdarwen wohrn kunnt, as wenn ik in — ik will mal so seggen — as wenn ik ünnen in de Laadruum insparrt weer. Een orer twee Daag weer dat woll möglich, mi vör düsse Gefohr to bargen, aver en rejelle Schangs kunn ik nich sehn för mi. Ik möß dormit reken, dat Küll un Smacht mi dat Enn bringen worrn. Veer Stunnen lang seet ik in düsse Bedrullje un tööv up dat Enn. Ik kunn nix anners dinken, as dat jede Ogenblick doch mien letzte wesen müch.

Aver denn röög sik doch wat. Mien Leser weet je all von mien Vertellen, dat an de een Siet von mien Kasten, dor wo keen Finster weer, twee dicke Krampen seeten. Dor keem de Ledderreemen dörch, den sik de Deener üm den Lief binnen dä, wenn he mi up sien Peerd mitnehm. As ik nu so in mien leegen Tostand seet, weer mi so, as wenn dor an de Siet mit de Krampen wat kratzen dä. Un dat duur nich lang, dor kreeg ik dat Geföhl, as wenn mien Hüsken dörch dat Water wietertagen orer afsleept worr. Af un an mark ik nämlich so'n Aart starket Trecken, dor güng dat Water bi hoch bet an de Babenkant von de Finstern un ik seet meist in Düstern. Nu kreeg ik wedder en beten Tovertruun, dat ik viellicht doch noch ut mien Lock rutkamen worr. Ik kunn mi aver nich vörstellen, wo dat woll gahn kunn. Ik güng bi un maak een von mien Stöhl los, de an den Footbodden fastmaakt weern. Mit veel Möh schööv ik em ünner de Dackluuk, de ik körtens apen maakt harr, un denn kreeg ik dat wohrhaftig farig, em dor wedder antoschruven. Ik stell mi baben up den Stohl, höll mien Mund so dicht as dat güng an dat Lock un bölk denn so luut, as ik man kunn, in alle Spraken, de ik kenn, üm Hülp. An mienen Stock, den ik gewöhnlich jümmer bi mi harr, maak ik mien Taschendook fast, höll em dörch dat Lock rut un swenk dor en Tietlang mit in de Luft rüm. Wenn en Boot orer en Schipp in de Neegde weer, sölln se dat marken, dat dor in den Kasten en unglücklichen Minschen insitten dä. Ik kunn nich wies warrn, dat mi dat to wat dögen dä, aver ik kunn marken, dat mien Hüsken vörto tagen worr. Dat weer woll so nah een Stunn orer en beten länger, dor rumms mien Kasten mit de Siet, wo de Krampen seeten, eenerwegens gegen wat, wat hart weer. Mi worr bang, dat kunn een von de Klippen wesen, dat smeet mi nämlich veel duller ümher as de ganze Tiet vörher. Denn hör ik wat baben mi, as wenn dor en Reep dörch den Ring up den Deckel von mien Stuuv dörchtagen worr; dornah harr ik dat Geföhl, dat ik sachten höger rup tagen worr, so bi dree Foot hoch. Ik swenk wedder mien Stock mit dat Taschendook ut de Luuk rut un rööp um Hülp, dat ik meist heesch warrn dä. Un nu kreeg ik Antwurt. Dor bölk een dreemol ganz luut. Mi leep dat heet un kolt den Puckel up un dal, so dull frei ik mi. Ik kunn mi gornich wedder in kriegen. Dat kann sik woll keen Minsch nich vörstellen, wo mi dor to Sinn weer. Denn hör ik baben mien Kopp wat trampeln, un denn rööp en Stimm up engelsch dörch de Luuk: „Wenn dor ünnen een is, de sall sik mellen!" Ik änner, dat ik en Engländer weer un dörch en Mallör in so'n groot Unglück kamen harr, as dat noch nienich keen Minsch dörchmaakt harr. Ik beed, dat se mi üm allens in de Welt ut mien Lock ruthalen sölln, wo ik in sitten dä. De Stimm sä, dat mi nu nix mehr passeern kunn, mien Kasten harrn se an't Schipp fastbunnen. Nu worr de Timmermann furts kamen un en Lock in dat Dack saagen, wat groot noog weer, dat se mi dor rut trecken kunnen. Ik sä, se sölln man nich soveel Umstännen maken, dat worr mi veel to lang duurn. Se sölln man een von de Matrosen schicken, de kunn den Finger dörch den Ring steken, den Kasten ut dat Water rut up dat Schipp rupbööm un mi nah de Kajüüt von den Kaptein henbrigen. En poor von jem meenten, ik harr je woll verrückt worrn, un annern föllen in't Lachen över mi, wieldat ik so'n dumm Tüüg tüdern dä. Mi keem dat nämlich wiß un wohrhaftig nich in den Sinn, dat ik wedder ünner Lüüd von mien eegen Statur kamen harr. De Timmermann keem un dat duur man en poor Minuten, denn harr he en Lock von veer Foot Grött rutsaagt. He leet en lütte Ledder rünner un ik klötter dor up nah baben. Ik weer noch bannig klapperig up de Fööt, dorüm hulpen se mi up't Schipp. De Matrosen weern jümmerto an't Wunnern un frögen mi von Enn bet tomen. Mi worr dat letzto över, jem to ännern. Mi maak dat ganz wirrig, dat soveel lüürlütt Spiddelbüxen as so'n Pygmäen üm mi rüm weern. (Dor sehg ik jem nämlich för an.) Mien Ogen weern je langeTiet an de överbastig groten Saken, de ik nu achter mi laten harr, wennt west. De Kaptein Mr. Thomas Wilcocks, wat en ornlichen un rejellen Minschen ut Shropshire weer, mark, dat ik glieks von Besinnen kamen dä.

He bröch mi in sien Kajüt. Un dat ik mi wedder verhalen söll, geev he mi en Sluck ut sien Medezinbuddel. Ik keem in sien eegen Bett to liggen un he sä mi, ik söll mi man erstmal 'n beten utrauhn. Dat harr ik aver ok würklich nödig. Ehrer ik inslapen dä, geev ik em noch Bescheed von de Saken, de noch in mien Kasten weern. Ik wull jem nich verleern, wieldat si mi toveel weert weern: een wunnerbore Hängematt, een kommodig Klappbett, twee Stöhl, een Disch un een Schapp. Ik vertell em ok, dat mien Stuuv an alle Sieten mit Sied un Boomwull behangt orer veelmehr utpulstert weer. He söll man mien Hüsken von een von sien Lüüd in sien Kajüüt halen laten. Ik wull de denn vör sien Ogen apen maken un em denn allens wiesen, wat ik dor in hebben dä. As de Kaptein mi so vertellen hör, wat för em je Blöödsinn weer, meen he, ik weer verrückt. He sä mi aver doch to (he wull mi woll begöschen), he wull dat anornen, wat ik hebben wull.

He güng nah baben un schick en poor von sien Lüüd in mien Kastenstuuv dal. (Laterhen heff ik dat gewohr worrn.) De halten all mien Saken rut un nehmen de Pulsterung von de Wännen af. As se bi de Stöhl, den Schapp un dat Bett togang wern, güngen se dor böös mit tokehr. De weern je an den Footbodden fastschraven. De Matrosen reeten jem mit Gewalt rut un ramponeerten jem bannig. Welk von de Brääd, de se up ehr Schipp bruken kunnen, hauten se sik los. As se denn allens, wat för jem to bruken weer, afreeten harrn, leeten se dat, wat von den Kasten noch nahbleven harr, eenfach in't Water fallen. Un wieldat dor nu veele Löcker un Ritzen in den Footbodden un in de Sietenwännen weern, güng dat furts ünner bet up den Grund. Mi weg dat ok ganz recht, dat ik mi dat nich ankieken bruuk, wo se dat allens kaputt haut harrn. Dat harr mi gewiß bannig tonah gahn. Ik harr je denn allens wedder vör Ogen hat, wat ik lever vergetten wull.

Ik slööp woll en poor Stunnen, keem aver nich recht to Roh. Mi drööm egolweg von dat Land, wo ik west weer un von all dat Mallör, wo ik letzto doch noch goot von afkamen harr. As ik denn upwaken dä, dat weer an'n Obend gegen Klock acht, dor harr ik mi goot verhalt. De Kaptein leet mi furts wat to äten herbringen. He meen, ik harr all veel to lang smacht. He weer heel fründlich gegen mi, as he wies warrn dä, dat ik nich wirrig üm mi rüm kieken un ok keen dumm Tüüg tüdern dä. As denn de annern all rutgahn harrn un he mit mi alleen weer, beed he mi, ik müch em doch vertellen, wat ik allens up mien Reisen afleevt harr. He wull ok weeten, wo dat togahn weer, dat ik mit den mächtig groten Kasten up de See dreven harr, wo de Wellen en mi hen un her smeeten. He sä, dat weer so bi Klock twölf in de Meddagstiet west, as se mi wies worrn harrn. Mit sien Wietkieker harr he den Kasten en ganz Enn weg gewohr worrn un erst as en Seilschipp ansehn. Em harr dörch'n Kopp gahn, dat he dor vielicht en beten Tweeback köpen kunn, sien Bestand weer meist all west. Un wieldat dat nich veel ut'n Kurs liggen dä, harr he meent, he kunn dor je mal up toholln. As se denn aver nöger ran keemen, mark he, dat he sik versehn harr. He leet dat Biboot to Water bringen un schick sien Lüüd los. Se sölln nahkieken, wat dat woll weer. De keemen trüch, weern bannig verbaast un sän, se harrn dor en swümmen Huus sehn. Em weer dat to'n Lachen west, un he harr sülmst losföhrt un sien Matrosen Odder geven, se sölln en starket Dau mitnehmen. Wieldat keen Wind güng, harrn se 'n poormal üm dat Ding rumföhrt un dorbi de Finstern mit de Trallen dorvör gewahr worrn. Up een Siet, de bloß ut Brääd weer un wo keen Licht rinkamen kunn, harrn twee Krampen seeten. He harr sien Lüüd ranrodern laten un dat Dau an de Krampen fastmaakt. Denn harr he jem Odder geven, so sölln de Kist (so sä he dorto) an't Schipp ransleepen. Dor harrn se up sien Anwiesen hen en Dau an den Ring baben up den Deckel anslööpt un denn de Kist mit Taljen hochwunnen. Obschonst all sien Matrosen mit anfaat harrn, kunnen se dat Ding man eben twee orer dree Foot hochkriegen. Un denn, sä he, harrn se sehn, wo de Stock mit dat Taschendook ut de Luuk rutkeem. Doruphen harrn se meent, dor möß woll en armen Stackelsminschen in dat Ding insparrt wesen. Ik fröög den Kaptein, wat he orer sien Lüüd woll en poor gewaltig grote

Vagels in de Luft sehn harrn, as se mi to'n erstenmol in Sicht kreegen. He änner mi, he harr in de Tiet, as ik eben in Slaap legen harr, mit een von de Matrosen över de Saak snackt. Un de meen, he harr dree Aadlers nah Norden wegfleegen sehn; aver dat de grötter as gewöhnlich west weern, dor harr he nix von seggt. (Ik glööv, dat keem woll dorvon, dat de Vagels gewaltig hoch flagen harrn.) De Kaptein sä, he wüß gornich, weswegen ik sowat fragen dä. Ik fraag em denn, wo wiet wi nah sien Meenen von Land afwesen kunnen. He meen, nah dat akkrotste Reken, wat he maken kunn, weern dat tominst hunnert Mielen. Ik sä em, nah mien Meenen möss he sik dor gewiß üm de Hölft bi verrekent hebben; as ik in't Water fallen harr, weer ik nich länger as twee Stunnen von dat Land weg west, wo ik herkamen harr. Doruphen füng he wedder an to glöven, dat mit mien Kopp wat nich in Ornung weer. He bedüüd mi, ik söll mi in de Kajüüt to Bett leggen, de he för mi kloor maakt harr. Ik sä em för gewiß, dat he mi so goot versorgt harr un sien Sellschop mi heel goot doon dä, dorüm weer ik ganz un gar wedder up'n Damm kamen, un mien Kopp weer so kloor as man jichtens in mien Leven. He keek mi ernsthaftig an un fröög mi, wat mien Verstand viellicht dorvon dörcheenanner weer, dat mi en gräsiget Verbreeken up de Seel liggen dä, för dat en Fürst mi in mien Kasten to Straaf in't Water smeeten harr. Dat weer doch in welk Länner begäng, meen he, dat se de leegsten Verbreekers in en Boot, wat leck is, ahn Äten un Drinken up dat grote Water utsetten doot. Em weer dat woll nich recht, dat he so'n leegen Minschen up sien Schipp rupnahmen harr, aver he geev sien Ehrenwoort, mi söll keeneen tonah kamen. Un in den ersten Haven, wo wi ankeemen, woll he mi an Land setten. He sä denn ok noch, sien Verdacht harr noch grötter worrn, wieldat ik de Matrosen un ok em so gediegene Saken von mien Stuuv orer mien Kist vertellt harr. Wo ik utsehn dä, dat harr em ok bannig snaaksch vörkamen, un ok, wo ik mi bi'n Obendbrotäten anstellt harr.
Ik fröög em, wat he sik woll de Tiet nehmen un mi gedüllig anhören wull, wenn ik em mien Geschicht vertellen dä. Dat sä

he mi nu to. Ik füng dor mit mien Vertellen an, wo ik dat letztmol von mien Heimatland afreist harr. Ik vertell em allens akkrot bet nah den Momang, wo he mi dat erstmol wies worrn har. Nu is dat bi vernünftige Lüüd je so, dat de Wohrheit bi jem toletzt de Babenhand behollt. Un so keem dat ok bi düssen rejellen un ehrhaftigen Minschen, en Minschen, de in mannich Saken Bescheed wüß un ok goot bi Verstand weer. Nah mien Vertellen weer he övertüügt, dat ik em uprichtig de Wohrheit seggt harr. Ik wull em nu aver noch mehr Bewiesen dorför geven, dorüm beed ik em von Harten, he söll mien Schapp herbringen laten, wo ik den Slöttel von in de Tasch harr. (He harr mi nämlich all vertellt, wat de Matrosen mit mienen Kasten maakt harrn.) De Kaptein weer dormit bi, as ik den Schapp apensluten dä. Ik wies em all de sünnerlichen Saken, de ik mitbröcht harr ut dat Land, von dat ik up so wunnerliche Aart un Wies friekamen harr: dor weer de Kamm, den ik von den König sien Bortstoppeln maakt harr, un noch en anner, de jüstso weer, wo ik as Steg en Stück von de Duumennegel von Siene Majestät to nahmen harr. Dor weer en Partie von Neih- un Knööpnadels, de lüttste een Foot un de längst en halve Ell lang; veer Wöpsenstickels as Dischernagels; en poor utkämmte Hoor von de Königin; en gollen Ring, den se mi molinst up de Aart un Wies to'n Geschenk maakt harr, dat se em von ehrn lütten Finger aftöög un mi as'n Ordenskeed umhüng. Düssen Ring wull ik den Kaptein schinken, wieldat he mi soveel togooden daan harr; aver he wull em nich annehmen. Ik wies em en Liekdoorn, den ik een von de Hoffdaams mit mien eegen Hännen von ehrn Töhn afsneden harr; de weer ungefähr so groot as'n Pippinappel ut Kent. De harr bannig hart worrn. As ik laterhen nah Huus trüch keem, leet ik mi dor en Beeker von maken, de mit Sülver infaat weer. To'n Sluß wies ik em noch de Büx, de ik domols anharr, de weer von dat Fell von en Muus maakt.

Dat eenzigst, wat de Kaptein von mi annehmen wull, weer de Tähn von een von de Deenstlüüd. Ik harr markt, dat he dor en Oog up smeeten harr un veel Spaß an finnen dä. He nehm em un sä mi veelmols Dank, obschonst dat sowat Grootarigs nu ok nich weer. De Tähn harr een von Glumdalclitch ehr Deeners hört. De harr mit sien Tähnwehdaag nah en Klusenklempner hengahn, wat en bannig töffeligen Minschen weer. De harr em düssen Tähn rutreeten, obschonst de to de gesunnsten in sien Mund hören dä — ut Versehn sä he achterran. Ik harr mi dat Ding blank putzen laten un in mienen Schapp leggt. So bi een Foot weer de lang un veer Toll dick.

So geev ik den Kaptein en eenfachen Bericht un he weer dor heel tofreeden mit. He snack mi to, ik söll dat upschrieven un denn drucken laten, wenn ik in mien Heimat trüch keem; de Lüüd in de ganze Welt worrn mi dor Dank för weeten. Ik geev to Antwurt, nah mien Meenen geev dat all veel von so'n Aart Reisberichten. Wat nu nich ganz wat besünners weer, door keeken de Lüüd gornich mehr nah hen. Un ik geev to bedinken, dat welk von de Schrievers dat woll nich toerst up de Wohrheit ankamen dä; se keeken mehr up dat, wat jem en Naam maken worr, wo se mit angeven kunnen un wat de Lüüd geern lesen wullen. Wat ik vertellen kunn, dor geev dat nich veel wat besünneres bi; dor weer ok nich grootarig wat to seggen von afsünnerliche Planten orer Bööm, orer Vagels orer annere Deerten. Dor keem ok nix in vör von gräsiget Weeswark un Hexen un Blaufarven von de Wilden, wo de mehrsten Schrievers sik mit uphollen doot. Ik sä em aver schönen Dank för de gode Meenen, de he von mi hebben dä, un woll mi dat nochmal överslapen.

Över een Deel, sä de Kaptein denn, möß he sik doch wunnern, nämlich, dat ik bannig luut snacken dä. Un he fröög mi, of denn de König orer de Königin in dat Land harthörig west harrn. Ik änner em, dat weer ik all mehr as twee Johr so wennt; jüstso wunner ik mi över sien Stimm un över dat Snacken von sien Lüüd. Mi keem dat vör, as wenn se man bloß pustern dän, un ik kunn jem doch goot verstahn. Aver wenn ik in jönnet Land mit een snackt harr, denn harr dat so west, as wenn en Kerl von de Straat her sik mit en anner wat vertellt, de baben ut en Kerktoorn rutkiekt. Anners harr dat bloß denn west, wenn mi een up den Disch stellt orer in de Hand nahmen harr. Ik sä den Kaptein, dat mi noch wat upfallen harr; bi'n erstenmol, as ik up sien Schipp stünn un de Matrosen alle üm mi rüm; dor harrn se mi vörkamen as de lüttsten un ringsten Kreaturen, de ik jichens to sehn kregen harr. Dat weer je ok so west: in dat Land von jönnen König harr ik nienich in en Speegel kieken mücht. Mien Ogen weern je an de grootbastigen Saken wennt, un wenn ik dor toneben mien eegen Bild sehn dä, denn keem ik mi vör as dat minnachtigst Takeltüüg. De Kaptein sä, bi'n Obendbrotäten harr em upfallen, dat ik allens so wunnerbastig ankeeken harr. Mannichmal weer mi dat woll meist to'n Lachen west. He harr gornich wüßt, wat he dor von hollen söll, un meent, dat keem von mien brägenklüten Kopp. Ik änner em, dat harr he richtig markt. Ik wunner mi över mi sülmst, dat ik nich in't Lachen kamen weer, as ik dat allens vör Ogen harr: de Schöddeln nich grötter as'n Dreepencestück; en Swienschinken, de'n mit een Happs wegputzen kann; en Wienglas knapp so groot as'n Nöötschaal. So weer ik bi un vertell up düsse Aart un Wies von all sien Äten un Drinken un von sien Geschirr. As ik bi de Königin in Deensten west weer, harr se mi woll dat nödige Geschirr passig to mien Grött maken laten, liekers weer dat grote Geschirr för mi dat gewöhnliche, wat ik jeden Dag um mi harr. Un dat ik sülmst man so'n lüürlütt Spittel weer, dor maak ik de Ogen vör to, so as de Minschen dat je oftinst mit ehr Fehlers maken doot. De Kaptein meen, he kunn dat goot verstahn un nehm mi mien Ökeln nich krumm. Mit en Grienen up de Backen geev he en olen Snack to'n besten: em weer bang, dat mien Ogen grötter weern as mien Buuk; von'n extra groten Apptit harr he bi mi nix markt, obschonst ik doch den ganzen Dag noch nix äten harr.

Denn föll he in't Lachen un sä, he harr dor geern hunnert Daler för hergeven, wenn he sehn kunnt harr, wo de Aadler mien „Gode Stuuv" in'n Snavel dragen harr, un wo de Kasten denn von so'n gewaltige Höchde in't Water dalstört weer. Dat möß doch en groote Sensatschoon west hebben, de dat weert weer, an de Generatschoons nah uns dor Bericht von to geven. De Kaptein kunn dat nich laten, mien Mallör mit de Geschicht von Phaeton to verglieken. Dat weer woll ok ganz passig, aver nödig daan harr dat nich.

De Kaptein keem ut Tonquing un weer nu up den Weg trüch nah England. De Wind harr dat Schipp nah Nordoost afdreven un wi leepen nu bi veerunveertig Grad Breede un hunnertdreeunveertig Grad Längde. As ik twee Daag an Bord weer, keem en Passat up un wi seilten en ganze Tiet nah Süden. Denn güng dat an de Küst von Nieholland verlängst. Wi höllen uns Kurs Westsüdwest un dreihten laterhen Südsüdwest, bet wi um dat Kap von't Gode Höpen rum weern. De Reis güng goot vöran, dorüm will ik dor nich veel wieter wat von vertellen. Dat weer för den Leser nix as Langewiel. Een- or tweemal leep de Kaptein en Haven an, wo sien Lüüd mit dat Biboot an Land güngen un frisch Proviant un Water upnehmen. Ik güng aver nich een eenzigstmol von Bord, bet wi in de Downs ankeemen; dat weer an'n 3. Juni 1706, so bi negen Maand nah mien Wegkamen ut jönnet Land. Ik stell den Kaptein an, dat ik em mien Saken as Pand dorlaten wull, bet ik dat Reisgeld betahlt harr, aver he verseker mi, he wull nich eenen Penn annehmen. As gode Frünnen sän wi uns adjüs, un he möß mi toseggen, dat he mi in mien Huus in Redriff besöken wull. Denn lehn ik mi von em noch fief Schillings, dor nehm ik mi en Peerd för un en Deenstmann.

As ik denn so ünnerwegens weer, keemen mi de Hüüs un de Bööm, de Keuh un ok de Minschen bannig lütt vör. Ik meen, ik weer in Lilliput. Wenn mi reisen Lüüd in de Mööt keemen, weer mi bang, ik kunn jem up'n Kopp pedden, dorum bölk ik jem oftinst all von wieten an, so luut as ik man kunn, so sölln mi ut'n Weg gahn. De Lüüd funnen dat aver utverschaamt von mi. Un dor fehl nich veel an, den harrn se mi den Brägenkasten inhaut.

Wo mien eegen Huus weer, dat möß ik erstmol nahfragen. Un as denn een von de Deensten mi de Döör apen maak un ik ringahn wull, buck ik mi ganz deep dal (as so'n Goos, de ünner'n

Rick dörchkrupen deit); mi weer bang, ik kunn mi den Kopp anhauen. Mien Fru keem mi tomööt un wull mi in'n Arm nehmen. Dor buck ik mi noch mehr dal, deeper as bet an ehr Knee. Ik meen je, se kunn sünst nich an mien Mund anrecken. Mien Deern güng vör mi in de Knee un wull, dat ik ehr de Hännen upleggen un ehr mien Seegen geven söll. Ik worr ehr erst gornich gewohr. Sehn kunn ik ehr erst, as se upstahn harr. Ik weer dat je ganz lange Tiet wennt west, dat ik den Kopp un de Ogen nah baben utrichten dä up en Höchde von mehr as sößtig Foot. Un dorüm güng ik bi un wull ehr umfaten un nah mi hochbööm. Up de Deenstlüüd un een orer twee Frünn, de dor weern, keek ik rünner, as wenn se Dwargen weern un ik en Ries. To mien Fru sä ik, se harr woll heel giezig west. Mi keem dat so vör, as wenn se sik sülmst un ok de Deern so vermickern laten harr, dat meist nix mehr von jem nahbleven weer. Mit een Woort seggt: ik geev mi so afsünnerlich, dat se alltohopen to desülvige Meenen kamen dän, de ok de Kaptein kregen harr, as he mi dat erstmol to Gesicht kregen harr.

Se meenten, ik weer heel un deel verrückt worrn. Ik will dor man mit seggen: soveel kann dat anrichten, wenn de Minsch sik wat anwennt un dor nich von afgahn deit; un wenn he sik en Urdeel maakt, ahn dat he akkrot henkieken deit.

Dat duur aver nich lang, denn keem ik mit mien Familje un mit mit Frünnen wedder övereen. Mien Fru sett mi aver to, ik söll nienich wedder to See gahn. Leiders weer dat man mien Schicksaal, dat ik dor nich gegenan kamen dä. Un mien Fru kunn dor nix bi doon. De Leser ward dat noch gewohr warrn. Nu aver maak ik Sluß mit den tweeten Deel von mien unglücklichen Reisen.

De Reis nah Laputa, Balnibarbi, Luggnagg, Glubbdubdrib un Japan

De erste Strämel

De Schriever geiht to'n drütten Mal up Vör. He fallt Seerövers in de Hännen. En Hollandsmann het Leegheit mit em vör. He kümmt up en Insel an. In Laputa nehmt se em up.

Ik weer man jüst tein Daag tohuus, dor kreeg ik Besöök von Mr. William Robinson. He weer ut Cornwall un harr dat Kummando as Kaptein up de „Hope-well", wat en stevig Schipp von dreehunnert Tunns weer. Vör Johren harr ik molinst up 'n Reis nah't Middelmeer as Schippsdoktor mit em fohrt. Dat weer up en anner Schipp west, wat em to een Veddel tohörn dä un ünner sien Kummando stünn. Ik weer domols en Offzier, de em to pareern harr, aver he güng ehrer mit mi üm as mit en Broder. Nu harr he gewohr worrn, dat ik wedder an Land weer. Von sien Besöök meen ik toerst, dat he man ut ole Fründschop kamen dä. Wi vertellten uns ok man bloß sowat, wat 'n so seggt, wenn'n sik lang nich sehn het. He keem denn öfterinst un sä jümmer wedder, wo he sik frein dä, dat ik so goot toweeg weer. He fröög mi ok, wat ik nu mien Levenstiet an Land blieven wull. Un so biher vertell he von en Reis, de he in twee Mand nah Ostindien maken wull. Letzto leet he denn den Voß ut'n Lock — 'n poormal meen he „nix för ungoot" dorbi — un beed mi, wat ik nich as Schippsdoktor mit em föhrn wull. Ik söll ok en annern Doktor un denn noch twee Sanitäters dorto ünner mi hebben. As Lohn wull he mi dat Duwwelte as gewöhnlich geven. Un wieldat he wüß, wo goot ik mit de Seefohrt Bescheed weeten dä, wull he mi verspreken, ik söll an Bord meist jüst soveel to seggen hebben as he. Un denn maak he mi noch mannichdeel anner Avanxen. Ik wüß je, dat he en ehrlichen Keerl weer, un so kreeg ik dat nich farig, em sienen Vörslag aftoslaan. Wenn mi dat up mien Reisen ok oftinst dreckig gahn harr, weer ik dor doch jümmer noch bannig scharp up, mehr von de Welt so sehn. Dat eenzigst, wat noch dorgegen stünn, dat weer mien Fru. De möß ik dorto bringen, dat se ja seggen dä. Ik smeer ehr Honnig um't Muul, un tworsten up de Aart un Wies, dat ik sä: wegen mien goden Verdeenst bi düsse Fohrt kunn se sik denn dat allens leisten, wat se för sik un de Kinner all lang geern hebben wull.

An'n 5. August 1706 güng de Reis los un an'n 11. April 1707 keemen wi all in Fort St. George an, wat in Ostindien liggen deit. Wieldat heel veele von de Matrosen krank worrn harrn, bleven wi dree Weeken dor, dat se sik verhalen kunnen. Denn seilten wi wieter nah Tonquing, wo de Kaptein en Tietlang blieven wull. De Hannelsworen, de he köpen wull, harrn se nämlich noch nich parot. Un wi kunnen noch nichmal dormit reken, dat se dor in de nehgsten Maanden mit togangen kamen worrn. Dor weern je aver all de Utgaven to betahlen, un dorümhalven köff de Kaptein en Schalupp un pack dor allerhand verschieden Kraam up, wo de Lüüd ut Tonquing för gewöhnlich up de Nahwerinseln mit hannelt. He hüür veertein Seelüüd för de Kahn an. Dree von jem keemen ut düt Land. Mi geev he dat Kummando von de Schalupp, dat ik dormit up Hannelsfohrt gahn dä, wieldeß wull he sien Saken in Tonquing up de Reeg bringen.

Wie weern man eben dree Daag ünner Seils, dor geev dat en mächtigen Storm. Fief Daag lang dreev de uns af, erst nah Noordnoordwest un denn nah Oosten. Denn keem good Weder up, aver de Wind weih jümmer noch stief ut Westen. An'n teinten Dag weer dat, dor keemen twee Seeröver-Scheep achter uns her. Un dat duur nich lang, denn harrn se uns faat. Mien Schalupp weer so swoor laad, dat se man heel langsam vöran keem. Wi harrn gorkeen Schangs, uns to wehren. De Seerövers keemen up beide Sieten langsiets un slögen de Enterhakens in. Un denn keemen se. De Hauptmanns vörweg un ehr Lüüd achteran. Se makten Gesichten, as wenn se uns upfreten wulln. Wi aver harrn uns up den Bodden henleggt, Gesicht nah ünnen. (Ik harr dat so anornd.) Un so dän se uns wieter nix. Mit dicke Stricken bunnen se uns de Hännen tosamen un stellten een to'n uppassen dorbi. De annern von jem güngen bi un söchen dat Schipp von ünnen bet baben dörch.

Ik worr een von jem wies, von den ik meen, dat he en Hollandsmann weer. Mi keem dat ok so vör, as wenn de annern up em hören dän, obschonst he nich de Baas weer. An uns Utsehn mark he woll, dat wi ut England kamen dän. In sien Spraak sakereer he up uns rum. He swuur uns to, se wulln uns Rüggen an Rüggen tohopbinnen un in't Water smieten un versupen. Ik snack je nu heel goot Hollandsch un vertell em, wat wi von Lüüd weern. Ik beed em, he müch doch bedinken, dat wi jüst as he ok evangelsch Christenlüüd un ut Länner keemen, de een an't anner liggen dän un dorto noch goot Fründ weern. Ik sä em, he müch doch de Seeröverkaptein anholln, dat se sachten mit uns ümgahn sölln. Aver dat bröch düssen Minschen nu bannig in Raasch. He drauh uns nochmal mit versupen, un denn dreih he sik nah sien Kumpaanen üm un sakereer mit jem. Ik kunn dat nich verstahn, dat weer woll Japansch. Aver ik kunn jümmer wedder dat Woort „Christianoos" ruthören.

Up dat gröttst von de beiden Seeröverscheep weer de Kaptein en Japansmann. He snack ok wat Hollandsch, aver dor weer dat nich wiet mit her. He keem nu nah mi her un fröög mi allerhand. Ik bleev demödig in de Kneen sitten un geev em trüchhöllern Antwurt. Un denn meen he, se wulln uns nich dootmaken. Ik maak doruphen vör em en deepen Deener. Un denn dreih ik mi nah den Hollandsmann üm, un sä em, mi dä dat weh, dat ik bi en Heidenminschen mehr Gnaad funnen harr as bi een, de en Christenminschen wesen wull, as ik een weer. Dat harr ik nu man leever nich seggen sóllt. Ik harr bold mehr as noog Oorsaak, mien unklooken Wöör to beduurn. Von düssen venienschen Hallunken kreeg ik noch allerhand uttohollen. Mehr as eenmal wull he de beiden Kapteins dorto bringen, dat se mi in't Water smieten sölln, aver de wolln dor nix von weeten. (Se harrn mi je ok toseggt, dat se mi nich dootmaken wulln.) Aver düsse Schubjack von Hollandsmann kreeg dat doch farig, dat se mi en Straaf upleggen dän. Un de weer nah

minschlichet Dinken noch leeger as de Dood. Mien Lüüd worrn up de beiden Seeröverscheep updeelt, un mien Schalupp kreeg en nige Crew. Över mi worrn se sik eenig, dat se mi in en lütten Kahn in't Water setten wulln. En poor Paddels un en Seil kreeg ik mit, un dorto Äten un Drinken för veer Daag. So kunn ik nu tosehn, wo ik mit Wind un Weder kloor kamen dä. Den japanschen Kaptein dä ik woll leed. He geev mi nochmal desülvige Portschoon von Äten un Drinken ut sien eegen Spieskamer to. Un he pass ok dorför up, dat mi keeneen von de annern kunterleern dä. Ik klötter rünner in den Kahn. De Hollandsmann stünn baben up Deck. He smeet mi alle swienegelschen Schimpwöör achterher, de em infallen dän, un flök un schandeer, wat sien Spraak man bloß hergeven wull.
So bi een Stunn, ehrer de Seerövers uns in Sicht kamen weern, harr ik de Positschoon von uns Schipp utrekent un dorbi faststellt, dat wi up sößunveertig Grad Noord un hunnertdreeunachtzig Grad Längde seiln dän. As ik nu mit mien lütten Kahn all en ganze Eck von de Seerövers weg weer, worr ik mit mien lütten Wietkieker in Südoost en poor Inseln gewohr. De Wind weih mi topaß un ik sett dat Seil. Ik stüür de von de Inseln an, de an dichsten nah mi her liggen dä. Nah'n Tiet von dree Stunnen harr ik dat denn schafft. Up de Insel weer nix as luter Steen, grote un lütte. Ik funn aver veele Vageleier. Ik maak mi en Füür. Mit Heidkruut un drögen Seedang kreeg ik dat ingang un braad mi dor de Eier up. Wat anners wull ik to'n Abendbrot nich äten. Ik harr mi nämlich vörnahmen, mit mien Vörraat, so goot as dat güng, to giezen. Ünner en groten Steen streih ik en beten Heidkruut up de Eerd, legg mi dor up dal un keem goot in Slaap.
An den nehgsten Dag föhr ik mit mienen Kahn nah en anner von de Inseln hen un von dor nah de drütte un veerte. Mannichmol sett ik dat Seil un mannichmol nehm ik de Paddels. Ik will nu den Leser nich langwielen mit Vertellen von dat, wat ik allens uttoholln harr. Man bloß noch soveel, dat mi an'n föfften Dag de letzte von de Inseln in Südsüdwest in Sicht keem. Düsse Insel weer wieter af as ik dacht harr. Dat duur fief

Stunnen, ehrer ik dor henkeem. Ik möß meist ganz rundrum föhrn, bet ik en kommodige Städ to'n Anlanden funnen harr. Dat weer en lütt Bocht, ungefähr dreemal so breet as mien Kahn. As ik an Land keem, weer dor wieter nix as Steen un Fels. Man bloß en poor Grashalms un'n beten gootrücken Kruut wuß dor up. Ik nehm mien Proviant ut dat Boot un dä mi dor wat von togoot. Wat denn noch över weer, versteek ik in een von de Löcker, wo dat'n ganz Reeg von geven dä. Ik söch mi en ganz Deel von de Vageleier tohopen, de dor bi de Steen rumliggen dän. Denn söch ik mi en Hupen drögen Seedang un verdrögt Gras. Do wull ik mi an'n anner'n Dag 'n beten Füür mit maken un mi, so goot as dat güng, de Eier up braden. (Füürsteen, Stahl, Tunner un ok en Brennglas harr ik bi mi.) De Nacht över slööp ik in dat Lock, wo ik mien Proviant rinleggt harr. Mien Bett weer dröög Gras un Seedang, wat ik ok to'n Verbrennen nehmen wull. Veel slapen kunn ik aver nich. Mien Unroh weer grötter as mien Möödwesen un höll mi waak. Ik simmeleer över mien leege Sitatschoon in düsse verlaten Gegend. Ik sehg je keen Schangs, dat ik an't Leven blieven dä un harr vör Ogen, dat ik elenniglich togrunnen gahn möß. Mi weer allens schietegal. Ik weer so afzaagt, dat ik nich mehr upstahn wull. Un ehrer ik mi hochrappeln kunn, ut mien Lock ruttokrupen, weer dat all hellerlichten Dag. En Tietlang strööp ik mank de Felsen rüm. De Heven weer ganz kloor un de Sünn brenn so heet up mi dal, dat ik mien Gesicht afwennen möß. Upmal aver worr se düster. Un dat leet mi ganz anners, as wenn dor en Wulk vörtrecken dä. Ik dreih mi üm un sehg wat grootes un düsteres mank mi un de Sünn. Un dat Dings keem up de Insel to. Dat weer woll so bi twee Mielen hoch un söß orer söben Minuten duur dat, bet de Sünn dor wedder achter rutkamen dä. Ik kunn aver nich marken, dat de Luft veel wat köhliger worr. Un de Heven weer nich düsterer, as wenn ik in den Schatten von en hogen Barg stahn harr. As dat Dings dichter ran keem nah dor, wo ik stünn, meen ik, dat möß wat wesen, so wat ähnlichs as en grote Schiev. De Ünnersiet weer eben un glatt un ganz hell von den Sünnschien, de sik in't Water speegeln dä. Ik stünn so bi tweehunnert Ellen von af up'n lütten Anbarg un sehg, wo düt Riesending sachten bet up mien Höchde dalkamen dä, nichmal een engelsch Miel von mi weg. Ik kreeg mien Wietkieker rut un kunn dor düütlich mit sehn, wo dor up dat Dings heel veel Lüüd togangen weern. An de Sieten, de afschrägt weern, güngen se up un af. Man wat se dor eenglich drieven dän, dat kunn ik nich wies warrn.

Wieldat de Minsch nu eenmal geern leven deit — un dor bin ik ok nich anners — so keem in mien Hart en beten wat von Freid up doröver, dat dor hinnen Minschen weern. Un ik füng an, wedder'n beten Licht in Düstern to sehn. Viellicht kunn je bi düt ungewöhnlich Beleven rutkamen, dat de schedderige Sitatschoon, in de ik weer, nich dat Letzt för mi wesen möß. Aver de Leser kann sik woll kuum vörstellen, wo dull ik mi wunnern dä, dat dor en Insel in de Luft rumflegen dä, wo Minschen up wahnen. Un düsse Inselfleegers kunnen, so dücht mi, ehr „Fleeger" hochstiegen orer dalsacken laten; un se kunnen dor ok mit nah vörn seiln, jüst as jem nah de Mütz weer. Nu weer mi domols aver nich dornah, dat ik över düt

Phänomeen philosophisch simmeleern wull. Mi güng dat dor mehr üm, dat ik wieswarrn dä, wo de Insel nu woll henfleegen wull. Se hüng nämlich all en Tietlang still in de Luft. Aver nu stüür se liek up mi to. Se keem neeger un ik kunn ehr nipper bekieken. An de Sieten weern rundrum övereenanner breede Stuffen anleggt mit Gelänner

doran. In Afstännen harrn se Treppen maakt, wo se up- un dalstiegen kunnen. Up de ünnerst Stuff sehg ik en poor Lüüd sitten, de harrn grote Angeln in de Hand un wolln dor Fisch mit fangen. Welk annern stünnen dorbi un keeken jem wat to. Ik wenk nah de Insel röver. (Un wieldat mien Hoot all lang kaputt gahn harr, nehm ik mien Mütz un mien Taschendook dorto.) As de Insel jümmer neeger keem, bölk ik ut vullen Hals nah jem röver. Un denn worr ik bi'n Nipphenkieken gewohr, wo en groten Hupen von Minschen up de Siet tohoplopen dä, de nah mi her wiesen dä. Up mien Ropen ännerten se nich, aver se wiesten up mi, un denn ok een up den annern. Dor mark ik an, dat se mi gewohr worrn harrn. Ik kunn ok sehn, wo veer orer fief von jem de Treppen rup nah baben birrsten un denn bald verswunnen weern. Ik dach mi — un dat weer ok so — dat se jem losschickt harrn, nah ehr Översten un Odder halen sölln, wat nu to doon weer.

Dat worrn jümmer mehr Lüüd, de dor tohoplopen dän. Un dat duur keen halve Stunn, dor harrn se de Insel so henmanöveereert, dat de ünnerste Stuff up een Höchde mit den Anbarg weer, wo ik stünn un keen hunnert Ellen von mi af. Ik maak deepe Deeners vör jem, güng up de Knee dal un beed so demödig, as ik man kunn. Antwurt kreeg ik aver nich. De Lüüd, de mi an neegsten weern, leeten mi nah ehr Kledaasch, as wenn se Herrns von Stand weern. Mit heel ernsthaftige Gesichten weern se an't Beraden un keeken jümmer wedder nah mi röver. Opletzt reep een von jem mi wat to. He harr en düütliche un smietige Spraak, dat hör sik meist so an as Italjensch. Ik änner em dorüm in düsse Spraak, wieldat ik meen, wenn he de viellicht ok nich verstahn kunn, denn weer em de leefliche Klang doch en beten as angenehme Musik in de Ohren. Tworsten kunnen wi een den annern nich verstahn, aver wat ik von jem wull, dat kunnen se ahn Noot begriepen. Se sehgen je, wo ik in de Bredullje weer.

Se bedüüden mi, ik söll von den Anbarg dalkamen un nah'n Strand hengahn; un dat dä ik denn ok. Nu stüürten se de fleegen Insel in de passige Höchde. De Kant dorvon stünn liek över mi. Se leeten von de ünnerste Stuff en Keed dal, wo an't Enn en Brett to'n Sitten anmaakt weer. Dor sett ik mi up un bunn mi fast, un denn tögen se mi mit Taljen nah baben.

De tweete Strämel

Wat de Laputier von wunnerliche Lüüd sünd, wo se Lust to hefft un wo jem bi't Studeern de Kopp nah steiht. Von den König un sien Hoffstaat un wo se den Schriever dor upnahmen hefft. Wo de Inwahners bang vör sünd un wat jem Sorgen maakt. Wo dat mit de Fruuns dor is.

As ik von dat Sittbrett rünnerstiegen dä, lööp dor um mi rum en gewaltig groot Hood von Minschen tohop. De von jem, de dicht bi mi stünnen, sehgen mi ut, as wenn se von högeret Herkamen weern. Se weern an't Wunnerwarken, as wenn ik en Kalv mit twee Köpp weer. Un mi güng dat mit jem nich anners. So'n Minschen as düsse Laputiers harr ik in mien Leven noch nich sehn. To un to gediegen weern ehr Utsehn, ehr Kledaasch un ehr Gesichten. Den Kopp harrn se jümmer nah de Siet bögt, welk nah rechts un welk nah links. Mit dat eene Oog keeken se nah binnen un mit dat annere piel nah baben. Up den Överrock weern Biller upmalt orer upneiht, Biller von Sünnen un Maanden un Steerns, vermengeleert mit Vigelins, Fleiten, Harpen, Trumpetten, Rietfiedeln un noch allerhand anner Muskantenwarktüüg, wat wi in Europa gornich kennen doot. Överall sehg ik Minschen rumlopen mit Kledaasch as Deeners. In de Hand harrn se wat, wat utsehg as'n Döschfleggel; en korten Knüppel, wo en uppußt Swiensblaas anbunnen weer. In de Blaas harrn se en Handvull dröge Arfken orer lütte Steens rin dan, as mi laterhen seggt worr. Mit düssen Fleggel geven se de Lüüd, de in de Neegde stünnen, af un an en Klaps up't Muul orer an de Ohrn. Ik kunn mi domols gornich dinken, wat dat bedüden söll. Ik glööv aver, düsse Lüüd sünd ganz deep in Gedanken, un se könnt dorum nich snacken un ok annerseen nich tohörn, wenn ehr Snack- un Höörwark nich von buten ingangtrummelt ward. Wer sik dat leisten kann, de het dorümhalven jümmer so'n Upwaaker (hier seggt se „Climenol" dorto) bi sik. De hört to de Deensten in ehr Huus. Ahn so'n Upwaaker goht se nich rut, nich spazeern un ok nich to Besöök. Wenn denn eenerwegens twee orer mehr Lüüd tosamen staht, denn het düsse Deenstmann de Upgaav, mit de Swiensblaas för de Verstännigung to sorgen. Wer snacken sall, de kriggt mit den Upwaakfleggel een an't Muul, un de, de hörn sall, kriggt een an't rechte Ohr. Bi't Spazeerngahn mutt de Upwaaker akkrot up sienen Herrn uppassen un em jümmer wedder mal en sachten Klaps up de Ohrn geven. Dat is nämlich heel gefährlich, wenn een so deep in Gedanken dor lang tüffeln deit. In jede Kuhl worr he rinfallen, mit'n Dööz gegen jeden Pahl neihn un jedereen up de Straat anrempeln orer sülmst in'n Rönnsteen rinstött warrn, wenn de Upwaaker nich uppassen dä.

Ik denk, dat is nödig, dat ik den Leser düt so akkrot vertellen do. Sünst kann he jüst so wenig as ik verstahn, wo de Lüüd sik hier geven dän, as se mi de Treppen rupbröchten nah de böbelste Siet von de Insel in den Palast von den König. Beteß wi nah baben güngen, harrn se woll'n poormal vergetten, wat se eenglich mit mi wulln. Se leeten mi alleen lopen, bet se von ehrn Upwaaker een an'n Kopp kreegen un jem dat wedder infallen dä. Dat ik utlandsch Kledaasch anharr un mi ok anners geven dä as se, dat kratz jem jüst so wenig as dat Geschrich von de gewöhnlichen Lüüd, de mit de Gedanken un mit dat, wat se in Kopp harrn, veel mehr liektohen umgahn kunn.

Letzto keemen wi in den Palast an un güngen in den Audienzsaal rin. Dor seet de König up sienen Troon, un um em her de Herrns von'n höchsten Stand. Vör em stünn en gewaltigen Disch, wo se allerhand Apperaten upstellt harrn: en Erd- un en Hevenglobus un alle Sorten von Warktüüg för de Mathematik. De ganze Disch weer dor vull von. As wi rinkamen dän, geev dat en bannigen Larm. Alle Lüüd, de to den Hoffstaat tohörten, de klabasterten nah mi un mien Bigängers ran. Siene Majestät aver kümmer sik keen Spierken um uns. He simmeleer jüst över en Problem un wi stünnen dor as Bodder in de Sünn un tövten. Tominst een ganze Stunn duur dat, bet he rutkreegen harr, wo he mit sien Problem toreeg kamen kunn. Up jede Siet toneben em stünn en Jung mit so'n Klapsbüdel. As se sehgen, dat he mit sien Simmeleern tomen weer, klapps de een em sachten up den Mund un de anner up dat rechte Ohr. Doruphen schööt he hoch as een, de jüst ut'n Slaap upjagd ward. He keek mi an un de Lüüd, de toneben mi stünnen. Un denn föll em wedder in, worum se mi herbröcht harrn, dat harrn se em nämlich vörher seggt hat. He sä en poor Wöör nah mi hen, un furts  achterran keem en jungen Keerl mit so'n Klapsbüdel her un tucks mi dormit up dat rechte Ohr. Ik maak em nu allerhand Teeken, wo ik em mit verklaarn wull, dat ik so'n Upwaakfleggel nich nödig harr. Laterhen heff ik wies worrn, dat Siene Majestät un alle sien Lüüd deswegen en heel ringe Meenen von mienen Verstand kreegen. Ik nehm an, dat de König mi allerhand Saken fragen dä un versöch mi in alle Spraaken, de ik man kennen dä. Dat duur aver nich lang, dor harr he markt, dat ik em jüst so wenig verstahn kunn as he mi. Up sien Odder hen bröchen se mi nah en Stuuv in sien Palast. Un ik kreeg twee Deensten, de mi to bedeenen harrn. (Düsse Fürst weer dorför bekannt, dat he goot mit sien Butenlanners, de to Besöök keemen, umgahn dä. Dor weer he veel fründlicher as all sien Vörgängers.) As se mi denn en feinet Meddagäten updischen dän, worr mi en grote Ehr andaan: Veer Lüüd von ganz hogen Stand seeten mit mi an'n Disch; so'n Lüüd, de ik ganz in de Neegde von den König sehn harr. Tweemal worr frisch updragen un jedesmaal dree Menüüs. De erste Gang weer en Hamelschuller, de torechtsneeden weer as'n egole Dreeangel; denn en Stück Rindfleesch as'n scheevet Veereck antosehn un denn noch en Frikasseekoken, de utsehg as'n Zirkelslag. To'n tweeten Gang geev dat twee Aanten, antosehn as Vigelins, Wörst un Sült, de leeten as Fleiten un

Klarnetten un en Kalwsbost as'n Harp. Dat Brot sneeden de Deeners to as Kegels, Zylinders, Karos un allerhand annere Figuren ut de Mathematik.

As wi an't Äten weern, faat ik mi en Hart un fröög, wo de verschieden Saken in ehr Spraak heeten dän. Un düsse vörnehmen Herrns harrn dor Spaß an, mi to ännern. Ehr Klapsbüdelkloppers hülpen jem dorbi. Se meenten nämlich, ik worr ehr anschlägsch Simmeleern un ehr groot Weeten noch mehr bewunnern, wenn se mi soveel bibringen dän, dat se sik wat mit mi vertellen künnen. Un dat duur nich lang, denn kunn ik dat allens nömen, wat ik to äten un drinken un ok sünst noch hebben wull.

Nah'n Äten güngen mien Dischgenossen af un de König schick mi en Keerl her, de en Upwaaker bi sik harr. He harr Fedder, Black un Papeer un denn noch dree orer veer Böker mit bi. De geev mi to verstahn, dat he mi ehr Spraak bibringen söll. Veer Stunnen seeten wi tosamen. Ik weer de ganze Tiet över an't Schrieven. Heel veel Wöör sett ik akkrot een ünner dat annere. Up de anner Siet lieköver schreev ik, wo se in uns Spraak heeten dän. Mi raad dat ok, dat ik en poor korte Sätz in'n Kopp behollen dä. Mien Lehrer geev den Deener de Odder, he söll wat herhalen, orer sik umdreihn, een Deener maken, sik hensetten orer upstahn orer hen un her gahn un allerhand sowat. Ik schreev mi jeden Satz up. In een von sien Böker wies he mi Biller von de Sünn, den Maand, de Steerns un anner Saken von Eerd un Heven. He vertell mi ok, wo bi jem de Figuren ut de Geometrie nömt ward un sä mi de Naams von de Musikinstrumenten; he verklaar mi, wo düsse utsehn doot un wo dor up speelt ward. Dat vertell he mi mit de Utdrück, as de Muskanten dorvon snackt. As he denn afgahn harr, sorteer ik all de Wöör un de Verklaarn nah dat Alphabet. Un wieldat ik 'n behöllern Kopp hebben do, wüß ik all nah'n poor Daag in ehr Spraak ganz goot Bescheed.

Dat Woort, wat ik mi „fleegen" orer „sweeven Insel" översett heff, dat heet in ehr Spraak „Laputa". Wat dat genau bedüden deit, heff ik aver nich rutkreegen. Mi worr dat so seggt: „Lap" kummt ut ehr ole Spraak, de keeneen mehr snackt, un heet „hoch", un „untuh" bedüüd de „Stattholler". Ut „Lapuntuh" het denn bi de undütliche Sabbelee över'n lange Tiet „Laputa" worrn. Mi dücht aver, dat is en beten bannig wiet herhalt, dorum glööv ik dat nich. Ik güng nu bi un vertell de studeerten Herrns, wat nah mien Meenen de Bedüden von „Laputa" is. Ik sä jem, dat keem von „Lap outed" her; un „lap" seggt'n dorto, wenn de Sünnenstrahlen up dat Water danzt un „outed", dat sünd de Flünken. Aver ik will mien Meenen keeneen Minschen vörschrieven; ik will den Leser man bloß vertellen, wat ik dorvon hollen do.

De Lüüd, de mi von den König bigeven weern, dat se up mi achtgeven sölln, de sehgen, wo schedderig ik in Tüüg gahn dä. Dorum halten se furts an'n annern Morrn en Snieder; de söll Maat nehmen bi mi för eenen Antog. Düsse Meister arbeit nu nah en anner Aart un Wies as een von sien Kollegen in Europa. He määt toerst, wo groot ik weer, un dorto nehm he en Quadranten. Denn güng he mit Lineal un Zirkel bi un teeken de Maaten von mien Lief von Kopp bet Foot up'n Blatt Papeer. Nah'n Tiet von söß Daag keem he mit den Antog an. De weer aver bannig slecht maakt un harr överhaupt keen Fassong. He harr sik nämlich verdaan bi'n Utreeken un harr een von de Tallen mit en annere verwesselt. En beten tröst mi dat, dat sowat all Näslang bi jem passeert, keeneen dinkt sik dor wat bi.

Wieldat ik je keen ornlich Tüüg up'n Lief harr un mi dat ok nich goot gahn dä, bleev ik noch'n poor Daag länger in mien Stuuv. Ik harr Tiet genoog un keem mit mien Lexikon 'n ganz Deel vöran. As ik denn dat neegste Mal to'n König keem, kunn ik all veeles von dat verstahn, wat he seggen dä; un ik kunn em ok all ganz goot Antwurt geven. Siene Majestät harr Odder geven, dat de Insel nah Oostnoordoost stüürn söll jüst bet över Lagado, wat de Hauptstadt von't ganze Königriek weer un up dat Festland ünner de Insel liggen dä. So bi 270 Mielen weer dat bet nah de Stadt un dat duur veerunhalf Daag, bet wi henkamen dän. Dorvon, dat de Insel dörch de Luft seilen dä, heff ik nix markt. Aver an'n tweeten Morrn so gegen Klock ölm, geev dat upmal en bannigen Larm. Mi worr dor meist benaut von. De König, sien Eddellüüd, de Herrns von den Hoffstaat un de Offziern harrn ehr Musikinstrumenten in de Reeg bröcht un speelten nu dree Stunnen in eens, ahn ok man eenmal aftosetten. Ik kunn dat nich klookkriegen, wat dat bedüden söll. Letzto verklaar mien Lehrer mi dat. He sä, de Inwahners von de Insel harrn de Gaav, dat se de överirdsche Musik hören kunnen, wenn de von Tiet to Tiet an't speelen weer. Un de Lüüd von'n Hoffstaat weern nu sowiet, dat se dorbi mitspeelen kunnen, jedereen up dat Instrument, wat he am besten kunn.

As wi nah de Hauptstadt Lagado ünnerwegens weern, leet Siene Majestät de Insel över welke Städter un Dörpen anholln. He wull de Andrääg und Bittbreef von siene Ünnerdanen annehmen. Dorum leeten se so'n Tüderbänner dal, wo ünnen lütte Gewichten anbunnen weern. De Lüüd föömten denn ehr Breef up de Bänner un de steegen denn nah baben; dat güng jüst so as mit de Papeerschnipsels, de de Schooljüngs bi'n Drachenstiegen up de Schnoor treckt. Mannichmol kreegen wi ok Wien orer wat to äten von de Lüüd dor ünnen; dat worr denn mit Taljen hochwunnen.

Dat, wat ik von de Mathematik noch in'n Kopp hebben dä, dat keem mi dor goot topaß. Ik kunn dormit de Aart un Wies liern, wo se bi't Geelsnacken togangen weern. Dor kummt nämlich heel veel von de Mathematik in vör, un ok von de Musik, wo ik ok en beten wat von verstahn do. In ehrn Kopp gaht jümmer egolweg Bogens un anner Figuren rum. Wenn se vertellen willt, wo smuck en Deern is orer jichenseen anner Minsch orer ok en Stück Deert, denn vertellt se eben af von Rhomben, Kreisen, Parallelogramms, Ellipsen und annerswat ut de Geometrie. Orer se nehmt dorto Vokabeln ut de Musik, de ik hier nich uptellen will. In de Köök von den König sehg ik allens, wat dat an Apparaaten ut de Mathematik un ut de Musik geven deit. Dornah snied se dat Fleesch torecht, wat för den König updragen ward.

Ehr Hüüs sünd bannig slecht buut. De Wännen sind krumm un scheev un nanich süht'n ok man een eenzig lieke Eck. Dat kummt aver dorvon, dat se dor överhaupt nix mit an'n Hoot hefft, ehre Künsten un ehr Weeten von de Geometrie för dat dägliche Leven antowennen. Dat is jem veel to gewöhnlich. För de, de mit de Hännen arbeiten doot, is jem dat passig, aver Lüüd, de mit 'n Kopp arbeiten doot, de geev sik dor nich mit af. Dorum sünd de Anwiesen, de se geven doot, heel vigelinsch. Keeneen Minsch find dor mank torecht, un de Arbeiters kaamt dor rein mit dörcheenanner. Mit Lineal, Bleestift un Zirkel up Papeer könnt se heel anstellig ümgahn, aver bi de gewöhnliche Hännenarbeit heff ik noch nanich Minschen sehn, de sik so dömlich un heelböömig anstellen doot as düsse Lüüd hier. In de Mathematik un in de Musik sünd se hellschen beslaan. Aver mit all anner Deelen, wat so vörkamen deit, dor geevt se sik so töffelig un tapsig un nölig as sünst keeneen. In dat dägliche Leven hefft se an beide Hännen unegole Fingers. Mit ehr Nahdenken is dat ok nich wiet her. Gegen allens hefft se Wedderwöör, wenn se nich tofällig mal recht hebben doot; aver dat kümmt alle tein Johr man eenmal vör. Sik von en Deel en Bild maken, wat Niges utdinken un utklamüstern, von sowat hefft se rein gornix von afkreegen — ja, för sowat hefft se nichmal Wöör in ehr Spraak. Allens wat se dinkt un seggt un meent, dat het bloß mit Mathematik un mit Musik to doon un mit wieter nix.

De mehrsten von de Minschen hier, vör allen de, de nah de Steerns kieken doot, de glöövt fast an dat, wat ehr Horoskop von ehr Leven seggt. Man togeven deit dat keeneen von jem, dor scheniert se sik för. Wat mi an mehrsten wunnert het un wat ik ok nich begriepen kunn, dat weer ehr Jieper, den se up wat Niges un up de Politik harrn. Jümmerto sünd se achter dat her, wat överall Niges passeern deit. Över dat, wat de Regeerers maakt, geevt se ehr Oordeel af, ok wenn jem dor keeneen nah fragen deit. Un um jede lachhafte Meenen von de Parteien kaamt se vördull in Striet. Sowat is mi bi de mehrsten Mathematikers, de ik in Europa kennenliert heff, ok vörkamen.

Dorbi sünd de Mathematik un Politik so verschieden as man wat. Aver up een Rebett kriegt se dat mit en beten um-de-Ecksimmeleern doch övereen. Se seggt, de lüttste Kreis het rundum 360 Grad un de gröttste ok nich een eenzig Grad mehr, beide sünd liekövereen. De Grött von en Kreis het dorum överhaupt kein Bedüden dorför, up wat von Aart un Wies de Mathematikers dormit reken doot. Un denn gaht se bi un meent, mit dat Regeern von en Land is dat ok nich anners. De Lüüd, de in de Welt vör Ornung sorgen söllt un dat Regeern hefft, de bruukt keen beten mehr Grips in'n Kopp as een, de mit de Globuskugel rumspeelt un de rumdreiht. Ik dink mi, sowat to meenen, dat liggt woll in de Natur von de Minschen. So sünd wi nu mol: An leefsten steekt wi uns Näs in so'ne Saken, de uns överhaupt nix angaht un von de wi nich de ringste Ahnung hebben doot.

Düsse Lüüd leevt egolweg in Ängsten un kaamt keeneen Minut to Roh. Wat de Oorsaken dorför sünd, dor könnt anner Lüüd bloß över lachen. Ehr Bang kummt dorvon, dat sik an Sünn un Maand un Steerns wat ännern künn. Se meent, wieldat de Sünn jümmer neeger up de Eerd tokümmt, ward uns Planet eensdaags von ehr tonicht maakt orer upfreten. Orer se seggt: De Sünn sweet Dag för Dag wat ut sik rut un dat breet sik rundrum um ehr jümmer mehr ut; dat Licht kann den letzt dörch düsse Schicht nich mehr dörchschienen un denn ward in de Welt allens olt un kolt. Un denn maakt se sik Gedanken över den Kometen. As de dat letze Mal vörbiflagen is, dor het de Eerd man jüst eben an sien glönigen Steert vörbikamen, sünst harr bloß noch en Hupen Asch dorvon nahbleeven. De neegste Komet, de nah ehr Reeken in eenundörtig Johr kamen deit, de ward uns denn woll tonicht maken. Wenn de nämlich dicht an de Sünn rankummt (un nah ehr Reeken is dat so), denn kummt he teindusendmal duller in Hitz as rotglönig Iesen. Un de Kometensteert worr denn en Längde von teinmal hunnertdusend un veertein Mielen hebben. Wenn de Eerd nun so bi hunnertdusen Mielen von den Kometenkarn af dörch den Steert dörchfleegen dä, denn worr se in Nullkommanix verbrennen un denn bleev nix as'n Wulk von Asch. Un ok düt kunn je passeern: De Sünn schickt Dag för Dag ehr Strahlen los, kriggt aver nanichher wat dorför wedder. Letzt worrn de Strahlen denn tomen gahn un denn weer dat vörbi mit den Sünnschien. Un dat weer dat Enn von uns Eerd un von alle Planeten, de dat Licht von de Sünn kriegen doot.

Von so'n un annere Gedanken kaamt se egolweg in Angst un Bang. Se könnt nich mehr ruhig slapen un hefft gorkeen Freid an so'n Vergnögen, de dat Leven för gewöhnlich lustig un spaßig maakt. Wenn se morrns eenen drepen doot, denn fraagt se toerst nah de Sünn, wo de bi'n Up- un Ünnergahn utsehn het un dornah, wat se woll Schangsen harrn, dütmal noch an den Kometen vörbi to kamen. Jem geiht dat so as de Jungs, de ehrn Spaß hefft an gräsige Geschichten von Spöken un Hexen un Blaufarven. Bi't Vertellen hört se ganz nipp to, un denn mögt se vor luter Bangen nich to Bett gahn.

De Fruuns up de Insel hefft bannig Füür in 'n Lief. För ehr eegen Keerls hefft se nich veel wat över; de kiekt se knappmal mit'n Achtersten an. Um so mehr aver hollt se sik an frömde Keerls, de se noch nich kennt. Un dorvon gifft dat jümmer 'n ganze Reeg. De kaamt von dat Festland, wat ünner de Insel liggen deit. Welk hefft wegen ehr Gemeen orer wegen ehr Gill an den Königshoff wat to doon. Annern drievt ehr Warv hier un dor. Von de Lüüd up de Insel Laputa ward se bannig minnachtig ankeeken, wieldat se annerswat in'n Kopp nehmt as de Minschen hier baben. Mank düsse Frömden söökt sik de Daams ehre Kavaleers ut. Dat weer je nu eenglich nich so leeg. Un wo sik hier över uphollen ward, dat is ok wat anners. De Daams dinkt sik nämlich gornix dorbi, vör ehr eegen Keerl un vör alle Lüüd mit ehre Leefsten rümtomackern. Jem kann ok nix passeern, wieldat de Keerls jümmerto an't Simmeleern sünd un ehr Gedanken ganz wietweg hefft. De Kavaleer kann sik denn bi de Daam allens rutnehmen, wat he will; mit ehr rumsmüstern un um ehr rumfiecheln. Un dat vör de Oogen von ehr eegen Keerls. De ward dor nix von gewohr, wenn he man Papeer, Bleestift un sowat to Hand hefft un sien Upwaaker

nich för em uppassen deit.

Un denn beklagt de Fruuns un de Deerns sik noch, dat se up de Insel nich noog Utloop hefft. Ik dink aver, en betere Städ för ehr Doon un Drieven könnt se up de ganze Welt nich finnen. Hier hefft se allens överrieklich, wat'n sik dinken kann. Se leevt herrlich un in Freid un könnt doon un laten, wat se man willt. Aver dat is jem nich noog. Se lengt dornah, de groote Welt kennentoliern un dröömt von all dat Pläseer, wat dor in de Hauptstadt begängen is. Dor willt se to un to geern hen un denn dor nix anbrennen laten. Man dat is jem verbaden. De Insel verlaten dörft se bloß, wenn de König extra de Verlööf dorto gifft, un dat passeert nich so ög. Wenn de Fruuns nämlich erst eenmal dor ünnen sünd, denn is dat nich so eenfach, jem dorto to bringen, dat se wedder trüchkamen doot. Dat hefft de Herrns von Stand all mehr as eenmal afleevt. Mi hefft se molinst von en vörnehme Daam von'n Königshoff vertellt. Se het all'n poor Kinner un is mit den Premierminister verheirad. Dat is nah den König de riekste Minsch in't ganze Königriek. He is en smucken Keerl, het sien Fru von Harten leev un wahnt in den schönsten Palast von de Insel. Düsse Daam is wegen ehr Gesundheit, dat het se jedenfalls angeven, rünnerföhrt nah de Hauptstadt Lagado. En poor Maand het se dor bleven un sik versteken. Letzto het de König ehr von de Polizei nahsöken laten.  Funnen hefft se ehr in en halfsieden Spelunk. Ole Lumpen harr se an, wieldat se ehr Kleider verköfft harr; mit dat Geld versorg se en olen Knecht, de asig antosehn un en groffbastigen Minschen weer. Jeden Dag kreeg se en Dracht Prügel von em, aver se wull nich von em laten. Mit Gewalt hefft se ehr dor letzto weghalt. Ehr Keerl het ehr aver nix vorhöllen, het ok nich schimpt. Mit alle Leev het he ehr wedder upnahmen. Aver dat duur nich lang, dor güng düsse Daam bi un söch sik ehrn Smuck tosamen. Allens wat se an Gold un Juwels harr, nehm se mit un slieker sik heemlich wedder dal nah ehrn Galan. Dornah het'n nix mehr von ehr hört.

De Leser mag nu woll meenen, dat düt ehrer Geschichten ut Europa orer England sünd, as dat se ut en Land kaamt, dat an't annere Enn von de Welt liggen deit. Aver dor kann'n doch an sehn: wat dat Wievervolk an Flusen in'n Kopp het, dat het nix mit dat Weder to doon un ok nich mit de Eegenaart von bestimmte Länner. Nee, dat is överall datsülvige, wo Minschen wahnt.

So bi een Maand duur dat, denn harr ik de Spraak all ganz goot liert. Un wenn mi de Ehr tokeem, bi den König to Audienz to gahn, kunn ik meist up allens Antwurt geven, wat he mi fragen dä. Man bloß up de Länner, wo ik all överall mal henreist harr, weer Siene Majestät keen beten neeschierig. Nah de Gesetzen dor frög he mi nich, nich nah de Geschicht, nich nah de Religion un ok dor nich nah, wat de Minschen dor doon un drieven doot. Dat eenzigst, wat em interesseern dä, weer, wowiet se dor mit de Mathematik weern. Aver as ik em dorvon vertellen dä, weer em dat apenbor ok schietegal. He hör mi gornich to. Un dorbi harr he twee Upwaaker bi sik, de em von links un von rechts en poormal anklappsten.

De drütte Strämel
En Wunnerwark ward von de moderne Philosopie un de Astronomie verklaart. Wo heel wiet de Laputiers mit de Steernkiekeree all kamen hefft. Wat von Dreih de König anwennen deit, wenn welk Lüüd upsternaatsch ward.

Ik beed den Fürsten, wat he mi verlöven wull, dat ik mi de afsünnerlichen Saken von de Insel ankieken kunn. He harr de Gnaad un geev mi dat to, un mien Lehrer kreeg de Odder, mit mi mittogahn. Ik wull nu vör allen weeten, wo de Insel to'n Fleegen orer Sweven keem, un wat von Oorsaak dat harr, dat se sik in de Luft bewegen kunn. Dor will ik de Leser nu akkrot Bericht von geven, un dat up de Aart un Wies, as dat in de Wetenschop begäng is.

De „Fleegen" orer „Sweven Insel" is akkrot rund as en Kring. Se määt över un röver so bi veerunhalf Mielen, dat sünd teindusend Morgen. Dreehunnert Ellen is se dick. De Bodden is en glatte Schiev von Adamant un het en Dickte von so bi tweehunnert Ellen. Dat kann'n aver bloß sehn, wenn'n von ünnen kieken deit. Över de Boddenschiev liggt verschiedene Lagen von Eerd, so as se gewöhnlich vörkaamt. Babenup is en Laag von fette Eerd, de tein bet twölf Foot dick is. De Babensiet von de Insel is an de Kant rundrum höger un geiht nah de Mitt to schräg dal. Dor kummt dat ok von, dat allens, wat an Dau un Regen up de Insel fallt, in lüttje Beeken nah de Mitt henlopen deit. Dor ward dat in veer grote Kuhlen sammelt. Düsse Kuhlen määt jedereen rundrum en halve Miel un liggt tweehunnert Ellen von de Mitt af. Överlopen doot se nich, wieldat de Sünn dor bidaag noog Water ut uplicken deit. Un denn is dat so inricht, dat de König, wenn he will, de Insel bet över de Wulken hochstiegen laten kann. Dor kann Siene Majestät mit bestimmen, wat dat Dau un Regen gifft orer nich. De höchsten Wulken, dat meent de Naturforschers, stiegt nich höger as twee Mielen; tominnst hefft se dat in düt Land noch nich beleevt.

In de Mitt von de Insel is en Lock in de Eerd, so bi fofftig Ellen wiet. Dor stiegt de Steernkiekers in en groten Keller dal. „Flandona Gagnole" seggt se dorto, orer „Steernkiekerlock".

De liggt hunnert Ellen deep ünner de Eerd. Twintig Lüchten sünd dor egolweg an't Brennen. Dat Licht schient von de Adamantwännen torüch, un dorum is dat daghell dor ünnen. In den Keller staht allerhand Apparaaten, wo de Steernkiekers mit arbeiten doot: Sextanten, Quadranten, Teleskopen, Astrolabien un all sowat. Dat afsünnerlichst in den Keller is aver en gewaltig groot Magnetsteen. An düssen Steen hangt dat Leven un Weven von de Insel. Utsehn deit de as dat Fadenschipp von'n Weevtau. Söß Ellen is dat Ding lang un dree Ellen dick un in de Mitt is en Stang ut Adamant dörchsteeken. Dor let de Magnetsteen sik up bewegen as up en Ass. Un he is so akkrot in de Balanx, dat en lütt Deern em mit een Hand dreihn kann. Rundrum is en Ring ut Adamant, veer Foot deep, jüstso dick un twölf Ellen wiet. Acht Been, jedereen söß Ellen hoch, drägt den Ring un hollt em in de Waag. Up de inwennig Siet het de Ring rundum in de Mitt en Rill von twölf Toll Deepde. In düsse Rill liggt de Ass von de Magnetsteen mit de Ennen in un kann in jede Richt dreiht warrn.

De ganze Apparot steiht fast. He ribbelt un röögt sik nich. De Ring un de Fööt doran sünd nämlich mit den Adamantgrund von de Insel ut een Stück.

Mit düssen Magnetsteen let de Insel sik bewegen, nah baben un nah ünnen un ok nah vörn. Ünner de „Fleegen Insel" liggt dat Festland, wat den Monarchen tohörn deit; un över düt Land wiest de Steen en unsichtbore Kraft: dat een Enn treckt de Eerd an, dat anner Enn stött ehr af. Stellt 'n nu den Magnet pielup mit dat antrecken Enn nah ünnen, denn sackt de Insel dal, wiest dat afstöten Enn up de Eerd, denn stiggt de Insel piel nah baben. Steiht de Steen schräg, denn bewegt de Insel sik in düsse Richt vörto. De Kräften treckt jümmer in de Richt, in de de Magnetsteen wiesen deit.

Up düsse Aart un Wies stüürt se de Insel nah de verschieden Gegenden von den Monarchen sien Riek. Dat de Leser sik dat en beten beter vörstellen kann, will ik dat mit de Geometrie verklaaren. Nehmt wi an, dat A — B en Streck över dat Land Balnibarbi is. De Streck c-d bedüüd de Magnetsteen, d is dat afstöten Enn un c dat antrecken Enn. De Insel denkt wi uns sweeven över C. Nu nehmt wi an, dat de Steen in de Richt c-d liggen deit mit dat afstöten Enn nah ünnen; denn stüürt de Insel schräg nah baben up D to. Is se bi D ankamen, un wi dreiht den Steen so, dat dat antrecken Enn nah E wiesen deit, denn geiht dat schräg up E to. Dor ward de Steen mit de Ass dreiht bet E — F, dat afstöten Enn nah ünnen; nu stiggt de Insel schräg hoch nah F Stellt wi nu dat antrecken Enn up G in, denn sweevt se nah G hen. Von G nah H kummt se, wenn de Steen mit dat afstöten Enn nah ünnen wiest. So kann'n de Richt von den Steen jümmer wedder anners instellen, as'n dat jüst hebben will. De Insel sweevt denn schräg mol nah baben un mol nah ünnen. Un mit düt Stiegen un Fallen (egol, wat von Schrägde de Steen het) flüggt se von een Enn von dat Königriek nah dat annere.

Nu mutt'n aver noch wat weeten: De Insel kann nich över de Grenz von den König sein Riek weg. Se kann ok nich höger stiegen as veer Mielen. De Astronoms hefft de Saak mit den Steen akkrot von alle Sieten ünnersöcht (un dor klooke Böker över schreeben). Un se geevt dor düsse Oorsaak för an: De Magnetkraft reckt nich wieter as veer Mielen. Un in de Eerd von dat Festland un ok bet achtein Mielen von de Küst af ünner Water gifft dat en Aart von Steens, wo de Kraft von den Magnetsteen up ansleit. Düsse Steens findt sik nich up de ganze Eerd, de gifft dat nanich annerwegens as in dat Land von düssen König. Vunwegen düssen groten Vördeel kunn he alle Länner ünner sik dwingen, so wiet as de Kraft von den Magnetsteen recken deiht.

Ward de Steen in de Waag stellt, denn steiht de Insel still. Dat kummt dorvon, dat beide Ennen liekerwiet von de Eerd weg sünd; wieldat nämlich för Antrecken un Afstöten liekerveel Kraft anwennt ward, heevt sik beide Kräften up un de Insel steiht still.

To Uppassers för den Magnetsteen hefft se en poor Steernkiekers extra utsöcht. Wenn Tiet is, dreiht se em so hen, as de Monarch dat vörgeven deit. Aver de mehrste Tiet von ehr

Leven kiekt se ut nah Steerns, Maanden un Sünnen. Dor hefft se Wietkiekers to, de veel beter sünd as uns. Ehr gröttsten Teleskopen sünd nich länger as dree Foot. Vergröttern doot de aver mehr as bi uns de von hunnert Foot, un de Steerns kann'n dor ok veel klorer un düütlicher mit sehn. Dörch düssen Vördeel hefft se all veel mehr rutfunnen as de Steernkiekers in Europa. In den Katalog, den se hier upstellt hefft, sünd Berichten över teindusend Sünnen in. In de gröttsten Katalogen bi uns findt sik nich mehr as de drütte Deel dorvon. Se hefft ok twee lüttjere Steerns funnen; dat sünd Maanden, de sik um den Planeten Mars dreihn doot. De dorvon, de an dichtsten ran is, de is dreemol so wiet weg von den Mars, as he sülmst groot is, un de anner fiefmol. De erste is nah tein Stunnen eenmol rundum un bi den annern duurt dat eenuntwintigunhalf Stunnen. Nimmt'n nu düsse Tallen to'n Quadrat, denn verhollt se sik een to de anner jüst so as de Kubiktallen von ehr Neegde to de Mitt von den Mars. Dor kann'n an sehn, dat för jem desülvige Ornung gilt as för de annern Steerns un Planeten an'n Heven.

Dreeunnegentig Kometen hefft se an'n Heven faststellt, un akkrot utrekent. Wenn dat stimmt (un se seggt dat för wiß) denn weer dat goot, wenn dat in de ganze Welt kunnig maakt warrn dä. Denn kunn nämlich dat, wat bi uns von de Kometen bekannt is, kumplett maakt warrn. Betlang is dat Weeten dorvon man bannig ring un bruddelig. Mit de anner Saken von Heven, Steerns und Maanden weet se bi uns ok heel dull Bescheed.

Wat den König angeiht, so kunn he de Herr von de ganze Welt wesen. He möß man bloß sien Ministers dorto bringen, dat se sik to em hollen dän. De aver hefft all ehr eegen Kraam, ehr Haav un Goot un Land, ünnen up dat Festland. Un wieldat keen Minsch weeten deit, wolang de König jem sien Gunst towennt, dorum ward düsse Herrns nienich togeven, dat he över ehr Land bestimmen kann.

Wenn in een Stadt de Lüüd upsternaatsch ward un en Upstand maakt, orer de Parteien in Striet kaamt, orer de Lüüd ehr gewöhnlichen Stüürn nich betohlen willt, denn kann de König jem to Räsong bringen. He kann dat up verschieden Aart maken. Dat fangt wat sachten an: He sweevt mit sien Insel över de Stadt un de Gegend rundum. Denn gifft dat dor keen Sünnschien un keen Regen. De Lüüd fangt denn an to hungern un ward krank. Un wenn dat nich helpt, denn ward ok noch grote Steens up jem dalballert. Willt se sik dorvör wahren, denn mööt se sik in Kellers orer Eerdlöcker verkrupen; aver de Däcker von ehr Hüüs ward in Dutt haut. Geevt se sik denn jümmer noch nich to, orer drauht se sogor mit'n Upstand, denn grippt de König to dat letzt Middel: He let jem sien ganze Insel direktemank up den Kopp fallen. Un denn blifft von Hüüs un Minschen nix mehr nah. Düt Ünnernehmen is aver en grote Utnahm; de König höllt sik dor bannig mit torüch. Ok de Ministers raad em dor ehrer von af. Se sünd bang, dat de Lüüd denn heel dull up jem ward. Un babenin keemen denn je ok ehr eegen Göder to Schaden; de liggt nämlich all ünnen up dat Festland. De fleegen Insel hört ganz un gor den König to.

Dat gifft dor aver noch en bedüden Oorsaak för, dat de Königs in düt Land dat nich geern riskeert hefft, düsse scharpe Straaf antowennen. Se hefft dat bloß denn dan, wenn dat afslut nich anners güng. Gefährlich ward dat nämlich denn, wenn en Stadt tonicht maakt warrn sall, in de dat hoge Felsen gifft. Un so'n Städer gifft dat nich wenig. Dat schient so, as harrn de Lüüd sik extra so'n Gegenden to'n wahnen utsöcht, dat jem so'n Mallör nich passeern kann. Jüst so gefährlich is dat bi Städer, wo hoge Keerktoorns orer Pielers von Steen stahn doot. Wenn denn de Insel in Karrjeh up so'n Stadt dalstörten deit, denn kann de Inselgrund kaputt gahn, obschonst dat, as ik all seggt heff, en Schiev ut Adamant von tweehunnert Ellen Dickte is. Un dat kann ok wesen, dat de Hitt, de ut de Schosteens kümmt, den Adamantgrund von de Insel to'n Platzen bringen kunn. Bi uns passeert sowat ähnlichs je mannichmol in'n Kamin mit de Isenplatten an de Achtersiet. Von düt allens weet de Lüüd hiertolannen goot Bescheed. Se weet dorum genau, wowiet se dat mit ehrn Wedderstand drieven könnt, wenn dat um ehr Frieheit

un um ehr Haav un Goot gahn deit. Un de König süht sik ok vör, wenn he ok noch so dull trietzt ward. Wenn he sik denn doch fast vörnehmen het, en Stadt in Dutt to haun, denn let he de Insel dor wat sachten up dalgahn. He gifft denn woll an, dat em de Minschen leed doot. Aver würklich Sorgen maken deit em dorbi, dat de Inselbodden ut Adamant kaputt gahn kunn. All ehr Fachlüüd hefft nämlich de Meenen, dat denn de Magnetsteen de Insel nich mehr in de Luft sweven hollen kunn un de ganze Kraam dalstörten worr.

So bi dree Johr, ehrer ik ankamen bün, is hier wat afsünnerliches passeert, dor harr de Monarchie meist bi koppheister gahn. (Tominst harr se nich so blieven kunnt, as se inricht weer.) Un dat weer so: De König maak en Rundreis över sien Land. De erste Stadt, de he besöken dä, weer Lindalino, wat de tweetgröttste Stadt in sien Riek is. De Börgers von Lindalino harrn sik all oftinst beklaagt, dat se von den Fürsten to dull dalduukt worrn. Dree Daag weer de König wedder weg, dor makten se de Stadtdoorn dicht un sparrten den Stattholler in't Lock. Denn smeeten se sik mächtig in't Geschirr un buuten in nullkommanix veer gewaltige Toorns, an jede Ecke von de Stadt een. (De weer nämlich as Veereck anleggt.) De Toorns weern akkrot so hoch as en hogen un spitzigen Steenpieler, de in de Mitt von de Stadt stahn dä. Baben up den Toorn un up den Steenpieler makten se an jedeneen en groten Magnetsteen fast. Se bröchen ok en groten Hupen von Kraam tohopen, wat fix brennen dä. Dat wulln se ansteeken un dor den Adamantgrund von de Königsinsel mit to'n Platzen bringen, wenn ehr Plaan mit de Magnetsteens scheef gahn worr.

Acht Maanden duur dat, bet de König richtig Bescheed kriegen dä, dat de Lindaliner en Upstand makten. He geev furts Odder, dat de Insel över ehr Stadt sweven söll. De Lüüd dor weern sik aver all eenig. Se harrn en groten Vörrat von Äten un Drinken tohopbröcht; un midden dörch de Stadt flööt en groten Stroom. De König bleev nun en Reeg von Daagen mit sien Insel över de Stadt an't Sweven. So wull he dorför sorgen, dat se keen Sünnschien un keen Regen kreegen. Up sien Odder hen worrn Tüdelbänner dallaten, aver keeneen von de Börgers güng bi, ok man bloß een eenzigen Bittbreef ruptoschicken. In Gegendeel, se geven Schrieven nah baben, wo se in föddern dän, dat all ehr Klaagen nahgeven warrn söll. Se wulln frie wesen un sülmst fastsetten, wo dat in ehr Stadt lang gahn söll. Ehrn Stattholler wulln se sik sülmst utsöken; un denn harrn se noch allerhand annere upsternatsche un unriemsche Verlangen. Dat weer den König nu toveel. He geev den Befehl an sien Lüüd, so sölln von de ünnerste Stuff an'n Rand von de Insel grote Steens in de Stadt dalsmieten. Aver dor harrn de Lindaliners all mit rekent. Se verkröpen sik mit all ehr Haav un Goot in de veer Toorns un in annere faste Hüüs un Kellers.

De König wull aver nich nahgeven. He wull düt upsternatsche Volk in de Knee dwingen. Dorum orden he an, dat de Insel sachten bet veertig Ellen över de Spitzen von de Toorns un den hogen Steenpielers dalgahn söll. Un dat worr denn ok so maakt. Aver dor worrn de Lüüd, de to'n Inselstüürn anstellt weern, de worrn gewohr, dat de Insel veel flinker dalgahn dä as gewöhnlich. Se dreihten den Magnetsteen un kunnen de Insel man jüst so an't Sweven holln. Se markten, dat se jümmer dicht vör't Afsacken weer. Se geven den König furts Bescheed von düssen gediegenen Vörgang un frögen, wat se de Insel nich wedder höger bringen kunnen. De König geev dat to. Un denn worr en grote Versammeln tohopenropen. De Magnetsteenbedeeners kreegen Odder, dor mit bi to wesen. Een von de öllsten un kunnigsten von jem kreeg de Verlööf, en Versöök to maken. He nehm en faste Reep von hunnert Ellen un maak an dat Enn en Stück Adamant an fast. Düt Stück weer mit Iesen vermengeleert un weer von desülvige Aart as de Adamantbodden von de Insel. De Insel worr nu över de Stadt in de Sweev hollen un tworsten en beten höger as dor, wo se dat Trecken von ünnen spöört harrn. De Keerl güng nah de ünnerst Stuff von de Insel un leet de Reep up een von de Toorns dal. De Adamant an de Reep weer noch keen veer Ellen aflaten, dor kunn he föhlen, wo de Adamant nah ünnen tagen worr. He kunn em meist nich wedder hochkriegen. Denn smeet he en poor lüttje Stücken Adamant dal; de worrn all von de Toornspitz antogen worrn. Datsülvige probeerten se ok an de annern Toorns un an den hogen Steen in de Mitt ut. Un jedesmal güng dat jüst so.

Wegen düssen Umstand kunn de König nu nix maken. Un (ik will mi dor nich länger bi uphollen) em bleev nix anners över, he möß de Stadt togeven, wat se von em föddern dän.

Een von de hogen Ministers sä mi laterhen molinst, de Börgers von de Stadt harrn sik dat för wiß vörnahmen hat: se wulln de Insel, wenn se denn sowiet dalkamen harr, för alle Tieden wißhollen. Se harrn den König un all sien Lüüd doot maakt un de Regeerung ganz un gor umkrempelt.

Un düt wöll ik ok noch seggen: En Grundgesetz in düt Riek sett fast, dat de König un sien beiden öllsten Jungs de Insel nienich verlaten dörft. Un dat gilt ok för de Königin solang, as se noch Kinner kriegen kann.

De veerte Strämel

De Schriever geiht von Laputa weg. Se bringt em nah Balnibarbi un he kummt in de Hauptstadt an. Wo dat in de Hauptstadt un in de ganze Gegend utsüht. En vörnehmen Herrn nimmt den Schriever fründlich up. Wat de beiden sik allens so vertellt.

Ik kann mi nich beklagen, dat se up de Insel slecht mit mi umgahn harrn; aver dat mutt ik doch seggen: Veel daan hefft se sik ok nich um mi. Un en beten wat minnachtig werrn se ok gegen mi. Keeneen, de Fürst nich un sien Lüüd ok nich, keeneen intresseer sik för jichenswat, as man bloß för Mathematik un Musik. Un in düsse beiden Rebetten kunn ik överhaupt nich mitholln mit jem. Dat weer denn ok de Oorsaak, dat se mi meist gornich mitreken dän.

Ik harr allens sehn, wat dat up de Insel besünneres geven dä, un mit de Lüüd umtogahn harr ik ok keen Lust mehr. Dorum wull ik upleevst de Insel achter mi laten. Klor, up twee Rebetten wüssen se Bescheed as man een. Dor heff ik heel groot Respekt vör, wieldat ik dor ok nich ganz dömlich in bün. Togliek werrn se aver so drömerig un in't Simmerleern ganz weg, dat ik noch nanich annerwegens Lüüd drapen heff, wo ik so wenig mit anfangen kunn.

Twee Maanden heff ik mi dor upholln. Un in düsse Tiet kunn ik mi man bloß mit Fruuns, Hannelslüüd, Klapsbüdelkloppers un ringe Deenstlüüd wat vertellen. Dat maak mi in de Ogen von de Herrns un Daams bannig minnachtig; aver düsse gewöhnlichen Lüüd weern de eenzigsten, von de ik en verstännige Antwurt kriegen kunn.

Wieldat ik mi grote Möh geven dä, wüß ik in ehr Spraak bald heel goot Bescheed. Mi paß dat nu överhaupt nich mehr, dat ik mit keeneen vernünftig snacken kunn. Dor kunn'n brägenklüterig bi warrn. Dorum nehm ik mi vör, de Insel achter mi to laten; un dat so bald as dat man jichens güng.

An den Königshoff geev dat en hogen un vörnehmen Herrn. Den gehörigen Respekt geven se em aver man bloß deswegen, wieldat he mit den König neeg verwandt weer. De mehrsten Lüüd sän von em, dat he de dömlichst un tüffeligst Minsch bi jem weer. He harr veel daan för den König un harr von Natur veele Gaven, harr veel liert in sien Leven un weer en uprechten Keerl, de wat up sik hollen dä. Man bloß he harr keen goot Ohr för de Musik. De Nahsnackers vertellten von em, dat he jümmer wedder den Takt an de verkehrte Städen slaan dä. Un wat de Mathematik angüng, dor harrn se ehr leeve Noot mit, dat se em man de eenfachsten Formeln verkloorn kunnen. Aver he weer en goothartigen Keerl, de mi veel togoden daan het. Oftinst dä he mi de Ehr von sienen Besöök an. He beed mi ok, ik müch em soveel as möglich von Europa vertellen; wo sik dat dor mit Land un Lüüd verholln dä; nah wat von Gesetzen dor regeert worr un wo de Minschen sik ünnereenanner geven dän. Em intresseer ok, wo dat in de verschiedenen Länner, wo ik up mien Reisen henkamen harr, mit dat Liern un Studeern vör sik gahn dä. He hör mi heel nipp to un harr veel klooke Meenen un Fraagen to allens, wat ik em vertellen dä. Wieldat he en hoge Person weer, harr he twee Upwaakers, de up em acht geven. För gewöhnlich leet he sik von jem nich klappsen. Man bloß, wenn he an'n Königshoff wat to doon harr orer wenn he en amtlichen Besöök maken dä, denn leet he jem gewährn. Weern wi beiden alleen miteenanner, denn schick he jem weg.

Düssen grootarigen Lord beed ik, he müch bi Siene Majestät en godes Woort för mi inleggen, dat mi de Afreis verlöövt worr. He dä dat ok, geev mi aver to verstahn, dat em mien Afgahn leed doon dä. He bööd mi ok mannichdeel an, wo ik grote Vördeelen von hebben kunn. Ik sä em dor von Harten Dank för, aver annehmen kunn ik dat nich.

An'n 16. Fevruor sä ik Siene Majestät un sien Lüüd adjüs. De König geev mi noch en Präsent mit, wat so bi tweehunnert Daler wert wesen kunn. Von mien Fründ, de mit em verwandt weer, kreeg ik nochmal so veel as Gaav. Un he geev mi ok noch en goden Breef för een von sien Frünnen mit, de in de Hauptstadt Lagado wahnen dä. To de Tiet sweev de Insel jüst över en Barg, de twee Mielen von Lagado af liggen dä. Dor setten se mi von de ünnerst Stuff up desülvige Aart un Wies af, as se mi domols ruptagen harrn.

Dat Festland, sowiet as dat den Monarchen von de Fleegen Insel tohörn deit, nöömt se dor mit den Naam Balnibarbi. De Hauptstadt, dat sä ik all, heet Lagado. Mi worr ornlich woll tomoot, as ik wedder fasten Bodden ünner de Fööt föhlen dä. Ik güng nah de Stadt. Mi weer nich bang dorbi, wieldat ik jüst so'n Kledaasch anharr as de Lüüd dor. Un ik wüß ok mit de Spraak un den Ümgang ganz goot Bescheed, dat ik mi wat mit jem vertellen kunn. Dat duur nich lang, denn harr ik dat Huus von den Herrn funnen, an den mien Fründ von de Insel mi wiest harr. Ik geev em den Breef un he nehm mi heel fründlich bi sik up. He weer en vörnehmen Lord mit Naam Munodi. In sien eegen Huus geev he mi en Stuuv. Dor kunn ik wahnen, so lang as ik dor weer. Un he sorg ok heel goot mit Äten un Drinken för mi.

An'n annern Morrn nehm he mi in sien Kutschwagen mit un wies mi de Stadt. De is ungefähr half so groot as London. De Hüser dor hefft se up'n heel gediegen Aart un Wies buut, de mehrsten dorvon sünd dicht vör't Tohopfallen. De Lüüd up de Straat jachtert mit'n bannig Tempo dor lang. Se kiekt wat brägenklüterig un de Ogen gluupt stuur liekut. Ehr Kledaasch hangt bi de mehrsten as Plünnen von Lief. Wi kutschierten dörch een von de Stadtdooren so bi dree Mielen wiet up't Land rut. Ik sehg veele Arbeitslüüd, de weern mit allerhand Geschirr up verschieden Aart un Wies up de Feller mit Arbeiten togang. Wat se dor drieven dän, kunn ik nich klookkriegen. Ik worr ok nich wies, wat dor eenerwegens Koorn orer Gras wassen dä. Dorbi sehg mi de Eerd ut, as wenn dat en goden un fruchtboren Bodden weer. Över düssen gediegenen Kraam in de Stadt un up't Land keem mi doch dat Wunnern an. Dorum faat ik mi en Hart un beed mien Fründ, he müch mi verkloorn, wat all de iewrigen Köpp un Hännen un Gesichten up de Straaten un Feller bedüden dän; ik kunn nich wies warrn, dat dor wat ornlichs bi rutkamen dä. Ik harr ok noch nanich en Stück Land to

Gesicht kregen, wat so elennig beackert weer as hier. Un Hüser, de so slecht buut un so verfallen weern, harr ik in mien ganzet Leven noch nich sehn. Un Minschen, in de ehr Gesicht un an de ehr Kledaasch de Noot un Jammer so düütlich aftolesen weer, harrn mi ok bet nu her nich vör Ogen kamen.

Düsse Lord Munodi hör to de ersten un böbelsten Lüüd. En poor Johr harr he Stattholler von Lagado west. Aver de Ministers harrn dat up veniensche un achtersinnige Aart un Wies farigbröcht, dat he as en Dummbüdel ansehn un denn ut'n Amt jagt worr. De König güng fründlich mit em um, aver so as mit een, de dat goot meent, aver leiders en beten töffelig un dummerhaftig is.

As ik em frie un apen mien ringe Meenen von dat Land un von de Lüüd seggen dä, geev he mi erst keen rechte Antwurt. He meen, ik weer noch nich lang noog dor, as dat ik doröver urdeeln kunn. Un denn sä he ok noch, anner Lüüd hefft anner Moden, un geev noch mehr so'n Snacks to'n besten. Wi keemen nah sienen Palast trüch un he fröög mi, wat ik von sien Huus hollen dä, wat von dummerhaftigen Kraam ik dor an gewohr worrn harr; un wat ik an de Kledaasch un an dat Utsehn von sien Deenstlüüd to begnegeln harr. Sowat kunn he licht fragen. Bi em weer nämlich allens grootarig un ornlich un vörnehm. Ik änner em, dat he vör de Fehlers bewohrt bleeben weer, dat keem gewiß von sien heel anschlägschen Kopp, sien hogen Posten un sien Kaptal. Bi de anner Lüüd hung dat woll mit de ehr Dömlichkeit un ehr Armoot tosamen. He meen, ik söll mal mit em nah sien Summerhuus föhrn, wo ok sien Göder weern. Dat leeg so bi twintig Mielen af. Dor weer mehr Tiet un Roh, mit mi över so'n Saken to snacken. Ik geev Siene Exzellenz to Antwurt, ik worr to jede Tiet mitkamen. Doruphen makten wi uns an'n annern Morrn up den Weg.

Ünnerwegens vertell he mi, up wat von Aart un Wies de Pachtbuurn up ehr Feller an't Wirtschaften weern. Ik kunn dor överhaupt keen Klook in kriegen. Bet up en ganz poor Städen sehg ik nanich ok man een Koornahr orer een Grashalm. Aver nah dree Stunnen worr dat mitmol ganz anners. Wi keemen in en heel schöne Gegend. De Buurnhüser, een bi'n annern, weern goot un fast buut. Dat Land weer akkrot intüünt; Wienbargen weern dor, Koornfeller un Wischen. Ik wüß nich, dat ik annerwegens all mal so'n wunnerschöne Gegend sehn harr. Siene Exzellenz mark, wo ik mi doröver wunnern un frein dä. He süüfz liesen vör sik hen un sä, dat hier sien Göder anfangen dän. De Utsicht worr nu so blieven, bet wi bi sien Huus ankamen dän. Man sien Landslüüd lachen em wat ut un keeken hell minnachtig up em dal. Nah ehr Meenen bedreev he sien Geschäften heel slecht un geev dor för dat ganze Land en elennig slecht Vörbild mit. Se sän, dat weer en Glück, dat em dat man bloß en poor olle Lüüd nahmaken dän; un de weern jüstso dickköppig un brägenklüterig as he.

Letzto keemen wi nah sien Huus hen. Dat weer en grootarig Gebüüd, wat up de beste Aart un Wies buut weer, as dat to olle Tieden Mood weer. Waterkünsten geev dat dor, Gortenanlagen, Spazeerweeg, Alleen un Hagens mit schöne Böom. Allens dä wunnerbor een to dat annere passen un weer mit godet Geföhl un eddeln Gesmack inricht. Ik geev Siene Exzellenz to verstahn, wo wunnerbor ik dat allens finnen dä. He aver sä dor erstmol gornix to. Erst bi'n Obendbrotäten, as anners keen mehr dorbi weer, snack he dorvon. Mit en heel bedröövt Gesicht meen he, em weer bang, se worrn em sowiet bringen, dat he all sien Hüser, de in de Stadt un ok de up Dörpen, afrieten möß. Un nich bloß dat. Se wolln em dwingen, allens, wat he anplannt un anseit harr tonicht to maken. Un denn söll allens nah de nige Mood wedder upbuut un anleggt warrn. Un datsülvige söll he ok von all sien Pachtbuurn föddern. Wenn he dat nich maken worr, denn möß he dormit leven, dat se em för grootsnutig un apig, för dömlich un dickköppig ansehn dän. Un Siene Majestät worr denn viellicht noch ungnädiger to em wesen.

Mien Verwunnern, meen he, worr gewiß wat weniger warrn orer ganz uphörn, wenn he mi genauers dorvon vertellen dä. Dat geev woll mannichdeel, wo ik an den Könighoff nix von gewohr worrn harr. För de Lüüd dor baben harr dat Simmeleern en to un to groot Bedüden, dorüm harrn se keen Tiet för dat, wat hier ünnen so allens passeern dä.

Von dat, wat he mi denn vertellen dä, sünd düt de Hauptsaken: Vör ümto veertig Johr hefft Lüüd von en gewissen Slag rupstegen nah Laputa. De welk harrn dor Geschäften to beschicken, de annern güngen to'n Vergnögen. Fief Maanden bleven se dor, denn keemen se wedder rünner. In düsse Tiet hefft se dor de Mathematik studeert; man bloß, veel het dor nich bi rutkamen. Dor baben in de Lüften hefft se vör allen bannige Fludderfladders worrn. Bi een Saak blieven kunnen se nich mehr, dor möß jümmer wat Niges anfangt warrn. As se trüchkamen harrn, güng dat furts los mit Quesen un Quarken över allens, wat hier ünnen maakt worr. Se harrn sik vörnahmen, allens umtokrempeln: de Künsten, de Wetenschop, de Spraak un de Technik. Dorum harrn se sik von den König de Protektschoon geven laten, dat se in Lagado en Akademie för „Allens-beter-Makers" inrichten kunnen. Düsse Idee het nu heel veel Lüüd in't ganze Land bannig den Kopp verkielt. Un dat gifft nu keen Stadt mehr, de wat up sik höllt, wo se nich so'n Akademie grünnt hefft. In düsse Simmerleer-Clubs klamüstert se nige Moden för de Landwirtschaft un för de Hüserbuueree ut. Bi ehr Spekeleern kaamt se ok mit ganz niget Geschirr un Warktüüg för alle Aarten von Handwark un annere Arbeit togangen. Se prahlt dormit, dat mit düssen niemodschen Kraam een Keerl de Arbeit von tein farigbringen kann. En Palast kunn in de Tiet von een Week upbuut warrn; un dat Materiaal is so duurhaftig (seggt se), dat hollt ewig. Un to repareern bruuk'n dor nie nix an. Allens,

wat an Früchten up't Feld wassen deit (dröhnt se), ward denn to jede Johrstiet riep, so as de Buurn dat för richtig hollen doot, un de Aarnt (preestert se) ward hunnertmol höger as se nu is; un denn hefft se hunnerterlee annere fixe Ideen. Dat ganze het man bloß een lüttjen Nahdeel: bet nu her hefft se noch nich mit een eenzig von ehr Niglichkeiten farig worrn. Middewiel liggt dat ganze Land wööst, dat dat'n groten Jammer is. De Hüser fallt in Dutt tohopen; de Lüüd hefft nix to äten un ok nix to'n Antrecken. Nu söll'n meenen, dat se dor den Moot bi verleert. Aver nee, se sünd dor fofftigmol duller achterher, allens dörchtosetten, wat jem in den Kopp kummt. Höpen un vertwiefeln drifft jem dorto an. Wat em sülmst angüng, sä Siene Exzellenz, he harr nu mol nich so'n överspönschen Kopp un weer dormit tofreeden, nah de olle Mood wietertomaken. He wahn in Hüser, de sien Voröllern buut harrn un dä sien Arbeit so, as dat bi jem Mood west weer. All de nigen Moden maak he nich mit. En poor anner Lüüd von Stand maken dat jüst so as

he, un ok de een orer anner von de vörnehmen Börgerslüüd. Dorför worrn se minnachtig un böös ankeeken. Gegenlüüd von de Künsten worrn se schimpt, Döömlacks un slechte Staatsbörgers, de ehr egen Macken un Fuulheit höger anslögen as den Fortschritt von dat Vaderland.
Denn meen Siene Lordschaft, mehr wull he mi nich vertellen, sünst worr he mi um de Höög un den Spaß bringen, de ik in de neegsten Daag gewiß kriegen dä. Dat harr he sik nämlich vörnahmen, dat ik mi de Grote Akademie ansehn söll. Vörher aver beed he mi, ik müch mi noch erst en rungeneertes Huus ankieken, wat so bi dree Mielen af dicht an en Barg liggen dä. Von düsse Ruin vertell he mi düsse Geschicht: En halve Miel von sien Huus af hör em en Möhl to. Andreven worr se von en groten Stroom, de dor vörbigüng. He kunn dor allens mit schaffen, wat för sien eegen Familje un ok noch för heel veel Pachtbuurn to mahlen weer. Dat weer nu so bi söben Johr her, dor keem en Koppel von de „Allens-beter-Makers" nah em hen. De leggten em en Plaan vör. De Möhl söll afreeten un dicht an den Barg en nige upbuut warrn. Up de lange Babenkant von den Barg wulln se en Graben anleggen, de bet nah de Möhl hengahn dä. Dor söll dat Water in dallopen un de Möhl andrieven. Dorto möß dat aver erstmol mit Pumpen dörch grote Rohren nah baben bröcht warrn. Se sän, de Wind un de Luft baben up den Barg hölln dat Water ingang un dat kunn denn smietiger un beter fleeten. Un denn lööp dat Water je ok den Barg dal, un dorumhalven bruukten se man half soveel Water, as wenn dat in den Möhlenbeek so ebendrächtig henlopen dä. Siene Exellenz sä, domols harr he sik mit de Wirtschop un den Hoff nich alltogoot stahn, un veele von sien Frünnen harrn em ok noch tosnackt. So harr he letzto den Vörslag annahmen. Hunnert Lüüd harrn denn dor twee Johr an arbeit, aver von dat Projekt harr nix von worrn. De Klookschieters von de Akademie harrn afhaut un em de ganze Schuld geven. Nu versöchen se egolweg, em to'n Narren to maken un güngen annere Buurn to Kleed, sik up densülvigen Hopphei intolaten. Jüstso as em, snackt se de Lüüd ok vör, dat

kunn gornich scheef gahn. „Un an't Enn geiht dat doch in de Büx", meen he, „jüst so as bi mi."

Nah en poor Daag reisten wi wedder trüch nah de Stadt. Wieldat Siene Exzellenz keen godet Ansehn in de Akademie harr, woll he nich sülmst mit mi dor hengahn. He snack mit een von sien Frünnen, de denn mit mi hengüng. Mylord help mi to en goden Instand. He snack de Lüüd von de Akademie vör, dat ik bannig up allens fleegen dä, wat nah Fortschritt utsehg. He sä ok, ik weer en bannig neeschierigen un lichtglöövschen Minschen. Un dor is ok en beten wat an. As ik noch jung un unbedarft weer, heff ik mi sülmst mit son'n Projektenmakeree afgeven.

De föffte Strämel

De Schriever dörf sik de Grote Akademie von Lagado ankieken. He vertellt dor lang un breet von. Wat dat von Künsten sünd, wo de Perfessers ehr Tiet mit tobringen doot.

Düsse Akademie is keen tohophangen Kumplex, wo allens up'n Hupen steiht, wat dor to hört. Dat is en ganze Reeg von verschieden Hüser, de up beide Sieten von de Straat stahn doot. Se hefft jem so nah un nah för dat „Allens-beter-Maker"-Projekt köfft, as se an't Tohopfallen weern. De President nehm mi fründlich up. En ganze Reeg von Dagen güng ik jümmer wedder hen nah de Akademie. Ik glööv, dat weern tominst fiefhunnert Rüüm, wo ik rinkeeken heff.

De erste Keerl, nah den ik henkeem, sehg wat klöterig ut. Sien Hännen un Gesicht weern swart von Sott. Mit sien Hoor un sien Bort harr he lang nich bi'n Putzbüdel west, de weern lang un ruug un städwies ansengelt. Sien Tüüg, sien Hemd un sien Huut weern alle von desülvige Farv. Acht Johr lang weer he bi een eenzig Saak togang. He harr Gurken tücht, wo he Sünnschien von maken wull. De Pött, wo de Gurken in weern, harr he pottdicht tomaakt. Wenn denn en kolden un rugen Sommer kamen worr, kunn de Sünnschien rutlaten warrn un de Luft warm maken. He sä mi, för em geev dat överhaupt keen Twiefel, dat dat funkscheneern dä; nochmal acht Johr, denn kunn he de Gortens von den Stattholler mit Sünnschien versorgen, un dat worr ok nich to düür warrn. He jammer aver, dat he mit Geld wat knapp weer. Dat keem ok mit dorvon, dat de Gurken in düt Johr bannig düür west harrn. He beed mi, ik müch em en beten Geld geven, dat worr em Moot maken, wieter to simmeleern un mit sien Saak nich nahtolaten. Ik geev em en poor Dalers; Mylord harr mi dorto wat tosteken. He wüß, dat düsse Lüüd jedeneen ansnurren dän, de bi jem to Besöök keem.

Ik güng nah en anner Stuuv. As ik de Döör apen maken dä, harr ik an leefsten up de Städ wedder ümdreiht. En aasigen

Gestank keem mi tomööt un nehm mi meist den Aten. Mien Bigänger schööv mi wieter un puster mi in't Ohr, ik söll keen Scheereree maken, dat worrn se bannig övelnehmen. Ik riskeer dat deswegen nichmol, mi de Näs totohollen. De Projektmaker in düsse Kamer weer de öllst von de ganze Akademie. Sien Gesicht un sien Bort harrn en kalkig geele Farv. Sien Hännen un sien Tüüg harr he bannig tosöölt. As ik em vörstellt worr, nehm he mi fast in de Arms. (Dat weer en Kumpelment; aver ik harr em nich böös west, wenn he dat weglaten harr.) So lang, as he in de Akademie weer, arbeit he man an een eenzig Saak: Wat de Minschen utschieten dän, dat wull he wedder to Nohrung maken, wat dat mal west harr. He sorteer de Schiet uteenanner, spööl de Gallenfarv rut un leet den Gestank afdampen un dat Sabbelwater afschümen. He kreeg jede Week een Portschoon von de Minschenschiet, soveel, as in een Bristoler Tunn Platz harr.

Ik sehg en annern, de weer dorbi, dat he Ies in't Smeedfüür kriegen dä. Up düsse Aart un Wies wull he dor Scheetpulver von maken. He wies mi en Afhandlung, de he sülmst schreeven harr. Dat Thema weer, wo'n dat Füür smeeden kann. Düssen Upsatz wull he drucken laten.

In de Akademie geev dat ok en Minschen, dat weer en Schenie von Buumeister. De harr sik en nige Aart un Wies utdacht, wo'n de Hüser buun kunn. He fung baben an't Dack an un muur denn nah ünnen, bet nah't Funnement dal. Dat weer de best Methood, sä he. Un to'n Bewies geev he de klööksten Insekten an, de Immen un de Spinnen, de dat jüstso maken dän.

Dat geev dor ok en Minschen, de weer all blind to Welt kamen un ok blind bleven. He harr en Reeg Lehrjungs, de dat genau so gahn dä. Se weern dormit togang, för de Malers de Farven antosetten. Ehr Lehrer bröch jem nämlich bi, wo se de Farven mit föhlen un rüken uteenanner holln kunnen. Man bloß een lütt Mallör weer dor to Tiet noch bi, se harrn ehrn Lex noch nich goot noog liert. Un tofällig weer dat de Perfesser, de meisttiets dörcheenanner kamen dä. Bi sien Kollegen harr he en heel hoget Ansehn; un se snackten em jümmer wedder to, de Saak wieter to bedrieven.

In en anner Kamer harr ik'n bannige Höög an en „Allensbeter-Maker". De harr rutfunnen, dat dat billiger weer, wenn dat Plögen von't Land mit Swien maakt worr. Denn kunn, sä he, dat spoort warrn, wat de Plöög un de Treckdeerten un de Arbeitslüüd kosten dän. Düsse Methood geiht so: In en Stück Land von een Morgen ward all sowat ingraavt, wat de Swien an leefsten freten doot: Eckern, Daddeln, Kastangen un anner Fudderaasch. Söß Toll voneen un acht Toll deep kummt dat in de Eerd. Denn jaagt'n sößhunnert orer noch mehr von düsse Deerten up dat Feld. Se gaht denn bi un söökt sik de Fudderaasch rut. Un dorbi wöhlt se in poor Daag dat ganze Land um un maakt dat kloor to'n Insaihn. Un bobenin ward dat Feld ok gliek upmeßt mit dat, wat de Swien dorbi rutschieten un rutmiegen doot. Leiders aver harr sik bi't Utprobeern rutstellt, dat dor veel Geld un veel Arbeit tohört unn achterran bi de Aarnt man bloß en lütt beten orer gornix rutkamen het. Man dat weer för jem keen Fraag; von düsse Methood, dor kunn noch wat von warrn.

Ik keem in en anner Kamer. Dor weern de Wännen un de Böön ganz un gor mit Spinnweven tohangt. Man bloß en smallen Gang weer frie, wo de Perfesser rin- un rutgahn kunn. As ik rinkeem, bölk he mi tomööt, ik söll em sien Weevwark jo nich tweimaken. He beklaag, dat de Minschheit in een Saak all so lang up en ganz verkehrten Weg weer. Dat mit de Siedenrupen, dat weer eenglich ganz unnödig. Dat geev doch in jedet Huus överrieklich veel Spinnen. Un de weern veel düchtiger un bröchen veel mehr to gang. Se wüssen nämlich nich bloß to spinnen, se kunnen ok weven. He maak nu een Vörslag: Wenn för de Siedenrupen Spinnen nahmen worrn, denn kunn ok dat Geld inspoort warrn, wat för dat Farven von de Sied utgeven worr. He wies mi en gewaltigen Hupen von Fleegen, de wunnerbor bunt farvt weern; dat övertüüg mi. De wull he nämlich de Spinnen to'n Freten geven; un he sä mi up sien Ehr; dat Tüüg, wat de Spinnen spinnen un weven dän, dat worr düsse

Farven annehmen. He harr Fleegen in alle Farven un meen, dor kunn jedereen nah sien Gefallen wat passiges finnen. Un dat de Spinnfodens ok dik un fast noog warrn dän, möß he bloß noch de passige Fudderaasch för de Fleegen finnen: Hoorz von'n Gummiboom, Oil orer anner backigen Kraam.

Dat geev dor ok en Astronom. De harr bi west un boben up de Wederfahn von't Raathuus en Sünnenklock fastmaakt. Dorto harr he de Johrs- un Daagsloop von Eerd un Sünn so regeleert, dat se passig weern to dat tofällige Dreihn dörch den Wind. Dat stimm nu allens akkrot övereen.

Eens Daags kreeg ik 'n beten Buukwehdaag. Ik kunn de Winnen nich recht loswarrn. Mien Bigänger güng doruphen mit mi nah en Stuuv hen, wo en düchtigen Dokter sien Doon un Drieven harr. He weer heel berühmt dorför, dat he düsse Plaag so un annersrum mit datsülvige Instrument bedoktern dä; un dat weer en Blaasbalg mit en lange dünne Spitz ut Elefantentähn. De prökel he den Patschenten acht Toll deep von achtern rin un sä, wenn he nu dor de Luft mit afsuugen dä, denn kunn he dat Ingedömels in'n Lief so slapp maken as en dröögte Swiensblaas. Wenn de Pien aver tooger un duller weer, prökel he den Patschenten den vullen Blaasbalg rin un pump em de Luft in'n Lief. Denn töög he den Apparot wedder rut un maak em wedder vull Luft. Wieldeß drück he den Achtersten mit den Dumen fast to un denn puust nochmal de Luft rin. Dat maak he dree- orer veermal achtereenanner. De Luft, de he rinpramst harr, baller denn för gewöhnlich nah hinnen weg (so as bi Water, wat in en Pump ringoten ward) un nehm de leege Luft mit rut; un de Patschent weer kureert. Ik keek dorbi to, wo he düsse duwwelte Method bi en Hund utproobeern dä. Bi den ersten Gang passeer överhaupt nix. Bi den tweeten worr dat arme Deert to'n Platzen dick, un denn baller dat so dull achtern rut, dat dat mi un mien Bigänger heel eklig weer. De Hund is dor up de Städ bi doot bleven. De Doktor güng bi un wull em up desülvige Aart un Wies wedder to'n Leven bringen. Wi töövten dat aver nich af un güngen fix nah buten.

Ik keem noch bi veele annern Perfessers rin, will mi aver kort

faten un mien Lesers nich mit alle ehre afsünnerlichen Saken tribbeleern, de ik to sehn kreeg.

Bet nuher harr ik man de een Richt von de Akademie ansehn. De annere is för de Studeerten inricht, de sik up de Saken leggt, wo bloß in'n Kopp mit arbeit ward. Dor will ik ok noch wat von vertellen. Man vörher kummt noch een besünnern Minsch an de Reeg, den seggt se „Universaalschenie". De sä, dat he all dörtig Johr lang an't Grüveln un Simmeleern weer, wo'n dat Leven för de Minschen lichter un beter maken kunn. Twee grote Stuven harr he för sik alleen. De weern vullwramst mit allerhand snakschen un gediegen Kraam. Un denn weern dor nochföfftig annere Minschen an't Musseln un Murksen. Welk von jem weern dorbi un wulln de Luft so dull tohoppressen, dat dor en dröge Substanz von warrn de, de'n anfaten kann. Dorto wulln se den Stickstoff rutquetschen un allens utsichten, wat dor Wäterigs inwesen kunn. Annern makten Marmorsteen week, dor sölln Koppküssens un Nadelküssens von warrn. En poor von de Assistenten weern togang, dat se de Hofen von en lebenniget Peerd to Steen makten; se sän, denn kunn dat keen Hoofsweer kriegen. De Herr Perfesser sülmst harr to de Tiet twee grote Saken vör. De een weer, dat he den Acker mit Kaff bestellen wull. He meen, dat weer wiß un wohrhaftig, dat de Levenskraft von dat Koorn in den Kaff sitten dä. He harr dor ok all mit verschieden Expermenten den Bewies för bibröcht. Ik kunn de leiders nich begriepen, wieldat ik up düt Rebett nich Bescheed weten do. De anner Saak weer en Plaan, wo he dat mit farigkriegen wull, dat bi twee lütt Lämmers de Wull nich mehr wassen dä. He wull Hoorz von'n Gummiboom mit ver-

schieden Sorten von Eerd un von Kruut vermengeleern un jem dat up den Lief smeern. Un he glööv, nah en bestimmte Tiet kunn he so nah un nah in't ganze Königriek de Tucht von naakte Schapen ingang bringen.

Wi güngen nu över de Straat nah den annern Deel von de Akademie. As ik all seggt heff, seeten dor de Projektmakers för de Saken, de man bloß in'n Kopp verarbeitet ward.

De erste Perfesser, den ik dor to Gesicht kriegen dä, weer in en bannig grote Stuuv, ehrer as en Saal. Veertig Schölers stünnen um em rum. He harr uns man eben de Daagstiet baden, dor bleev ik mit de Ogen an en Stellaasch hangen, de sehg ut as en groten Rahmen. De reckte meist över de ganze Läng un Breed von den Saal. De Perfesser worr dat wies. Un he meen, dat ik mi woll wunnern dä över dat, wo he mit togang weer. Dat weer je een Saak, wo he dat Grüveln un Simmeleern un Nahdenken bi de Minschen mit vöran bringen wull. Un dat wull he mit en Maschien farigbringen. De Minschheit worr bald marken, wo heel veel jem dat helpen kunn. He reken sik dat sülmst ganz hoch to, dat so'n großarigen un eddeln Gedanken bet nuher noch nienich in den Kopp von jichenseen Minschen utbrööt worrn weer. Dat wüß doch jedereen, woveel Möh dat maak, up de gewöhnliche Aart un Wies to mehr Weeten un Klookheit to kamen, wenn dat um den minschlichen Geist geiht un dor um, wo sik dat mit de Natur verhollen deit. Man mit dat, wat he rutfunnen harr, worr dat nu eenfacher. Dor kunn ok de Minsch, de von nix veel wat afweeten dä, Böker vullschrieven över Philosophie, Poesie, Politik, Recht, Mathematik un Theologie. He bruuk keen Schenie to wesen un ok nich to studeern. He bruuk bloß en beten de Hännen to rögen. Un alltoveel kosten dä dat ok nich. Un denn wies he mi den Apparot. Alle sien Schölers stünnen akkrot in Regens um dat Ding rum. De Rahmen weer twintig Foot lang un ok jüst so breet. De Babensiet, de weer von verschiedene Holtstücken tohopensett, so groot as so'n Wörpels. De seeten in Regens up Dröht, de von een Siet nah de anner henreckten. En poor von de Holtwörpels weern grötter as de annern. Von alle Sieten weern se mit Papeer bekleevt. Dor harrn se alle Wöör upschreven, de dat in ehr Spraak geven dä, un dat in alle Formen, de nah Modus, Tempus und Deklanatschoon vörkamen doot. En bestimmte Ornung harrn se dat ganze aver nich geven. De Perfesser sä nu, ik söll goot uppassen, he wull den Apparot in Gang bringen. He geev de Schölers Anwiesen, un jedereen faat een von de iesern Dreihers an, de an de Siet von den Rahmen seeten. Veertig Stück weern rundum an de Kanten fastmaakt. Denn dreihten alle togliek dor an. Dor kreegen de Wöör nu en ganz anner Ornung mit. Nu sä he to sößundörtig von sien Assestenten, so sölln liesen de verschieden Regens dörchlesen, so, as se dörch dat Dreihen to stahn kamen harrn. Un wenn se dree orer veer Wöör finnen dän, de tohop passen worrn, denn sölln se de de anner veer Assestenten to'n Upschrieven anseggen; dat weern nämlich de Schrievers. Düssen Vörgang makten se dree- orer veermol achtereenanner. De Apparot weer so kunstroeert, dat de Wöör jedesmol an en anner Städ to stahn keemen, wenn de Holtwörpels sik rumdreihten.

Jeden Dag söß Stunnen weern de jungen Studenten so togang. Un de Perfesser wies mi en ganze Reeg von grote Böker mit halvfarige Sätz, de se all tohopbrocht harrn. De wulln se tosamensetten un för de ganze Minschheit ut düssen rieken Vörrat en System maken, wo de ganze Weetenschop von de Philosophie bet nah de Mathematik ehrn Platz in finnen kunn. Un he weer sik gewiß, dat dat noch veel beter maakt warrn kunn; un dat dat heel geswinner tosamen bröcht worr, wenn dat Land dor man noog Geld för geven dä. Denn kunnen nämlich fiefhunnert von düsse Apparoten upstellt warrn; un alle kunnen to glieker Tiet arbeiten. De vörsitten Perfessers möß dat to Plicht maakt warrn, dat se allens, wat dorbi rutkamen dä, in een groot Sammelwark tohopstellen dän.

Düt „Universalschenie" vertell mi, von de Schooltiet an harr nix anners in sienen Kopp Platz har, as düsse Idee. Alle Wöör, de dat man geven deit, harr he tohopenbröcht un in sienen Apparot ringeven. Heel veel Böker harr he doruphen dörchstudeert, woveel lütte un grote Wöör, Partikels, Substantiven, Verben un wat dat allens geven deit, dor in vörkamen doot; un ok woveel von jede Soort in eenen Afschnitt rinhöört.

Ik bedank mi veelmals bi düssen bedüden Herrn, dat he sik soveel Tiet för mi nahmen un von sien groot Weeten heel veel an mi wietergeven harr. Ik sä em to, wenn ik dat Glück harr, wedder in mien Vaderland trüchtokamen, denn wull ik em nich vergetten. Ik wull dorför sorgen, dat em de Ehr tokamen dä, dat he de eenzigst Minsch weer, de düssen wunnerboren genialen Apparot utklamüstert harr. Ik beed em um de Verlööf, mi den Apparat up Papeer aftoteeken. För mien Lesers heff ik dat hier toneben nochmal upteekent. Un denn vertell ik den Perfesser noch, wo dat mit so'ne Saken in Europa begäng wesen dä. De Studeerten dor weern dorachterher, dat een den annern dat wegnehmen dä, wat de Niges rutfunnen harrn. Wat dor ok bi rutkamen dä, so harrn se dor tominst den eenen

Vördeel bi, dat dat Striet geev, wen dat to Recht tohörn dä. Ik wull aver allens doon, wat mi möglich weer, dat em de ganze Ehr tokamen worr, de he mit keeneen nich deelen möß.
Nu güngen wi nah de Afdeelung, wo se sik mit de verschieden Spraaken afgeven dän. Dree Perfessers weern dor. Se diskereerten doröver, wo se de Spraak von ehr eegen Land verbetern kunnen.

De erst Upgaav, de se sik vörnahmen harrn, weer düsse: Se wullen dat Vertellen körter maken; un dat up de Aart un Wies, dat von de Wöör mit veele Silven soveel afsneeden worr, dat man een Silv överblieven dä. Un denn, meenten se, kunnen alle Doowöör un Middelwöör ganz wegblieven; allens, wat Minschen sik vörstellen kunnen, leet sik eenglich mit Dingwöör seggen.

De tweete Saak weer en snaksch en Plaan, mit den alle Wöör rein afschafft warrn sölln. Se sän, dat weer heel goot för de Gesundheit. Un Tiet kunn dor ok noch mit inspoort warrn. Mit de Gesundheit verhöll sik dat nah ehr Meenen so: Dat weer doch kloor, mit jichenseen Woort, wat wi utsnackt, worr de Lung en beten afnutzt un dorvon en beten lütter. So worr de Levenstiet von de Minschen jümmer en lütt Stück körter. Se makten nu düssen Vörslag: De Wöör sünd man bloß Naams för Dingens, dorum weer dat doch veel vernünftiger, glieks de Dingens to wiesen. Wenn nu welk Lüüd sik över wat

Bestimmtes ünner-
hollen wullen, denn
weer dat an besten,
wenn jedereen de
Dingens bi sik harr,
de he dorto bruken
dä. För de Minschen
harr dat Leven dor
gewiß veel kommo-
diger von worrn. Un
dat har ok ehr
Gesundheit togoden
kamen. Man bloß de
Wiever un mit jem
dat gewöhnliche
Volk weern dorgegen. Se harrn drauht, se wulln en Upstand
maken, wenn jem verbaden worr, mit Muul un Tung to snacken
as ehr Vöröllern. Dor kann'n an sehn, wo wedderlich un stuur
un wedderbörstig dat gewöhnliche Volk gegen de Weetenschop
is. Aver heel veel von de klööksten un anslägschsten von de
Studeerten swöört up düsse nige Aart, sik dormit uttodrücken,
dat se de Saken wiesen doot. Man bloß up een Aart is dat man
en beten lastig. Wer veel to vertellen het, un denn ok noch ver-
schiedenerlee Saken, de bruukt 'n heel groten Sack mit
Dingens. Un wenn he nich noog Geld het, sik een orer twee
stämmige Deenstlüüd to hollen, denn mutt he den Sack sülmst
up den Puckel nehmen. Ik heff dat oftinst sehn, wo twee von
düsse klooken Minschen meist en Dalslag kreegen von ehr
swooren Packens. (Ik mutt dor an de Klinkenputzers mit ehrn
Buukladen dinken, de bi uns rumloopt; de geiht dat mannich-
mol ok so.) Wenn so'n Lüüd sik up de Straat bemöten doot,
leggt se ehre Säck af, maakt jem apen un vertellt sik dor en
halve Stunn wat mit de Saken, de se dor rutkriegen doot. Denn
packt se ehrn Krimskrams wedder tosamen; un ehrer se sik
adjüs seggt, helpt een den annern den Sack wedder up den
Puckel.

Hefft se aver man bloß en beten to vertellen, denn könnt se dat, wat se dorto bruken doot, in de Büxentasch orer ünner'n Arm mitnehmen. To Huus hefft de Lüüd, de düsse Kunst von Ünnerhollen plegen doot, dorför sorgt, dat se nich in de Kniep kaamt. In de Stuuv, wo se tohopen kaamt, liggt allens parot, wat se för düsse eegen Aart von Vertellen nödig hefft.

Een groten Vördeel, sä de Perfesser, worr düsse Saak noch babenin hebben: dat weer nämlich en Spraak, de se in alle Länner verstahn kunnen. Se mössen dor bloß övereen wesen bi de Wooren un bi dat Geschirr, wo se mit umgahn doot; orer tominst möß dat so ähnlich wesen, dat'n dat ög kapeern kunn. Denn kunnen de Botschafters mit Königs un Kaisers verhanneln, ok wenn se von ehr Spraak rein gornix von afweeten dän. Ik keem denn ok noch nah de Afdeeling för Mathematik. De Magister dor bröch sien Schölers dat up en Aart un Wies bi, von de wi in Europa uns gorkeen Bild maken könnt. Mit Dinte, de ut Brägenwater maakt is, schrievt se en Formel un den Bewies dorto groot un düütlich up en runne Schief Ätpapeer. De Student mutt dat up nöchtern Maag dalslucken. Denn kriggt he dree Daag lang nix anners as Broot un Water. Wieldeß dat Ätpapeer verdaut ward, stiggt em dat Brägenwater to Kopp un nimmt dor de Formel bi mit. Man bloß, dat mutt'n dorbi seggen: Bet nuher het'n dor noch nich veel von markt, dat dat hulpen het. To'n Deel kummt dat woll dorvon, dat mit dat Quantum orer mit de Mixtur von dat Brägenwater wat nich stimmt. To'n Deel liggt dat aver ok an den Dickkopp von de jungen Lüüd. Jem is düsse Pill to eklig, un se gaht för gewöhnlich glick von de Siet un speet em wedder ut, ehrer dat dat helpen kann. Un dorto hefft se jem ok noch nich rumkreegen, achterran bi Water un Broot to blieven, as dat eenglich nödig weer.

De sößte Strämel

De Schriever vertellt noch mehr von de Akademie. He sleit vör, wat to verbetern is. Se nehmt sien Vörslääg gern an.

Bi de Projektmakers, de dat mit de Politik harrn, kunn ik mi nich veel wat vertellen. As mi dat vörkeem, weern düsse Perfessers nich recht bi Troost. Un wenn ik so'n Minschen ansichtig warrn do, ward mi jümmer heel swoormödig to Sinn. Düsse armen Stackels rackerten sik dormit af, för de Königs un Kaisers en Richt vörtogeven, wo se ehr Mitregeerers nah utsöken kunnen. Se wulln de Monarchen sowiet bringen, de Kannedaten vörher up de Tähn to föhlen, wat se to ehr Amt ok woll dögen dän. För de, de se to ehre dicksten Frünnen hebben wulln, slögen se vör, dor up to achten, dat se klook von Verstand weern, wat to Stannen bringen kunnen un en ornlichen Levenswannel führn dän. Bi de Ministers sölln de Monarchen dornah gahn, dat se up dat Woll von ehr Land achten dän. Wenn en Börger wat Godes maakt, en düchtigen Minschen is un wat Besünners toweeg bringt, denn söllt se em dat ok löhnen. Wat de Fürsten weern, sän de Perfessers, de mössen liern, wo dat würklich up ankummt. Un dat kunnen se an besten, wenn se up dat Volk achtgeven un de gewöhnlichen Lüüd anhören dän. Weern hoge Postens to vergeven, denn sölln dor bloß so'n Persons för nahmen warrn, de dor ok dat Tüüg to harrn. Se makten noch heel veel mehr so'n dwatschen Vörslag, wo nienich wat von warrn kann. Bet nuher het noch keeneen Minschen sowat in'n Kopp kamen. För mi wies sik dor eenmal mehr mit, dat en Meenen noch so överkandidelt un dwatsch wesen kann, dat gifft jümmer en poor Philosophen, de dat as Wohrheiten verköpen doot.

Ik will nu bi düsse Afdeelung von de Akademie nich allens slecht maken. Ehr to Ehren mutt ik dat doch seggen, so överspönsch sünd nich all von de Lüüd dor. Ik dink an een von de Perfessers. De harr en bannig scharpen Verstand. As mi dat schienen dä, kenn he sik mit dat Weeswark von de Regeerung up best ut. He wüß ok Bescheed, wer wat to seggen harr un woveel un över wat. Düsse grootarige Herr weer up sien eegen Aart an't Simmeleern. He wull Middel rut finnen, de gegen allerhand Plagen un Verdarven helpen söllen, wo de Regeerungs — egol, von wat von Aart se sünd — jümmer wedder ünner lieden doot. De welk von düsse Plagen kaamt von de Leegheit un de Fehlers von de Herrns, de baben sitten doot; annern kaamt dorvon, dat de Lüüd upsternaatsch ward, wo se doch eenglich to pareern hefft. Nu hefft de Schrievers un de Nahdenkers övereen kamen un seggt: De Staat is een politschen Liev. Un mit den is dat akkrot jüst so as mit den Minschenliev. Un dorum is dat mit de Gesundheit un mit de Krankdaag ok bi beide Liever datsülvige; dat liggt doch woll för jedeneen klor up de Hand. Wenn dat also stimmt, kann dat denn anners wesen, as dat bi beide up desülvige Aart un Wies de Gesundheit erhollen un de Krankdaag kureert warrn mutt? Dat mutt doch jedereen togeven, dat de Versammeln von de Senaters un de Raatsherrns oftinst von överleidige Gallensaft trietzt ward, dat se sik dullköppig un gnadderig geven doot. Welk von jem kriegt dat in'n Kopp, heel veel annern hefft dat mit ehr Hart, sloddern un bevern kummt jem an; an beide Hännen, vör allen an de rechte treckt sik mit grote Wehdaag de Nerven un Sehnen tohopen; mannicheen ward melanklöterig, kann de Winnen nich loswarrn, ward swiemelig in'n Brägen orer fangt an mit phanneseern. Se lied an apen stinkige Eiterswulsten, an Upstöten, gewaltigen Smacht, Dörchfall un allerhand anner Krankendaag, de'n nich all uptotellen bruukt. De Perfesser maak dorum den Vörsläg, bi de Senatsversammeln sölln en poor Dokters de ersten dree Daag mit bi wesen. An jeden Obend worrn se de Senaters den Puls föhlen un denn över de Natur von de verschiedenen Plagen diskereern un beraden, un ok dorüver, wo de to kureern sünd. An den annern Dag keemen de Dokters denn tohopen mit ehr Afteekers, de denn de richtigen Pillen un Pulvers un Droppens mit bi harrn. Ehrer de Versammeln losgüng, kreeg jedereen von de Senaters de passige Medezin för sien Krankdaag: to'n begöschen; för de Verdauung; för de, de verstoppt sünd; de Swulsten uttobrennen; gegen Dörchfall; to Beruhigung; för Hartlievigkeit; gegen Koppwehdaag; för de, de ög de Gall överlopen deit; bi slechten Hoosten un dat se beter hören könnt. Un je nadem, wo de Medezin anslaan harr, kreegen de Senaters bi de neegste Versammeln de Gaav nochmal, orer en anner Portschoon orer gornich mehr.

Nah mien ringe Meenen weer dat en gode Saak, wenn se düssen Vörslag annehmen dän. Dat worr nich veel Geld kösten un groten Vördeel bringen. In de Länner, wo de Parlamenten bi de Gesetzen mittosnacken hefft, worr allens heel fixer gahn, wieldat de Herrns sik ehrer eenig warrn dän. Dat Diskereern worr afkört; mannicheen, de nu nix seggt, worr denn mitsnacken; de veelen annern, bi de dat Mundwark as en Rötermöhl geiht, de kregen en Slott vör't Muul; de Ungedüür von de jungen Lüüd worr stüürt un jüstso dat Rechthebben von de Olen; de Dröömbüdels worrn upmuntert un de Klookschieters kunnen nich mehr soveel dumm Tüüg faseln.

Nu ward je överall klaagt, dat de dicksten Frünnen von de Fürsten man bannig kort von Gedanken sünd un ög vergeten doot. Dorto maak düsse Perfesser ok en Vörslag: Jedereen, de bi een von de hogen Ministers to Audienz güng, söll em sien Warv kort un bünnig vördrägen. Ehrer he denn adjüs seggt, sall he em an de Näs trecken orer in den Buuk pedden orer up de Höhnerogen. He kann em ok dreemal beide Ohren langtrecken, mit en Nadel in den Achtersten pieken orer em in den Arm kniepen, bet de grön un blau is. Up düsse Aart un Wies kann he em von't Vergetten afhelpen. An jeden Audienzdag sall he datsülvige nochmal maken, bet sien Saak up de Reeg is; orer bet klor is, dat dor nix von warrn kann.

För de groten Parlamentsversammeln in't Land geev he düsse Vörschrift ut: Jedereen Senater sall vördragen, wat he to seggen het. He kann ok allens vörbringen, wat sien Meenen stütten deit. Wenn dat denn an't Afstimmen geiht, sall em to Plicht maakt warrn, dat he sien Stimm jüst för dat Gegendeel aftogeven het. Wenn dat so maakt worr, meen de Perfesser, keem dor

för dat Land un för de Lüüd gewiß dat best bi rut.
En grootarigen Vörslag maak he ok dorför, wo de scharpe un dullköppige Striet mank de Parteien in't Land wedder to Ruh to bringen weer. Sien Methood sehg so ut: Von de, de dat Wort hefft, mutt'n ut jede Partei hunnert Mann nehmen. De ward jümmer twee un twee, von jede Partei een, bi'nanner hensett. Dor is bloß bi up to achten, dat de Köpp von de beiden halfwegs egol groot sünd. Denn kaamt twee Dokters, de sik mit Operatschoons heel goot utkennen doot. De saagt bi jedet Paar to glieker Tiet de Achterhölft von de Köpp af. Se mööt aver uppassen, dat de Brägen ok akkrot up de Hölft afdeelt ward. Denn ward de afsaagten Hölften umtuuscht un an den Kopp von den Mann von de annere Partei ansett. En beten kitzlich is de Saak woll, wieldat se heel akkrot vörgahn mööt; aver de Perfesser meen, düsse Methood worr up jeden Fall anslaan, wenn dat man vigeliensch noog maakt worr. Dat kunn ok gornich anners wesen, verkloor he mi, de beiden Brägenhölften, de denn in een Kopp tohopen sitten dän, de hanneln den Striet nu ünnereenanner ut. Dorbi worrn se fix un goot övereen kamen. Un nich bloß dat, se worrn ok vernünftig mit'nanner umgahn. Ehr Överleggen un Nahdenken keem dorbi up den richtigen Weg, un dat wünscht'n sik doch för de Lüüd, de sik för de geborenen Politikers hollen doot. De meent je, dat se to nix anners up de Welt kamen sünd, as dat se de Weltgeschicht uptopassen un to stüürn harrn. Von den Ünnerscheed bi de Brägens von de Herrn nah de Grött un dornah, wat dor insitten deit, meen de Perfesser, dat weer woll de Oorsaak von dat Hen un Her bi de Parteien, aver dat künn he för gewiß seggen, för sien Methood harr dat överhaupt nix to bedüden, dat harr he in sien langet Leven oftinst gewohr worrn.
Ik weer denn dor mit bi, as twee Perfessers bannig in de Raasch keemen bi't Diskereern. Dat güng dor um, wo de Regeerung an ersten un an besten to Geld kamen kunn, ohn dat dat de Börgers to dull kniepen dä. De een sä, för alle weer dat gerecht, wenn en Stüür up dat unornliche un unanstännige

Benehmen un up de Dömlichkeit leggt worr. En Kommischoon von Nahwerslüüd söll fastsetten, woveel jedereen to betahlen harr, den worr dat gerecht togahn. Nah den annern Perfesser sien Meenen weer jüst dat Gegendeel richtig. He sä, de besünnern Gaven, de een an Liev un Verstand hebben dä, de mössen bestüürt warrn. Wo hoch de antosetten weern, dat möß dornah gahn, wat een Börger mehr kunn un woveel höger he antoslaan weer as de annern. Woveel jedereen denn to betahlen harr, dat söll he sülmst seggen un dat denn mit sien eegen Geweeten kloorkriegen. De höchste Stüür söll up de Mannslüüd kamen, de bi de Damens in't gröttste Ansehn stünnen. Dat güng denn dornah, woveelmal un up wat von Aart un Wies de Fruuns jem um den Boort gahn dän. Jedereen von de Keerls söll in düsse Saak för sik sülmst tügen. En anner Vörslag weer, hoge Stüürn ok dor up to leggen, wo plietsch un spaßig een is, woveel Moot he het un wo hööflich he sik geven deit. De Höchde von den Bedrag kunn doruphen fastsett warrn, dat jedereen up sien Ehrenwoort angeven dä, wo hoch he düsse Gaven bi sik sülmst anslейt. Wenn aver een wat up sik hollen deit un gerecht dinkt, en kloken Verstand het un fix un goot liern kann, so worr seggt, dor dörft keen Stüürn up liggen. Dat weern nämlich Gaven von ganz besünnere Aart, de woll keeneen sienen Nahwer togestahn worr; un sik sülmst dor dick mit doon, dat worr ok keeneen maken.

För de Fruuns worr vörslaan, jem dornah to bestüürn, wo smuck se weern un wo staatsch se sik rutputzen kunnen. Un jüstso as bi de Keerls, möss'n jem dat ok sülmst överlaten, wo hoch se düsse Gaven bi sik taxeern doot. Dorför, dat'n sik up jem verlaten kann, dat se sik schicklich hollen doot, vernünftig un gootmödig sünd, dor sölln keen Stüürn up leggt warrn; dor worrn nämlich nichmal de Utgaven wedder bi rinkamen.

Dat de Senaters sik up jeden Fall to den König hollen doot, worr en annern Vörslag maakt. Wenn de hogen Postens verdeelt ward, denn söllt se dor dat Loos um trecken. Ehrer dat aver dor mit angeiht, möß jedereen toseggen, dat he sien Stimm jümmer för den König sien Meenen geven wull, egol, wat he bi'n Losen gewinnen dä orer nich. Dat möß he up sienen Swuur nehmen. De Verleerers sölln denn dat Recht kriegen, wedder mit to losen, wenn en Posten frie warrn dä. Up düsse Aart un Wies harr jedereen von de Senaters dat vör sik, dat he bi't neegste Mal ok en Posten afkriegen kunn. So harr ok keeneen Oorsaak sik to beklagen, dat se en Verspreken nich hollen harrn. De Schuld, dat he nix afkreegen harr, kunn he up nix anners schuven as man bloß up dat Schicksal; un dat het heel breeder Schullern as all de Ministers tohopen.

En anner Perfesser wies mi en groten Bagen Papeer. Dor harr he heel veel Anwiesen upschreven, wo Anslääg, Verswörungs un Verbreken gegen de Regeerung updeckt warrn kunnen. He geev de Herrschers den Raatslag, se sölln alle verdächtigen Lüüd beluurn laten. Dor söll bi unnersöcht warrn, wat düsse Lüüd äten un drinken doot, wannehr se de Mahltieten hollt, up wat von Siet se in't Bett liggen doot un mit wat von Hand se sik den Achtersten afwischt. Babenin weer ok ehr Schiet akkrot nahtosehn, von wat von Farv dat is, wo dat rüken deit, wo dat smecken un wo sik dat anföhlen deit un wowiet allens verdaut is. Dor kunn'n sik denn en Ordeel nah maken, wat in den Schieter sien Kopp togangen weer. He harr dat oftinst bi sik sülmst utprobeert, sä de Perfesser, un he kunn dat för gewiß seggen: Nienich sünd de Minschen so ernsthaftig un mit ehr Gedanken so bi de Saak as denn, wenn se to Stohl kamen doot. Wenn he to'n Bispill up't Paddemang seeten un dor simmerleert harr, wat de beste Aart un Wies weer, den König doottomaken, denn harr dat, wat ut sien Achtersten todaag keem, jedesmol von gröne Farv west. Ganz anner Utsehn harr dat aver hat, wenn he bloß över en Revolutschoon simmeleert harr, orer doröver, de Hauptstadt in Brand to setten.

De ganze Lex weer mit'n heel scharpen Verstand upsett. Veele Saken stünnen dorin, de för Politikers bannig intressant weern un wo se veel mit anfangen kunnen. Nah min Meenen aver weer düt Schrieven doch noch nich ganz kumplett. Mit alle Hööflichkeit geev ik den Perfesser dat to verstahn un maak den Vörslag, ik wull to düt Thema noch en poor Saken bistüürn; aver man bloß, wenn em dat ok recht weer. He nehm mienen Vörslag furts an, wat mi bannig wunnern dä. Dat kennt'n nämlich bi de Schrievers sünst gornich; un erst recht nich bi de, de sik jümmer nige Projekten utdenkt un beschrieven doot. Düsse Perfesser verseker mi sogar, dat he sik doröver freien dä, in düsse Saak wat Niges to hören.

Ik keem nu up dat Königriek Tribnia to snacken, wat von de Inwahners Langden seggt wart. Up mien Reisen harr ik mi dor en Tietlang uphollen. Ik vertell den Perfesser, dat de mehrsten von de Minschen in düt Land sik goot up't Spijoneern verstunnen; richtige Spöörhunnen weern dat, heel beslagen in Utkieken, Nahspijoneern un venienschet Nahseggen; un Verklägers, achtersinnige Tügen un Mackers, de allens up'n Swuur nehmt un heel veel Lüüd, de sik to slieksche un ünnerdänige Helpslüüd hergeven doot, geev dat dor. De ganze Bagaasch marscheert ünner de Fahn von de hogen Herrn Ministers un ehr dicken Frünnen un ward von jem stüürt un ok löhnt. De Lüüd, de in jennet Land Verswörungs in Gang bringt, willt dormit ehr eegen Lüüd babenan setten. Mannichmol maakt se dat ok, dat de Staatsverwaltung frischen Wind kriegen deit, de untofreeden Börgers dat Muul stoppen un Sand in de Ogen streien willt un sik dat Geld insteeken müchen, wat se de Lüüd ut de Taschen jagt. Se maakt dat ok, dat se mit de Staatsschulden spekeleern könnt, de se mal stiegen un mal fallen laat. Un bi allens, wat se maken doot, kiekt se dorup, wat jem sülmst den gröttsten Vördeel bringt. Ehrer se mit en Verswörung anfangt, besnackt se sik, wen von de verdächtigen Lüüd dat achterran in de Schoh schaven warrn sall un sünd dor achterher, dat allens intagen ward, wat düsse Verbrekers an Breef un Papeern hebben doot. Se bringt jem in't Kaschott un maakt sik denn över de Papeern her. Se hefft dor Fachlüüd to, de heel plietsch sünd, dat se de achtersinnigen Bedüden von de enzelten Wöör, Silven un Bookstaven utspekeleern doot. To'n Bispill kriegt se düt rut:

en Nachtstohl bedüüd en geheemen Rat; en Koppel Göös: de Senat; en lahmen Hund: de dat Land angriepen will; de

Pestsüük: en Armee von Suldaten; en Stööthavk: en Premierminister; de Gicht: en hoogen Preester; en Galgen: en Staatsschriever; en Nachtpott: en Kommisschoon von hoge Herrns; en Seev: en Hoffdaam; en Bessen: en Revolutschoon; en Muusfall: en hoget Amt; en Afgrund ahn Bodden: dat Schatzamt; en Odelkuhl: en Königshoff; en Peijatzenmütz: en besünners dicken Fründ; en swunken Bumskühl: en hoget Gericht; en leddige Tunn: en General; en apen Swulst: de Staatsverwaltung.

Wenn se mit düsse Methood nix beschicken könnt, denn hefft se noch twee annere, wo se gewiß mit wieter kamen doot. De Studeerten seggt dor Akrosticha un Anagramma to. Na de een

könnt se rutkriegen, wat de ersten Bookstaven in de Reeg von Bedüden för de Politik hebben doot, to'n Bispill:
dat N bedüüd en Verswörung; dat B bedüüd en Regiment Kavalleree un dat L en Schippsflott up See.
Bi de tweete Metood ward bi en verdächtig Breef orer Schrieven de Bookstaven von de Wöör enzelt nahmen un denn to nige Wöör tohopen sett. Up düsse Aart un Wies könnt se de geheemen Plaans von en untofreeden Partei todaag bringen. Schriev ik to'n Bispill an mienen Fründ: „Our brother Tom has just got piles" („Uns Broder Tom het en Haemoridenknuddel an Achtersten"), denn kann en vigelinschen Bookstavenverdreiher rutfinnen, dat de sülvigen Bookstaven bi'n akkrot Vörgahn düsse Wöör hergeven doot: „Resist — a plot is brought home; the tour", („Töwt af — hüüt Verswörung plaant; de Reis"). So geiht dat nah de anagrammatisch Method.
Der Perfesser sä mi veelen Dank, dat ik em düt allens vertellt harr. He sä mi to, dat he mi to Ehrn mien Naam in sien Afhandlung mit upnehmen wull.
In düt Land wüß ik nu nix mehr, wat mi dor noch länger wißhollen kunn. Mien Lengen güng dor up hen, dat ik nah mien Heimat trüchkamen wull.

De söbente Strämel

De Schriever reist von Lagado af un kummt nah Maldonada. Dor is aver keen Schipp, wo he mitföhrn kunn. He maakt en lütte Tuur nah Glubbdubdrib; wo he dor von den Stattholler upnahmen ward.

De Deel von de Eerd, wo düt Königriek tohörn deit, reckt nah Osten hen bet nah de Gegend von Amerika in'n Westen von Kalifornien, de up uns Landkorten noch nich to finnen is. (Dat antonehmen hefft ik allemal Grund noog.) Nah Norden to geiht düsse Kontinent bet an Stillen Ozean, de von Lagado nich wieter as hunnertunföfftig Mielen afliggen deit. In de Richt kummt'n an en goden Haven, von den ut veel Hannel mit Luggnagg dreven ward. Luggnagg is en grote Insel in Nordwest bi negenuntwintig Grad Nord un hunnertunveertig Grad Längde. Düsse Insel is so um dreehunnert Mielen in Südost von Japan af. De japansche Kaiser un de König von Luggnagg hefft en fasten Verdrag afsloten. Dordörch föhrt oftinst Scheep von een Insel nah de anner. So nehm ik mi vör, ik woll düssen Weg nehmen, dat ik wedder trüchkamen dä nah Europa. Ik nehm mi twee Muulesels un een kunnigen Keerl, de mi den Weg wiesen söll. Un he söll ok den lütten Kraam von mien Packelaasch dregen. Ik sä den eddeln Herrn, de mi soveel togoden daan harr, adjüs un maak mi up den Weg. Bi mien Afreis schink he mi denn noch en grote Gaav.

Von mien Reis will ik nich veel wat vertellen, wieldat up den Weg nix Besünners passeert is. As ik in den Haven Maldonada ankamen dä (so heet de nämlich), weer keen Schipp dor, wat nah Luggnagg föhren dä. Ok in de neegste Tiet weer mit so'n Gelegenheit nich to reken. De Stadt is ungefähr so groot as Portsmouth, un dat duur nich lang, denn harr ik en poor Lüüd kennenliert, de mi heel fründlich upnehmen dän. En vörnehme Herr sä mi, dat duur tominst een Maand, ehrer wedder en Schipp nah Luggnagg afgahn worr. Un he fröög mi, wat ik nich Lust hebben dä, en Tuur nah de lüttje Insel Glubbdubdrib to maken; de weer man so bi föfftein Mielen af nah Südwest. He slöög vör, he un sien Fründ wolln mitkamen. En lüttet kommodiget Schipp wulln se för de Reis ok besorgen.

So goot as ik dat översetten kann, bedüüd de Naam Glubbdubdrib soveel as „Insel von de Zauberers" orer „von de Hexenmeisters". Se is ungefähr den drütten Deel so groot as de Insel Wight un het heel goot Ackerland. Dat Seggen het dor de Baas von en Sippschop, wo se alle Hexenmeisters sünd. De freet jümmer bloß in de Verwandtschop, un de Öllste von jem is de Fürst orer Stattholler. He wahnt in en herrlichen Palast mit en Park von so bi dreedusend Morgen. Rundrum is en Muur ut behaute Steens, de twintig Foot Höchde het. In den Park is dat Land afdeelt un intüünt, wat för't Veeh, wat för Koorn un wat ok as Gortens.

De Stattholler un sien Familje ward von Lüüd bedeent, de afsünnerlich antosehn sünd. Wieldat he nämlich in de Swarte Kunst bannig goot Bescheed weeten deit, kann he jedereen, den he will, von de Doden trüchropen, aver nich länger as för veeruntwintig Stunnen. Un wenn nich ganz wat besünners anliggen deit, mutt he een Veddeljohr töven, bet he desülvige Person nochmal herkamen laten kann.

Gegen Klock ölm an en Vörmeddag keemen wi up de Insel an. Een von de Herrns, de mit mi mitkamen harrn, güng vörto nah den Stattholler hen. He beed em, wat he woll en Frömden vörlaten wull, de herkamen harr wegen de Ehr von en Audienz bi Siene Hoheit. Düsse Bidd worr furts nahgeven. Ehrer wi nu in dat Door von den Palast ringahn kunnen, mössen wi dörch twee Regens von Wachsuldaten dörch. De weern up en heel verrückte Aart antogen un utrüst un se glupten bannig gräsig. Mi lööp dat ieskolt den Puckel dal un mi keem en Grugen an, wat ik gornich beschrieven kann. Wi güngen poor Gängen lang un dörch en poor Stuven; un överall weern to beide Sieten Deeners upstellt, de up desülvige Aart antogen weern un jüstso glupen dän as de Wachsuldaten. Letzto keemen wi nah den Audienzsaal hen. Wi makten dree heel deepe Bücklings un worrn denn en beten nah düt un dat fraagt. Wi dörfen uns up dree Schemels setten, de dicht bi de ünnerst Stuff von den

Troon von Siene Hoheit stahn dän. He kunn de Spraak von Balnibarbi verstahn, obschonst de doch anners weer as de von sien Insel. He wull geern, dat ik em en beten von mien Reisen vertell. Nu wull he mi woll wiesen, dat he mit mi nich so umgahn dä, as sik dat eenglich mit Frömden gehörn dä, dorum schick he all sien Lüüd weg. He wenk man eenmal mit'n Finger, un se weern up'n Stutz verswunnen. Dat weer so as mit de Biller von en Droom, wenn'n upmal upwaken deit. Ik keek ganz verbaast un kunn mi erst nich wedder inkriegen. De Stattholler worr dat gewohr un sä mi för wiß to, dat mi nix passeern worr. Mien beiden Frünnen, de mit mi mitkamen harrn, dachten sik dor nix bi, dat kunn ik sehn. Se harrn dat all oftinst mitmaakt. Dor worr mi ok wedder beter to Sinn un ik vertell Siene Hoheit von mien Reisen un wat ik allens so afleevt harr. En beten tögerig weer ik noch un keek mi jümmer wedder um nah de Städ, wo ik de deenstboren Geister sehn harr. Mi keem denn de Ehr to, dat de Stattholler mi to'n Äten inladen dä. Dorto keem wedder en anner Koppel von Deensten, de de Spiesen updragen dän un uns bi'n Äten tohannen güngen. Ik föhl mi, dat mi nu all wat weniger bang weer as an'n Morrn. Bet de Sünn ünnergahn dä, bleev ik dor. Siene Hoheit lad mi in, in sienen Palast to wahnen. Ik aver beed em demödig, he müch mi dat nahsehn, wenn ik sien Inladung nich annehmen dä. Mien beiden Frünnen un ik bleven de Nacht över in en Huus in de Nahwerstadt, wat de Hauptstadt von düsse Insel is. An annern Morrn güngen wi wedder trüch to'n Besöök bi den Stattholler;

in sien Gnaad harr he uns nämlich dorto nödigt.
So güng dat nu tein Daag lang up de Insel to; bidaag weern wi mehrstiets bi den Stattholler un de Nacht över bleven wi in uns Quarteer in de Hauptstadt. An de Geister harr ik mi bald gewöhnt. As se to'n drütten orer veerten Mal updukten, maak mi dat all meist nix mehr ut. Un wenn mi doch nochmal en beten anners to Sinn warrn dä, denn weer mien Neeschier grötter as mien Ängsten. Siene Hoheit de Stattholler födder mi nämlich up, ik söll von de Persons, de von Anfang von de Welt bet nu her leevt harrn, dor söll ik soveel, as ik man wull, mit Naam ropen. He sä, denn kunn he jem Befehl geven, mi up allens Antwurt to geven, wat ik jem man fragen dä; de Fragen dörfen aver man bloß von de Saken hanneln, de to ehr Levenstiet begäng weern. Dor kunn ik mi wiß to verlaten, dat se mi up jeden Fall de Wohrheit seggen worrn; dat Lögen weer en Gaav, de in de Ünnerwelt nix inbringen dä.
Ik sä Siene Hoheit mien ünnerdänigsten Dank, dat he mi so'n grote Gunst tokamen laten wull. Wi weern in en Stuuv, wo wi en wunnerschönen Utkiek up den Park harrn. Mi weer nu toierst dornah to Sinn, dat ik mi an Biller von Prunkeree un groten Staat ameseern wull. Ik wünsch mi dorum den Groten Alexander her, wo he nah de Slacht bi Abela sien Armee vörwegtrecken dä. De Stattholler snipps mit den Finger un furts füng up dat grote Feld vör uns Finster dat Theater an. Denn worr Alexander in uns Stuuv halt. Ik harr grote Möh, dat ik sien griechisch Spraak verstahn kunn; un sülmst snack ik ok man bloß en poor Wöör. He sä mi up sien Ehr, se harrn em nich mit Gift dootmaakt; he harr von't veele Supen Fever kregen un dor denn bi doot bleven.
Dornah kreeg ik to sehn, wo Hannibal över de Alpen trecken dä. He sä mi, dat he nich een eenzig Droppen Suur in sien Lager hat harr.
Ik sehg Cäsar un Pompejus mit ehr Suldaten, as se jüst angriepen wulln, de beiden vörweg. Cäsar sehg ik ok, as he dat letzte Mal mit groten Staat as Sieger inmarscheern dä. Ik wull denn, dat de römsche Senat vör mi in en groten Saal to sehn weer un

lieköver dorvon in en annern Saal en Parlament ut uns Tiet. De Senat, so schien mi dat, weer en Versammeln von Helden un Heroen, de meist so grootarig weern as en Gott sülmst. Dat Parlament keem mi vör as en Hupen von Klinkenputzers, Spitzboven, Straatenrövers un Klookschieters.
Up mien Bidd hen geev de Stattholler en Teeken un Cäsar un Brutus keemen nah uns her. As ik Brutus so von dicht bi sehg, kreeg ik grote Achtung vör em. Ik kunn an jeden Tog in sien

Gesicht wies warrn, wat von eddeln un ehrhaftigen Minschen he weer. Sien grote Moot, sien dögte Charakter un de ehrlichste Leef to sine Vaderland kunn ik an sien Ogen aflesen, un ok, dat em dat Woll von alle Minschen an't Hart liggen dä. Ik frei mi ok bannig, as ik gewohr worr, wo goot düsse beiden Helden mit'nanner stahn dän. Un Cäsar sä frie rut, allens, wat he in sien Leven Grootarigs farigbröcht harr, weer nich so hoch antoslaan, as dat Brutus em dat Leven nahmen harr. En grote Ehr för mi weer, dat Brutus en lange Tiet mit mi snacken dä. Dor worr ik denn bi wies, dat sien Öllervadder Junius un Sokrates, Epaminondas, de jüngere Cato, Sir Thomas More un he sülmst, Brutus, alletiet bi'nanner weern. Dat weer en Sößgespann, meen he, wo alle Tieden un Ewigkeiten von de Welt keeneen Söbenten todoon künnen.

För mien Lesers weer dat gewiß to dröhnig, wenn ik all de veelen berühmten Lüüd uptellen wull, de de Stattholler nah un nah herhalen dä. He dä dat, wieldat he mien groot Jiepern nahkamen wull, wat ik dornah hebben dä, de Weltgeschicht von alle Tieden vör mi to sehn. Mien Ogen harrn vör allen dor ehr helle Freid an to sehn, wo de Tyrannen un de Troonrövers umbröcht worrn, un wo de Länner un de Minschen wedder frie warrn dän, de se dalhollen un to Knechten maakt harrn. Mi is dat nich möglich un mi fehlen dor de Wöör to, dat so to beschrieven, dat de Leser nahföhlen kunn, wo mi üm't Hart weer.

De achte Strämel

Noch mehr Vertellen von Glubbdubdrib. De ole un de nige Weltgeschicht ward richtigstellt.

Ik wull nu gern de Olen von ganz fröher sehn, de am mehrsten berühmt weern, wieldat se en heel klooken Verstand harrn un allens licht begriepen un verkloren kunnen. Ik nehm mi extra een ganzen Dag Tiet dorför. Ik slöög toerst vör, dat Homer un Aristoteles kamen söllen un achterran alle de, de över jem un över jem ehr Gedanken wat schreven hefft. Dat weern soveel, dat en poor hunnert buten up den Hoff un in de annern Stuven von den Palast töven mössen. De beiden groten Herrns worr ik furts up den ersten Blick gewohr. Ik kunn jem licht von all de annern afkennen; un nich bloß dat, ik kunn ok de beiden goot uteenanner hollen. Homer weer wat grötter un wat smucker antosehn. He höll sik för sien Öller bannig uprecht. Kralle Ogen harr he, mit de keek he mi so scharp an, as ik dat noch nich beleevt harr. Aristoteles güng wat ducknackig un harr ok en Stock dorbi. In't Gesicht sehg he wat spiddelig ut. He harr man noch wenig Hoor un de weern bannig fien un hungen von Siet dal. Sien Stimme höör sik en beten wat holl an. Ik mark dat ög, dat düsse beiden von de ganze annere Bagaasch keeneen nich kennen dän; se harrn jem nienich to Gesicht kregen un ok nienich wat von jem hööört. Un een von de Geister (sien Naam will ik nich seggen) puster mi in't Ohr, dat alle de, de över de beiden Groten dicke Böker schreven harrn, dat de sik in dat Dodenriek wietaf von ehr Meisters hollen dän. Se kennen nämlich ehr Schuld un Schannen heel genau; un jem weer kloor, dat se de grootarigen Gedanken von düsse beiden heel un deel verkehrt an de Minschen wietergeven hefft. Ik maak Homer nu mit Didymos un mit Eustathios bekannt un kreeg em sowiet, dat he beter mit jem umgahn wull, as se dat viellicht verdeent harrn. He keem dor nämlich ög achter, dat de beiden nich noog Grips in'n Kopp harrn, sien hogen Gedanken to begriepen. Aristoteles aver worr bannig fünsch, as ik em Scotus un Ramus vörstellen dä un em von ehr Schrieveree vertell. He fröög jem, wat de annern Kadetten von desülvige Aart jüst so'n groten Dömlacks weern as se sülmst.

Ik sä denn den Stattholler, he müch Descartes un Gassendi kamen laten un födder de beiden up, dat se den Aristoteles ehr Gedanken verkloorten. Düsse grote Philosoph geev to, dat he sik bi sien Gedanken von de Natur an welk Städen vergrepen harr. Bi veele Saken harr he sik ok man bloß up't Simmeleern leggen kunnt, so as dat bi alle Minschen in düsse Saken weer; dorvon, wo Gassendi de Gedanken von Epikur so kommodig as dat man güng torechtböögt harr, un dorvon, wat Descartes sien Küseltheorie weer, dor sä Aristoteles von, dat weer beides doch woll von vörgistern. Datsülvige meen he ok von de fixen Ideen, wo de Studeerten hüttodags so iewerig mit um sik smieten doot, nämlich, dat alle Dingen in de Welt een de anner antrecken doot un up düsse Aart un Wies allens in de Balanx hollen ward. He sä, de nigen Ideen över de Natur weern wieter nix as nige Moden, de in jede Generatschoon anners utsehn worrn. Welke Lüüd meenten woll, se kunnen ehre fixen Ideen mit de Mathematik bewiesen; aver ehr Ansehn, wat se doruphen kriegen dän, dat holl nich alltolang vör. Wenn annerseen wedder wat Niges utsimmeleert harr, denn keem dat vörige ut de Mood as en Kleed, dat keeneen mehr antrecken will.

Fief Daag lang weer ik so begäng un heff mi noch mit veele annere ole Studeerten wat vertellt. Von de ersten römschen Kaisers heff ik meist alle to sehn kregen. Mi to Gefallen leet de Stattholler de Kökenmeisters von Heliogabalus kamen. De sölln för uns de wunnerboren Spiesen maken, as se dat von domols her kennen dän. Man bloß, se kunnen uns von ehr Kunst nich veel wiesen, wieldat se de Todaten nich harrn, de so dorto bruukten. En Helot von den König Agesilaos von Sparta kaak uns en Pott mit spartansche Supp; aver ik kreeg dor keeneen Löpelvull von dal.

De beiden Herrns, de mit mi nah de Insel henkamen harrn, kunnen nich lang blieven. Wegen ehre privaten Saken mössen se nah dree Daag noch'n anner Stääd hen. In düsse Tiet leet ik

mi en poor von de Doden herhalen, de in de letzten twee- orer dreehunnert Johr in mien Heimatland un in annere Länner in Europa wat to seggen harrn. Ik heff all jümmer veel up de olen vörnehmen Familjen hollen, dorum beed ik den Stattholler, he müch mi een orer twee Dutz von Königs hernöden. Un denn sölln dor ok ehr Vöröllern bet acht orer negen Generatschoons mit bi wesen, un dat jümmer schön de Reeg nah, een achter den annern. Aver dat keem nu leiders ganz anners, as ik mi dat dacht harr. Ik reken mit en lange Reeg von vörnehme un dögte Herrns, de ehre Kroons mit Wüürd un to Recht dregen dän. Wat ik aver to sehn kreeg, dat stuuk mi dat Hart in'n Liev tosamen: In een Familje twee Johrmarktsmuskanten, dree apige upfidummte Hoffschranzen un en italjenschen Prälaaten; in en anner Familje sehg ik en Snutenschraaper, en Abt un twee Kardenaals. Ik holl to un toveel von de Königsfamiljen, dorum will ik mi nich länger mit so'n scheneerlich Thema uphollen. Wat aver de Grafen, Barons, Herzogs, Earls un all so'n Lüüd angeiht, bi de maakt mi dat nich soveel ut. Bi manicheen von düsse Familjen findt sik in de Gesichten en besünnern Tog; un ik mutt ingestahn, mi maak dat richtig 'n beten Spaß, gewohr to warrn, wo dat her- kamen is un wannehr dat anfangt het. Ik kunn düütlich sehn, wo in de een Familje de Peersnuut herkamen harr, worum dat in en annere twee Generatschoons lang överleidig veel Hallunken geven het un in noch twee annere rieklich veel tüf- felige Dömlacks; worum en drütte Familje brägenklüterig weer

un in en veerte wieter nix as Spitzboven. Ik worr ok wies, wo dat von keem (Vergil het dat ok all von en vörnehme Familje seggt), dat gräsiget, venienschet un sliekschet Umgahn mit anner Minschen to de Natur von welk Familjen worrn het; wo'n jem jüst so goot an kennen kann as an ehr Familjenwappens. Ik kunn sehn, wer toerst de italjensche Süük in en Adelsfamilje rinbrocht het, un wo düsse Krankdaag as apen Swulsten up all ehr Nahkämers övergahn het. Wunnern dä ik mi dor nich mehr över, as ik to sehn kreeg, wat sik in düsse Familjen allens rinmengeleert het: Pagens, Lakaiens, Kamerdeeners, Peerkutschers, Kortenspeelers, Johrmarktsmuskanten, Kummedimakers, Suldaten un Spitzboven.

Vör allen weer mi dat bannig eklig, wat in de letzten hunnert Johr allens so passeert is. Ik heff all de Lüüd akkrot utfraagt, de in düsse Tiet an de Fürstenhööf dat mehrste Ansehn harrn. Mi worr dorbi kloor, dat sliekerige Schrievers de Minschheit dorto brocht hefft, de verkehrten Lüüd dat gröttste Ansehn to geven. De gröttsten Heldendaaten schreven se de Bangbüxen to; de klööksten Raatsläg de Dummbüdels; de Glattsnackers leten se för ehrlich un uprecht gellen; de gröttste Vaderlandsleev dichten se de an, de ehr Heimatland verraden; as frame Lüüd sehgen se so'n Minschen an, de von Gott nix hollen; von de, de sik as de Sodomiters geven dän, sän se, dat se sittsam un ehrhaftig weern; un von de Denuntschanten worr angeven, dat se de Wohrheit pacht harrn. Ik kreeg to weeten wo heel veel grootarige Minschen to'n Dood afurdeelt orer ut ehr Land wegjagt worrn, obschonst se sik nix toschullen kamen laten harrn. Farigkreegen harrn dat de mächtigen Ministers; de harrn sik Richters utsöcht, de ehr Urdeel dornah afgeven, woveel Geld jem tosteken worr. Annern von de Ministers harrn dat mit de Leegheit von de Parteien trechtmussvlt. Ik kunn dat meist nich faten, woveel Hallunken se up de höchsten Postens sett harrn, de ornlich wat inbringen dän, bi de dat aver eenglich up Vertruun, up Macht un up Ehr ankeem.

Von dat, wat allens an de Fürstenhööf, in de Raats- un de Senatsversammeln maakt worr un passeern dä, worr ik gewohr, woveel sik dor de Kuppelfruuns, de Horendeerns, Ludenkerls, Töllerlickers un Peijatzen von toreken kunnen. Mien Meenen von de Klookheit un Ehrhaftigkeit von de Minschen worr jümmer ringer, as se mi von de groten Begevenheiten vertellten, de in dat letzte Johrhunnert ingang kamen sünd un de Welt verännert hefft. Se sän mi nämlich de Wohrheit doröver, wat de würklichen Oorsaken dorför weern, woto de Herrns dat överhaupt maakt hefft un wat von lachhaften Tofall dor mannichmol bi hulpen het, dat dat slumpen dä.

Nu worr ik ok kunnig, wo beestig un dummerhaftig heel veel von de Schrievers sünd. Se doot sik dormit dick un willt uns wies maken, dat se Geschichten schrievt, de noch keeneen Minsch nich hört het un de ganz geheem sünd. Se schrievt von veniensche Hallunken, de all veele Königs mit'n Giftbeker in't Graff bröcht hefft. Dor weern grootsnutige Angevers, de Woort för Woort dat upschrieven doot, wat de Fürst un de Premierminister in'n Geheemen ünner veer Ogen raatslaagt hefft; un de de Gedanken un de Geheemschufladen von de Botschafters un Staatssekretärs utspekeleert; un denn hefft se dat Mallör, dat se sik mit ehr Schrievels jümmer wedder akkrot dorneben setten doot. Ik keem ok achter de wohren Oorsaken von veele grote Begevenheiten, över de de Minschen sik bannig wunnern dän: wo en horenhaftig Fruunsminsch över de Achtertrepp dörch eenen Herrn Staatsraat bi den Senat dat dörchsetten kunn, wat se wull. Ik weer dor mit bi, as en General von en Slacht vertell, de he man bloß deswegen gewunnen harr, wieldat he en Bangbüx west weer un verkehrte Befehlen geven harr. En Admeral vertell, he harr molinst de Flott verraden wullt, aver wieldat he nich ornlich Bescheed wüß, harr he dor den Fiend mit tonicht maakt. Dree Königs, de dor weern, sän mi för gewiß, se harrn de ganze Tiet över, wo se an't Regeern weern, ok nich een eenzigs Mal en hogen Posten an en Minschen geven, de dat verdeent harr. Un wenn dat würklich mal passeert weer, denn harr dat en Versehn west, orer wieldat en von de Ministers, up den se sik sünst verlaten kunnen, jem ansmeert harr. Se sän, ok wenn se nochmal leven sölln, worrn se dat nienich anners maken. Un de Grünnen, de se mi sän, hefft woll veeles för sik; se meenten, en König kunn sik nich anners as mit Lögen un Bedreegen up den Troon hollen; wenn en Herrscher von gode un ehrhaftige Natur is, sienen Stolt het, keen Bang kennt un an dat fasthollt, wat he för richtig finnen deit, denn is em dat för de Staatsgeschäften jümmer in'n Weg.

Ik weer bannig neeschierig un fröög nah, wo veele Lüüd dat maakt, dat se to hoge Ehrentitels un to överbastig veel Hüser, Palasten, Hööf un Göders kamen hefft. Mit düt Nahfragen bleev ik in de nigere Tiet, de aver doch all en beten trüchliggen deit. Wo dat hüttodaags dor bi togahn deit, dor will ik nich von snacken. Ik will doch keenen Minschen dormit vör'n Kopp slaan, all gor nich welk von't Utland. (Dat bruuk ik doch woll den Lesers nich extra to seggen, dat ik mit düt Vertellen an allerwenigsten mien eegen Heimatland meenen do.) Ik leet mi heel veel Lüüd herhalen, de bi düsse Saken mit bi weern. As ik denn man so'n beten babenhen anfüng mit fragen, keem so en leeget un venienschet Bild todaag, dat ik doröver in deepe

Ernsthaftigkeit un Truur kamen dä. An ringsten weer mi noch, wenn se en Swuur braken harrn un Minschen an de Wand drückten; wenn de hogen Herrns mit Geld smeert worrn orer Bedreegeree bigäng weer; wenn Kuppelee bedreven worr un allens sowat. Dat sehg ik as en Swackheit von ehr Natur an, de ik de Lüüd noch an ersten nahsehn kunn. As denn aver en poor von jem ingestahn dän, wo se to ehr hoget Ansehn kamen un wovon se so rieke Lüüd worrn harrn, dor worr mi dat Nasehn nich mehr so licht. Ik worr gewohr, dat se sik geven harrn as de Lüüd von Sodom, bi't Veeh hefft welk legen orer bi Fruunslüüd ut de eegen Familje. Annern harrn ehr eegen Fruuns un Deerns as Horen up de Straat schickt, welk harrn ehr Land verraden orer ehrn Fürst; annern weern mit Giftmoord togang west; noch mehr mit Rechtsverdreiheree, wo se enschüllige Minschen mit in Schimp un Schannen bröchten. Wi lütten un gewöhnlichen Lüüd staht je heel veel deeper ünner düsse hogen Herrns, de Rang un Naam hefft. Un eenglich kummt uns dat woll to, jem ok dorför antosehn un uns dornah to benehmen, as jem dat in ehre hoge Wüürd tokamen deit. Man bloß as ik düt so allens von jem wies warrn dä, dor worr mien deepen Respekt för de hoge Herrns, de mi von Natur to eegen is, en beten wat ringer; un dat, so dink ik mi, ward de Lüüd mi woll nahsehn.

Ik harr oftinst dorvon lest, dat Minschen ehrn Fürsten orer ehr Land grote Deensten daan hefft. Un nu wull ik ok geern de mal sehn, de dat toweeg bröcht hefft, dorum fraag ik dornah. Ik kreeg to Antwurt, dat de ehr Naams nanich in de Akten to finnen weern. En poor Utnahmen geev dat, aver de weern von de Geschichtsschrievers as de leegsten Hallunken un Verraders henstellt. Wat de annern weern, dor harr ik noch nienich wat von hört. Un de keemen nu vör mi an. Se harrn bannig klöterig Tüüg an un müchten den Kopp gornich upbööm. De mehrsten von jem vertellten mi, se weern in Armoot un Schannen togrunnen gahn; un de annern sän, jem harrn se up't Schaffott orer an'n Galgen umbröcht.

Een Keerl weer dorbi, mit den schien dat wat besünners up sik to hebben. He harr en Jungkerl von ungefähr achtein Johr bi sik. Kaptein harr he west, vertell he, un lange Tiet dat Kummando up en Schipp föhrt. In de Seeslacht von Actium weer he mit bi. He harr dat Glück hat, mit sien Schipp de vörnste Reeg von den Fiend siene Flott dörchtobreken. Dree Slachtscheep kunn he up den Grund schicken un denn noch een innehmen. Dat harr de eenzigst Grund west, worum Antonius utneiht weer un Oktavian de Slacht gewunnen harr. De Jungkerl toneben em, wat sien eenzigst Söhn weer, harr in düsse Slacht todood kamen. Denn vertell he wieter: He harr sik dor fast up verlaten, dat em düt as Verdeenst anrekent worr; dorum harr he nah'n Krieg nah Rom henreist un bi Augustus vörstellig worrn wegen en Kummando up en grötteret Schipp, von dat de Kaptein follen weer. Aver von dat, wat he in de Slacht daan harr, dor weer överhaupt nich mehr von snackt worrn; un dat Schipp harrn se en jungen Minschen geven, de dat grote Water in sien ganzet Leven noch nich sehn harr. Aver he weer de Jung von en Fruunsminsch, dat frielaten weer, un de weer Kamerjunfer bi een von den Kaiser sien Bisläperschen. As he denn trüch weer up sien Schipp, harrn se em verklaagt, dat he sien Plichten nich ornlich nahkamen weer. Un sien Schipp harrn se een von den Vizeadmiral Publicola sien Snutensnackers geven. Doruphen harr he sik up en elennige lütte Hoffstäd trüchtagen un dor sien Levenstiet tomenn brocht. Ik weer heel neeschierig, wat an düsse Geschicht woll wohr wesen dä. Dorum beed ik, dat Agrippa herhalt warrn söll. De weer nämlich in jenne Seeslacht de Admeral west. De keem ok her un sä, dat weer allens wohr. Ja, bi sien Vertellen keemen noch allerhand annere Verdeensten todaag, wat de Kaptein as en trüchhollern Minschen lütter maakt, orer von de he gornich snackt harr.

Ik weer bannig bestött, wo sik de Slechtigkeit in jennet Kaiserriek so fix un so wiet utbreet harr. Un dorbi weern se mit den Luxus un dat Verswennen man erst korte Tiet ingang west. Över annere Länner, wo dat jüst so togüng, wunner ik mi nu meist gornich mehr. Dor weern se mit so'ne Leegheiten je all veel länger ingang; allens, wat an Ansehn un Ehren to vergeven weer un wat se in'n Krieg de Fiend afnahmen harrn, dat behöll de böbelst General allens för sik; un dorbi keem em dat viellicht an wenigsten to.

Von de Personen, de ut dat Dodenriek herhalt worrn, keem jedereen in akkrot densülvigen Tostand, de he to sien Levenstiet hat harr. Mi worr dor heel brägenklüterig bi to Sinn, as ik wies warrn dä, wo de Minschheit bi uns in de letzten hunnert Johr rünnerkamen is; wo de italjensche Süük mit allens, wat de achter sik her trecken deit un wat de verschiedensten Naams het, wo de de Minschen bannig verrännert het. Meist kann'n en Engländer nich mehr as Engländer kennen: in de Grött schrumpelt se tosamen, de Nerven ward jümmer dünner, de Sehns un Muskeln hefft keen Kuraasch mehr, de Gesichtsfarv bleekt as Linnen in de Sünn un dat Fleesch up de Knaken ward slapperig un fangt an to stinken.

Ik beed nu dor um, dat sik en poor Freebuurn von'n olen Slag wiesen sölln. Von jem weet 'n doch dat se von eenfache Natur weern, mit Äten un Drinken un Antrecken nich veel her maakt hefft un in ehr Doon un Drieven gerecht weern; dat se ehr Gedanken up würkliche Frieheit utrichten dän un heel veel Moot un grote Leev to ehr Vaderland harrn. Dor weern se domols to ehr Tiet heel berühmt för. Un dorum güng mi dat bannig tonah, as ik den Ünnerscheed sehg mank de Doden un de, de noch an Leven sünd. Mi weer meist to'n Weenen, as ik mi verkloorn dä, wo alle ehr klooren goden Döögten von de Nahkämers för Geld verhökert ward. Se verkööpt ehr Stimmen, bedreegt bi de Wahlen un nehmt allens von de Leegheiten un dat Verdarven an, wat'n an en Fürstenhoff bloß liern kann.

De negente Strämel

De Schriever kummt nah Maldonada trüch. He seilt nah dat Königriek Luggnagg. Se sett em fast. He ward an den Königshoff halt. Up wat von Aart un Wies he vörlaten ward. Von den groten Sachtmoot von den König gegen sien Ünnerdanen.

De Dag keem, dat ik afreisen wull, un ik sä Siene Hoheit, den Stattholler von Glubbdubdrib, adjüs. Mien beiden Frünnen un ik föhrten nah Maldonada trüch. Veertein Daag bruuk ik man to töven, denn weer en Schipp, dat nah Luggnagg woll, kloor to'n Seilen. De beiden Herrns un noch en poor annere Lüüd weern heel fründlich un spendabel; se packten mi rieklich to äten un to drinken in un geven mi dat Geleit an Bord. Een Maand lang weern wi bi düsse Reis ünnerwegs. Dat geev en bannigen Storm un wi mössen nah Westen stüürn, dat wi in den Passat rinkamen dän; up en Enn von hunnertunachtzig Mielen weer dat de Hauptwind. An'n 21. April 1709 leep us Schipp in den Haven von Clumegnig in. Düsse Stadt liggt an dat Südostenn von Luggnagg. Dree Mielen von de Stadt af leeten wi den Anker dal un geven Signaal um en Lootsen. Dat duur keen halve Stunn, denn keemen twee von jem an Bord. De stüürten uns Schipp mank en poor gefährliche Sandbänk un Kliffs dörch. Wi keemen in en grote Mool, wo en ganze Flott Platz finnen kunn, keen tweehunnert Ellen von de Stadtmuur seker för Anker to liggen.

En poor von uns Matrosen harrn, viellicht ut Leegheit orer Tapsigkeit, de Lootsen verraad, dat ik en Utlänner un hell veel up Reisen weer. De Lootsen sän en Tollbeamten Bescheed, un de nehm mi scharp in't Verhöör, as ik an Land keem. He snack mit mi in de Spraak von Balnibarbi. Wieldat in düsse Stadt veel Hannel un Wannel is, ward düsse Spraak von veele Minschen verstahn, vör allen von Seelüüd un von de, de bi'n Toll anstellt sünd. So akkrot un uprichtig, as ik man kunn, vertell ik em en beten wat von mien Reisen. Mi schien dat aver nödig, nich to verraden, wat mien Vaderland weer un geev mi för en

Hollandsmann ut. Ik wull je nah Japan reisen; un nah düt Königriek, dat wüß ik, dor dörfen von alle Lüüd in Europa man bloß Holländers henkamen. Dorum vertell ik den Beamten, ik harr an de Küst von Balnibarbi mit'n Schipp to Mallör kamen un dat Water harr mi up en Kliff rupsmeeten. Denn harrn se mi in Laputa, de Fleegen Insel, (dor harr he all oftinst von hört) upnahmen. Nu wull ik sehn, wat ik nich nah Japan kamen kunn, dor harr ik viellicht Gelegenheit, dat ik nah mien Heimatland trüchkamen kunn. De Beamte sä, he möß mi erstmol fastsetten, bet he von den Königshoff Odder kriegen dä. He wull aver furts deswegen schrieven un glööv, dat he woll in veertein Daag Antwurt hebben kunn. Ik keem nu in en ornlichet Quarteer. Vör de Döör stellten se en Posten up, aver in den groten Gorten kunn ik mi frie bewegen. Se güngen heel ornlich mit mi um, un ik kreeg de ganze Tiet godet Äten un Drinken, wo de König för upkamen dä. En poor Lüüd keemen to Besöök nah mi hen, tomehrst ut Neeschier. Dor worr nämlich vertellt, dat ik von bannig wiet herkamen dä, ut Länner, von de se hier noch nienich wat hört harrn.

En junge Keerl, de mit datsülvige Schipp kamen harr as ik, nehm ik mi as Dolmetscher. He weer in Luggnagg geborn, harr aver all en poor Johr in Maldonada leevt un kenn sik in beide Spraken heel goot ut. Wieldat he mi helpen dä, kunn ik mi mit alle Lüüd, de to Besöök keemen, wat vertellen, wat aver nix anners weer, as dat se fragen dän un ik Antwurt geev.

To de Tiet, wo wi dormit rekent harrn, keem denn eener mit de Odder von den Königshoff antojagen. Dor weer in anornd, dat se mi un mien Gefolg mit en Eskorte von tein Rieders nah Traldragdubb orer Trildrogdib (mi is so, dat se dat up beide Aarten utsnackten) henbringen sölln. Ik harr as Gefolg wieter nix as jennen armen Jung as Dolmetscher, den ik mi nahmen harr. Up mien demödig Bidd hen kregen wi jeder eenen Muulesel, wo wi up rieden kunnen. En Kureer schickten se en halve Daagsreis vörweg; de söll den König Nahricht geven von mien Kamen. He söll ok bi Siene Majestät nahfragen, he müch Dag un Stunn bestimmen, wannehr em dat in sien grote Gnaad woll passig weer, dat he mi de Ehr tokamen laten kunn, „den Stoff von sien Footschemel aftolicken". Düsse Aart un Wies to snacken weer dor an den Hoff begäng, un ik worr denn ok wies, dat'n dorbi nich bloß so doon dä, as wenn'n dat dä. Twee Dag nah mien Ankamen nämlich, as ik vörlaten worr, worr mi seggt, ik harr up den Buuk vörwarts hentokrupen un dorbi den Footbodden aftolicken. Wieldat ik en Utlänner weer, harrn se dor acht up geven em schier to maken, dat dor nich so asig veel von den Stoff liggen dä. Dat weer en ganz grote Gnaad, de bloß Persons von hogen Stand togestahn worr, wenn se um en Audienz beden dän. Mannichmol worr sogar extra Stoff henstreit; denn nämlich, wenn eener kamen dä, de an'n Hoff mächtige Gegenspeelers harr. Ik heff mol eenen hogen Herrn sehn, de harr dor den Mund stoppenvull bi kregen; un as he bet up den gehörigen Afstand an den Troon rankropen harr, kunn he keen eenzig Woort nich rutkriegen. Dor is denn so'n Minschen ok nich von aftohelpen; dat ward nämlich mit den Dood bestraft, wenn de Lüüd, de to en Audienz tolaten ward, utspucken orer sik den Mund wischen doot, solang as Siene Majestät dor mit bi is. Dat gifft noch en annere Saak, mit de ik nich inverstahn wesen kann: Mannichmol het de König dor Lust to, een von sien Eddellüüd sachten un up kommodige Aart un Wies um de Eck to bringen. He ornd denn an, dat se up den Footbodden so'n bruun Pulver henstreit, wat von verschiedenen Giften tohopmengeleert is. Wer dat nu uplicken deit, de is för gewiß in en Tiet von veeruntwintig Stunnen doot. Dat nu keeneen düt in den verkehrten Hals kriegen deit, mutt ik to Ehrn von den Fürsten seggen, wo groot sien Sachtmoot gegen sien Ünnerdanen is un wo heel veel Sorgen he sik um ehr Leven maken deit. (Dat kann'n sik man bloß wünschen, dat de Monarchen in Europa em dor in nahkamen worrn.) Un dat mutt'n em ganz hoch anreken. Jedesmol nämlich, ween een up düsse Aaart un Wies dootmaakt is, ward en heel scharp Odder utgeven, dat de Deel von den Footbodden, wo dat Gift hinstreit weer, goot afschrubbt ward. Wenn de Deensten dat versüümt, denn kann dat passeern, dat jem de königliche Ungnaad drepen deit. Ik heff dat mit mien eegen Ohren hört, wo de König anorden dä, dat een von sien Deensten deswegen mit de Pietsch dörchneiht warrn söll. De harr nämlich an de Reeg west Bescheed to seggen, dat de Footbodden schrubbt warrn söll; un he harr dat, scheevsch as he weer, nich daan. Dörch düt Versüümen keem dat to en Mallör. En düchtigen jungen Lord, von den noch wat warrn kunnt harr, keem to en Audienz un worr up düsse Aart un Wies vergift. Aver de König harr to düsse Tiet gornich de Afsicht, em dat Leven to nehmen. Düsse gode Fürst het aver in sien grote Gnaad den Deenstmann de Pietschenstraaf nahlaten. De Jung möß aver toseggen, dat he dat nich wedderdoon wull, wenn he dor nich extra Odder to kriegen dä.

Nu heff ik von dat afkamen, wat ik eenglich vertellen wull. Ik fang dor wedder mit an: As ik bet up veer Ellen an den Troon rankropen harr, keem ik sachten up de Kneen hoch. Ik duuk mienen Kopp söbenmol bet up de Eerd dal un sä dor düsse Wöör bi, de se mi an'n Obend vörher bibrocht harrn: „Ickpling gloffthrobb squutserumm blhiop mlashnalt zwin tnodbalkguffh slhiophad gurdlubh asht." Dat is de Hööflichkeitsanreed, de mit en Gesetz von düt Land för alle Persons vörschreven is, de to en Audienz bi den König vörlaten ward. In uns Spraak geiht de ungefähr so: „Ju himmlische Majestät sall ölm un en halven Maand länger leven as de Sünn." De König geev mi dor en Antwurt up, de ik nich verstahn kunn. Aver dat weer ok nich nödig; ik änner em so, as se mi dat vörbeed harrn: „Fluft drin yalerick dwuldum prastrad mirplush". Dat heet: „Mien Tung is in den Mund von mien Fründ", un düsse Snack bedüüd, dat ik um de Verlööf beden de, mien Dolmetscher kamen to laten. Doruphen worr jenne junge Keerl, von den ik all vertellt heff, rinhalt. He hulp mi, dat ik up alle Fragen Antwurt geven kunn, de Siene Majestät in mehr as een Stunns Tiet stellen dä. He snack in de Spraak von Balnibarbi un wat ik ännern dä, sä mien Dolmetscher em up Luggnaggsch wedder.

De König weer dor bannig von andaan, dat ik bi em weer. He geev sien Bliffmarklub, wat de böbelste Kamerherr weer, de

Odder, he söll mi un mien Dolmetscher en poor Stuvens in sienen Palast towiesen. He söll ok för uns Äten un Drinken sorgen un uns babenin en groten Büdel voll Gold geven, dat wi uns dat köpen kunnen, wat wi so den Dag över bruken dän.

Wieldat ik Siene Majestät von Harten todaan weer, bleev ik dree Maand lang in düt Land. He weer mi heel gnädig, bewies mi grote Günsten un sä mi noch veeldeel to, wat ik an Ehren un Gaven allens hebben söll, wenn ik man dorblieven wull. Ik meen aver, dat weer beter för mi, wenn ik nah mien Heimatlang trüchreisen dä. Un ik glööv ok, dat keem mi un mien Lüüd in de Heimat ok mehr to, wenn ik dat, wat ik von mien Levenstiet noch vör mi harr, wenn ik dat bi mien Fru un bi mien Familje tobringen dä.

De teinte Strämel

De Luggnagger sünd gode Lüüd. Vertellen von de Struldbruggs un wat sik de Schriever mit en poor vörnehme Herrns över jem vertellt.

De Lüüd von Luggnagg sünd heel hööfliche un goothartige Minschen. En lütt beten wat hochnäsig, as'n dat bi all de Lüüd in de östlichen Länner kennen deit; aver gegen Utlänners geevt se sik recht nett, vör allen bi de, de an den Königshoff goot anschreven sünd. Ik harr veel Bekannten bi de Lüüd von de fienere Levensaart un mien Freid dor an, mi mit jem wat to vertellen. Un dat güng ok heel goot, wieldat ik mien Dolmetscher jümmer bi mi harr.

Molinst weer ik inlaad un keem mit veele döögte Lüüd tohop. En vörnehme Herr von Stand fröög mi, wat ik all mol eenen von ehr „Struldbruggs" sehn harr. Dat sünd Minschen, de nienich starven doot. Ik sä nee un beed em, he müch mi verkloorn, wat dat bedüden dä, wenn sowat von en Kreatur seggt worr, de doch inst starven möss. He vertell mi denn, dat weer gewiß en grote Utnahm, keem aver af un an doch vör, dat in en Familje en Kind mit en roden Plack vör'n Kopp to Welt keem. De seet liek baben de linke Ogenbraan. Un dat weer dat seker Teeken, dat düt Kind nienich starven dä. Düsse Plack, sä he, weer ungefähr so groot as een sülvern Dreepencestück; de worr mit de Tiet grötter un kreeg en anner Farv. In dat twölfte Levensjohr woor he gröön; bleev so bet to'n fiefuntwintigsten un änner denn de Farv nah düsterblau. Mit fiefunveertig worr he köhlenswart un so groot as en englischen Schilling. Von denn an änner he sik nich mehr. Von de, de so geboorn worrn, meen he, geev dat man wenig, un in't ganze Königriek weern dat nich mehr as ölmhunnert Struldbruggs, Fruuns un Keerls tohopen rekent. Dorvon leevten nah sien Taxeern so bi fofftig in de Hauptstadt. Bi de annern weer en lütt Deern bi, de weer vör dree Johrn to Welt kamen. Düsse Aart Lüüd keemen nich ut een bestimmte Familje. Dat weer nix as en reinen Tofall, wo so'n Struldbrugg geboorn worr. Un wenn se Kinner harrn,

denn mössen de jüst so starven as de gewöhnlichen Lüüd.
Ik mutt reineweg ingestahn, wat ik bi dütt Vertellen wies warrn dä, dat broch mi över de Maaten in Freid. Ik kunn mi gornich wedder inkriegen un ok nich mehr an mi holln, ik füng luuthals mit juchheien an. Un denn keem ik mit Wöör todaag, de woll en beten rieklich överschüümsch weern. Un dat dä ik in de Spraak von Balnibarbi, wo ik heel goot mit umgahn kunn. Un wieldat de Herr, de mi dat vertellt harr, düsse Spraak ok verstahn kunn, kreeg he dat allens mit, wat ik ropen dä: Oh wat von glücklich Land mutt dat wesen, wo jedet Kind tominnst heemlich dormit reken kann, för alle Tieden to leven. Oh wat von glücklich Volk, wo dat soveel Minschen geven deit, an de'n de olen goden Döögten sehn un sik dor an frein kann; dat Lehrers het, de jem allens dat bibringen könnt, wat dat in fröher Tieden an Klookheit un hogen Verstand geven het! Över alle Maaten glücklich un mit nix to verglieken sünd jenne Struldbruggs sülmst. Se sünd dörch ehre Geboort frie von dat Unglück, wo alle Minschen sik ünner geven mööt. Se könnt ehren Geist frien Loop laten un in alle Höchden hochheven. Se hefft nix to doon mit de Lasten un de Bedröövnis, de de Minschheit mit de Bang vör't Starven upleggt is.
Ik sä, dat ik mi wunnern dä, dat ik noch keeneen von düsse grootarigen Lüüd an den Königshoff gewohr worrn harr. De swarten Plack vör'n Kopp kunn ik doch eenglich nich översehn; un mi weer dat unmöglich, dat Siene Majestät, de so över de Maaten klook von Verstand weer, dat de nich en ganz Reeg von so'n anslägschen un kumpabeln Raatgevers bi sik hebben dä. Aver dat kunn je wesen, meen ik, dat de grote Sittsamkeit von düsse ehrhaften un kloken Herrns nich passen dä to dat loose Weeswark von en Fürstenhoff. Dat keem doch oftinst vör, dat junge Lüüd bannig wedderbörstig un windbüdelig weern un sik nich an vernünftige Vörschriften scheren dän, de von Olen her överkamen sünd. Nu aver harr Siene Majestät in sien grote Gnaad mi verlööft, dat ik jümmer wedder henkamen kunn in siene königliche Neegde. Dorum harr ik mi vörnahmen, mit de Hülp von mien Dolmetscher in düsse Saak mien

Meenen bi em vörtobringen. Ik wüß woll nich, wat he mien Ratslääg annehmen wull, aver een Deel harr ik mi för gewiß vörnahmen. Siene Majestät harr mi mehr as eenmal anstellt, dat ik hier in't Land blieven kunn; he woll mi versorgen. Düsse grote Gnaad wull ik nu annehmen un em dor veelen Dank för weeten. Un wenn jenne högere Wesens, de Struldbruggs, dat recht weer, mit mi Umgang to hebben, denn wull ik mien ganzet Leven dormit tobringen, mi in alle Eernsthaftigkeit to ünnerhollen.

As ik all seggt heff, kunn de Herr, de mi dat allens von de Struldbruggs vertellt harr, de Spraak von Balnibarbi verstahn un snacken un harr allens mitkregen, wat ik seggt harr. He keek mi nu an mit so'n Aart Smustergrienen, wat eenen up't Gesicht kummt, wenn en Dummerjan em leed doon deit. He sä, he frei sik över jedereen Grund, de mi dor to bringen dä, bi jem to blieven. Un denn fröög he, wat mi dat recht weer, wenn he de Lüüd, de bi uns stünnen, verklooren dä, wat ik seggt harr. Ik weer dor furts mit inverstahn. Se vertellten sik nu en ganze Tietlang wat in ehr eegen Spraak, wo ik keeneen Woort nich von verstahn kunn. Ok an ehr Gesichten kunn ik nich wies warrn, wat se von mien Vertellen hollen dän. Een Ogenblick weer dat still; un denn sä mi de Herr, sien Frünnen, de ok mien Frünnen weern (he höll dat för goot, dat so to seggen), harrn sik bannig freit över de klooken Gedanken, de ik von mi geven harr över dat grote Glück un över de Vördeelen von dat Leven ahn Starven. Se wulln geern heel genau weeten, wo ik mien Leven inrichten worr, wenn de Tofall dat wullt harr, dat ik as en Struldbrugg to Welt kamen weer.

Ik änner jem, dat weer doch woll nich swoor, bi so'n grootarig un kommodig Thema de richtigen Wöör to finnen. Ik harr dor all oftinst an dacht un mi utmalt, wat woll allens wesen kunn, un wat ik allens maken worr, wenn ik König weer orer General orer en hogen Lord. Un jüst för düsse Saak, wenn dat gewiß weer, dat ik ewig leven dä, harr ik mi en ganzen Plaan in mien Kopp torechtleggt.

Ik harr mi Gedanken maakt, wat ik denn allens in de Maak

nehmen wull un wo ik mien Tiet mit henbringen kunn. Un nu keem ik in't Vertellen dorvon, wat ik woll maken worr, wenn mi dat Glück as Struldbrugg up de Welt kamen laten harr. Wenn mi kloor worrn weer, wo glücklich ik wesen kunn, dat ik den Ünnerscheed mank Leven un Dood begreepen harr, worr ik mien Gedanken up de Tokunft richten. Toerst worr ik dor up utgahn, mi mit allen möglich Kneepen un Winkeltöög veel Geld un Goot rantoschaffen. Wenn ik dor biblieven dä, dat plietsch noog angüng un ornlich wat up de hoge Kant leggen worr, denn kunn ik dor gewiß mit reken, dat ik in so'n tweehunnert Johrn de riekste Mann in't Land weer. Un denn worr ik mi von Kind up an up 't Studeern leggen. Mit de Tiet weer ik denn klööker as all de annern Minschen in de Welt. Letzto worr ik allens wat passeert, jede Daat un jede Begevenheit von Bedüden, de ik gewohr warrn dä, akkrot upschrieven. Ik worr ok von de Fürsten, so as se een achtern annern an't Regeeren weern, un von de hogen Staatsministers fasthollen, wat von Natur se harrn un dor mien eegen Gedanken mit bischrieven. Wat sik allens so verännern dä in dat Leven von de Minschheit, bi de Spraak, wo se sik antreckt, wat se äten un drinken doot un wo se ehr Vergnögen an hefft, dat worr ik allens to Papeer bringen. Mit düt allens, wat mi denn kunnig weer un wat ik parot harr, weer ik as en lebennige Schatzkamer för allens, wat een weeten kann un wo een sien kloken Verstand anwennen deit. Denn weer ik ganz gewiß de höchste Autorität von't ganze Land, an de keeneen nich anrecken kunn.

In't Öller von sößtig Johr worr ik mi nich mehr verfreen, mi aver veel Besöök inladen, man dor jümmer sporsam bi blieven. Ik worr mi dormit befaten, düchtige junge Lüüd den Verstand klöker to maken un jem vöran to bringen. Dorto worr ik jem ut mien Leven vertellen, wat ik allens sehn un höört un beleevt heff. Ik worr jem dormit övertügen, dat dat för een sülmst un för de Minschheit an mehrsten bringen deit, wenn se sittsam un ehrhaftig leven doot. De Lüüd, de ik mi utsöken wull, dat se jümmer um mi rum weern, de sölln so as ik ut de Broderschaft von de kamen, de nienich starven doot. Een Dutz von jem sölln

dat wesen, anfangt bi de öllsten von jem bet rünner nah de in mien Öller. Wenn dor welk bi weern, de mit Geld un Goot knapp weern, denn wull ik jem kommodige Wöhnungs besorgen, dicht bi mien Landgoot. Welk von jem worr ik jümmer wedder an mienen Disch inladen, un denn en poor von de würdigsten von de Doodsverfallenen dorto, wo jü je ok tohöörn doot. Mit de Tiet worr ik mi dor an gewöhnen, jüg to verleeren, un dat worr mi nich mehr besünners leed doon. Un mit ju Nahkämers worr dat nich anners gahn. Dat weer denn dor jüst so mit as mit de Vijolen un de Tulpen in'n Gorten. Jedes Johr blöht se un en freit sik doran, aver de Blomen von't letzte Johr ward nich mehr beduurt.

Düsse Struldbruggs un ik, wi worrn uns allens vertellen, wat wi in de Johren beleevt un wat wi wies worrn harrn. Wi worrn dor up achtgeven, wo sik dat Verdarven nah un nah in de Welt wieterslieken deit. Bi jeden Schritt, de dat vörankamen wull, worrn wi dor gegenan gahn, indem dat wi de Minschen egolweg wahrschuten un jem belieren dän. Tosamen mit dat gode Bispill, wat wi afgeven worrn, kunnen wi den Ünnergang von de minschliche Natur afwennen, wo to alle Tieden to Recht soveel över klaagt ward.

To düt allens keem dor denn noch en Vergnögen mit to: ik kunn mit beleeven, wo dat in de Länner un Königrieken up verschieden Aart un Wies koppünner un koppöver güng; wat dat von Verännerungen in de ünnersten un de böbelsten

Schichten geev; wo de olen Städter in Grus un Mus gaht un wo elennige Kaffs to de Residenzen von Königs upstiegen doot; wo von gewaltige Strooms lütte Beken ward; wo de Ozean de een Küst verdrögen let un över de anner weggeiht; wo veele Länner funnen ward, de hüttodaags noch keeneen nich kennen deit; wo beestige Völkers över de sittsamen un ornlichen Länner herfallt un wo ut de gräsigsten Völkers Länner ward, wo Recht un Ornung gillen deit. Ik kunn denn beleven, wo se de geographische Längde finnen doot, dat Perpetuum mobile farigkriegt, de Universalmedizin tohopenmengeleert un wo veele annere grote Saken up best tomenn brocht ward.

Un wat worrn wi von wunnerbore Saken in de Astronomie rutfinnen; wi kunnen je afleven, dat dat wohr warrn deit, wat wi vörutseggt hefft. Wi kunnen mit uns eegen Ogen sehn, wo de Kometen aftreckt un wedderkaamt un wo de Loop von Sünn un Maand un Steerns sik verännern deit.

Ik snack noch lang un breet över veele annere Saken, de mi licht infallen dän dörch mien natürlichet Verlangen nah en Leven ahn Ennen un nah glückliche Daag up de Eerd. As ik farig weer mit mien Vertellen, worr dat, wat ik seggt harr, för de annern Lüüd översett. Un denn geev dat bi jem en langet Hen un Her in ehr Spraak. Öfterinst follen se dorbi in't Lachen un ik glööv, se lachten över mi. Letzto sä jenne Herr, de mien Dolmetscher west harr, de annern harrn em seggt, he müch en poor Saken richtigstellen, bi de ik mi en beten vergrepen harr. Dat keem bi mi woll von de gewöhnliche Swackheit von de minschliche Natur, dorum weer dat nich so leeg un se kunnen mi dat nahsehn.

Wat düsse Aart von Minschen angüng, de se Struldbruggs nömt, dat weer en Eegenaart von ehr Land. So'n Lüüd geev dat nich in Balnibarbi un ok nich in Japan. Dat wüß he för gewiß, wieldat he de Ehr hat harr, dor de Botschafter von Siene Majestät to wesen. Un he harr wies worrn, dat de Inwahners von düsse beiden Länner dat meist nich glöven kunnen, dat sowat möglich weer. Un an mien Wunnern, as he mi von düsse Saak to'n ersten mol wat seggt harr, kunn'n doch sehn, dat dat för mi ok ganz wat Niges un meist nich to glöven weer. In jenne beiden Länner harr he mit veele Minschen umgahn; un he harr markt, dat dat Verlangen nah en langet Leven to de gewöhnliche Natur von den Minschen tohöörn dä. Alle Minschen wulln dat geern. Un jedereen, de all mit een Foot in de Kuhl steiht, höllt den annern Foot so fast un so wiet as möglich trüch. Eener kunn noch so olt wesen, he weer doch dor up ut, noch eenen Dag länger to leven. He höllt den Dood för de leegste Plaag un sien Natur drifft em dorto, egolweg vör em uttoneihn. Man bloß up de Insel Luggnagg weer dat anners. Dor weern de Lüüd nich so achter dat Leven her; un dat keem dorvon, dat se de Struldbruggs as Bispill jümmerto vör Ogen harrn.

Denn keem he up dat to snacken, wat ik vertellt harr. De Plaan, den ik för mien Leven upstellt harr, meen he, de weer unklook un nich to bruken. Ik harr dorvon utgahn, dat'n jümmer jung un gesund bleev un de Verstand nienich nahlaten dä. Aver dat to glöven, so narrsch kunn doch keen Minsch nich wesen, un wenn he mit sien Wünschen ok noch so över de Maaten wietlöftig weer. Bi düsse Saak güng dat nich dorum, wat een jümmer jung un smietig leven kunn un dorbi riek un gesund blieven dä; de Fraag weer doch, wo he in sien Leven ahn Ennen mit all de Plagen un de Nahdeelen farig warrn kunn, de dat Öllerwarrn mit sik bringt. He glööv, wenn de Minschen düsse harten Bedingen kapeert harrn, denn worrn woll nich veel von jem dorbi blieven, dat se geern ewig leven wulln. Aver in de beiden Königrieken von Balnibarbi un Japan harr he gewohr worrn, dat jede Minsch sien Starven geern noch en Tietlang vör sik her schuven wull, wenn he ok noch so olt weer. He harr ok kuum mol von eenen Minschen hört, dat he geern storven weern; höchstens denn, wenn Krankdaag un Plagen över de Maaten leeg weern un em dorto dreven harrn. Un he keek mi an un meen, wat ik dat nich ok all wies worrn harr, in de Länner, wo ik henreist weer un ok bi mi sülmst.

Düssen ganzen Lex sä he vörweg; un denn vertell he mi lang un breet von de Struldbruggs: Bet se dörtig Johr weern, geven se sik gewöhnlich jüstso as de Lüüd, de ehr Johren leevt un denn to Graff kaamt; aver von denn an worrn se bilütten brägenklüterig un leeten de Ohren hangen. Bet to ehr achtzigst Johr worr dat dor jümmer leeger mit. He wüß dat, wieldat se em dat sülmst ingestahn harrn. Anners kunn he nich seggen, dat dat dörch de Bank so weer; dor worrn nämlich in een Minschenöller nich mehr as twee orer dree von düsse Soort geboorn. Wenn se denn nah de Achtzig ranweern, wo in düt Land för gewöhnlich keeneen över weg keem, denn worrn se jüst so narrsch un klöterig as anner ole Lüüd; un nich bloß dat, dat worr noch veel leeger mit jem. Un dat keem dorvon, dat se sik över de gräsige Utsicht kloor weern, nienich starven to können. Se weern nich bloß dickköppig, griesgramelig, raffig, muulsch, dicknäsig un rappelig; se künnen ok keen Fründschaft hollen un dat güng jem af, annerseen leef to hebben, wat sowieso nich wieter recken dä as bet to'n Grootkind. Afgunst un hebbenwolln wat se nich kregen kunnen stünnen vörn an in ehr Natur. An mehrsten afgünstig weern se up dat lasterhaftig Vergnögen von de jungen Lüüd un dor up, dat de olen Minschen starven kunnen. Wenn se an dat erste dinken doot, denn ward se wies, dat se keeneen Schangs to so'n Vergnögen mehr kriegen doot; un wenn se en Liekentog seht, denn klaagt un muult se, dat en anner to de ewige Roh kamen het, wo se nich henkamen kunnen. Besinnen könnt se sik man bloß up dat, wat se von ehr Kinnertiet bet to de Levensmidd liert un gewohr worrn hefft; un dor hefft se ok all över de Hölft wedder von vergetten. Un wat de Wohrheit von en Saak angeiht un wo dat akkrot dor mit west het, dor is dat beter, up dat to hören, wat dor so gewöhnlich von vertellt ward. Ok up ehr best Besinnen kann'n nich veel geven. An wenigsten unglücklich sünd woll noch de von jem, de wedder tutig as'n lütt Kind ward un von nix wat afweeten doot. Över de barmt de Lüüd sik an ersten un helpt jem; jem fehlt nämlich veel von de Leegheiten, de de annern överrieklich hebben doot.

Wenn en Struldbrugg en Fru von sien eegen Aart freen deit, denn ward he wedder scheed, wenn de jüngere von beiden achtzig ward; so seggt dat en Gesetz in düt Land. De Oorsaak för düssen Paragrafen is düt: Dat de Struldbruggs dorto verdammt sünd up ewig in uns Welt to blieven, dat is en Elend, wo se sülmst nix för könnt. Dorum is dat nich mehr as recht, wenn düsse Dracht nich noch dörch de Plaag von en Wiev duwwelt ward.

Mit den Dag, wo se de Achtzig vull hefft, gilt se för dat Gesetz as doot. Ehr Nahkämers arvt furts all ehr Haav un Goot: man bloß en lütten Bedrag ward för ehr Kost un Logis trüchbehollen. Un wenn dat dor nich för langen deit, denn kummt de Staat för jem mit up. Von düsse Tiet an ward se ok dorför ansehn, dat se för so'n Amt, wo dat up Vertruun ankummt orer wo wat bi to verdeenen is, nich mehr to bruken sünd. Se dörft denn keen Grund un Bodden mehr verköpen un keen Pacht mehr innehmen. Tügen för Gericht könnt se nich mehr wesen, egol, wat dat um en Zivil- orer en Straafperzeß geiht. Se ward nichmol mehr tolaten, wenn dat um Grenzen orer um Grenzsteens geiht.

Mit negentig gaht jem de Tähn un de Hoor ut; un in düt Öller geiht jem ok de Gesmack verloren, se ät un drinkt allens, wat se man kriegen könnt, aver ahn Spaß un ahn Apptit. Ehr Krankdaag, de jem plaagt, hollt egolweg an; de ward nich leeger un ok nich beter. Bi'n Vertellen vergett se, wo de gewöhnlichsten Saken heeten doot un ok de Naams von de Lüüd sülmst denn, wenn dat ehr besten Frünnen orer neegsten Verwandten sünd. Dat Vergetten is ok de Oorsaak, dat se ehr Tiet nich mehr mit Lesen tobringen könnt. Ehr Kopp bringt den Satz, den se anfangt hefft, nich bet to'n Enn; un düt Lieden nimmt jem de eenzig Ünnerhollen weg, de se sünst noch harrn. De Spraak von düt Land is egolweg dorbi, sik to verännern; dorum könnt de Struldbruggs von de een Generatschoon de von de anner nich mehr verstahn. Un nah tweehunnert Johr kriegt se dat nich mehr farig, sik mit ehr Nahwerslüüd, de je molinst starven mööt, (mit mehr as'n poor Wöör) wat to vertellen. So sünd se in de slechte Sitatschoon, dat se in ehr eegen Vaderland as frömde Minschen leven mööt.

Soveel as ik mi dor wat akkrot up besinnen kann, weer dat

allens, wat mi von de Struldbruggs vertellt worrn is. Laterhen heff ik sülmst fief orer söß von jem to Gesicht kregen. Se weern von verschieden Öller, de jüngst harr nich mehr as tweehunnert Johr. En poor von mien Frünnen harrn jem bi de een orer anner Gelegenheit nah mi her bröcht. Se harrn jem vertellt, dat ik heel veel in de Welt rumkamen weer un veele Länner sehn harr. Liekers weern se keen beten neeschierig un frögen mi ok nich nah een eenzig Deel von mien Reisen. Se meenen man bloß, wat ik jem nich en „Slumskudask" geven wull, en Stück Dings to'n Andenken. Mit düsse trüchhöllern Aart von Snurren kaamt se um dat Gesetz unrum, mit dat dat Prachern in düt Land scharp verboden is. Düssen Paragrafen hefft se dorumhalven maakt, wieldat de Staat för den Levensünnerholt sorgen deit, wenn dat ok man bannig knapp is.

De Struldbruggs ward von alle Lüüd, hoch orer siet, bannig minnachtig ansehn; ja, se könnt jem nich utstahn. Wenn een von jem to Welt kamen deit, denn meent se, dat weer en leeget Wohrteeken. De Dag von ehr Geboort wart akkrot in de Akten indragen. So kann'n jümmer wies warrn, wo olt se sünd; dor bruukt'n bloß in't Register nahtokieken. Aver düsse Akten reckt man bloß so bi dusend Johr trüch. Dat kann wesen, dat sik mit de Johrhunnerten dor wat von verloren hat orer dörch unrastige Tieden tonicht maakt is. För gewöhnlich ward ehr Öller aver anners utrekent: Se fraagt jem, up wat von Königs orer hoge Herrns se sik besinnen könnt; un denn kiekt se in de Geschichtsbökers nah. Dat is nämlich gewiß: de letzte Fürst, up den se sik besinnen könnt, de het mit regeern anfangt, ehrer dat düsse Lüüd achtzig Johr olt weern.

De Struldbruggs weern so jämmerlich antosehn, as mi dat noch nanich vörkamen is; un de Fruuns sehgn noch gräsiger ut as de Keerls. Dat weer nich bloß dat klöterige Utsehn, wat von't hoge Öller kamen deit, se seht noch veel schruteriger un gräsiger ut, as'n jem dat nah Johren toreeken kunn. Mi fehlt de Wöör, dat to beschrieven. Wenn ik so'n half Dutz von jem um mi rum harr, kunn ik ög rutkennen, wer von jem de öllst weer; un dat ok denn, wenn se nich mehr as een orer twee

Johrhunnerten uteenanner weern.

De Leser ward mi nu gewiß afnehmen, dat mien groot Verlangen nah en Leven ahn Enn bannig nahlaten het, as ik düt allens höört un sehn harr. De schönen Plaans, de ik mi för mien Tokunft utdacht harr, de worrn mi nu doch von Harten scheneerlich. Un mi keem in den Sinn, dat sik woll keen Tyrann so'n Aart von Dood utdinken kunn, de ik nich mit Freid up mi nehmen worr, bloß dat ik von so'n Leven frie warrn kunn.

De König worr dat allens gewohr, wat ik bi düsse Gelegenheit mit mien Frünnen afleevt harr, un he güng bi, mi heel fründlich to foppen. He meen, ik kunn man en poor Struldbruggs nah mien Heimatland henschicken, denn worrn uns Lüüd vör't Starven keen Bang mehr hebben. Dat is aver, as mi dat schient, nah de Gesetzen von düt Königriek verbaden. Sünst harr ik mi geern de Möh dormit maakt un de Kosten von de Reis harrn mi ok nich to veel worrn.

Ik kunn nu nich anners un möß dat togeven, dat de Gesetzen in düt Land, wat de Struldbruggs angeiht, heel vernünftig sünd. De Grünnen dorför sünd von jedereen afsluut intosehn. Un in jedet annere Land, wo dat desülvigen Umstännen geven worr, mössen de Paragrafen nootwennig jüst so maakt warrn. Dat

dat nödig weer, kummt dorvon, dat de Minsch jümmer gieziger un raffiger ward, je höger he in't Öller geiht. Un mit de Tiet worrn de, de nienich starven doot, mit ehr Raffigkeit dat ganze Land an sik bringen un dormit dat Seggen un Regeern hebben. Wieldat se aver dor överhaupt nich to in Stannen sünd, kann dat bloß dor up rutlopen, dat dat Land ünnergeiht.

De ölmte Strämel

De Schriever reist von Luggnagg af un seilt nah Japan. Up en hollandsch Schipp föhrt he von Japan nah Amsterdam un von dor trüch nah England.

Ik heff mi dacht, dat wat ik von de Struldbruggs vertellt heff, dat kunn den Leser en beten wat an Ünnerhollen bringen; dat is je en anner Aart von Vertellen as gewöhnlich. Ik kann mi dor nich up besinnen, dat ik sowat Ähnlichs all mol in een Reisbericht lest heff, de mi ünner de Hännen kamen het. Wenn ik mi dor aver in verdaan hebben söll, denn kann ik seggen: Wenn reisen Lüüd von datsülvige Land vertellt, geiht dat gornich anners, as dat se ok von desülvigen Saken snackt; aver denn kann'n jem noch lang nich vörhollen, dat se von ehr Vörgängers afkeeken orer afschreven hefft.

Mank düt Königriek un dat grote Kaiserriek Japan geiht dat mit Hannel un Wannel jümmerto hen un her. Un dat is woll antonehmen, dat de japanschen Schrieverslüüd ok all wat von de Struldbruggs schreven hefft. Ik weer aver man korte Tiet in Japan un harr ok von ehr Spraak överhaupt keen Ahnung; so weer ik ok nich in Stannen, mi in düsse Saak kunnig to maken. Ik reken dor aver mit, dat ik de Hollänners mit mien Vertellen neeschierig maakt heff, un dat de plietsch noog sünd, dat to doon, wat ik nich doon kunn.

Siene Majestät de König von Luggnagg harr mi jümmer wedder to Kleed gahn, ik söll doch en Posten an sienen Hoff annehmen. As he aver markt harr, dat dat mien fastet Vörnehmen weer, nah mien Heimatland trüchtogahn, harr he de Gnaad un geev mi sien Verlööf to de Reis. He dä mi en grote Ehr an un geev mi en Breef an den Kaiser von Japan mit, den harr he eegenhannig schreven. Babenin kreeg ik as Gaav von em veerhunnertveerunveertig grote Goldstücken (in düt Land hefft se Spoß an de even Tallen), dorto en roden Demanten, den ik laterhen in England för ölmhunnert Dalers verköfft heff.

An'n 6. Mai 1709 geev dat en fierlichen Afscheed von Siene

Majestät un von all mien Frünnen. De Fürst geev in siene grote Gnaad de Odder, dat en Eskoort von Suldaten mi dat Geleit nah Glanguenstald geven söll; dat is de königliche Haven an de Südwestsiet von de Insel. Dat duur söß Daag, dor keem ik an en Schipp, dat nah Japan seiln wull un kloor to'n Utlopen weer. Föfftein Daag weern wi ünnerwegens, denn landten wi in en lütten Haven mit den Naam Xamoschi in'n Südosten von Japan an. Von de Warder, wo düsse Stadt up de Westsiet liggen deit, geiht en smalle Waterstraat nordwarts an en Arm von den Ozean ran. An de Nordwestsiet dorvon liggt de Hauptstadt Yedo. As wi an Land güngen, wies ik de Tollbeamten mienen Breef von den König von Luggnagg an Siene Kaiserliche Majestät. Dat Siegel doran weer jem goot bekannt; dat weer so breet as mien Hand un up dat Bild weer en König to sehn, de en lahmen Beddelbroder von de Eerd hochhelpen deit. As de Beamten von de Stadt gewohr worrn, dat ik düsse Breef bi mi hebben dä, nehmen se mi in Empfang, as wenn ik en Staatsminister weer. Se stellten Wagen un Deeners för mi parot un keemen ok för de Kosten för de Reis nah de Hauptstadt Yedo up. Ik worr to Audienz vörlaten un kunn mienen Breef övergeven. De worr mit groot Weeswark apen maakt, un en Dolmetscher verkloor den Kaiser, wat dor instahn dä. Up den Befehl von Siene Majestät verkünnig de Dolmetscher mi, ik söll mien Warv vörbringen; wat dat ok wesen müch, sienen königlichen Broder von Luggnagg to Gefallen söll mi dat gewehrt warrn. Düssen Dolmetscher hölln se dorto, dat se de Geschäften mit de Holländers bedrieven kunnen. He keem, so as ik mi geven dä, ög dorachter, dat ik ut Europa kamen dä. He sä mi dat, wat Siene Majestät anornen dä, up hollandsch wedder, wat he heel goot verstahn un snacken kunn. Ik änner em (so as ik mi dat vörnehmen harr), ik weer en Koopmann ut Holland un harr an de Küst von en Land, wat ganz wiet afliggen dä, mit mien Schipp to Mallör kamen. Över Water un Land harr ik nah Luggnagg kamen un von dor nah Japan, wieldat ik wüß, dat mien Landslüüd dor jümmer wedder in Geschäften henkamen dän. Ik harr mi dacht, ik kunn vielleicht Gelegenheit

finnen mit en poor von jem nah Europa trüchtoreisen. Ik beed dorum demödig, Siene Majestät müch de Gnaad hebben un Odder geven, dat se mi seker nah Nangasac henbringen dän. Un denn harr ik noch en Bidd babenin: Den König von Luggnagg, wat mien Fründ weer, to Gefallen müch Siene Majestät mi de Gunst togestahn un mi de Saak nahlaten, de för mien Landslüüd vörschreven weer, nämlich, dat Kruzifix ünner de Fööt to pedden. Un ik sett dor noch to, dat ik doch man bloß wegen mien Mallör in sien Königriek herkamen weer; ik harr dor nich in geringsten an dacht, hier Hannel to drieven. As de Dolmetscher düsse Bidd an den Kaiser wietergeven harr, geev de sik en beten verwunnert un sä, he glööv, ik weer de erste von mien Landslüüd, de düsse Saak Noot maken dä. He maak sik Gedanken, wat ik würklich en Hollandsmann weer. Em keem dat meist so vör, as wenn ik en Christenminsch wesen kunn. Aver wegen de Grünnen, de ik em seggt harr, wull he mien afsünnerliche Grappen nahgeven. Vör allen dä he dat wegen den König von Luggnagg, den he dormit up en besünnere Aart un Wies gefällig wesen kunn. De Saak möß aver heel anstellig un plietsch angahn warrn; dorum worrn sien Offziers de Odder kriegen, se sölln mi woll dörchlaten; aver dat möß so utsehn, as harrn se nich uppaßt. He sä mi nämlich, mien Landslüüd, de Hollänners, worrn mi gewiß den Hals afsnieden, wenn se dor achter kamen dän. Ik bedank mi dörch den Dolmetscher von Harten för düsse grote kaiserliche Gnaad, de he mi bewiesen wull. To düsse Tiet wulln jüst en poor Afdeelungs von Suldaten nah Nangasac marscheern. De Offzier, de dat Kummando hebben dä, kreeg de Odder, mi mittonehmen un dor hentobringen. Babenin kreeg he noch heel akkrote Anwiesen för de Saak mit dat Kruzifix.

Nah en lange un möhselig Reis keem ik an'n 9. Juni 1709 in Nangasac an, wo ik bald mit en poor hollandsch Matrosen bekannt worr. De weern von de „Amboyna" ut Amsterdam, wat en godet, steviget Schipp von veerhunnertunföfftig Tunns weer. Ik harr je vör lange Johrn mol en ganze Tietlang in Holland leevt; dat weer domols, as ik in Leiden an't Studeern weer; dorum kunn ik goot Hollandsch, un dat keem mi nu topaß. De Matrosen worrn ög gewohr, wo ik toletzt herkamen harr. Neeschierig as se weern, frögen se mi nah mien Reisen, nah mien Herkamen un dornah, wo mien Leven bet nuher aflopen harr. Ik dach mi en Geschicht ut, heel kort un so, dat se mi de ok afnehmen dän. Dat mehrste behöll ik aver för mi. Mi weern veel Lüüd ut Holland bekannt, un so kunn ik mi Naams för mien Öllern utdinken. Un vertell von jem, dat se gewöhnliche Lüüd ut de Provinz Geldern west weern. De Kaptein von dat Schipp (Theodorus Vangrult mit Naam) wull ik betahlen, wat de Reis nah Holland kösten dä; aver as he gewohr worr, dat ik en Doktor weer, weer he mit de Hölft von de gewöhnlichen Pries tofreden. Dorför söll ik, wenn dat nödig warrn söll, an Bord mien Professchoon as Schippsdoktor nahkamen. Ehrer wi afföhrten, worr ik oftinst von welk von de Schippslüüd fraagt, wat ik de Saak mit dat Kruzifix all achter mi bröcht harr. An düsse Fraag mogel ik mi up de Aart un Wies vörbi, dat ik sä, ik harr bi den Kaiser un sienen Hoff allens so maakt, dat se mit mi tofreden weern. En venienschen Racker von Bootsmann güng aver nah een von de Offziers hen, wies mit den Finger up mi un sä, ik harr noch nich up dat Kruzifix pedd. Aver de anner Offzier, de de Anwiesen hat harr, mi dörchtolaten, tell den Hallunken twintig mit den Bambusstock up den Puckel. Dornah het mi keeneen mehr mit so'n Fragen tonah kamen.

Up düsse Reis passeer nix, wat dat Vertellen weert weer. Wi seilten mit goden Wind nah dat Kap von't Gode Höpen, wo wi aver bloß solang blieven dän, bet wi noog frischet Water upnahmen harrn. An'n 16. April keemen wi in Amsterdam an. Alle Mann an Bord weern goot toweeg. Up de Reis harr allens goot gahn un wi harrn bloß veer von uns Lüüd verloren. Dree harrn krank worrn un doot bleven un een harr nich wiet af von de Küst von Guinea von'n Fockmast in't Water fallen. In Amsterdam nehm ik mi en lüttet Schipp, wat in düsse Stadt sien Heimathaven harr un nah England ünner Seils güng. An'n 20. April 1710 keemen wi in de Downs an. An'n annern Morrn güng ik an Land. Vulle fief Johr un söß Maand harr ik weg west, as ik nu mien Heimatland weddersehn dä. Ik güng direktemank nah Redriff un keem dor noch an densülvigen Dag Klock twee an'n Nahmeddag bi mien Fru un Familje an; un de weern bi beste Gesundheit.

De Reis in dat Land von de Houyhnhnms

De erste Strämel

De Schriever geiht wedder up Reisen. He is Kaptein von dat Schipp. Sien Lüüd verswöört sik gegen em. Se sparrt em en ganze Tietlang in sien Kajüüt in un sett em denn an en Küst an Land, de keeneen nich kennen deit. He geiht nah dat Land rin. Wo de Yahoos utsehn doot un wat von afsünnerliche Aart von Deerten dat is. De Schriever bemööt twee Houyhnhnms.

Ik bleev so bi fief Maand tohuus bi mien Fru un mien Kinner. Wi weern tofreden un föhlten uns goot. Wenn ik doch man bloß kapeert harr, wo goot mi dat güng. Ik aver leet min Fru, de Moder warrn söll, trüch un nehm en Warv an, de mi von groten Vördeel schien: Up de „Adventure", wat en Hannelsschipp von dreehunnertunföfftig Tunns weer, en Schipp, heel goot un fast in Mast un Planken, söll ik as Kaptein föhren. Ik kenn mi goot ut mit de Navigatschoon. Eenglich weer ik je en Doktor, un wenn dat nödig weer, kunn ik dat ok utöven; aver ik harr dor keen Spoß mehr an. Dorum nehm ik en anslägschen jungen Keerl von desülvige Professchoon, Robert Purefoy weer sin Naam, mit an Bord. An'n 7. August 1710 seilten wi von Portsmouth los. An'n 14. dröpen wi bi Teneriffa mit Kaptein Pocock ut Bristol tosamen. He weer nah den Golf von Campechy ünnerwegens, wo he Blauholt dalmaken wull. An'n 16. keem en Storm up, de uns ut'nanner drieven dä. As ik wedder von de Reis nah Huus trüchkamen harr, worr mi vertellt, dat sien Schipp ünnergahn harr un bet up den Schippsjung alle Lüüd an Bord verdrunken weern. Kaptein Pocock weer en ehrhaftigen Minschen un en goden Seemann, aver he weer ok en beten rieklich von sik sülmst innahmen. He glööv, he harr mit sien Meenen jümmer recht. Un dat weer ok de Oorsaak för sienen Ünnergang, so as dat bi mannicheen annern ok all west het. Wenn he mienen Raat nahkamen weer, denn harr he nu jüst so as ik heel un gesund tohuus bi sien Familje sitten kunnt.

En ganz Deel von de Matrosen up mien Schipp kregen dat Tropenfeever un bleven dorbi doot; dorum möß ik up Barbados un up de Leewardinseln nige Lüüd anhüürn. De Kooplüüd, för de ik föhren dä, harrn mi düsse Odder geven. Dat wohr nich lang, denn kreeg ik överleidig Oorsaak, dat to beduurn. Ik keem nämlich laterhen dorachter, dat de mehrsten von mien nigen Matrosen Seerövers west harrn. Föfftig Mann weern bi mi an Bord, un mien Updrag weer, mit de Indioners in de Südsee to hanneln. Togliek söll ik ok, so veel as dat man güng, nah Inseln un Land utkieken, wat noch unbekannt weer. De Hallunken, de ik mi upleest harr, verkielten mien anner Lüüd den Kopp un alle tohopen makten en Komplott. Se wulln sik to Herrns von dat Schipp upsmieten un mi insparren. An een Morrn güng dat denn los. Mit Gewalt keemen se in mien Kajüüt rin un bunnen mi de Hännen un Fööt tosamen. Se drauhten mi, se worrn mi över Bord smieten, wenn ik dat riskeer, mi to rögen. Ik sä jem, dat ik mi in ehr Hännen geven dä, wat ik beswöörn möß; denn makten se mi de Hännen wedder los, un mit en Keed bunnen se mi dat eene Been an mien Bettstell an. Vör de Döör stellten se en Wachposten mit'n laad Gewehr. He kreeg de Odder, mi furts doottoscheeten, wenn ik utneihn wull. To äten un to drinken leeten se mi herbringen, un denn nehmen se dat Kummando över dat Schipp in ehr

Hännen. Se wulln Seerövers warrn un de Scheep von de Spaniers utrövern. Dor mössen se aver mit töven, bet se noch mehr Lüüd harrn. Erstmal nehmen se sik vör, de Hannelsworen to verköpen, de wi an Bord harrn. Un denn wulln se nah Madagaskar seiln un noch mehr Lüüd anhüürn. Von de Tiet an, wo se mi insparrt harrn, weern nämlich all en Reeg von jem dootgahn. Veele Weeken seilten se mol hierhen, mol dorhen un hannelten mit de Indioners. Ik harr keen Ahnung, wat von Kurs se stüürn dän, mi harrn se je in mien Kajüüt fastsett un paßten mi heel scharp up. Ik reken mit nix weniger as dat se mi dootmaken worrn. Dat harrn se mi ok jümmer wedder andrauht.

An' 9. Mai 1711 keem en gewissen James Welch nah mi her in de Kajüüt. He sä, he harr von den Kaptein de Odder, mi an Land to setten. Ik güng em mit veele Wöör an, aver dat hulp nich. He wull mi nichmol seggen, wer nu ehr Kaptein weer. Mit Gewalt setten se mi in dat Grootboot. Ik dörf aver vörher mienen besten Antog antrecken; de weer noch so goot as nie. Un ik kunn ok en lütten Büdel mit Ünnertüüg mitnehmen, aver keen Waffen as man bloß mienen Savel. Se weern noch so anstännig, dat se mi de Taschen nich nahsöken dän, wo ik all mien Geld inharr un ok en poor Saken, de 'n för gewöhnlich bruken deit. Dree Miel roderten se mi von 't Schipp weg un setten mi dor an den Strand af. Ik fröög jem, wat se mi nich seggen wulln, wat dat von Land weer, aver se sän mi för gewiß, dat se ok nich mehr weeten dän as ik. Aver dat harr de Kaptein (as se em nömten) sik vörnahmen, mi furts lostowarrn, wenn de Laadung verköfft weer. An de erstbeste Städ, wo Land in Sicht keem, söll ik utsett warrn. Denn dreihten se fix wedder um un meenten denn noch, ik möß maken, dat ik an Land keem, sünst worr de Floot mi faatkregen.

In düsse elennige Sitatschoon güng ik up de Küst to un keem bald up fasten Bodden. Up en lütten Anbarg sett ik mi dal. Ik wull utrohn un mi överleggen, wat ik nu woll an besten maken kunn. As ik mi en beten verhalt harr, güng ik wieter in dat Land rin. De ersten von de Wilden, de mi in de Mööt kamen worrn, wull ik mi övergeven un mien Leven von jem frieköpen. Dorto harr ik Armbänner, Glasringen un anner Speelkraam in de Taschen. Sowat hefft Seelüüd up ehr Reisen för gewöhnlich mit bi. Dörch dat Land tögen sik lange Regens von Bööm. De weern aver nich akkrot anplant; se stünnen so as de Natur jem wassen leet. Bannig veele Wischen geev dat un en ganze Reeg von Feller, wo Haver anseit weer. Ik güng heel vörsichtig, dat mi nich een överrumpeln kunn, orer dat mi von de Siet orer von hinnen nich unversehns en Piel drepen dä. So keem ik an en Weg, de bannig fastpedd weer. Ik sehg dor veele Spoorn up von Minschenfööt, en poor von Keuh, an mehrsten aver von Peerhofen. Denn keemen mi en poor Deerten to Gesicht, de up en Acker togang weern. Een orer twee von desülvige Aart seeten up Bööm. Ehr Utsehn weer heel afsünnerlich un gräsig. Mi maak dat wat unrohig un ik legg mi achter en beten Buschwark up de Eerd, dat ik jem beter beluurn kunn. En poor von jem keemen neeger ran nah de Städ, wo ik liggen dä. So harr ik Gelegenheit, jem genau to bekieken. Ehr Kopp un ehr Bost werrn dicht mi Hoor towussen, bi welk weern de kruus, bi annern glatt. Se harrn en Boort as de Zeegen; un en lang Striepen von Hoor leep jem över den Puckel un ok up de Vorsiet von ehr Been un Fööt. Dat anner von ehr Lief weer naakt un ik kunn ehr Huut sehn, de weer von bruungeele Farv. En Steert harrn se nich un ok keeneen Hoor up ehrn Achtersten as man bloß en Bult um de Achterpoort rum. De harr de Natur dor woll to'n Schutz wassen laten, wenn se up de Eerd sitten güngen; oftinst sehg ik jem nämlich in düsse Posentuur. Mannichmol leggten se sik ok dal up de Eerd orer stünnen up de Achterbeen. Un de hogen Bööm klatterten se so flink rum as de Katteekers; se harrn nämlich vörn un achtern starke, lange Been mit scharpe Klauen dor an. Oftinst jachterten un hüppten un sprungen se so flink rum, dat dat man sien Aart harr. De Wiefken von jem weern nich so groot as de Männken; se harrn lange, glatte Hoor up'n Kopp, aver keeneen in't Gesicht. Up den Lief harrn se nich mehr as so'n Aart fienet, weeket Hoor as Duunen. Bloß an de Achterpoort un an de

Schaam weern jem ok Hoor wussen. Ehr Titten hungen jem mank de Vörbeen dal un keemen bi'n Lopen oftinst meist bet an de Eerd. De Farv von de Hoor weer bi Wiefken un Männken verschieden: bruun, root, swart un geel. So'n wedderlichen Deerten heff ik up all mien Reisen noch nienich to sehn kregen un ok keeneen, de mi von Natur so toweddern weer. Mi weer dat rein eklig un gräsig, jem antokieken. As ik meen, dat ik noog sehn harr, stünn ik dorum up un güng up den fastpedden Weg wieter. Ik dach mi, viellicht keem ik up düssen Padd nah de Hütt von en Indioner. Ik harr noch nich wiet kamen, dor sehg ik een von düsse Kreaturen vör mi. Det keem liek up mi to. As dat eklige Ungedöm mi gewohr warrn dä, vertöög sik sien ganz Gesicht up alle mögliche Aart un Wies. Dat Deert gluup mi an, as harr dat sowat as mi noch nienich vör de Ogen kregen. Dat keem neeger un böör de een Vörpoot hoch. Ik kunn nich afkennen, wat dat ut Neeschier weer orer wat dor Leegheit bi weer. Ik töög mien Savel rut un geev dat Deert en ornlichen Slag mit de flache Siet. Mit de scharpe Siet riskeer ik dat nich. Mi weer bang, denn kunnen de Lüüd in düt Land dull up mi warrn, wenn se wies worrn, dat ik een Stück von ehr Veeh dootmaakt orer verwunnt harr. Mien Slag dä dat Deert woll bannig weh; dat fohr nämlich trüch un bölk luuthals los. Un furts keem en ganze Hood von tominnst veertig Stück von jem von dat neegste Feld antostörten. Se wrangelten sik um mi rum, huulten ganz gefährlich dorbi un makten gräsige Grimassen. Ik birrs nah een Boom hen, stell mi mit den Puckel an den Stamm un höll mi jem dormit von Lief, dat ik mit mien Savel hen un her fuchel. Nu kregen welk von düsse verflixte Bagaasch achter mi de Twiegen to faten un hüppten up den Boom rup. Un denn füngen se an, sik von baben över mien Kopp uttoschieten. Ik keem dor noch halfwegs goot von af, wieldat ik mi ganz dicht an den Boomstamm randrücken dä; aver von den Schietgestank, de up alle Sieten um mi her dalfallen dä, harr ik meist keen Luft mehr kreegen.

Ik weer so richtig midden in de Bedrullje, dor worr ik gewohr, dat de Deerten upmal afhauten, so fix as se man kunnen. Ik ris-

keer dat nu, güng von den Boom weg un wull up den Weg wietergahn. Ik wunner mi man bloß, wat jem woll verjoogt hebben kunn. As ik mol eben nah links kieken dä, sehg ik, wo en Peerd langsam över dat Feld güng. De Beester, de mi in Nacken seeten harr, de harrn düt Deert ehrer wies worrn as ik, un dorum harrn se utneiht. As dat Peerd neeger nah mi ran keem, verfehr sik dat en beten, faat sik aver ög wedder un keek mi liek in't Gesicht. Ik kunn dat düütlich sehn, wo sik dat Deert verwunnern dä. Dat keek sik mien Hännen un mien Fööt an un güng en poormol um mi rum. Ik wull nu wietergahn, aver dor stell sik dat mi liek in den Weg. De Ogen keeken heel sachtmödig un ik harr nich den ringsten Indruck, as wenn he mi wat doon wull. En Tietlang bleven wi so stahn un glupten uns een den annern an. Letzto faat ik mi en Hart un woll em sachten den Hals straaken, so as ik dat von de Rietknechten all oftinst sehn harr. Ik fleit dorbi up desülvige Aart un Wies as se, wenn se sik anschicken doot, mit en frömdet Peerd umtogahn. Düt Deert, so schien mi dat, harr för mien Fründlichkeit nich veel wat över; dat schüddel mit den Kopp, maak en gnadderig Gesicht, nehm den rechten Vörfoot hoch un schööv mien Hand von de

Siet. Denn wriensch dat dree- orer veermal, un dat up verschieden Töne; ik kunn meist glöven, dat snack mit sik sülmst in sien eegen Spraak.

Wieldeß wi beiden so mit'nanner to doon harrn, keem noch en tweetet Peerd her. Dat güng up en heel besünnere Aart un Wies up dat annere to; de beiden tuckten sik een den annern sachten up den rechten Vörhoof un wrienschten afwesselnd en poormol, wo se den Toon bi verännern dän. Dat hör sik meist as so'n Aart Snacken an. Denn güngen se en poor Trääd up de Siet, as wulln se wat mit'nanner besnacken un güngen tonebeneenanner up un af as Lüüd, de sik över en heel bedüden Saak beraden doot. Dorbi keeken se jümmer wedder nah mi her, as wulln se uppassen, dat ik nich utneih dä. Ik weer ganz baff, so'n Doon un Drieven bi unvernünftige Deerten antodrepen; un ik keem to de Meenen, wenn de Deerten in düt Land sik all so vernünftig geven kunnen, denn mössen de Inwahners woll den klööksten Verstand von alle Minschen up de Eerd hebben. Düsse Insicht hulp mi wedder sowiet up, dat ik mi vörnehmen dä wieter to gahn, bet ik en Huus orer en Dörp finnen orer een von de Inwahners bemöten dä. De beiden Peer wull ik mit'nanner snacken laten, soveel as jem dat man jümmer Spoß maken dä. Man as dat erste Peerd, wat en Appelschimmel weer, sehg, dat ik mi wegslieken wull, wriensch dat mit so'n mächtigen vullen Toon achter mi her, dat ik meen, ik kunn verstahn, wat dat bedüüd. Ik dreih wedder um, güng nah em ran un tööv up sien nige Odder. Mien Ängsten verbarg ik dorbi, so goot as ik kunn. Ik füng an, mi to sorgen, wo düsse Saak woll warrn kunn; un de Leser ward mi dat gewiß afnehmen, dat düsse Sitatschoon mi gornich nah de Mütz weer.

De beiden Peer keemen nu ganz dicht nah mi ran un ögten mi heel ernsthaftig in't Gesicht un up mien Hännen. De Schimmel wisch mit sien rechten Vörhoof rund um mienen Hoot rum, dat de ganz scheef to sitten keem. Ik güng bi, nehm em af un sett em ornlich wedder up. Dat leet so, as wenn he un sien Fründ, wat en Bruunen weer, sik dor bannig över wunnerten. De Bruun föhl nah mien Rockslippen, un as he gewohr worr, dat

de loos dalhungen, makten de beiden en Gesicht as wenn se dat nich klook kriegen kunnen. He straak mi de rechte Hand, un mi schien dat, as wenn he so'n Farv un sowat weeket noch nienich sehn harr. He nehm mien Hand mank Hoof un Knövel, un dat so fast, dat ik luut upschrien möss. Dornah rögten se mi so sachten an, as jem dat man möglich weer. Wegen mien Schoh un Strümp wüssen se sik överhaupt keen Raat; en poormal faten se de an, wrienschten eenannner to un weiharmten up desülvige Aart un Wies, as en Philosoph, de versöcht, en nige un unbegriepliche Saak to verkloorn.

De Aart un Wies, wo düsse Deerten sik geven dän, weer up't Ganze heel ornlich un vernünftig, bannig scharpsinnig un klook, un ik füng letzto an to glöven, dat mössen Hexenmeisters wesen, de sik ut en bestimmte Oorsaak in Peer verwannelt harrn. Un denn harrn se en frömden Minschen so an'n Weg sehn un sik vörnahmen, sik mit em en Spoß to maken. Viellicht weern se ok würklich verwunnert över dat Utsehn von een Minschen, de nah Tüüg, Gesicht un Huutfarv

heel anners leet as de, de in düt wietafliggen Land leven dän. As ik mi dat in mien Kopp so utsimmeleert harr, geev ik mi en Ruck un reed jem so an: „Miene Herrns, wenn jü Hexenmeisters wesen sölln, as ik to glöven woll Grünnen noog heff, denn kunnen jü jede Spraak verstahn. Ik nehm mi dat dorum rut, Ju Gnaaden dat weeten to laten, dat ik en armen, unglücklichen Engelsmann bün. Dörch en Mallör het mi dat an Ju Küst herdreven. Ik bidd nu von Harten, dat een von Ju mi up sienen Rüggen sitten let, so as wenn he en richtiget Peerd weer, dat ik nah en Huus orer en Dörp rieden kann, wo ik Hülp kriegen do. As Dank för düssen Gefallen will ik Ju düt Meßt un düt Armband schenken." (Dorbi kreeg ik beides ut de Tasch rut.) De beide Deerten stünnen dor un sän de ganze Tiet nix, as ik an't Snacken weer. Dat schien mi so, as wenn se mi nipp to hören dän. As ik tomenn snackt harr, wrienschten se sik en poormol wat to, as weern se bi en ernsthaftig Vertellen. Ik kunn düütlich marken, dat ehr Spraak heel goot utdrücken kunn, wo jem to Sinn weer. Mi schien ok meist, dat ehr Wöör ahn grote Möh in Bookstaven ut'nanner deelt warrn kunnen; dat weer gewiß eenfacher as bi Chinesisch.

Öfterinst kunn ik dat Woort „Yahoo" ruthören; alle beiden sän se dat en poor mol. Mi weer dat unmöglich to raden, wat dat bedüden dä; aver ik geev mi Möh, düt Woort mit mien Tung nahtomaken, wieldeß de beiden Peer ganz iewerig an't Vertellen weern. Un as se denn mol still weern, sä ik driest un mit luute Stimm „Yahoo". Un dorbi maak ik, so goot as ik dat man kunn, dat Wrienschen von en Peerd nah. Ik kunn sehn, wo de beiden sik doröver bannig wunnerten. De Schimmel wriensch mi dat Woort noch tweemol vör, as wull he mi de richtige Utspraak bibringen. Ik snack em dat nah un geev mi dor grote Möh bi. Un ik mark, wo dat jedesmol düütlich beter worr, obschonst dat noch lang nich vullkamen weer. De Bruun probeer dat nu mit en anner Woort mit mi. Dat weer bannig swoor uttospreeken; aver wenn'n dat in de engelsche Orthographie setten deit, denn kunn'n dat so schrieven: *Houyhnhnm*. Dat güng nu nich so fix as bi dat annere, aver as ik dat noch tweeorer dreemol probeert harr, keem ik dor doch mit togang. De beiden wunnerten sik, wo flink ik dat begrepen harr.

En Tietlang weern se dornah noch an't Vertellen; un mi keem dat so vör, as wenn se von mi snacken dän. Denn sän de beiden Frünnen sik up en besünnere Aart un Wies adjüs: as bi'n Goden-Dag-seggen tuckten se sachten ehr Hofen aneenanner. Mi geev de Schimmel denn en Teeken, dat ik vörangahn söll. Ik dach mi, bet ik een finnen dä, de mi beter ledden kunn, weer dat woll klöker, em to pareern. Wenn ik langsamer gahn wull, rööp he: „Hhuun! Hhuun!" Ik mark, wat he meenen dä, un geev em, so goot as ik kunn, to verstahn, dat ik rein af weer un nich draller gahn kunn. He bleev denn en Tietlang stahn, dat ik mi verpuusten kunn.

De tweete Strämel

Een von de Houyhnhnms nimmt den Schriever mit in sien Huus. Wo düt Huus utsüht. Wo de Schriever dor upnahmen ward. Wat de Houyhnhnms äten doot. De Schriever kummt in Noot, wieldat se för em nix to äten hefft; aver letzto ward he doch versorgt. Wo he sik in düt Land ernähren deit.

Wi harrn woll so bi dree Mielen achter uns bröcht, dor keemen wi nah so'n Aart Huus, wat sik en beten lang hentrecken dä. Dat weer ut hölten Balkens maakt; de harrn se in de Eerd rinrammt un denn dor överkrüüz so'n Aart Wicheltelgen rinflecht. Dat Dack weer man wat sied un mit Stroh deckt. Nu kreeg ik wedder en beten Moot. Ik hal en beten Kleenkraam ut de Tasch, as reisen Lüüd dat för gewöhnlich as Gaven för de willen Indioners in Amerika un annerswo bi sik hefft. Ik dach mi, dor kunn ik de Lüüd mit dorto bringen, dat se mi fründlich upnehmen worrn. Dat Peerd geev mi en Wink, ik söll toerst ringahn. Dat weer en groot Ruum mit'n glatten Footbodden von Lehm. An de een Siet harrn se de ganze Wand lang en Rööf maakt för Hau orer Stroh un dor ünner en Krüff, de jüst so lang weer. Dree Hingsten un twee Stuutpeer weern dor in; de weern aver nich an't Freten. En poor von jem seeten up ehr Achterschinkels, wo ik mi bannig över wunnern dä. Noch mehr keem ik aver in't Wunnerwarken, as ik sehg, dat de anner sik mit Huusarbeiten befaten dän. Dorbi sehg ik jem doch för gewöhnlich Veeh an. Dat maak mi noch seekerer in mien Meenen, de ik toerst von düt Land kregen harr: En Volk, wat de unvernünftigen Deerten so anstellig maken kunn, dat möß en veel klöökern Verstand hebben as alle annern Völkers in de Welt. De Schimmel keem glieks achter mi nah dat Huus rin un dordörch wenn he dat von mi af, wat de annern mi viellicht andaan harrn. He wriensch jem en poormol in'n scharpen Toon wat to, un se ännerten em dor ok up. Achter düssen Ruum keemen denn noch dree annere; de güngen över de ganze Längde von dat Huus. De dree Dören, dörch de'n dor rinkamen kunn, weern een lieköver von de anner anornd, jüstso as dat bi

Stuvens is, de een achter de anner liggen doot. Wi güngen dörch de tweete Stuuv nah de drütte hen. De Schimmel güng vörweg dor un wenk mi to, ik söll erstmol stahnblieven. Ik tööv nu in de tweete Stuuv un höll mien Gaven för den Huusherrn un sien Fru parot: twee Meßten, dree Armbänner von unechte Parlen, een lütten Speegel un en Halskeed von Glaskullern. Dat Peerd wriensch dree- orer veermol un ik dach mi, nu worr em de Stimm von en Minschen dor up ännern; ik höör aver man bloß Antwurten in desülvige Spraak, de een dorvon mit en beten greller Stimm. Ik dach mi nu, dat düt Huus en Persoon von hogen Ansehn tohörn möß, wieldat dor soveel Weeswark vörweg keem, ehrer ik vörlaten worr. Ik kunn aver nich begriepen, dat en Herr von Stand sik bloß von Peer bedeenen leet. Mi worr all meist bang, dat mien Verstand wirrig worrn harr von all de Plagen un dat Unglück, wat ik mit dörchmaakt harr. Ik berappel mi aver wedder un keek mi um in de Stuuv, wo se mi alleen laten harrn. Düsse Ruum weer jüstso inricht as de erste, man bloß allens heel vörnehmer. Ik wisch mi en poormol de Ogen blank, aver ik sehg denn jümmer noch desülvigen Saken. Ik kneep mi in de Arms un in de Sieten un wull mi dormit upwaken; ik meen je, dat weer doch woll en Droom. Letzto weer ik mi ganz seeker; all düsse afsünnerlichen Saken kunnen nix anners wesen as Swarte Kunst un Hexeree. Denn harr ik aver keen Tiet mehr, dor noch lang över to simmeleern; de Schimmel keem nämlich an de Döör un geev mi en Teeken, ik söll em in de drütte Stuuv nahkamen. Dor sehg ik en leevlichet Stuutpeerd mit en Hingstfahlen un en Stuutfahlen; de seeten mit ehr Achterschinkels up heel schiere un ganz reine Strohmatten, de up en heel fiene Aart flecht weern.

Glieks as ik rinkamen harr, stünn dat Stuutpeerd von de Strohmatt up un keem dicht nah mi ran, beöög heel genau mien Hännen un mien Gesicht un keek mi denn bannig minnachtig von baben dal an. Denn dreih dat sik nah den Hingst hen un ik kunn hören, wo se ünnereenanner jümmer wedder dat Woort „Yahoo" seggten. Düt Woort harr dat erste west, wat ik snacken kunn, aver wat dat bedüden dä, kunn ik domols noch nich verstahn. Wo bannig minnachtig mi dat aver utsehn leet, un wo mi dat dalmaken dä, dat söll ik furts beter to weeten kriegen. Dat Peerd wenk mi mit den Kopp to un sä en poormol dat Woort „Hhuun!Hhuun!" so as he dat daan harr, as wi ünnerwegens weern. Ik verstünn, dat ik mitkamen söll. He güng mit mi nah so'n Aart Hoff rut, wo en beten af von't Huus sowat as so'n Stall weer. Dor güngen wi rin; un denn sehg ik dree von düsse gräsigen Kreaturen, de mi nah mien Ankamen toerst in de Mööt kamen harrn. De weern bi un freten Wöddeln un Fleesch von eenerwelke Deerten; laterhen heff ik gewohr worrn, dat dat von Esels un von Hunnen weer, un af un an ok von en Koh, de dörch'n Mallör orer dörch Krankdaag dootgahn harr. Düsse Kreaturen harrn faste Bänner um den Hals, de von Wiecheltelgen flecht werrn; dor weern se mit an en Balken fastmaakt. Ehr Freten holln se mank de Klauen von ehr Vörpooten un reeten sik mit de Tähn dor wat von af.

Dat Peerd, wat de Herr weer, geev Odder an eenen Rotvoß, wat een von sien Deensten weer, he söll dat gröttst von düsse Deerten losbinnen un in den Hoff halen. Dor stell he dat Beest dicht toneben mi hen. Un denn weern de beiden, Herr un Deener, bi, uns Gesichten miteenanner to verglieken. Dorbi sän se jümmer wedder dat Woort „Yahoo". Mi fehlt de Wöör, dat ik beschrieven kunn, wo gräsig mi upmol to Sinn weer un wo ik mi verfehren dä. Ik sehg nämlich, dat düt wedderliche Deert dat kumplette Utsehn von en Minschen harr. Dat Gesicht weer woll bannig platt un breet, de Näs as inhaut, de Lippen dick as twee Wörsten un de Mund reck meist von een Ohr nah dat annere; aver düt Utsehn findt sik bi alle willen Völkers. Dat Gesicht ward deswegen so verschraat utsehn, wieldat se ehr Suugkinner up den Buuk liggen laat orer jem up den Rüggen drägt un dor ehr Gesicht bi gegen de Schuller von de Moder drückt ward. De Vörfööt von den Yahoo sünd von mien Hännen bloß dordörch verschieden, dat ehr Fingernagels länger un ehr Hännen ruhger sünd un bruune Farv hefft, un dor von baben dichte Hoor wassen doot. Bi uns Fööt weer dat nich anners, dat wüß ik woll, aver de Peer kunnen dat nich sehn, ik harr nämlich Schoh un Strümp an. Wenn'n den Lief ankieken dä, weer de bi de Yahoos nich anners antosehn as bi mi. De eenzigst Ünnerscheed weer, as ik all seggt heff, dat mit de veelen Hoor un mit de Huutfarv.

Wo de beiden Peer keen Klook in kregen un wo se nich mit trechtkamen kunnen, dat weer, dat allens an mien Lief ganz anners utsehg as an den Lief von en Yahoo. Dat keem mi togoot un harr sien Oorsaak dor in, dat ik mien Tüüg anhebben dä. Dat maak de beiden Peer en beten ungewiß. De Rotvoß höll mi en Wöddel hen. Dat maak he so, as dat ehr Aart is (ik vertell dor bi passig Gelegenheit von), he faat de mank Hoof un Knövel. Ik nehm de Wöddel in de Hand, güng mit de Näs ran, un denn geev ik em de, so hööflich as ik man kunn, wedder trüch. Ut den Stall von de Yahoos hal he en Stück Eselsfleesch: dat rüük aver so eklig, dat ik mi man bloß beschüddeln un wegdrehn kunn. He smeet dat den Yahoo hen, de dat gierig wegputzen dä. Denn wies he mi en Packen Hau un en Knövel vull Haver, aver ik schüddel den Kopp, dat he begriepen söll, dat weer keen Äten för mi. Un nu worr mi würklich bang un ik dach mi, ik möß gewiß vör Hunger starven, wenn ik nich to Minschen von mien Aart kamen dä. De dreckigen Yahoos kunn ik dor bi'n besten Willen nich to reken. Dat geev to jenne Tiet woll keenen gröttern Minschenfründ as mi, aver dat mutt ik togeven: ik harr noch nienich en Kreatur mit minschlichet Utsehn un minschliche Aart to Gesicht kregen, wat mi up jede Aart un Wies so wedderlich un eklig weer as düsse Yahoos. Un je öfters ik jem in jennet Land bemöten dä, worrn se mi jümmer mehr towedder. Dat woor ok de Schimmel, wat de Herr weer, dor an wies, wo ik mi geven dä. Dorum schick he den Yahoo trüch in sienen Stall. Nu höll he sik sienen Vörhoof an den Mund; mi weer dat bannig to'n Wunnern, wo he dat farig kregen dä, aver he maak düsse Bewegen ganz elegant un heel natürlich. He maak ok noch anner Weeswark, wo he mit rutkriegen wull, wat ik woll äten dä. Ik kunn em aver keen Antwurt geven, wo he sik ut vernehmen kunn. Sülmst denn, wenn he mi verstahn harr, wüß ik doch nich, wo dat woll möglich wesen kunn, Äten un Drinken för mi rantoschaffen. Wieldeß wi so mit'nanner togang weern, sehg ik en Koh vörbigahn. Up de wies ik hen un geev to verstahn, dat ik ehr mölken much. Un dat bröch mi wieter; dat Peerd güng mit mi trüch in't Huus un geev en Deenststuut de Odder, en Kamer apen to maken, wo heel veel Mölk in Steen- un Holtpütt ornlich un rentlich upwohrt worrn. Se geev mi dor en groten Kumpen vull von, un ik drunk dor'n ornliche Portschoon von. Dat maak mi wedder heel frisch un risch.

Dat wer all meist Meddag, dor sehg ik, wo en Fohrwark nah dat Huus herkeem. Veer Yahoos tögen dat as so'n Sleden. En olet Peerd seet dor in un mi schien, dat weer von högeren Stand. Utstiegen dä dat mit de Achterbeen vörto, dat harr nämlich en Mallör hat un sik an de linke Vörfoot wat daan. Dat harr herkamen un wull mit uns Peerd to Meddag äten un worr mit grote Hööflichkeit upnahmen. To'n Äten güngen se in de beste Stuuv. To'n tweeten Gang geev dat Haver in Mölk kaakt. Dat ole Peerd worr dat warm serveert un de annern kregen dat kolt. Ehr Krüffen weern in de Runnen upstellt, midden in den Ruum; de weern afdeelt, dat se dor umrum sitten kunnen. Un denn leegen dor ok Strohbunnen, wo se sik mit de Achterschinkels up dalsetten dän. In de Mitt weer en grote Roof upstellt, un de weer jüstso afdeelt as de Krüffen. So weern jede Hingst un jedet Stuutpeerd bi ehr eegen Hau un ehrn eegen Haver-Melk-Bree mit veel Schick un gode Ornung an't Äten. De Maneern von dat junge Hingstfahlen un dat Stuutfahlen weern heel schicklich. De Huusherr un sien Fru geven sik över de Maaten vergnöögt un weern to ehrn Gast heel hööflich. De Appelschimmel sä mi, ik söll mi toneben em henstellen; un he un sien Fründ snackten veel von mi. Dat kunn ik dor an marken, dat de frömde Herr oftinst nah mi herkieken dä, un ok dor an, dat ik jümmer wedder dat Woort „Yahoo" hören kunn.

Tofällig harr ik mien Hanschen an. De Appelschimmel, wat de Huusherr weer, worr dat wies. Mi keem dat so vör, as weer he dor ganz baff von, un ik kunn marken, dat he sik wunnern dä, wat ik mit mien Vörfööt woll maakt harr. He tucks dor dreeorer veermol mit sien Hoof an, as wull he seggen, ik söll jem wedder in den olen Tostand bringen. Ik dä em den Gefallen, töög mien Hanschen ut un steek jem in de Tasch. Dat geev nu Oorsaak för en niget Vertellen. Ik sehg, dat jem all mien Benehmen gefallen dä un worr bald gewohr, wo mi dat togoot kamen dä. Se sän mi, ik söll jem de poor Wöör, de ik all verstahn harr, wedderseggen. Un wieldeß se an't Äten weern, bröch de Huusherr mi de Naams för Haver, Mölk, Füür, Water un noch'n poor annere Saken bi. Ik kunn dat allens ahn grote Möh nahsnacken, wieldat ik von lütt up an de besünnere Gaav heff, dat ik frömde Spraken bannig ög liern do.

As de Mahltiet vörbi weer, nehm dat Peerd, wat de Huusherr weer, mi an de Siet un geev mi mit Teeken un mit Wöör to verstahn, wo em dat Sorgen maken dä, dat ik nix to äten harr. Haver heet in ehr Spraak „Hluunh". Düt Woort sä ik tweeorer dreemol achter'n anner. Ik harr dat toerst woll trüchwiest, aver achterher güng mi dörch den Kopp, ik kunn dat vielicht farigkriegen, dor so 'n Aart Broot von to maken. Tohopen mit de Mölk worr dat langen, dat ik mi dor dat Leven mit erhollen dä, bet ik afhaun kunn nah en anner Land un nah Minschen von mien eegen Aart. Dat Peerd geev furts Odder an een witte Deenststuut von sien Huus, mi in so'n Aart hölten Trog en ornlich Portschoon Haver hertobringen. So goot as dat güng, broch ik de Köörn an't Füür in Hitt un rubbel solang, bet de Schalen afgüngen. Denn sehg ik to, dat ik beides, Schalen un Köörn voneen kreeg, un vermahl düsse mank twee Steens. Nu nehm ik Water un maak dor eenen Deeg to Fladens von, de ik an't Füür backen dä. So warm, as se weern ät ik dat mit Mölk tosamen up. In Europa gifft dat düsse Kost an veele Städen, aver mi weer dat erstmol en bannig flauet Äten. Mit de Tiet aver kunn ik mi dor mit anfrünnen. Ik harr je all oftinst in mien Leven in de Sitatschoon west, mit en smalle Kost uttokamen. Nu worr ik weddermol gewohr, wo licht de minschliche Natur sik tofreden maken lett. Un dat mutt ik dor ok to seggen, solang as ik mi up düsse Insel uphollen heff, bün ik nich een eenzig Stunn krank west. Mannichmol kreeg ik dat aver ok farig, en Kanink orer en Vogel mit en Sling ut Yahoohoor to fangen; oftinst güng ik ok bi un plück mi gesunnet Kruut, kaak dat orer maak mi dor Salat von un vertehr dat to mien Broot. Af un an, wenn ik wat besünners hebben wull, maak ik mi en beten Botter un nehm de Bottermölk to'n Drinken. Anfangs weer mi dat bannig ungewohnt, dat ik keen Solt hebben dä; aver ik harr mi dor bald an gewöhnt un mark dat gornich mehr. Un nu is dat mien Meenen, dat bi uns soveel Solt nahmen ward, dat kummt bloß von dat veele Slampampen. Toerst is dat dorumhalven upkamen, dat de Lüüd 'n ornlichen Dörst kriegt un veel drinken söllt. Nootwennig is Solt man bloß dor, wo dat Fleesch lang wohren mutt, wenn dat up wiete Reisen geiht orer in Dörpen, de wietaf von de groten Markten liggen doot. Dat könnt wi doch in de Natur sehn: keen Deert as man bloß de Minsch is achter dat Solt her. Un wat mi angeiht: As ik düt Land wedder achter mi laten harr, het dat en ganze Tietlang duurt, bet ik den Soltgeschmack in dat, wat ik äten dä, wedder verdrägen kunn. Düt sall nu noog wesen to dat Thema von mien Äten un Drinken. Anner Reislüüd schrievt dor ehr Böker mit vull, as wenn de Lesers dat överhaupt intresseert, wat wi goot orer slecht to äten un to drinken harrn. Aver dat weer nödig, von düsse Saken to vertellen, sünst worr dat viellicht keeneen in de Welt glöven, dat ik dree Johr in so'n Land mit düsse Inwahners mien Levensünnerholt finnen kunn.

Dat güng nu up den Obend to un dat Peerd, wat de Huusherr weer, wies mi en Kamer to, wo ik wahnen kunn; de weer man söß Ellen von't Huus weg un worr von den Stall von de Yahoos afdeelt. Ik kreeg en beten Stroh, deck mi mit mien eegen Tüüg to un föll in en fasten Slaap. Dat duur aver nich lang, denn kreeg ik en beter Ünnerkamen. Aver dat ward de Leser gewohr warrn, wenn ik dor mehr von vertellen do, wo ik mien Leven in düt Land tobrocht heff.

De drütte Strämel

De Schriever gifft sik Möh, de Spraak von dat Land to liern; de Houyhnhnm, wat sien Herr is, helpt dorbi, em wat bitobringen. Wat dat von Spraak is. En poor Houyhnhnms von Stand kaamt ut Neeschier, se willt den Schriever sehn. He giff sienen Herrn en korten Bericht von sien Reis.

Mi güng dat nu erstmol dorum, dat ik de Spraak liern dä. Mien Herr (so will ik em von nu an heeten), sien Kinner un alle Deensten in sien Huus wulln dor bi helpen, mi de bitobringen. Se sehgen dat nämlich as en richtiget Wunner an, dat'n an en unvernünftig Deert soveel Teekens finnen kunn, de dat sünst man bloß bi de vernünftigen Kreaturen geven deit. Ik wies up jedet Ding un fröög nah den Naam; un wenn ik denn för mi alleen weer, schreev ik de in mien Daagbook up. Mien Utspraak maak ik dordörch beter, dat ik de Lüüd von de Familje beden dä, de Wöör jümmer wedder to seggen. Dorbi het mi de Rotvoß, een von de ünneren Deensten, jümmer wedder geern hulpen.

Wenn de Houyhnhnms vertellen doot, snackt se dörch de Näs un dörch den Hals. Un von all de Spraken in Europa, de ik kennen do, kummt düsse Spraak an neegsten an dat Hollandsche un an dat Düütsche ran; aver se is doch 'n ganz Deel smietiger un maakt mehr her. Kaiser Karl V. het molinst meist datsülvige seggt, as he meen, wenn he mit sien Peer snacken wull, denn worr he dat up Hollandsch maken.

Mien Herr weer bannig neeschierig up dat, wat ik em vertellen kunn un heel ungedüllig, bet dat sowiet weer. Dorum geev he meist sien ganze Frietiet dorto her, mi wat bitobringen. He weer dorvon övertüügt (dat sä he mi laterhen), dat ik en Yahoo wesen möß. Man em verwunner dat jümmer wedder, wat von anslägschen Kopp ik harr un wo hööflich un rentlich ik mi geven dä. Nah sien Meenen weern dat Gaven, de rein in't Gegendeel güngen as bi jenne Deerten in ehr Land. He keem ok jümmer wedder in't Grüveln wegen mien Tüüg, wat ik anhebben dä un simmeleer dor up rum, wat dat mi woll up den

Lief fastwussen weer; ik töög dat nämlich nienich ut, ehrer de Familje inslapen harr; un ik töög dat wedder an, ehrer dat se an'n Morrn upstünnen. Mien Herr weer dor bannig achterher, dat he gewohr warrn dä, wonehm ik herkeem un up wat von Aart un Wies ik to mien anslägschen Kopp kamen harr, de sik bi allens wies, wat ik maken dä. He wull ok to geern mien Levensgeschicht von mi sülmst vertellt hebben un glööv, dat worr nich mehr lang duurn, bet ik dorto instannen weer. Mit dat Liern von ehr Wöör un Sätz harr ik goot vörankamen un mit dat Snacken ok. Dat ik dat noch beter in'n Kopp behollen kunn, översett ik allens, wat ik liern dä, in dat engelsche Alphabet un schreev mi de Wöör up un dorneben, wo se in mien Spraak heeten dän. Nah en Tietlang waag ik dat Upschrieven ok, wenn mien Herr dor noch mit bi weer. Mi maak dat veel Möh, em to verklooren, wat dat bedüden dä; hier hefft se nämlich nich de ringste Ahnen von Böker un von schreven Schrift.

Nah en Tiet von so bi tein Weeken weer ik sowiet, dat ik dat mehrste verstahn kunn, wat he fragen dä. Un nah dree Mand kunn ik em all en poor eenfache Antwurten geven. He weer över de Maaten neeschierig dor up, von wat von Gegend von't Land ik herkamen dä un wo ik liert harr, mi so to geven, as wenn ik en vernünftige Kreatur weer. Se harrn doch jümmer wedder beleevt, meen he, dat de Yahoos de dösigsten von alle Deerten weern, de meist gornix kapeern kunnen. Un dor möss 'n jem doch för ansehn, wenn se sik ok mannichmol wat vigeliensch geven dän un bannig dull up Leegheiten ut weern. Un ik sehg je an Kopp un Hännen un Gesicht, wo ik keen Tüüg över harr, jüst so ut as düsse Deerten, dat kunn doch jedereen sehn. Ik änner em, ik harr mit veele Annern von desülvige Aart as ik von wiet herkamen. Wi weern in en groot Fohrtüüg, wat ut Boomstämm maakt un inwennig holl weer, över dat grote Water föhrt. Mien Lüüd harrn mi mit Gewalt an de Küst von düt Land afsett un mi denn alleen laten. Ik harr den tosehn kunnt, wo ik dörchkeem. Mi maak dat grote Möh, un ik möß Hännen un Fööt to Hülp nehmen, em dat so to verkloorn, dat he dat begriepen dä. He höll denn dorgegen, dat weer nich anners möglich, ik möß mi verdoon orer ik harr „seggt wat nich weer". (In ehr Spraak hefft se nämlich keen Wort för Swinnel orer Lögenkraam.) He wüß genau, dat weer unmöglich, dat up de anner Siet von't grote Water noch Land wesen kunn. Un jüstso unmöglich weer, dat en Koppel von unvernünftige Deerten mit en Fohrtüüg ut Holt up dat Water nah jede Städ henkamen kunn, wo se jüst henwullen. Dat weer gewiß, een von de Houyhnhnms kunn nienich so'n Fohrtüüg farig kriegen; un wenn em dat doch raden söll, worr he dat gewiß keeneen von de Yahoos in de Hand geven.

Dat Woort „Houyhnhnm" meent in ehr Spraak en Peerd. Un wo mien Herr düt Woort utleggen dä, bedüüd dat „de vullkamen Natur". Ik sä to em, ik harr de richtigen Wöör man noch nich parot, aver ik glööv, dat duur nich mehr lang, denn kunn ik em Saken vertellen, de em as en Wunner vörkamen worrn. He harr dor nu Freid an, sien eegen Stuutpeerd, sien Hingst- un sien Stuutfahlen un ok de Deensten von sien Familje antowiesen, bi jede Gelegenheit dornah to sehn, dat ik mehr liern dä. Un he sülmst nehm düsse Möh an jeden Dag twee orer dree Stunnen lang up sik.

In't ganze Land vertellten sik de Lüüd, dat dor en wunnerlichen Yahoo weer, de as so'n Houyhnhnm snacken kunn un bi den sien Snacken, Doon un Drieven sik wohrhaftig en Fitzel von Verstand wiesen dä. Un nu keemen oftinst Hingsten un Stuutpeer von Stand ut de Nahwerschop in uns Huus. Se harrn dor Spoß an, sik mit mi wat to vertellen. Heel veel Fragen stellten se mi un ik änner jem so, as ik dat all kunn. Dörch all düsse günstigen Umstännen keem ik so goot vöran, dat ik nah fief Maand (von mien Ankamen an rekent) allens verstahn kunn, wat mi seggt worr; un ik kunn mi ok all bannig goot utdrücken. De Houyhnhnms, de bi mienen Herrn to Besöök keemen, dat se mi sehn un mit mi snacken kunnen, de wullen meist nich glöven, dat ik en richtigen Yahoo weer, wieldat mien Lief in en Umslag sitten dä, de ganz anners utsehg as dat Fell von de annern von mien Aart. Se wunnerten sik över de Maaten, dat bi mi de Hoor un de Huut, so as de Yahoos de för gewöhnlich hefft, nanich to sehn weer as man bloß an'n Kopp, in't Gesicht un an de Hännen. Aver vertein Daag vörher harr mi en Mallör passeert, nah den ik mienen Herrn dat Geheemnis verraad harr.

Ik heff dat den Leser je all vertellt, dat ik mi anwennt harr, jede Nacht mien Tüüg uttotrecken un mi dor mit totodecken. Dat dä ik aver jümmer erst denn, wenn de Familje to Bett gahn harr. An eenen Morrn passeer denn dat Mallör. Mien Herr schick den Rotvoß, wat sien Kamerdeener weer, nah mi her. De söll mi halen. As he ankamen dä, weer ik noch ganz fast in Slaap. Mien Tüüg, wo ik mi mit todeckt harr, weer up een Siet dalrutscht; un mien Hemd harr sik bet an de Tallje hochschaven. De Rotvoß maak en beten Geklapper bi'n Rinkamen un ik waak dorvon up. Ik kunn marken, dat he en beten dörchenanner weer, as he mi sien Warv seggen dä; denn güng he wedder nah mienen Herrn hen. He weer in groot Bangen, un wat he sienen Herrn vertellen dä von dat, wat he sehn harr, weer heel biesterigen Kraam. Dat worr ik furts gewohr, as ik mi antagen harr un nah Siene Gnaden henkeem, em en Goden Dag to wünschen. He fröög mi nämlich, wat dat to bedüden harr, wat sien Deener em vertellt harr: wenn ik slapen dä, denn weer ik nich desülvige Kreatur, as de ik mi to anner Tiet geven dä. Sien Kamerdeener harr em för gewiß seggt, een Deel von mi harr witt Farv un de anner weer geel orer tominst nich so witt; un an noch anner Städen harr ik bruune Farv.

Bet nuher harr ik noch keeneen wat von mien Tüüg vertellt. Ik wull, dat de Ünnerscheed mank mi un de verflixte Bagaasch von Yahoos so groot blieven dä, as dat man güng. Nu aver mark ik, dat dat umsünst weer, dor noch länger bi to blieven. Mi güng ok dörch den Kopp, dat mien Tüüg un mien Schoh all bannig schedderig utsehn dän; bald kunn ik de woll överhaupt nich mehr bruuken. Ik möss tosehn, dat ik dor annerswat för kriegen dä von Fellen von de Yahoos orer von anner Deerten; un denn weer dat mit mien Geheemnis sowieso vörbi. So vertell ik nu mienen Herrn, dat in dat Land, wo ik herkeem, de

Kreaturen von mien Aart ehrn Lief jümmer kleeden dän; un dat Tüüg dorto worr up en heel fiene Aart von de Hoor von allerhand Deerten maakt. Dat dän wi ut Schicklichkeit un ok dorum, dat wi uns buten vör de Hitz un ok vör de Küll wohren kunnen. Ik sä, wenn he dat för richtig ansehg un he mi dor de Odder to geev, denn wull ik em dat up de Städ an mi sülmst wiesen. He kunn sik dor denn mit eegen Ogen von övertügen. He müch mi dat aver nahsehn, wenn ik de Deelen von mien Lief dor von utnehmen dä, von de de Natur uns liert, jem to verbargen. He meen, wat ik vertellen dä, dat keem em allens bannig sünnerbor vör, vör allen dat letzte. He kunn dat nich begriepen, worum de Natur uns anhollen söll, wat to verbargen, wat düsse sülvige Natur uns geven harr. He schaam sik för keeneen Deel von sienen Lief, un sien Familje ok nich. Ik kunn dat aver dormit hollen, as mi dat recht weer. Nu knööp ik toerst mien Överrock apen un legg em af. Datsülvige maak ik ok mit mien West, un denn töög ik Schoh, Strümp un Büx ut. Dat Hemd leet ik dalhangen, nehm dat ünnere Enn dorvon hoch un bunn dat mit'n Reemen um de Mitt von mien Lief fast, dat mien Ünnerlief todeckt bleev.

Mien Herr keek sik allens, wat ik maak, mit grote Neeschier un mit Verwunnern an. Allens wat ik mi uttagen harr, böör he, een Stück nah dat annere, mit den Knövel up un beöög dat heel akkrot. Denn straak he mi sachten över den Lief un keek mi en poormal von alle Sieten an. Dornah sä he, dat weer doch woll kloor, ik möß gewiß en Yahoo wesen. Aver von de annern Yahoos weer ik doch bannig verschieden wegen mien Huut; de weer weeker un glatter un ok von witte Farv. Un denn fehlen bi mi de Hoor an welk Städen an mien Lief. Mien Vör- un Achterpooten weern wat körter un sehgen ok en beten anners ut. Un ok dat weer en Ünnerscheed, dat ik, obschonst dat gegen de Natur weer, mi grote Möh geven dä, up mien beiden Achterbeen to gahn. Denn harr he noog sehn un sä, dat ik mien Tüüg wedder antrecken kunn, wieldat ik vör Küll ok all an't Bevern weer.

Ik geev mienen Herrn to verstahn, dat mi dat nich recht weer, wenn he jümmer wedder „Yahoo" to mi sä. Dat weer en ekelig Deert, dat ik överhaupt nich utstahn kunn, un dat mi so minnachtig weer as sünst keeneen. Ik beed em, he müch doch düt Woort nich mehr up mi anwennen, un dat ok sien Familje seggen un sien Frünnen, de he verlöven dä, mi to bekieken. Ik güng em ok dor um an, mien Geheemnis  von de unechte Hüll, di ik över mien Lief drägen dä, för sik to beholln, tominnst solang, as ik düt Tüüg anbehollen dä. Un den Rotvoß, sien Kamerdeener, müch Siene Gnaden Odder geven, dat he dor keeneen wat von seggen dörf, wat he sehn harr.

Mien Herr sä mi in sien grote Gnaad dat allens to. Un so bleev mien Geheemnis ünner uns, bet mien Tüüg ganz un gor kaputt güng. Denn aver güng dat nich mehr anners, ik möß mi mit verschiedene annere Saken behelpen; dor will ik laterhen noch wat von vertellen. Erstmol wull ik, as he dat geern wull, heel fliedig biblieven, ehr Spraak to liern. Noch mehr as dat Utsehn von mien Lief (egol, wat ik kleed weer orer nich) bröch em dat to'n Wunnerwarken, dat ik snacken un vernünftig dinken kunn. He sä mi, he tööv heel ungedüllig dor up, all de Wunnergeschichten to hören, de ik em vertellen söll, as ik em dat toseggt harr.

He geev sik nu duwwelt soveel Möh as vörher, mi noch mehr bitobringen; he nehm mi jedesmol mit, wenn he to Besöök güng orer sik mit annern drepen dä. He sorg ok dorför, dat se hööflich mit mi ungahn dän; he harr jem nämlich seggt, wenn se nett to mi weern, worr mi dat in gode Stimmung bringen un mi noch mehr upmuntern.
Jeden Dag, wenn ik nah mienen Herrn henkeem, stell he mi noch en poor Fragen to mien persönlichet Leven. Ik änner em dor up, so goot as ik kunn. So harr he sik all halfwegs en Bild von mi maakt, wenn dor ok noch 'n ganz Deel an fehlen dä, bet dat kumplett weer. Ik keem mit de Spraak jümmer 'n beten wieter vöran, so as wenn een de Stuffen hochstiegen deit. Aver dat worr to wietlöftig warrn, wenn ik dat lang un breet vertellen wull, wo dat güng, bet ik mi richtig ünnerhollen kunn. De erste Bericht, den ik överhaupt in gode Ornung un so akkrot as dat man güng, von mi geven dä, güng so:
Ik weer (dat harr ik all versöcht, em to verkloorn) mit so bi fofftig Lüüd von mien eegen Aart ut en Land kamen, wat ganz wietaf liggen dä. Mit en groot Fohrtüüg, wat inwennig holl weer, harrn wi över dat grote Water ünnerwegens west. Dat Fohrtüüg weer ut Holt maakt un weer grötter as dat Huus von Siene Gnaden. Ik vertell em, so goot as ik kunn, wo dat Schipp utsehn harr. As ik em verkloor, wo de Wind uns vörandreven harr, nehm ik mien Taschendook to Hülp. Ik vertell wieter; denn harr dat Striet geven un de annern harrn mi an düsse Küst an Land sett. Ahn dat ik wüß, wo ik hen wull, harr ik losgahn bet dor hen, wo de Yahoos achter mi her west weern un he mi von jem frie maakt harr. He fröög mi, wer dat Schipp maakt harr un wo dat möglich wesen kunn, dat de Houyhnhnms in mien Land de Hanteerung an de unvernünftigen Deerten geven harrn. Ik geev em to Antwurt, ik kunn mit mien Vertellen nich so eenfach wietermaken. He möß mi up sien Ehr verspreken, dat he sik nich up de Töhn pedd föhlen dä; denn aver wull ik em de Wunnersaken vertellen, so as ik em dat all oftinst toseggt harr. He geev mi sien Ehrenwort un ik vertell wieter: Dat weern Lüüd as ik, de dat Schipp maakt

harrn; un in alle Länner, wo ik up mien Reisen henkamen harr, weern dat, jüstso as in mien eegen Land, vernünftige Deerten un harrn ok överall dat Seggen hat. As ik in düt Land ankamen weer un sehn harr, dat de Houyhnhnms sik as vernünftige Kreaturen geven dän, harr ik mi jüstso wunnert as he orer sien Frünnen sik woll wunnern dän, wat Vernünftigs bi so'n Kreaturen to finnen, wo se Yahoos to seggt. Ik wull dat togeven, dat ik mit jedereen Deel von mien Lief so utsehg as düsse Deerten; ik kunn aver dor keen Klook in kriegen, dat se so'n unriemsch Natur harrn un sik as dat Veeh geven dän. Ik sä em ok, wenn ik dat Glück harr, dat ik eenerwenn nah mien Heimatland trüchkamen un von mien Reis nah düt Land vertellen kunn, denn worr jedereen glöven, dat ik „wat sä, wat nich weer". Se worrn meenen, ik harr mi düsse Geschicht in mienen Kopp tosamenphannaseert. Ik harr grote Achtung vör em sülmst, vör sien Familje un ok vör sien Frünnen, un he harr mi up Ehr toseggt, dat he mi dat nich övelnehmen wull; aver dat möß ik doch seggen, mien Landslüüd worrn dat nich för möglich hollen, dat en Houyhnhnm de Herr in en Land wesen kunn un en Yahoo dat unvernünftige Deert.

De veerte Strämel

Wat de Houyhnhnms von de Wohrheit un von de Unwohrheit meent. Sienen Herrn paßt dat nich, wat de Schriever vertellt. He vertellt lang un breet von sik sülmst un von dat, wat em allens up sien Reis passeert is.

Mien Herr hör sik dat allens an, wat ik em vertellen dä, aver von sien Gesicht kunn ik em afsehn, dat em mannichwat nich recht weer. „Twiefeln" un „nich glöven", dat kennt se in düt Land nämlich nich, un de Inwahners weet nich, wo se sik geven söllt, wenn jem dornah tomoot is. Ik besinn mi ok dor up, wo dat weer, wenn ik jümmer wedder mit een doröver in't Snacken keem, wo dat annerwegens in de Welt mit de minschliche Natur weer. Dorbi harr ik meist jümmer wedder Oorsaak, von „Lögen" un von „de Annern wat vörmaken" to vertellen. Obschonst mien Herr sünst en scharpen Verstand harr, foll em dat denn bannig swoor to verstahn, wat ik dormit meenen dä. Sien Meenen weer nämlich so: De Sinn von't Snacken is, dat een den annern verstahn kann un dat'n Bescheed kriegen deit von dat, wat würklich passeert un wat wohrhaftig dor is. Seggt nu een wat, „wat nich is", denn ward de Sinn von't Snacken verdorven; un wenn'n dat genau nimmt, kann'n denn nich mehr seggen: ik verstah em. Un ik bin dor ok wiet von af, dat ik richtig Bescheed kriegen do. Dat is veelmehr so, dat he mi denn wat Leegeres andeit, as wenn he mi gornix seggt. Mi ward denn de Kopp verkielt, dat ik wat för swart ansehn do, wat eenglich witt is un för kort, wat eenglich lang is. Düt weer allens, wat he von de Kunst wüß, wo wi „Lögen" to seggt un wo de minschlichen Kreaturen so bannig goot mit Bescheed weeten doot (un jeden Dag mit togang sünd).

Dat weer en lütten Umweg, up den ik afkamen harr; aver nu will ik wedder wieter vertellen: Ik harr för gewiß seggt, in mien Land weern de Yahoos de Deerten, de alleen dat Seggen harrn. Mien Herr sä, dat güng nu aver wiet rut över allens, wat he sik vörstellen kunn; un he wull weeten, wat dat bi uns ok Houyhnhnms geev un wat de to doon harrn. Ik geev em Bescheed: Wi harrn dor heel veel von; in'n Sommer güngen se up de Wischenkoppel to'n Grasen un in'n Winter keemen se nah Hüser rin un kreegen Hau un Haver. Yahoodeeners weern anstellt, jem dat Fell glatt to striegeln, de Mähn to kämmen, de Fööt to waschen, jem mit Futteraasch to versorgen un jem dat Bett to maken, wo se sik up dalleggen kunnen. „Dat kann ik goot verstahn", sä mien Herr, „nah allens, wat du vertellt hest, is dat ganz kloor: de Houyhnhnms sünd jo Herrns, egol, wo klook un anslägsch de Yahoos sik ok vörkamen möögt. Ik wünsch mi von Harten, dat uns Yahoos ok so anstellig weern." Ik beed Siene Gnaden, he müch mi de Gunst gewehrn un mi nahsehn, dat ik nu nich mehr wietervertellen wull. Wat nu noch kamen worr un wo he sik up spitzen dä, dor weer ik mi ganz gewiß, dat worr em bannig gegen den Strich gahn. He aver bleev dorbi un geev mi den Befehl, ik söll em allens weeten laten, dat Beste un ok dat Leegste. Ik sä, denn wull ik em pareern. Dat geev ik je to, de Houyhnhnms bi uns, wo wi Peer to seggt, dat weern de eddelsten un leeflichsten Deerten, de dat bi uns geven dä. Se weern över de Maaten stark un flink. Wenn se Lüüd von Stand tohören, denn rieden de up jem bi'n Reisen un ok bi Wettrennen; un se spannt jem ok för'n Kutschwagen. Heel sachten un goot güngen se mit jem um, solang as se nich krank weern orer stief in de Been. Denn aver worrn se verköfft un mössen alle sworen Arbeiten maken, bet se doot blieven dän. Dornah worr jem dat Fell aftagen un verköfft; dor kreegen se soveel Geld för, as dat noch weert weer. Wat denn noch nahblieven dä von ehrn Lief, dat smeeten se de Hunnen un de Kreihn to'n freten hen. De gewöhnlichen Peer harrn aver nich so'n godet Leven. Se worrn von Buurn, Fohrlüüd un anner ringe Minschen hollen. Ehr Herrns kreegen jem an heel swore Arbeit un hölln jem slechter in Fudder. So goot as ik kunn, verkloor ik em, wo wi rieden doot, wo de Toom, de Sadel, de Spoorns un de Pietsch, dat Treckgeschirr un de Wagens utsehn doot un wo de Hanteerung dormit is. Ik vertell em ok noch, dat bi uns bi de Peer ünnen an den Hoof Platten fastmaakt ward, de von en hart Materiaal sünd, wo wi Iesen to seggt. Dat worr dorum maakt, sä ik, dat se mit ehr Hofen up de steenigen Straaten nich to Schaden kaamt; up so'n Straaten weern wi nämlich oftinst an't Reisen.

Bi mien Vertellen harr ik von mienen Heern en poormol wat hört, wat mi so vörkeem as „dat is je woll allerhand" orer „dat is doch Sünn un Schann". Un denn sä he, he wunner sik, wo wi uns ünnerstahn kunnen, dat to riskeern, uns up en Rüggen von en Houyhnhnm to setten. Dat weer gewiß, ok de swackste Deener in sien Huus weer instannen, den starksten Yahoo aftosmieten. So'n Stück Veeh kunn he ok licht dootquetschen; he bruuk sik man bloß daltoleggen un up den Rüggen to wöltern. Ik änner em, dat de Peer bi uns, wenn se dree bet veer Johr sünd, anliert worrn för de verschieden Saken, de se maken söllen. Un wenn welk von jem so beestig weern, dat se afsluut nich wullen, denn worrn se dorför nahmen, den Wagen to trecken. Solang as se jung weern, kreegen se för ehr mootwillig Undöög ornlich wat mit de Pietsch; dor worr nich lang bi fackelt. De Hingsten, de man bloß gewöhnliche Riet- orer Treckpeer warrn sölln, worrn mehrstiets kastreert, wenn se so bi twee Johr weern. Se harrn denn nich mehr soveel Füür,

worrn sinniger un weern beter to regeern. Mit Löhnen un Straafen kunn'n jem gewiß ok ganz goot bikamen; aver Siene Gnaden müch bedinken, dat düsse Deerten keen Spierken von Verstand harrn, jüstsowenig as de Yahoos in düt Land.

Ik möß mi grote Möh geven, veel Verglieken un Bispillen bruken un veel Wöör maken, dat mien Herr en richtiget Bild kreeg von dat, wat ik em seggen wull. In ehr Spraak gifft dat nämlich nich veel Wöör, mit de 'n dat beschrieven kann. Dat kummt dorvon, dat ehr Leven eenfacher is as uns un dat se ok nich achter so veel Saken herjachtern doot as wi. Mi is dat nich möglich, sien Dullheit to beschrieven, de he mit mien Vertellen kreeg. De Oorsaak dorvon weer sien wunnerbore Eddelmoot. De bröch em doröver in de Raasch, wo fünsch wi mit de Houyhnhnms umgahn dän. Ganz leeg worr dat dormit, as ik em verkloort harr, up wat von Aart un Wies bi uns de Hingsten kastreert ward un worum wi dat doot, nämlich, dat se keen Nahkämers von ehr Aart hebben sölln, un dat se beter to regeern weern. He sä, wenn dat möglich weer, dat dat een Land geev, wo man bloß de Yahoos den Verstand harrn, denn mössen de dor gewiß ok dat Seggen hebben; dat weer doch jümmer so, dat de Kraft von den Verstand mit de Tiet de Kuraasch von de Deerten över warrn dä. Nu aver wüß he, wo uns Lief, vör allen mien Lief, den he vör Ogen harr, utsehn dä un inricht weer. Un he glööv nu, dat geev keen Kreatur von mien Grött, de so wenig dorto instannen weer, den Verstand för de gewöhnlichen Saken von't Leven to bruken. He wull nu weeten, wat de, mit de ik tohopen leven dä, so utsehn as ik orer as de Yahoos in sien Land. Ik sä, dat weer gewiß, ik weer jüst so'n smucken Keerl as de mehrsten von mien Öller. De wat jünger weern un de von dat leefliche Geslecht weern aver veel weeker un fiener antoföhlen; un de Huut von de Deerns weer för gewöhnlich so witt as Mölk. He meen, ik weer würklich verschieden von annere Yahoos; ik weer veel rentlicher un nich ganz so verschraat antosehn. Wenn dat aver dorum güng, wer den annern würklich över weer, glööv he, denn weer ik doch in'n Nahdeel. De Fingernagels an mien Vörfööt weern doch to nix to bruken un de an de Achterfööt ok nich. Wat mien Vörfööt angüng, de kunn'n doch eenglich nichmol so nömen; he harr noch nienich sehn, dat ik dor up lopen dä; un se weern ok to week un kunnen den harten Bodden gornich verdrägen. För gewöhnlich leet ik jem bloot; de Hüll, de ik mi dor mannichmol över trecken dä, sehg nich so ut as de up mien Achterfööt un weer ok nich so fast. Ik kunn ok gornich seker gahn; wenn nämlich man bloß een von mien Achterfööt utrutschen dä, möß ik allemol to Fall kamen. Denn güng he bi un quees up de annern Deelen von meinen Lief rum. Mien Gesicht weer bannig platt; de Näs keek veel to wiet vör; mien Ogen weern beide vörn up dat Gesicht un ik kunn nich nah de Siet kieken, wenn ik den Kopp nich dreihn dä. Ik weer nich instannen, wat to äten, wenn ik nich een von mien Vörfööt nah'n Mund rannehmen dä; de Natur harr jem deswegen an düsse Städ wassen laten, dat ik dor so mit hanteern kunn. He wüß nich, woto de upklövten Ledden an mien Achterfööt dor weern; un de weern ok to week, as dat se de harten un kantigen Steen up de Eerd afkunnen, dorum möß ik dor en Hüll övertrecken, de von dat Fell von anner Deerten maakt weer. Mien ganz Lief bruuk wat, wat em vör de Hitz un de Küll wohrn dä; un dat An- un Uttrecken jeden Dag, dat maak bannig veel Umstännen un grote Möh. Un upletz harr he ok gewohr worrn, dat in düt Land jedet vernünftige Deert von Natur ut nix mit de Yahoos to doon hebben wull. De nich so stark weern, de maken en wieten Bagen um jem, un de mehr Kuraasch harrn, de jagen jem von sik weg. He wull nu mol annehmen, dat wi würklich de Gaav harrn, vernünftig un verstännig to wesen; denn kunn he aver doch nich begriepen, wo dat möglich weer, den Ekel to överwinnen, den jede Kreatur von Natur ut gegen uns hebben dä. Un dorum kunn he ok nich verstahn, wo wi de Houyhnhnms tahm kriegen un dorto bringen kunnen, dat se uns pareerten. He wull aver (as he sä) düsse Saak nu nich mehr wieter diskereern. He wull leever mien Levensgeschicht hören; wat von dat Land gewohr warrn, wo ik geboorn weer. Un he wull wies warrn, wat ik to mien Levenstiet allens maakt un belevt harr, ehrer ik hierher kamen weer.

Ik sä, mi leeg dor ok veel an, dat he allens to weeten kreeg, wat he weeten wull, aver ik weer doch bannig in Twiefel, wat mi dat möglich weer, welke Saken up so'n Aart un Wies to vertellen, dat he dat verstahn kunn. Dor weer toveel, wat Siene Gnaden sik nich vörstellen kunn; in sien Land weer nix, wo ik dat mit verglieken kunn. Ik wull aver mien Best doon un tosehn, dat mit Bispillen kloortomaken. Dorbi aver, beed ik em, müch he mi to Hülp kamen, wenn mi de passig Wöör nich infallen dän. He weer so fründlich un sä mi dat to.

Ik vertell nu, ik weer von ehrhaftige Öllern up en Insel mit Naam England to Welt kamen. Düsse Insel weer von düt Land hier soveel Daagsreisen af, as de starkste von sien Deeners in de Tiet achter sik bringen kunn, in de de Sünn eenmol um de Eerd rumlopen dä. Ik harr denn en Dokter worrn, de sien Upgaav dat weer, so'n Wunnen un Krankdaag an'n Lief to kureern, wo'n dörch Unfall to kamen harr, orer wenn se sik neiht harrn. Mien Land worr von een regeert, wat en Fruunsminsch weer; wi nömten ehr Königin. Von mien Land harr ik dorumhalven weggahn, dat ik to Riekdoom kamen wull; un wenn ik wedder nah Huus keem, wull ik dor mit mien

Familje von leven. Up mien letzte Reis harr ik de Kummandant von dat Schipp west. So bi föfftig Yahoos harr ik hat, de mi to pareern harrn. En ganz Reeg von jem weer up de Reis todood kamen un dat harr nödig worrn, dat ik för jem anner Lüüd anstellen möß; in anner Länner harr ik mi de utsöcht. Tweemol harr uns Schipp dicht dorvör west ünnertogahn; dat erstmol von en gewaltigen Storm un dat annermol dorvon, dat wi gegen en Kliff föhrt harrn. As ik sowiet kamen weer, fohr mien Herr mi dor mank. He fröög mi, wo dat angahn kunn, dat ik Lüüd in frömde Länner rumkreegen harr, de Fohrt mit mi to riskeern. De mössen doch weeten, wat allens mit mien Schipp west weer; dat ik soveel Minschen verloren harr un in bannig grote Gefohren kamen weer. Ik sä, düsse Burschen harrn ganz mächtig in de Bredullje seeten. Se weern arme Snurrers west orer harrn wat utfreten hat, dorum harrn se von ehr Heimatland afhauen mößt. Welk von jem weern dörch Perzessen um ehr Geld bröcht worrn; annern harrn ehr Haav un Goot mit Supen, mit Horenwiever orer mit Kortenspeelen um de Eck bröcht; welk weern wegen Landsverrat weglopen; heel veel ok, wieldat se eenen dootmaakt harrn; noch annern wegen Klauen, Giftmischen, Utrövern, verkehrt Swören, Ünnerschriften orer Geld nahmaken; welk von düsse Burschen harrn Deerns Gewalt andaan orer bi't Veeh leegen; von de Suldaten utneiht orer in'n Krieg nah den Fiend överlopen; de mehrsten von jem weern ut'n Knast afhaut. Keeneen aver riskeer dat, wedder nah sien Heimatland trüchtogahn; se weern bang, dat se denn uphangt worrn orer in't Lock versmachten mössen. Dorum bleev jem nix anners över, se mössen sik annerswo dörchbringen kunnen.

Bi all düt Vertellen keem mien Herr mi jümmer mol wedder dor mank. Ik möß mi veele Biller un Bispillen utdinken, dat ik em de Verbreken verkloorn kunn, wegen de de mehrsten von uns Schippslüüd ut ehr Land weglopen harrn. Dree Daag lang duur mien Vertellen un Verkloorn, ehrer he dorachter keem, wat ik em seggen dä. He kunn dat erst afsluut nich begriepen, wat dat von Sinn harr un wo dat to nödig weer, sik mit so'n

Slechtigkeiten aftogeven. Ik wull versöken em dat so to verklooren, dat he sik dor en Bild von maken kunn, wo bannig de Minschen achter Macht un Geld achterher weern un wat dor von leege Saken bi rut kamen worrn, wenn se sik von't Geilen drieven leten, keen Schick un Maat kennen wullen un wenn ehr Hart von Leegheit un Afgunst regeert ward. Dat möß ik em allens ut'nanner puhlen un beschrieven. Ik grüvel mi dor Sitatschoons för ut un vertell em, wo dat dor so bi togahn kunn. He slöög denn jedesmol vör Wunnerwarken un Dulligkeit de Ogen nah baben as een, den siene Gedankenwelt mit wat tohopenstött, wat he noch nienich sehn un wo he noch nienich wat von hört het. För dat, wat bi uns Macht heeten deit, un Regeern, Krieg, Paragrafen un Straaf, un noch för dusend anner Saken, gifft dat bi jem keen Wöör, dat in ehr Spraak to seggen. Dat maak mi grote Noot, mienen Herrn to verkloren, wat ik meenen dä; binah weer mi dat unmöglich. He harr aver en wunnerboren Verstand; un de weer von't Nahgrüveln un Diskereern jümmer noch scharper un anslägscher worrn. Letzto wüß he denn doch goot Bescheed von allens, wat de minschliche Natur in den Deel von de Welt, wo wie wahnt, farig bringen deit. Un nu wull he geern, dat ik em lang un breet un heel akkrot von dat Land vertellen dä, wo wi Europa to seggt; vör allen aver von mien eegen Heimatland.

De föffte Strämel

De Schriever vertellt von dat Leven in England, wat sien Herr von em föddert harr. De Oorsaak von de Kriegen mank de Fürsten in Europa. De Schriever fangt dormit an, de Gesetzen von England to verkloorn.

Wat nu kummt, dat mutt de Leser bedinken, dat is en Extrakt. Von allens, wo mien Herr un ik in een Tiet över twee Johrn an verschieden Daag mit'nanner von snackt hefft, steiht hier dat in, wat an wichtigsten is. Siene Gnaden wull nämlich jümmer beter un akkroter Bescheed hebben, je beter ik mi in de Spraak von de Houyhnhnms utkennen dä. Ik puhl em de ganzen Tostännen von Europa ut'nanner, so goot as ik dat kunn. Ik vertell von Hannel un Handwark, von Künsten un Weetenschop; un dat, wat ik up all sien Fragen von de verschieden Saken ännern dä, dor harrn wi soveel över to diskereern, dat dor keen Enn an weer. Ik will hier aver bloß dat upschrieven, wat von Bedüden is un wat mien Heimatland angeiht. Ik bring dat in en gode Ornung, egol, wannehr wi dorvon snackt hefft un wat von Oorsaak wi dorbi harrn; vör allen will ik dorbi scharp an de Wohrheit blieven. Dat eenzigst, wat mi dor Noot bi maakt, is mien Bang, wat ik woll instannen bün, allens akkrot weddertoseggen, wat mien Herr vörbröcht hat. Dor will denn doch woll wat an fehlen; mien Verstand nämlich un dat, wat ik von ehr Spraak weet, is man wat ring. Un wat dor noch mit tokummt: dat mutt allens in uns gräsige Spraak översett warrn.

Ik keem also de Odder von Siene Gnaden nah. Toerst vertell ik em von de Revolutschoon mit den Prinzen von Oranien; von den langen Krieg mit de Franzosen, den düsse Fürst anfangt het. De denn nah em kamen dä, wat nu uns Königin is, de het düsse Striet wedder ingang bröcht. De gröttsten un mächtigsten von de christlichen Länner weern dor mit bi; un düsse Krieg weer jümmer noch ingang. Wieldat mien Herr dat geern wull, reken ik nah, dat in de ganze Tiet so bi een Milljon Yahoos todood kamen sünd, woll an hunnert Städter innahmen worrn un fiefmol soveel Scheep verbrennt orer ünnergahn hefft.

He fröög mi, wat för gewöhnlich de Oorsaken weern, de en Land dorto drieven dän, mit en anner't Krieg antofangen un worum dat eenglich maakt worr. Ik änner em, dat geev soveel verschieden Oorsaken, dat'n jem gornich all uptellen kunn. Ik wull em von de Grünnen vertellen, de'n dor toerst to reken möß. Mannichmol keem dat dorvon, dat de Fürsten den Hals nich vullkriegen kunnen. De glöövten nämlich, dat se nienich noog Land un Lüüd ünner ehre Fuchtel harrn, wo se över regeern kunnen. Öfterinst keem dat ok von de Leegheit von de Ministers; de dreven ehre Herrn dorum in een Krieg, dat de Klagen von de Ünnerdanen över ehr slechtet Regeeren nich to hören weern, orer dat dor keeneen up acht geven söll. Wegen Striet över verschieden Meenen weern Milljonen von Minschen um't Leven kamen, to'n Bispill över de Fraag, wat Fleesch Brot weer orer Brot Fleesch, wat de Saft von en bestimmte Druuv Bloot weer orer Wien; wat dat Fleiten en Leegheit weer orer wat Godes; wat dat beter weer, dat'n en Holtpahl küssen deit orer em in't Füür smitt; wat de beste Farv för den Överrock weer, Swart orer Witt, Rot orer Gries; wat he lang wesen sall orer kort, eng orer wied, smuddelig orer schier; un dat geev noch heel veel annere Saken. Un de Kriegen weern nienich so vull Gift un Gall, un kösten nienich soveel Bloot un duurten nienich so lang, as wenn se von den Striet von verschieden Meenen herkamen dän; besünners denn, wenn dat eenglich um Kleenigkeiten güng.

Mannichmol, sä ik, güng de Striet mank twee Fürsten dor um, wer von jem eenen drütten sien Land wegnehmen söll, up dat keeneen von de beiden en Recht up harr. Öfterinst fangt een Fürst mit den annern Striet an, wieldat em bang is, de anner kunn mit em Striet anfangen. Af un an gifft dat en Krieg, wieldat de Fiend to stark, en annermol, wieldat he to swack is. Denn wedder willt uns Nahwers Saken hebben, de wi hefft; orer se hefft wat, dat wi hebben willt; un denn kriegt wi uns solang bi de Plünnen, bet de annern uns Saken wegnehmen orer uns ehr Saken geven doot. För Recht as Oorsaak för

eenen Krieg ward dat ansehn, wenn in een Land de Lüüd von en Hungersnoot swack worrn sünd; wenn dor veele Minschen dörch de Pest storven sünd orer wenn ehr Parteien sik ünnereenanner in de Hoor liggt. In en Land, mit dat wi en Fründschaftsverdrag maakt hefft, dörft wi den Krieg denn bringen, wenn een von de Städter orer een Stück Gegend so liggen deit, dat wi dor uns Land mit kumplett maken könnt. Wenn een Fürst sik mit sien Suldaten över en Land hermaakt, wo de Minschen arm un dumm sünd, denn dörf he to Recht de Hölft von jem dootmaken. Von de annern dörf he Slaven maken, dat dat ornliche Minschen ward un he jem von ehr gräsig Levensaart afbringt. Een würklich königlich un ehrhaftig Saak is düt: Een Fürst is bang, dat sien Land överfallen ward un geiht en annern Fürst um Hülp an. De steiht em bi un jogt den Angrieper weg; un denn nimmt he dat Land för sik; un den Fürsten, den he to Hülp kamen harr, den maakt he doot, sparrt em in't Lock orer jögt em ut sien Land rut. Dat Fürsten ut desülvige Familje kaamt orer dörch heiraten verwandt worrn sünd, dat is oftinst de Oorsaak för Kriegen mank jem; un je nöger de Verwandtschaft is, je ehrer kaamt se in Striet. De Lüüd in arme Länner mööt smachten; in rieke Länner drägt se de Näs hoch — un Hochmoot un Hunger ward jümmer in Striet kamen. Allens dat sünd Grünnen, dat de Professchoon von de Suldaten dat höchste Ansehn von alle het. En Suldat is nämlich en Yahoo, de'n för Geld anstellen kann, dat he mit kloren Kopp un ahn Hartkloppen soveel von sien eegen Aart dootmaakt, as he man kann — Lüüd, de em nienich wat daan hefft.

In Europa gifft dat so'n Aart Snurrerfürsten. De sünd alleen nich instannen, Krieg to maken. Se verkööpt ehr Suldaten an Länner, de mehr Geld hefft. Se kriegt en bestimmten Bedrag för jeden Mann un jeden Dag; un dor behollt se dree Veddel von för sik sülmst; un dat is dat mehrste von dat Geld, wat se för ehrn eegen Levensünnerhalt nödig hefft. Von düsse Soort sünd de Fürsten in Düütschland un in de annern Länner in'n Norden von Europa.

„An dat, wat du mi von de Saak mit den Krieg vertellt hast", sä mien Herr, „dor kannst an sehn, wat bi de Aart von Vernunft rutkummt, von de jü meent, dat jü de pacht hefft; aver dat is man een Glück, dat de Schann grötter is as de Gefohr. De Natur het dat so klook inricht, dat jü dor överhaupt nich to instannen sünd, veel Leegheit antorichten.

Kiek die doch jo'n Mund mol an, de steiht gornich ut jo'n Gesicht rut. Wenn jü dor mit bieten willt, denn kann dat nich veel Schaden anrichten, wenn de anner dat nich will. Un wat is mit de Klauen an jo Vörfööt un Achterfööt? De sünd so kort un mickerig, dat een eenzig von uns Yahoos en ganz Dutz von jo Soort vör sik herjogen kunn. Dorum kann ik nich anners, ik mutt glöven, bi dien Vertellen över de Tallen von de, de in'n Krieg dootmaakt worrn sünd, dor hest du ‚wat seggt, wat nich is'."

Ik kunn nu nich anners, över sien Unbedarftheit möß ik den Kopp schüddeln un en beten grienen. Mi weer je nich unbekannt, wo dat in en Krieg togeiht; dorum geev ik em en Beschrieven von all dat Warktüüg, wat de Suldaten för den

Krieg hefft: grote un lütte Kanoons, Musketen, Gewehrn, Revolvers un Kugels, Pulver, Degens, Bajonetts. Von Schlachten un Belagern von Städter vertell ik, wo Suldaten sik trüchtreckt un angriept; wo se von beide Sieten Gängen ünner de Eerd graavt, wo bombardeert ward un wo se up Water Krieg föhrt. Ik vertell von Scheep mit dusend Mann dorup, de in Grus un Mus schaten worrn; von twintigdusend Doden up jede Siet; von't letzte Stöhnen un Kröcheln ehr se dootgaht; von Arm un Been, de dörch de Luft fleegt; von Qualm, Laarm un Dörcheenanner; von Minschen, de ünner Peerhofen doottrampelt ward; von utneihn, achterranjogen un gewinnen; von Feller, dicht bi dicht besait mit Lieken, de se för Hunnen un Wülf, Kreihn un Geiers to freten liggen laat; von Plünnern, Liekenschännen, Fruuns Gewalt andoon, Füürleggen un Tonichtmaken. Ik wull den Moot un de Kuraasch von mien eegen leeven Landslüüd rutstrieken; dorum sä ik em för gewiß, ik harr dat mit mien eegen Ogen sehn, wo se bi en Belagerung hunnert Mann up eenen Slag in de Luft jogt harrn. Mit en Schipp, wo jüst soveel Lüüd up weern, harrn se dat genau so maakt; un denn harrn se dorbi tokeeken, wo de Lieken stückwies ut de Wulken dalfallen dän. Dat harr för de Tokiekers en groot Vergnögen west.

Ik wull noch mehr von so'n Saken ut'nanner puhlen, aver dor fohr mien Herr mi an, ik söll stillschwiegen: He sä, jedereen de de Natur von de Yahoos kennen dä, de kunn dat licht för möglich hollen, dat so'n gräsiget Deert dat allens farig kriegen kunn, wat ik uptellt harr; dor weer wieter nix to nödig, as dat ehr Kuraasch un ehr Swienplietschigkeit jüst so groot weern as ehr Leegheit. Mien Vertellen harr sienen Ekel vör düsse ganze Aart jümmer grötter maakt; un jüstso harr he markt, dat em dat allens up en Aart un Wies unrohig maakt harr, wo he fröhertiets nix von afwüßt harr. He glööv, wenn sien Ohren sik molinst an düsse gräsigen Wöör gewöhnt harrn, denn worr he de so bilütten mit jümmer weniger Gräsen anhören kunnen. He kunn de Yahoos in düt Land gewiß nich utstahn, aver he nehm jem ehr eklige Natur nich mehr övel, as he eenen

„Gnnayh" (eenen Rövervagel) sien Gräsigkeit övelnehm, orer eenen Steen de scharpen Kanten, de em in den Hoof snieden dän. Nu aver weer dor en Kreatur, wat von sik sülmst meent, vernünftig un verstännig to wesen; un dat bröch denn so furchtbore Saken farig. Un dat maak em bang, wenn düsse Gaven verdorven worrn, denn weer dat veel leeger as de gräsige Unvernunft von't Veeh. He geev sik dorvon övertüügt, dat dat nich Vernunft weer, wat wi in'n Kopp harrn, aver ganz wat anners; un dat maak uns Leegheiten, de wi von Natur all harrn, noch heel veel grötter. He meen, dat weer jüstso, as wenn eener sik sien Speegelbild in't Water bekiekt; wenn dat Water upwöltert ward, denn ward dat Bild von en verschraaten Lief nich bloß grötter, dat ward ok noch gräsiger antosehn.

Mien Herr sä denn, he harr nu hüüt un ok bi mannich anner Vertellen vörher all veel to veel von Krieg hört. Aver dor weer noch een anner Saak, de he noch nich ganz verstahn kunn. Ik harr em seggt, dat welk von mien Schippslüüd ut ehr Heimatland weglopen harrn; se weern von dat „Recht" rungeneert worrn. Ik harr em ok all verkloort, wat düt Wort bedüden dä. He kunn aver nich begriepen, wo dat angahn kunn: Dat Recht weer doch dorto dor, de Minschen vör Leeges to wohren; wo kunn dat denn ok man eenen Minschen Verdarven bringen. Dorum wull he noch akkroter Bescheed hebben, wat ik mit „Recht" meenen dä un mit de, de dornah urdeelt, so as dor bi uns mit hanteert ward. He glööv nämlich, för en vernünftige Kreatur — un dat wulln wi doch wesen — möß dat doch langen, sik nah de Natur un nah den Verstand to richten. De wiesten uns, wat wi to doon un wat wi to laten harrn.

Ik änner Siene Gnaden, dat Recht weer wat, wo'n up studeern möß. Ik wüß dor nich veel von af. As mi molinst Unrecht andaan weer, harr ik mi en Afkaaten nahmen; man bloß dat harr mi nix inbröcht. Ik wull em aver över allens Bescheed geven, so goot, as mi dat möglich weer.

Ik sä, dat geev bi uns en Gill von Minschen, de von lütt up an in de Kunst uptagen worrn, mit veele Wöör, de dor extra för utdacht weern, de Lüüd wiestomaken, dat Witt Swart is un

Swart Witt. Dorbi güng dat dornah, woveel Geld se dorför kriegen dän. Alle annern in uns Land weern Knechten von düsse Gill. Ik geev mienen Herrn en Bispill: „Wenn mien Nahwer mien Koh hebben will, denn nimmt he sik för Geld eenen Afkaaten. De sall denn bewiesen, dat he mien Koh von mi kriegen mutt. Ik nehm mi denn en annern Afkaaten, ok för Geld, dat ik mien Recht dörchsetten do. Dat is nämlich keeneen Minschen verlööft, för sik sülmst to snacken; dat weer gegen alle Regeln von't Recht. Bi düssen Fall nu heff ik, wo mi de Koh to Recht tohörn deit, twee grote Nahdeelen gegen mi. De erste is düt: von Kind up an het mien Afkaat sik dor in öövt, för de Unwohrheit intostahn. Dorum is dat eenglich överhaupt nich sien Saak, wenn he nu för de Gerechtigkeit snacken sall. Dat geiht em ganz un gor gegen sien Natur un he geiht dat bannig ungeschickt an, wenn nich sogor mit Weddersinn. De tweete Nahdeel is denn: Mien Afkaat mutt düsse Saak heel vörsichtig un sachten angahn, sünst kriggt he von de Richters en fixen Rüffel; un von sien Kollegen ward he minnachtig ankeeken as en Minsch, de ehr Arbeit in Verroop bringen will. Un dorum heff ik man bloß twee Weeg, mien Koh to behollen. De een is, dat ik den Afkaaten von mienen Gegenmann mit en duwwelt Honoraar för mi innehmen do; denn ward he sienen Kunden verraden. Un dat maakt he so, dat he em vörsnackt, he harr dat Recht up sien Siet. De tweete Weg is, dat mien Afkaat sik de gröttste Möh gifft, mien Saak as unrecht hentostellen; he gifft denn an, de Koh höör mien Gegenmann to. Wenn dat plietsch anstellt ward, denn het de Richter dor sien Gefallen an."

Un denn vertell ik wieter: „Nu mutt Ju Gnaden weeten, dat düsse Richters Persoons sünd, de se dorto insett, över alle Saken to urdeeln; bi Perzessen, wo dat um Mien un Dien geiht jüstso as bi de, wo se över Verbreekers to Gericht sitten doot. Utsöcht hefft se jem von de anslägschen Afkaaten, wenn de olt orer slurig worrn hefft. In ehr ganzet Leven hefft se von vörnherin jümmer wat dorgegen hat, de Wohrheit babenan to stellen un in een Saak recht to doon; dorum is dat denn, wenn se Richters sünd, ok nich anners mit jem. Se könnt nich anners, as dat se sik von bedreegen un verkehrt swöörn un an-de-Wand-drücken stüürn laat. Ik heff welk von jem kennt, de hefft von de Siet, de in Recht weer, dat Smeergeld nich annahmen. Se harrn Bang, dat dat ehrn Stand to'n Schaden wesen kunn, wenn se dat maakt, wat ehr Natur un ehr Amt nich tokummt.

Een Grundsatz, den se ganz vörn anstellt, heet: Allens, wat fröhertiets molinst maakt worrn is, dat dörft ok hüüt wedder-maakt warrn un gellt as Recht. Dorum geevt se dor akkrot up acht, dat se alle de Urdeelen von fröher in de Akten wißhollen doot; vör allen de, de gegen de gewöhnliche Vernunft güngen un gegen dat, wat de Minschen von Natur her as Recht ansehn doot. Düsse Urdeelen heet bi jem ‚Präzedenzfälle‘. De seht se dorför an, dat se för alletiet rechtens sünd. Dor könnt se näm-lich de Meenen mit in't Recht setten, von de ok de gewöhn-lichsten Lüüd weeten doot, dat se dor unrecht mit hefft. De Richters versüümt dat nienich, ehr Urdeel ok akkrot dornah aftofaten.

Wenn se von een Saak snacken doot, geevt se dor genau acht up, dat se jo nich up de Hauptsaak von den Perzeß to snacken kaamt. Se sünd luut un dull un bannig wietlöftig dormit togang, dat se allens dat utenannerkleit, wat mit de Saak överhaupt nix to doon het. Ik dink nochmol an dat Bispill mit de Koh, wo ik von vertellt heff. Dor wolln se gornich weeten, wat von Warv orer wat von Recht mien Gegenmann an mien Koh het. Dat intresseer jem nich. Se frögen aver dornah, wat de Koh swart orer rot weer; ehr Hööre lang orer kort; wat dat Feld, wo se grasen dä, rund orer veereckig weer; wat se in'n Stall orer up de Wisch molken worr; wat von Krankdaag se licht kriegen dä, un noch veel mehr so'n Tüünkraam. Un denn kiekt se bi de ‚Präzedenzfälle‘ nah un schuuvt den Perzeß jümmer wedder vör sik her; un dat duurt denn tein, twintig orer dörtig Johr, ehrer se to en Urdeel kaamt.

Un denn mutt ik ok düt noch seggen: Düsse Afkaaten- un Richtergill, de snackt ehr eegen Spraak, ehrn eegen Jargong. Von de gewöhnlichen Lüüd kann dor keeneen ok man bloß een Woort von verstahn. Un in düt Afkaatenlatiensch hefft se ok all ehre Gesetzen schreven. Se geevt sik veel Möh, dat dor jümmer noch wat to kummt. Up düsse Aart un Wies hefft se den Ünnerscheed von Wohrheit un Lögenkraam, von Recht un Unrecht heel un deel dörchenannerbröcht. Un denn duurt dat eben dörtig Johr, bet se mit een Urdeel togangen kaamt. To'n Bispill mit dat Feld, wat dörch söß Generatschoons von mien Vöröllern up mi kamen is, wat dat nu mi tohöört orer den Frömden, de dreehunnert Mielen afwahnt.

Bi de Perzessen gegen Persoons, de se wegen en Verbreeken gegen dat Land verklaagt, ward de Saak körter un beter afhannelt. De Richter versöcht erstmol ruttokriegen, wat de Herrns von de Regeerung dorvon meent; un denn is dat en Klacks, den Verbreeker uptohangen orer lopen to laten. Un dor ward alle Rechtsornungen un -vörschriften akkrot bi inhollen."

An düsse Städ keem mien Herr mi wedder dor mank. He sä, nah dat, wat ik em vertellt harr, mössen de Afkaaten eenen gewaltig anslägschen Kopp hebben. Dat weer aver doch schaad, dat se nich dorto anhollen worrn, anner Lüüd von ehr Klookheit aftogeven un jem in ehrn Verstand wieter to bringen. Doruphen sä ik em, dat weer man gewiß, in alle Saken, de nich mit ehrn eegen Stand un Warv to doon harrn, harrn se för gewöhnlich överhaupt keen Ahnung; dor weern se de dummerhaftigsten Kreaturen in't ganze Land. Över ganz gewöhnliche Saken kunn'n sik mit jem nix vertellen; dor wüssen se nix von af. Un allens, wat mit Weetenschop un Bildung to doon harr, weer jem towedder. Ganz egol, över wat se mit annern in't Vertellen keemen, dor stellten se den gesunnen Minschenverstand bi up'n Kopp; so as se dat bi ehr eegen Warv ok maken dän.

De sößte Strämel

Dat geiht wieter mit dat Vertellen von England to de Tiet von Königin Anne. Wat en Erste orer Böbelste Staatsminister von Natur het.

Mien Herr kunn jümmer noch nich verstahn, wat dat mit düsse Soort von Afkaaten up sik harr; worum se sik mit Grüveln un Koppwracken, mit Unroh un Plagen afmarachen dän, so'n Unrechtskomplott farigtokriegen; un dat man bloß dorum, dat se ehr Mitdeerten Schaden maken kunnen. He kunn ok nich begriepen, wat dat bedüden söll: se makten dat för Geld. Ik geev mi grote Möh em to verkloorn, wat dat mit dat Geld up sik het, von wat von Matereal dat maakt ward un wat de verschieden Metallaarten an weert sünd. Ik sä, wenn en Yahoo en groten Hupen von den heel düüren Kraam harr, denn weer he instannen un kunn sik allens köpen, wo he man Lust up harr: dat wunnerschönste Tüüg, de grootarigsten Hüser, grote Lännereen, de düürsten Saken to'n Äten un Drinken; un he kunn sik de smucksten Fruuns utsöken. Wer dat allens hebben wull, bruuk wieter nix as en Hupen Geld; dorum glövten uns Yahoos, dat se dor nienich noog von harrn. De welk von jem geven dat ut, un annern leggen dat up de hoge Kant, jüst dornah, wat se von Natur harrn, för't Ut'nannerkleien orer för't Giezen. „Wer riek is", sä ik, „de maakt sik schöne Daag von dat, wat de Armen ranschaffen doot; un up eenen Rieken kaamt dusend Arme. Dat en poor sik jümmerto schöne Daag maken könnt, dorför leevt de mehrsten von uns Volk in Elend. Se mööt sik Dag för Dag afrackern un kriegt man ringen Lohn." Ik vertell lang un breet von all düsse Saken un puhl em dat heel akkrot ut'nanner; aver Siene Gnaden kunn mi jümmer noch nich verstahn. Sien Meenen weer nämlich, dat alle Kreaturen dat Recht hefft, ehrn Andeel von dat to kriegen, wat de Eerd hergeven deit, vör allen de, de dat Seggen hefft. Dorum wull he nu, ik söll em seggen, wat dat von düüret Äten un Drinken weer un worum dor mannicheen so dull achterher

her weer. Ik tell em nu soveele Spiesen up, as mi jüst infallen dän un geev em ok de verschieden Rezepten, wo de Spiesen maakt worrn. „Dat is aver", sä ik, „nich möglich, düt Äten antorichten, wenn dor nich Fohrtügen över dat grote Water nah överall in de Welt losschickt ward. De mööt dat ranhalen, wat'n allens to'n Drinken, för de Soßen un för de veelen annern Lickereen bruken deit. Dat is nämlich gewiß, ehrer een von uns vörnehmen Yahoowiefkens dat Fröhstück orer dat Geschirr dorto kriegen kann, mutt'n tominst dreemol rund um de Eerd rum" Mien Herr meen, dat weer je woll en bannig klöteriget Land, wat för sien eegen Inwahners nich noog to Äten upbringen kunn. Wo he sik aver an mehrsten över wunnern möß, dat weer, dat so gewaltig grote Länner, wo ik von vertellt harr, ganz un gor ahn Water weern; un dat de Lüüd över dat grote Water föhrn un wat to drinken halen mössen. Ik änner em, klooke Lüüd harrn taxeert, dat in England (mien düüret Geboortsland) dreemol soveel to Äten wassen dä, as de Inwahners vertehren kunnen. Un mit dat Drinken weer dat nich anners. Dat worr ut Koorn uttagen orer ut de Früchten von welke Bööm utpreßt un geev en grootarig Drinkels. Un genauso weer dat mit allens annere, wat to en kommodiget Leven tohöörn dä. Man bloß, dor weer dat Freten un Supen von de Mannslüüd un de Överkröppschigkeit von de Fruunslüüd. Dat de tofreden weern, dorum schickten wi dat mehrste von dat, wat wi to'n Leven brukten, in annere Länner. Un dorför kreegen wi von dor de Saken trüch, von de Krankdaag, Dummheit un Leeghiet herkeemen. De nehmen wi denn för uns to'n leven. Un denn keem notwennig achterran, dat heel veele Lüüd von uns Volk nix anners överbleev, asdat se ingang keemen mit Snurren, Rövern, Klauen, Bedreegen, Verkuppeln, falsch Swören, Glattsnacken, Smeergeld geven, Geld un Ünnerschriften nahmaken, Kortenspeelen, Lögen, Slieken, Prahlen, ehr Stimm verköpen, Swienegeln, Steernkieken, Giftmischen, ehrn Lief verköpen, sik tücksch geven, annerswelk slechtmaken, friesinnig simmeleern un all so'n Doon un Drieven. Ik harr bannig grote Möh, dat ik em jedeneen von düsse Wöör un wat se bedüüd verkloren kunn.

Un denn vertell ik wieter: „Den Wien halt wi ut frömde Länner; aver nich deswegen, dat wi keen Water orer anner Drinkels harrn. Dat het en anner Oorsaak: Wien is nämlich en besünnere Aart von Drinkels, wo wi lustig von ward. De is in uns Kopp togangen un drifft dor allens brägenklüterige Simmeleern rut; wie kriegt dor verrückte un unriemsche Gedanken von in'n Brägen un ok dat Geföhl, dat wi mehr Kuraasch un weniger Bang hefft. För en ganz Tietlang het denn de Verstand nix mehr to seggen; uns Arm un Been pareert uns nich mehr un letzto kaamt wi denn in deepen Slaap. Dat mutt ik aver ingestahn, dat wi bi'n Upwaken en heel dicken Kopp hefft un jümmer krank un rein kaputt sünd. Un denn bringt uns düt Drinkels allerhand Krankdaag un Süken in'n Lief, de uns dat Leven suur maakt un afkörten doot.

De mehrsten Lüüd in uns Land leevt dorvon, dat se de Rieken, orer ok een den annern, dat henbringt, wat'n so to'n Leven bruukt ward orer wat de Daag kommodig maakt. To'n Bispill: Wenn ik mi tohuus so antrecken do, as sik dat gehört, denn dräg ik up mienen Lief de Arbeit von hunnert Handwarkslüüd. Bet mien Huus fix un farig buut un inricht is, arbeit dor nochmol soveel Minschen an; un fiefmol soveel sünd nödig, bit mien Fru richtig utstaffeert is."

Ik wull em noch von een anner Soort Lüüd vertellen, de ehrn Levensünnerhalt dormit verdeent, dat se de Kranken pleegt. Ik harr Siene Gnaden je all oftinst vertellt, dat en ganz Reeg von mien Schippslüüd von Krankdaag storven weern. Dat maak mi aver de gröttste Möh, dat ik em sowiet bringen kunn to begriepen, wat ik meenen dä. Een Deel kunn he sik licht vörstellen, nämlich dat en Houyhnhnm en poor Daag vör sienen Dood swack worr un strümpelig, orer dat sik dörch'n Tofall an een Städ verwunnen dä. Aver dat in uns Lief Wehdaag ingangen keemen, sä he, dat weer doch woll nich möglich; dat kunn de Natur doch nich tolaten. De maak doch allens vullkamen, wat se in't Leven bringt. Un dorum wull he de Oorsaak von so'n

Plaag weeten, de dat nah sien Meenen eenglich nich geven kunn. Ik sä em, wi leevten von dusend Saken, de een gegen de anner güngen. Wi weern an't Äten, ok wenn wi gorkeenDSmacht harrn, un an't drinken, wenn wi nix von Dörst spörten. Ganze Nachten weern wi bi un kippten scharpe Drinkels in uns rin, ahn dat wi man eenen Happen dorto bieten dän. Dat maak uns fuul, wi kregen Swulsten in'n Lief un worrn dörchflüchtig orer hartlievig. Horenwiever von uns Yahoos kregen en Süük, un de bi jem in ehr Arms to liggen keemen, de worrn ansteken un kregen de Fuulnis in de Knaken. Düsse Krankdaag un noch veele annere Plagen güngen von den Vader up den Söhn över; un veele Minschen harrn all vertrackte Plagen, wenn se to Welt keemen. Dat worr to lang duurn, wenn ik em alle Krankdaag uptellen wull, de in den Minschenlief vörkamen kunnen. Dat weern gewiß nich weniger as fief- bet sößhunnert; un de verdeelten sik up Arms un Been un Kopp un överall hen. Jedereen Deel, binnen orer buten, harr Gebreken, de em eegen weern. Dorgegen antogahn un to helpen, dorför geev dat bi uns en Gill von Minschen, de worrn anliert in de Professchoon, de Kranken to kureern, orer in de Kunst, so to doon, as wenn se dat kunnen. Wat mi angüng, ik wüß up düt Rebett ganz goot Bescheed; dorum wull ik Siene Gnaden ut Dankborkeit dat ganze geheeme Weeten verraden un ok de Methood, wo se nah vörgahn doot.

Ehr erste Grundsatz heet: alle Krankdaag kaamt von't Vullfreten. Un dor folgt ut, dat de Lief kumplett leddig maakt warrn mutt, un dat so as sik dat hört, orer baben rut. De nehgste Saak is denn, dat se ut Kruut, Mineraalen, Kien, Ööl, Muscheln, Soltkoorn, verschieden Säften, Seedang, Schietköddels, Boomrinnen, Slangen, Ützen, Poggen, Spinnen, Fleesch un Knaken von Doden, von Vagels, Deerten un Fischen en Mixtuur trechtmengeleert. De is nah rüken un smecken so gruglich, eklig un wedderlich, as'n sik dat bloß dinken kann; de Maag speet dat furts mit Gewalt wedder rut. Düsse Mixtuur seggt se „Vomitiv". Orer se laat uns dörch dat Halslock orer dörch de Achterpoort (so as den Dokter jüst to

Sinn is) en Medizin ut densülvigen Laden innehmen, de mit en poor anner Giften vermengeleert is. Dat is för dat Ingedömels jüstso lastig un eklig un drifft denn allens vör sik her un maakt den Buuk leddig. Dat, seggt se, is en „Purgans" orer en „Klistier". De Natur het (as de Dokters seggt) den Ingang de baben vörn sitten deit, dorto maakt, dat dor faste un wäterige Saken infüllt ward. De Achterpoort ünnen hinnen het von Natur ut de Upgaav, allens ruttolaten, wat rut mutt. Düsse studeerten Herrns hefft nu bi ehr Simmeleern up en scheniale Idee kamen. Se seggt: De Krankdaag drievt de Natur dor weg, wo se eenglich ehrn Platz het. Wenn se nu wedder an de richtige Städ henkamen sall, denn mutt dat jüst annersrum maakt warrn; de Upgaven von de beiden Poorten mööt umtuscht warrn: faste un wäterige Saken mööt dörch de Achterpoort rinpramst warrn, un wat rut mutt, dat mutt dörch den Mund rutgahn.
Toneben de würklichen Krankdaag ward wi noch von allerhand anner Lieden plaagt, de sik de Minschen inbillen doot. De Dokters kummt dat goot topaß; so könnt se sik nämlich dor Kuren för utdinken, von de seggt, dat se gewiß helpen doot. Un för so'n Lieden hefft se ok besünnere Naams, jüstso as för de Mixtuurn, de dorför helpen söllt. Ünner düsse Krankdaag hefft uns Yahoowiefkens egolweg to lieden.
Düsse Gill von Dokters teekent sik vör allen dordörch ut, dat se grootarig vörherseggen könnt, wo dat mit de Lieden utgahn ward. Dor griept se so ög nich dorneben. Bi de würklichen Krankdaag seggt se nämlich för gewöhnlich, dat de up den Dood togahn ward. Un dat seggt se ok denn, wenn dat Lieden sik man bloß en lütt beten tücksch anlaten deit. Den Dood hefft se je ok jümmer bi de Hand, wenn se de Krankdaag nich betern könnt. Mannichmol aver wiest sik dat denn doch unverwohrens, dat dat mit den Patschenten to'n Betern geiht, obschonst se ehr Urdeel all kunnig maakt hefft. Se laat sik dat denn aver nich nahseggen, en falschen Profeten to wesen; ehrer dat dorto kummt, kriegt se dat farig, sik as en över de Maaten scharpsinnigen Dokter hentostellen, de to rechte Tiet de

akkrot passige Portschoon von de richtige Medizin geven het. Düsse Dokters sünd för veele Lüüd von besünneren Vordeel: för Keerls, de von ehr Fru de Näs vull hefft; för Fruuns, de ehrn Keerl nich mehr utstahn könnt: för de öllsten Jungs in de Familje, för hoge Staatsministers un oftinst ok för de Fürsten.

Ik harr mit mienen Herrn fröhertiets all mannichmol dorvon snackt, wo dat mit en Regeerung weer un wo dat för gewöhnlich bi dat Regeeren togeiht. Vör allen harr ik von uns eegen grootarigen Staatsgesetzen vertellt, wo sik de ganze Welt to recht över wunnert un dor meist afgünstig up is. Tofällig harr ik dorbi so nebenher ok von en Staatsminister to snacken kamen. En Tietlang dornah geev he mi molinst de Odder, ik söll em vertellen, wat von besünnere Soort von Yahoos dat weer, de ik mit düssen Naam meenen dä.

Ik änner em, en Erste orer Böbelste Staatsminister weer en Kreatur, de överhaupt nix in'n Sinn harr mit sik freien un sik sorgen, mit Leefhebben un nich utstahn können, mit Duurn un mit Dullwesen. Von düsse Kreatur wull ik em nu vertellen: Tominst het so'n Persoon nix anners in'n Kopp un in't Hart, as dat he bannig gierig is nah veel Geld un Goot, nah veel to seggen hebben un nah en groten Naam un hoget Ansehn. He bruukt sien Spraak un sien Wöör för allens mögliche, man bloß nich dorto, sien eegen Meenen kunnig to maken. He seggt nienich de Wohrheit as man bloß denn, wenn de Lüüd dat för Lögenkraam ansehn söllt. He lüggt eenglich nienich, wenn he nich jüst will, dat dat för Wohrheit nahmen warrn sall. Wenn he een von sien Lüüd achter den sien Rüggen an dullsten slecht maakt, denn kann'n dor up af, dat de bald en högern Posten kriegen deit. Fangt he aver an, dat he von een annern heel goot snackt — de mag dorbi wesen orer nich — denn is dat gewiß: von düssen Dag an is düsse Minsch verloren. Dat leegste Teeken, dat'n kriegen kann, is dat, wenn he wat verspreken deit; vör allen, wenn he dat denn ok noch up sienen Swuur nimmt. Jedereen, de man en beten plietsch is, de treckt sik denn trüch un rekent mit nix Godes mehr.

Dat gifft dree Weeg, wo een dat to den Böbelsten Minister

bringen kann. De erste is, dat he mit Plietschigkeit sien Fru, sien Dochter orer sien Swester mit de richtigen Lüüd bekannt maakt. De tweete is, dat he sienen Vörgänger verraad orer em slecht maakt. Un de drütte geiht so, dat he in Versammeln vör alle Lüüd verdull över de Leegheit von den Fürstenhoff sakereern deit. Wat en klooken Fürst is, de nimmt för den höchsten Posten an leefsten so een, de den drütten Weg geiht. So iewerige Minschen kruupt nämlich jümmer an dullsten vör ehrn Herrn un pareert em an besten. Düsse Ministers hefft dat Seggen över alle hogen Postens. Se hollt sik dordörch baben, dat se de Mehrheit von en Senat orer von en grote Raatsversammeln smeeren doot. Un dat se jem nix doon könnt, wenn se dat hoge Amt molinst upgeevt, hefft se sik de Saak mit de „Indemnitätsakte" utdacht. (Ik verkloor em, wat dat bedüüd.) Letzto treckt se sik denn in ehr Privaatleven trüch un nehmt dorbi allens mit, wat se dat Land afnahmen un sik ünner den Nagel reten hefft.

De Palast von den Böbelsten Minister is so'n Aart School, wo anner Lüüd in desülvige Warv utbild ward. De Loopjungs, de Deerns un de Döörlockuppassers sünd bi, ehrn Herrn allens nahtoapen. So ward se, jedereen in sien Rebett, ok so'n Aart Staatsminister. Un se liert, dat se in de dree wichtigsten Künsten wieter kumplett ward: driest un patzig wesen, lögen un smeern. Un mannichmol kriegt se dat farig — plietsch, veniensch un dummdriest as se sünd — dat se nah un nah hochstiegen doot to'n Nahfolger von ehrn Herrn. Dorumhalven kaamt jümmer wedder Herrns un Daams von höchsten Stand her, fiechelt um jem rum, smeert jem Honnig um't Muul un betahlt babenin ok noch ehr „Dolce Vita".

För gewöhnlich ward en Staatsminister von en aftakelt Horenwief stüürt orer ok von den Kamerdeener, de jümmer um em rumfiechelt. Düsse Lüüd sünd so'n Aart Kanaal, wo alle Gnaden un Günsten dörchlopen doot; un letztenenns kann'n jem mit Recht de würklichen Herrns von dat Königriek seggen.

Eensdaags snack ik bi't Vertellen mit mienen Herrn so biher

von den Adelsstand in mien Land. He hör sik dat an. Un in sien Gootheit maak he mi en Kumpelment, wat mi nah mien Meenen eenglich nich tokamen dä. He sä, dat weer för em gewiß, dat ik ut en vörnehme Familje kamen möß. Von't Ansehn, nah de Farv un nah de Rentlichkeit stünn ik wiet höger as alle Yahoos in sien Land. Mi fehl woll en beten wat an Kuraasch un Fixigkeit, aver dat keem gewiß von mien Levensaart, de so ganz verschieden weer as bi düsse annern Deerten. Babenin weer ik nich bloß instannen to snacken; dor weer ok en beten wat von Verstand bi mi to marken. Un dat weer soveel, dat all sien Frünnen mi för sowat as en Weltwunner hollen dän.

He wies mi dor up hen, dat ok bi de Houyhnhnms de Schimmel, de Rotvoß un de Griese nich genauso utsehgen as de Bruun, de Appelschimmel un de Swarte. Un se harrn ok nich mit desülvige Gaven von Klookheit un Verstand to Welt kamen. Un kunnen dat ok nich liern. Se worrn dorum ok jümmer in ehren Stand as Deensten blieven un weern nienich dor up ut, över ehren Stand rut to friegen; dat worr in düt Land as en Schandaal ansehn un gegen de Natur.

Ik bedank mi bi Siene Gnaden von deepsten Harten för de gode Meenen, de he sik in sien Goothartigkeit von mi maakt harr; togliek sä ik em aver, dat mien Herkamen von ganz gewöhnliche Aart weer. Mien Öllern weern eenfache, ehrhaftige Minschen, de man jüst dorto instannen west harrn, mi eenigermaten ornlich uptotrecken. Wat den Adelstand bi uns angüng, dat weer aver ganz wat anners, as he sik dat vörstellen dä. De jüngen Eddellüüd bi uns worrn von Kind up an to en Leven in Fuulheit un Saus un Braus uptagen. Furts, wenn se dat Öller dornah harrn, verplempern se sik mit swiensche Horenwiever un halen sik dor gräsige un leege Süüken bi. Wenn se ehr Haav un Goot ut'nannerkleit hefft, denn heiraat se en Wief, wat se överhaupt nich utstahn könnt. Dat kummt jem dor ok gornich up an, wenn dat Fruunsminsch to dat gewöhnliche Volk tohöört, verschraat utsühr un en swacke un süüke Natur het; dat kummt jem dor bloß up an, dat de ornlich wat an de Fööt het. De Kinner von so'n Familjen ward för gewöhnlich all mit Swulsten geboorn, hefft de Engelsche Krankheit un sünd krumm un scheef wussen. So kummt dat denn, dat so'n Familje mehrtiets nich länger as dree Generatschoons bestahn deit. Anners ward dat bloß, wenn de Fru tosüht, dat se ünner ehr Nahwers orer Deensten en gesunnen Vader för ehr Kinner finnen deit; denn kann ehr Aart betert warrn un wieterhen Nahkämers kriegen. De wohren Teeken dorför, dat een von hogen Stand is un eddel Bloot in de Aadern het, sünd en Lief, de swack un süük antosehn is, en spiddelig Gesicht un en ungesunne Huutfarv. En gesunnet, staatschet Utsehn aver is för en Herrn von Stand en wohre Schann. De Lüüd mööt denn je glöven, dat de richtige Vader en Rietknecht is orer en Peerkutscher. Un so swack as sien Lief is, so swack is he ok in sien Verstand. Bi em is allens tohopenmengeleert: sik Krankdaag inbillen, dösig un dumm wesen, Grappen in'n Kopp hebben, swienplietsch un överkröppsch sien.

Wenn düsse hochwollgeboorn Sippschaft nich tostimmen deit, denn kann keen eenzig Paragraf maakt orer afschafft orer umännert warrn. Un de Herrns von düssen Adelstand hefft ok dat Seggen över all uns Haav un Goot; en Inspraak dorgegen is nich möglich.

De söbente Strämel

Wo leef de Schriever sien Heimatland het. Wat sien Herr över dat to seggen het, wat de Schriever em von de Gesetzen un de Regeerung von England vertellt het; ähnliche Begevenheiten un Verglieken dorto. Gedanken von sienen Herrn över de minschliche Natur.

Viellicht wunnert de Leser sik, wo ik dat farig kriegen kunn, dat ik bi dat Vertellen över de Levensaart von mien eegen Lüüd keen Blatt för'n Mund nahmen heff, un dat bi düsse Aart von Kreaturen. De ward man eben bloß gewohr, dat ik jüst so utsehg as ehr Yahoos, un furts sünd se dorbi un maakt sik doruphen de minnachtigsten Meenen von de ganze Minschheit. Dat mutt ik aver togeven: bi jem heff ik den Ünnerscheed gewohr worrn mank de veelen Döögten von düsse grootarigen Veerfööters un de Leegheit von de Minschen. Un dat het mi de Ogen openmaakt. Ik heff dor bannig deepe Insichten von kregen un sehg dat Doon un Drieven von de Minschen bilütten ganz anners an. Dorum kunn ik dat nich mehr up mi nehmen, för de Ehrhaftigkeit von mien Art intostahn. Un dat weer mi sowieso unmöglich bi en Person, as mien Herr, de en heel fienet Geföhl för dat het, wat en Kreatur würklich weert is. Dag för Dag wies he mi an mi sülmst dusende von Fehlers, von de ik vörher överhaupt nix von af wüß. Bi uns worrn de gewiß nichmol to de Fehlers tellt, de de Minschen von Natur nu mol hefft. Dat Bispill von Siene Gnaden harr mi ok dorto bröcht, dat jede Unwohrheit orer jedet So-doon-as-wenn mi den grötttsten Ekel maken dä. Un de Wohrheit weer mi soveel weert worrn, dat ik mi vörnehmen dä, dor allens för hertogeven.
Mi müch dat nu togeven warrn, dat ik gegen mien Lesers ganz uprichtig bün. Ik will ingestahn, dat ik so frie rut snack un nix verswiegen dä, dor harr ik noch en anner Oorsaak för, un de het veel grötter Bedüden. Ik harr noch keen ganzet Johr in düt Land west, dor keem mi all en heel groot Leefde un Hochachten för de Inwahners an. Ik nehm mi ganz wiß vör, dat ik nienich wedder nah de Minschen trüchgahn wull. De Tiet, de

von mien Leven noch över weer, de wull ik bi düsse wunnerboren Houyhnhnms blieven un dormit tobringen, mi alle Döögten in't Hart to nehmen un mi dor in to öven. Hier bi jem geev dat nix, wat mi to Leegheiten drieven kunn, keen slechtet Bispill un keen Verföhren. Aver mien Schicksal, wat all jümmer gegen mi weer, wull mi so'n grotet Glück nich günnen. Un nu tröst mi dat doch en beten, wenn ik dor an dinken do, up wat von Aart un Wies ik von mien Landslüüd vertellt heff. Ehr Fehlers maak ik nämlich so lütt un nüüdlich, as ik mi dat bi so'n scharpen Examinater man wagen kunn. Un jede Saak dreih ik so goot, as dat man bloß gahn wull, in en beteret Licht. Dat is doch woll in de ganze Welt so, dat dat keeneen Minschen geven deit, de nich von vörnherin för dat Land von sien Geboort innahmen is un dorum allens to'n Besten snackt.

As ik de grote Ehr harr, bi mienen Herrn in Deensten to stahn, heff ik dor de mehrste Tiet mit tobröcht, mi mit em wat to vertellen. Un nu heff ik de Hauptsaken von dat upschreven, wo wi von snackt hefft. Mi het de Tiet dor wat knapp bi worrn, un ik heff wohrhaftig veel mehr weglaten, as hier upschreeven steiht. Ik harr mit de Tiet up all sien Fragen Antwurt geven un mi keem dat so vör, dat sien Neeschier sik nu togeven harr. An eenen Morrn nu geev he mi Odder nah em hentokamen. En lütt Enn von em af söll ik mi dalsetten (dat weer en besünnere Ehr, de he mi vörher noch nie andaan harr). He sä, he harr över mien Geschicht, soveel as ik von mi sülmst un von mien Land vertellt harr, heel ernsthaftig nahdacht. Un nu sehg he uns för en Aart von Deerten an, de dörch'n Tofall, de sik nich verkloren leet, en lütt beten Verstand kregen hefft. Leiders aver brukten wi den to nix anners, as dat wi dor uns natürlichen Leegheiten noch leeger mit makten. Un denn nehmen wi ok noch Slechtigkeiten an, de wi von Natur ut eenglich gornich harrn. Un dat beten, wat wi an Verstand mitkregen harrn, dat nehmen wi uns noch sülmst weg. To ornlich wat bröcht harrn wi dat bloß dormit, dat wi to'n Leven un to uns Vergnögen woll hunnertmol mehr bruken dän, as eenglich nödig weer. Em schient dat so, dat wi uns dat ganze Leven lang dormit afmarachten, uns jümmer noch wat Niges uttodinken, wo wi düt Verlangen mit nahkamen kunnen. Un am Enn weer dat doch allens för umsünst. Wat mi sülmst angüng, dor kunn doch jedereen sehn, dat ik mi in de Kuraasch mit en gewöhnlichen Yahoo nich mäten kunn; ik weer lang nich so flink; mien Gahn up de Achterbeen weer bannig wackelig; för mien Klauen harr ik wat rutfunnen, dat se to nix mehr döögten un ik mi dor nichmol mit wehren kunn. Ik harr mi ok wat utdacht, wo ik de Hoor von mien Kinn un mien Backen mit wegkreeg; un de weern doch eenglich dorto dor, dat Gesicht vör de Sünn un vör Wind un Weder to wohren. Un denn kunn ik nich so geswinn lopen un nich up de Bööm stiegen as mien Bröders (so sä he jem), de Yahoos in düt Land.

An uns Regeerung un uns Gesetzen un allens, wat dor tohört, dor weer düütlich an to sehn, meen he, dat uns bannig veel an Verstand un Vernunft un ok an Ehrhaftigkeit fehlen dä. De Vernunft alleen lang doch eenglich all hen, en vernünftige Kreatur to regeern. Un uns intobilden, dat wi so'n vernünftige Kreatur weern, dor harrn wi würklich keen Recht to, dat weer em dörch mien Vertellen von mien eegen Volk ganz kloor worrn. He harr woll markt, dat ik dor mannichwat bi weglaten harr, dormit dat wi in en beteret Licht to stahn keemen; un oftinst harr ik ok „wat seggt, wat nich weer".

Dat he mit sien Meenen in't Recht weer, dat harr em noch düütlicher worrn, as he sik mienen Lief ankeeken harr. Dor stimm doch allens mit den Lief von annere Yahoos övereen. Man bloß bi de Dingen, de för mi to'n Nahdeel weern, dor weer dat anners: ik weer nich so stark, nich so fix un flink, mien Klauen weern to kort. Un denn weer dor noch düt un dat, wat aver nich von de Natur her kamen dä. Un wat ik em von uns Levensaart, uns Weeswark un uns Doon un Drieven vertellt harr, dor kunn he an sehn, dat ok dat, wat bi uns in'n Brägenkasten vörgüng, ganz ähnlich weer as bi ehr Yahoos. Dat wüß doch jedereen, sä he, dat düsse Deerten een den anner up den Dood nich utstahn kunnen; un dat weer bi jem leeger as dat Dullwesen up anner Aarten von Deerten. De

Oorsaak dorför weer för gewöhnlich ehr gräsiget Utsehn. Dat worr jedereen woll bi de annern gewohr, aver man bloß nich bi sik sülmst. Un he harr, mien Herr, nu dorachter kamen, wo heel plietsch dat von uns weer, dat wi uns wat över den Lief trecken dän. Mit dat, wat wi uns dorto utdacht harrn, dor kunnen wi veel von uns eegen Gräsigkeiten mit verbargen, de sünst meist nich antosehn weern. Nu ik em dat allens von uns Land vertellt harr, nu wüß he, dat he dat vörher nich richtig bedacht harr. De Striet mank de Yahoos in sien Land het desülvigen Oorsaken as in mien Land. Mien Herr sä, wenn fief von jem so veel Futteraasch vörsmeten ward, wat för föfftig langt, denn geiht dat doch nich verdräglich dorbi to. Een fallt över den annern her, wieldat jedereen dornah giert, dat he allens för sik alleen hebben will. Deswegen ward för gewöhnlich en Deener henschickt, de dor mit bi blifft, wenn se buten an't Freten sünd. De, de in'n Stall blievt, de wart mit en passigen Afstand anbunnen. Dat kummt to'n Bispill vör, dat en Koh doot geiht, wieldat se olt un swack is orer dat se dörch'n Unfall todood kummt. Wenn denn de Houyhnhnm nich furts kummt un de for sien eegen Yahoos weghalt, denn kaamt ut de Nahwerschaft ganze Koppels von jem her un willt de dode Koh för sik hebben. Dat gifft denn en Krieg, so as ik dat vertellt heff, un se bringt sik een den annern mit ehre Klauen gräsige Wunnen bi. Aver sik ünnerenanner doot to maken, dor sünd se meist nich to instannen; jem fehlt dat passige Moordwarktüüg, wat wi uns dorto utklamüstert hefft. Dat het ok all vörkamen, dat de Yahoos ut verschiedene Gegenden sik up düsse Aart un Wies an't Strieden weern, obschonst dat dor gorkeen Oorsaak för geven harr. De Yahoos von een Gegend luurt up jede Gelegenheit, över de von en anner Gegend hertofallen, ehrer de sowiet sünd, sik to wehren. Wenn se aver markt, dat ehr Plaan scheev geiht, denn gaht se wedder nah Huus. Un wenn se keenen von de anner Siet hefft, mit den sik dat Strieden lohnt, denn fangt se ünnerenanner mit dat an, wo ik Börgerkrieg to seggen dä.
Up en poor Feller in sien Land gifft dat so'n Aart blinkern Steens von verschieden Farv. Dor sünd de Yahoos gewaltig ach-

terher. Mannichmol sitt düsse Steens mit een Siet fast in de Eerd. Denn kleit se dor den ganzen Dag lang mit ehr Klauen an rum, bet se jem rutkriegt; un denn sleept se jem weg un versteckt jem hupenwies in ehrn Stall. Dorbi kiekt se sik jümmer wedder vörsichtig umher. Se hefft nämlich bang, ehr Kameroden kunnen ehrn Schatz finnen. Mien Herr sä, he harr nienich rutkriegen kunnt, worum de Yahoos so achter düsse Steens her sünd. Un he keem ok nich dorachter, wat se dor överhaupt mit anfangen dän. Nu aver glööv he, dat keem woll von den Giez, von den ik vertellt harr, dat de to de Natur von de Minschen tohöörn deit. He harr dat molinst utprobeert un heemlich en Hupen von düsse Steens von dor wegnahmen, wo een von sien Yahoos de vergraavt harr. As dat smeerige Deert sienen Schatz nich finnen kunn, harr dat luuthals mit Klagen un Schrien anfangt un de ganze Koppel nah de Städ henropen. En jämmerlichet Gehuul weer dat west. Un denn harr de Yahoo bigahn, de annern to bieten un to kleien. Dornah worr he bannig bedröövt; he wull nich äten un nich drinken un an de Arbeit weer he ok nich to kriegen. Letzto harr mien Herr sienen Deener Odder geven, de Steens heemlich wedder in dat Lock rintoleggen un so as vörher to versteken. Dat Deert harr jem funnen, un furts weer sien Levensmoot wedder dor un de Grappen ut sien Kopp wedder rut. De Yahoo harr aver bigahn un sik en betere Städ to'n versteken söcht. Von de Tiet an weer he wedder willig un anstellig west.

Mien Herr meen — un ik heff dat ok sülmst sehn — wo up en Feld över de Maaten veel Blinkersteens liggen dän, dor geev dat toerst Striet un dor slögen se sik ok an dullsten. Dat weern de Yahoos ut de Nahwerschaft, de follen jümmer wedder över de von hier her.

Mien Herr sä, wenn twee up en Feld so'n Steen to Gesicht kregen un keemen dorööver in Striet, wer von jem den kriegen söll, denn weer dor för gewöhnlich de drütte nich wiet; de paß de Gelegenheit af un nehm jem beiden den Schatz weg. Un Siene Gnaden leet sik dor nich von afbringen, dat dat so ähnlich weer as bi de Perzessen bi uns. Ik dach mi, för uns Ansehn weer dat woll an besten, dor nix gegen to seggen. Wenn ik bedenk, wo de Saak hier bi jem utgahn dä, mutt ik seggen, dat is veel mehr rechtens as bi veele von de Urdeelen bi uns. Bi jem güng den Kläger un de Verklaagten nix wieter verloren as de Steen, um den se in Striet weern. Bi uns aver hollt de Gerichten mit den Perzeß nich ehrer up, bet beide rein gornix mehr hefft.

Mien Herr vertell denn wieter. He sä, mit de Yahoos worr dat jümmer leeger; keeneen kunn jem mehr utstahn, wieldat se allens, wat jem in de Fingers keem, upfreten dän: Kruut, Wöddeln, Beeren, verfuult Fleesch von alle möglichen Deerten orer allens dörchenanner. Se weern von Natur ut ok so, dat se veel mehr up dat ut weern, wat se sik von wiet her mit Rövern un mit Klauen ranhalten; dor leeten se dat Fudder, wat se to Huus kregen, för stahn; un dorbi smeck dat eenglich veel beter. Un wenn se en groten Hupen tohopenklaut harrn, denn freten se solang, bet se meist an't Platzen weern. As Hülp dorgegen wies de Natur jem denn een Wöddel, de allens wedder rutdrieven dä.

Dat geev ok noch en anner Aart von Wöddel, de harr heel veel Saft. Dor geev dat aver nich veel von un de weern ok man slecht to finnen. De Yahoos weern bannig iewerig an't Söken; un wenn se en funnen harrn, denn maak jem dat veel Spaß, dor up to nuckeln. Un denn güng jem dat jüst so as uns, wenn wi den Wien drunken harrn: mol nehmen se sik in'n Arm, mol hauten se sik de Köpp blödig; se huulten un lachten un snadeerten, tüffelten hen un her un letzto keemen se to'n Fallen, bleven in'n Dreck liggen un slöpen dor in.

Ik harr dat all oftinst sehn un mi dorvon övertüügt, dat in düt Land de Yahoos de eenzigen Deerten weern, de krank warrn dän; aver dat weern denn doch veel weniger as bi uns von de Peer. Un dat keem bi jem ok nich dorvon, dat slecht mit jem umgahn worr. Ehr Lieden keemen veelmehr dorvon, dat düsse gräsigen Deerten sik jümmer tosöölten un so gierig weern. In de Spraak von de Houyhnhnms gifft dat för alle Krankdaag man eenen Naam; un de is von de Naam von de Deerten afnahmen un heet „Hnea-Yahoo" orer „Yahoo-Krankheit". De

Medizin, de se dorför geven doot, is en Mixtur ut ehr eegen Schiet un ehr eegen Mieg. De ward jem mit Gewalt in'n Hals rinprökelt. Ik heff dat oftinst beleevt, dat düsse Mixtur goot hulpen het. Dorum geev ik to'n Woll von uns Volk an mien Landslüüd den goden Raat wieter, düsse grootarige Medizin för alle Krankdaag to nehmen, de von't Överfreten herkaamt. Wat nu de Bildung, dat Regeern, de Künsten, dat Handwark un allens sowat angeiht, sä mien Herr, dat wull he ingestahn, dat dat up düt Rebett bi de Yahoos in sien Land nix geven dä, wat so weer as bi de in uns Land. Aver dor wull he nich von snacken; em weer dat um dat to doon, wo uns Naturen in övereen weern. Un dor harr he doch tatsächlich mit eegen Ohren hört, wat welke Houyhnhnms, de över allens Bescheed wüssen, seggt harrn: meist in jede Koppel von de Yahoos weer een, de as so'n Aart Hauptmacker ansehn worr (so as dat in de Wildgehegen bi uns ok för gewöhnlich eenen Hirsch gifft, achter den de annern herloopt). Düsse „Ober-Yahoo" weer an sien Lief un Gesicht noch gräsiger antosehn un in sien Doon un Drieven noch booshaftiger as jedereen von de annern. Un he harr för gewöhnlich en Slieker bi sik. Den harr he sik dornah utsöcht, dat he em in allens so wiet as möglich ähnlich weer. Den sien Amt weer dat, sienen Herrn de Fööt un den Achtersten aftolicken; un den söll he em ok de Yahoowiefkens in sienen Stall drieven. Dorför kreeg he as Lohn af un an en Stück Eselsfleesch. Düssen Slieker kunn keeneen von de ganze Koppel utstahn; dorum bleev he jümmer dicht bi sienen Herrn, dat em keeneen wat andoon dä. För gewöhnlich behöll he sien Amt solang, bet se eenen funnen harrn, de noch leeger un noch gräsiger weer as he. Ward de Slieker aver von sienen Posten wegjogt, denn kummt sien Nahfolger — de is je nu de Eerst von alle Yahoos in jenne Gegend, von de jungen un olen, Männken un Wiefken — de kummt denn her un söölt em von ünnen bet boben mit Schiet un Dreck to. Wowiet düt nu aver an uns Hööf, bi de Staatsministers un ehr Sliekers jüstso weer, sä mien Herr, dat worr ik woll sülmst an besten weeten.
Ik riskeer dat nich, em up düssen venienschen Snack to ännern.

Dormit sett he de minschlichen Verstand je noch ringer an as de Klookheit von en gewöhnlichen Hund. De is je plietsch noog, dat he den düchdigsten Hund von de Koppel an sien Bellen kennt un em pareert un sik dor nich een eenzigstmol bi verdeit.

Mien Herr sä mi, dat geev bi de Natur von de Yahoos noch en poor Saken von Bedüden, un he harr markt, dat ik bi mien Vertellen von de Minschen dor överhaupt nich orer man bloß ganz nebenher von snackt harr. He sä, bi düsse Deerten weer dat jüstso as bi all dat anner Veeh, ehr Wiefkens hörten jem all tohopen to. Aver in en poor Saken weern se doch anners: dat Yahoowiefken höll sik ok denn för en Männken parot, wenn dat drächdig weer. Un de Männkens kregen sik ok mit de Wiefkens bi de Plünnen un neihten sik jüstso mit jem, as se dat ünnerenanner makten. Düsse beiden Saken weern aver sowat von Schannen orer Groffheit, as dat woll bi keen anner Kreatur nienich geven dä.

En anner Saak, wo he sik bi de Yahoos över wunnern dä, weer ehr sünnerbore Aart, sik in Schiet un Dreck wohltoföhlen. Alle annern Deerten weern doch von Natur her dor up ut, sik schier un glatt to hollen. Wat de beiden ersten Saken angüng, dor geev ik mienen Herrn keen Antwurt up. Ik harr ok nich een eenzig Woort dorför vörbringen kunnt, dat dat bi mien Aart nich so weer. Ik harr dat sünst gewiß daan. Aver gegen dat antogahn, wat he bi den letzten Punkt de Minschen as eenzige Kreatur vörsmieten dä, dat harr mi gewiß nich swoor fallen, wenn dat man bloß Swien geven harr in düt Land. (Dat weer mien Mallör, dat se de hier nich kennten.) Düsse Veerfööters mögt woll en angenehmere Natur hebben as en Yahoo, aver dat kann ik woll mit Recht seggen: en Anrecht dor up, mehr von den Rentlichkeit to hollen, het düt Veeh nich. Dat harr gewiß ok Siene Gnaden togeven mößt, wenn he ehr eklige Aart to freten sehn harr un ehr Gewohnheit, sik in Dreck un Schiet to wöltern un dor in to slapen.

Mien Herr snack noch von en annere Saak, de sien Deeners öfterinst bi en poor von de Yahoos sehn harr. He kunn sik dor överhaupt keenen Vers up maken. He sä, dat keem af un an vör, dat en Yahoo de Grappen kreeg un sik in en Eck verkrupen dä. He leeg sik dal, huul un süfz; un alle de nah em rankeemen, jög he furts wedder weg. Dorbi weer he jung un fett un dat fehl em an nix, an Fudder nich un nich an Water. Ok de Deeners von Sienen Gnaden harrn keen Ahnung, wat mit dat Deert woll loswesen kunn. Dat eenzige wat se rutfunnen harrn, dor gegenan to gahn, dat weer, em an heel swore Arbeit rantokriegen; denn keem he wedder mit sik sülmst in de Reeg. Bi düsse Saak sweeg ik leever still; ik weer doch bannig för mien eegen Aart innahmen. Aver för mi sülmst worr ik dorbi de wohre Oorsaak dorför kunnig, wonehm dat von kummt, dat welke Minschen sik Krankdaag inbillen doot, de se gornich hefft. Un dat findt'n je jümmer bloß bi de Fuulen, bi de Süpers un Freters un bi de rieken Lüüd. Wenn de de desülvige Kur verornd kregen, denn weern se gewiß ög wedder kureert.

Siene Gnaden harr noch wat wies worrn: De Yahoodeerns stellten sik dor, wo de Yahoojungs vörbigüngen, oftinst achter en lütten Anbarg orer en Knick un glupten jem an. Se wiesten sik, un denn verstekten se sik wedder. Se weiharmten up heel narrsche Aart un tögen gediegen Gesichter. Un dat harr'n ok markt, dat se in düsse Tiet wedderlich rüken dän. Un wenn denn een von de Jungs nah jem henkeem, denn treckten se sik sachten trüch. Aver se keeken sik jümmer wedder um, dän so, as wenn se Bang harrn un löpen weg nah en Städ, wo licht hentokamen weer; un se wüssen Bescheed, dat de Jungs jem dorhen nahkamen worrn.

Wenn molinst en Wiefken nah de Yahoodeerns henkeem, wat se nich kennten, denn güngen dree orer veer von jem um de Frömde rum, glupten ehr an, gnickerten vör sik hen un rüükten von alle Sieten an ehr rum. Un denn dreihten se sik von ehr weg un makten en Gewees, wat'n as Ekel un Minnachtigkeit verstahn kunn.

Dat kann wesen, dat mien Herr bi sien vertellen von dat, wat he dor sehn un wo he von hört harr, dat he dor en beten bi överdrieven dä; aver wat mi dorbi dörch den Kopp güng, verfehr mi doch bannig un maak mi truurig. Dat wies mi nämlich, dat de Unmoraal, dat Rumfiecheln mit de Keerls, dat Beterweeten un dat Sludern in de Natur von de Fruuns anleggt is.

Ik weer mi jeden Ogenblick vermoden, dat mien Herr de Yahoos ok noch dat Gieren un Geilen gegen de Natur nahseggen wull, wat in uns Land bi Fruuns- un Mannslüüd heel veel dreben ward. Aver dat schient denn doch so, dat de Natur so'n kunnigen Schoolmeister ok wedder nich is; un dat düsse vörnehmen Lüsten as Gaven von Kunst un Verstand man bloß up uns Siet von den Eerdball wassen doot.

De achte Strämel

De Schriever vertellt von allerhand Afsünnerlichkeiten von de Yahoos. De groten Döögten von de Houyhnhnms. Wo de jungen Lüüd bi jem uptagen un jem Kuraasch un Fixigkeit bibröcht ward. Von ehr Groot Raatsversammeln.

Dat ik mit de minschliche Natur veel beter Bescheed wüß, as mienen Herrn dat möglich weer, dat versteiht sik woll von sülmst. Dorum kunn ik dat, wat he mi von de Yahoos vertell, licht up mien Landslüüd överdrägen. Ik glööv ok, dat ik noch mehr rutfinnen kunn, wenn ik mi jem mit eegen Ogen genau ankieken dä. Dorum fröög ik mienen Herrn oftinst, of he mi nich nah de Yahookoppels in de Nahwerschaft hengahn laten wull. Heel fründlich geev he mi ok jümmer sien Verlööf dorto. He weer nämlich dorvon övertüügt, dat düsse Deerten mien Natur nich verdarven kunnen, wieldat mien Ekel gegen jem dat nienich sowiet kamen laten worr. Siene Gnaden geev ok een von sien Deensten de Odder, he söll för mi uppassen. En starken Rotvoß weer dat, de sacht un gootmödig weer. Ahn dat de dorbi weer, harr ik dat ok nich riskeert, so'n gefährliche Saken antogahn. Ik heff den Leser je all vertellt, wo leeg düsse ekligen Deerten mit mi umgahn weern, as ik eben an Land kamen harr. Un ok laterhen is mi dat noch dree- orer veermol passeert, dat se mi meist in de Klauen kregen harrn. Dat passeer man bloß en poor Schritten von mien Huus af, dorum harr ik mienen Savel nich mitnahmen. Mit genaue Noot het dat eben noch goot gahn. Ik denk mi, se ahnten doch en beten, dat ik von ehr eegen Aart weer. Dor heff ik woll ok sülmst mienen Deel mit to bidragen. Wenn mien Uppasser dor mit bi weer, krempel ik mi molinst vör ehr Ogen de Ärmels up un wies mien naakten Arms un mien bloote Bost. För gewöhnlich keemen se denn so dicht nah mi ran, as se sik dat wagten. As de Apen makten se allens nah, wat ik jüst doon dä; aver se wiesten ok, dat se mi afsluut nich utstahn kunnen. Dat weer so as bi de Krickelkreihn; sett se en tahme dorvon en Huuw up un treck ehr Strümp an, denn jogt de willen dor jümmer achterher, wenn se tofällig mit jem tohopen kummt.

De Yahoos sünd von lütt up an bannig flink. Molinst kreeg ik aver doch en junget Männken von dree Johrn faat. Ik geev mi Möh, straak un eih dat un güng dor heel leeflich mit um. Aver de lüttje Düwel füng so dull an mit Krieschen un Kleien un Bieten, dat mi nix anners överbleev, em lopen to laten. Dat worr ok höchste Tiet. Up den Larm hen weer furts en ganze Koppel von de Olen um uns rum. As se aver sehgen, dat den Jung nix passeert harr (de harr nämlich ruck-zuck utneiht) un ok mien Rotvoß dorbi stünn, wagten se sik nich an uns ran. De Lief von dat junge Deert, dat harr ik mitkregen, rüük bannig eklig. De Gestank weer half as von en Wesselk un half as von en Voß, aver noch wedderlicher. Een Saak heff ik noch vergeten (un de Leser worr mi dat viellicht nahsehn, wenn dor gornich von snackt worr): As ik düssen ekligen Racker in'n Arm harr, leet he von achtern so'n gräsigen Aaskraam af, geel un wäterig sehg dat ut, un sööl mi dor mien ganzet Tüüg mit in. To'n Glück weer dor en lütt Beek dicht bi, wo ik mi, so goot as dat güng, de Schiet afwaschen kunn. Aver ik waag dat nich, nah mienen Herrn hentogahn, ehrer de Gestank nich verflagen weer.

Nah allens, wat ik gewohr warrn kunn, schient mi dat so, dat de Yahoos de döömlichsten von alle Deerten sünd. Se sünd nämlich to mehr nich instannen, as dat se Drachten achter sik herslapen orer jem drägen könnt. Dat jem soveel an Verstand fehlen deit, ik denk, dat kummt vör allen dorvon, dat se so'n eegensinnig un wedderböstig Natur hefft. Se sünd dorbi nämlich bannig lurig un veniensch, tücksch un nahdrägsch. Stark sünd se un könnt bannig wat af, aver dorbi von bangbüxige Natur un dorbi utverschaamt, sliksch un fünsch. Un mannicheen het ok dat all gewohr worrn, dat de Rothoorigen, of Fruuns orer Keerls, swienscher un scheevscher sünd as all de annern; un togliek sünd se jem an Kuraasch wiet över un veel flinker up de Been.

De Houyhnhnms hollt de von Yahoos, de jem to jede

Daagstiet to Hand gahn doot, in en Hütt dicht bi ehr Huus. De annern schickt se rut nah't Feld. Dor graavt se sik Wöddeln ut, freet verschieden Aarten von Kruut un söökt nah Deerten, de doot gahn hefft. Af un an fangt se sik Wesselken orer „Luhimuhs" (dat is en Aart von wille Rotten) un sluukt jem gierig dal. Von Natur ut weet se sik dor, wo en lütten Anbarg is, mit ehre Klauen deepe Höhlen in de Eerd to graven, wo se jedereen för sik in liggendoot. Bloß de Höhlen von de Wiefkens sünd grötter; dor is noch Platz mit in för twee orer dree Jungen.

Von lütt up an könnt se swümmen as de Poggen un ok lang ünner Water blieven; se fangt oftinst Fischen, de de Wiefkens för ehr Jungen mit nah Huus bringt. Ik dink, de Leser ward mi dat nahsehn, wenn ik bi düsse Gelegenheit von en afsünnerlichet Beleevnis vertell.

Eensdags weer ik mit mienen Uppasser, den Rotvoß, ünnerwegens. Dat Weder weer bannig warm un ik beed em, he müch mi in den Stroom baden laten, de dor dicht bi weer. He geev mi dat to, un ik töög mi furts splitternaakt ut un güng sachten in't Water. Dor stünn achter en lütten Anbarg en junge Yahoofru, de harr dat allens mit ansehn. Wi beiden, dat Peerd un ik, wi dachten uns achterher, dat ehr von mien Utsehn fürig in'n Lief

worr un se bannig scharp up mi weer. So flink, as se man kunn, feeg se los un sprung in't Water, keen fief Ellen von de Städ af, wo ik an't baden weer. Ik verjöög mi so furchtbor as noch nienich in mien ganzet Leven. Dat Peerd graas en End af un dach sik nix Leeges. Se aver foll mi um den Hals un stell sik an as en rossig Stuut. Ik bölk so luut as ik man kunn un dat Peerd keem in Galopp nah mi her. Erst wull de Deern mi afsluut nich loslaten; aver denn bleev ehr doch nix anneres över un se hüpp up de anner Siet an Land. De ganze Tiet, as ik mien Tüüg antrecken dä, bleev se dor stahn un weer egolweg an't glupschen un hulen.

Mien Herr un sien Familje keemen dor bannig över in't Lachen, aver mi weer dat över de Maaten scheneerlich. Nu, wo de Yahoowiefkens mi von Natur ut goot weern as een von ehr eegen Aart, nu kunn ik je nich mehr afstrieden, dat ik an mienen Lief von Kopp bet Foot en richtigen Yahoo weer. Un de Hoor von düt Deert weern nichmol von rode Farv (anners harrn je noch meenen kunnt, dat weer en unnatürlich Lüsten west). Ehr Hoor weern swart as en Slöönbeer un ehr Utsehn weer ok nich so gräsig as bi de annern von ehr Aart. Mi dücht, se kunn eenglich nich öller wesen as ölm Johr.

Dree Johr heff ik in düt Land leevt. Un ik dink mi, de Leser ward dormit reken, dat ik dat jüstso maak as anner Reislüüd un von de Levensaart un dat Weeswark von de Inwahners vertel-

len do. Mi het dat dor je ok hauptsächlich um gahn, dat allens kennen to liern.

Düsse wunnerboren Houyhnhnms hefft von Natur ut en groot Verlangen nah alle Döögten. Dat en vernünftige Kreatur wat mit Leegheiten to doon hebben kunn, dor weet se nix von af un könnt sik dat ok nich vörstellen. In ehr Spraak gifft dat dor nichmol Wöör för. Dorum is dat för jem de Hauptsaak, dat se de Vernunft vöran drievt un sik in allens, wat se maakt dornah richten doot. Vernunft, dat is bi jem ok keen twiefelhaftigen Kraam as bi uns, wo bi en Saak de een Grünnen dorför un de anner Grünnen dorgegen upstellen kann un dat den Anschien het, as kunnen alle beiden recht hebben. Bi de Houyhnhnms is de Vernunft en kloore Saak un stüürt jem up den richtigen Weg. Un so mutt dat doch ok wesen. Man bloß, oftinst ward de Vernunft mit Unverstand un Raffigkeit vermengeleert orer undüütlich maakt. Ik besinn mi dor up, dat mi dat heel veel Noot maak, mienen Herrn to verkloren, wat dat Woort „Meenen" bedüden deit. He kunn dat meist nich verstahn, wo'n sik um en Saak strieden kunn. He sä, de Vernunft wies doch, dat wi en Deel bloß behaupten orer afstrieden kunnen, wenn wi genau weeten dän, dat dat richtig weer; wenn wi dat aver nich akkrot wüssen, denn mössen wi beides blieven laten. Dorum weet de Houyhnhnms von so'n Leegheiten as Striederee, Stänkeree, sik bi'n Kopp kriegen un an twiefelhaftige orer verkehrte Meenen wißhollen, dor weet se nix von af.

Ik heff mienen Herrn öfterinst dorvon vertellt, wat de verschieden Philosophen sik von Gedanken doröver maakt, wo allens in de Welt tohopenhangt. He keem denn jümmer in't Lachen un meen, wo dat angahn kunn, dat en Kreatur erst von sik behaupten wull, se harr Verstand in'n Kopp, un sik denn dor wat up inbillen dä, de Ansichten von anner Lüüd to kennen; un dat denn noch bi so'n Saken, de nichmol denn irgendeenen Minschen wat helpen kunnen, wenn ehr Meenen richtig weer. Mit düsse Gedanken weer he afsluut mit Sokrates övereen, so as Plato dat upschreven het. Ik segg düt as de gröttste Ehr, de ik düssen Philosophenfürsten tokamen laten kann. Ik heff dor oftinst över nahdacht, dat so'n Lehr de Bibliotheken in Europa ganz schön dörchenanner bringen worr; un veele Schangsen, de de Studeerten nu noch to'n Berühmtwarrn hefft, de worr dat denn nich mehr geven.

As de beiden Hauptdöögten von de Houyhnhnms heff ik wies worrn, dat se heel fründlich un warmhartig mit annern umgaht; un dat nich bloß bi enzelte Persoons; so sünd se to alle von ehr Aart. Un wenn en Frömden ok von ganz wiet her kummt, denn gaht se doch mit em jüstso sachten um as mit ehrn Nahwer. Un de Frömde föhlt sik överall, wo he sik uphöllt, so as wenn he to Huus weer. Anstand hebben un hööflich wesen steiht bi jem ganz boben an, aver Weeswark, wat nich von Harten kummt, dat kennt se nich. Mit överdreven Rumfiecheln mit ehr Hingstorer Stuutfahlen hefft se nix in'n Sinn; se geevt dor aver heel akkrot acht up, jem ornlich uptotrecken. Dat het sien Oorsaak dor in, dat se sik ganz un gor von de Vernunft stüürn laat. Ik worr ok wies, dat mien Herr de Fahlens von sienen Nahwer jüstso todaan weer as sien eegen. Se seggt, dat harr de Natur jem bibrocht, jedereen von ehr Aart liekermaten leef to hebben. Man bloß dor, wo sik bi een von jem en Övermaat von Döögten finnen deit, dor maakt de Vernunft en Ünnerscheed. Wenn de Houyhnhnmfruuns von jedet Geslecht een Fahlen to Welt bröcht hefft, denn slaapt se nich mehr mit ehrn Keerl. Verleert se aver dörch en Unglück een von ehr Nahkämers (wat kuum molinst vörkummt), denn kaamt se noch mol wedder tosamen. Un wenn dat eenen Houyhnhnm drepen deit, den sien Fru all wat öller is, denn överlett en anner Poor jem een von ehr Fahlens; un düsse beiden kaamt denn wedder tosamen, bet de Moder drächtig is. Düsse Vörsicht is nödig; dor wennt se nämlich mit af, dat dor mehr Inwahners sünd, as dat Land drägen kann. Bi de gewöhnlichen Houyhnhnms, de se för de Deensten uptrecken doot, sünd de Vörschriften nich so eng. Jem is dat togestahn, dat se von jedet Geslecht dree Fahlens hebben dörft. De ward denn Deensten bi de vörnehmen Familjen.

Wenn se friegen doot, paßt se akkrot up de Farv up, dat bi de Nahkämers keen unriemsche Aart rutkummt. Bi de Männkens ward vör allen dor up achtgeven, dat se Kraft hefft, un bi de Wiefkens, dat se anmoodig sünd. Dat maakt se aver nich wegen de Leefde; jem geiht dat dor um, dat ehr Aart rein hollen ward. Wenn nämlich mol en Wiefken besünners kräftig is, denn ward bi'n Friegen dorför uppaßt, dat de Keerl von leefliche Natur is. Sik um en Bruut afmöhen, Leefde, Bruutgeschenken, Wittumsgaven un Olendeel, allens dat kummt in ehr Gedanken nich vör; dor hefft se ok gorkeen Wöör för, dat in ehr Spraak uttodrücken. Dat junge Poor kummt tosamen un ward verfriet, man bloß dorum, wieldat de Öllern un de Frünnen dat so afsnackt hefft. De jungen Lüüd hefft dat Dag för Dag vör Ogen, dat'n dat so maken deit; dorum glöövt se, bi vernünftige Kreaturen möß dat notwennig so maakt warrn. Von Ehbreeken orer annere unanstännige Saken het'n bi jem noch nienich wat von hört. Un dat verheirat Poor leevt mitenanner in desülvige Fründschaft un densülvigen groothartigen Umgang as mit alle annern von ehr eegen Aart, mit de se tohopen kaamt. Dor gifft dat keen Iewersüük, keen överdreven Rumfiecheln, keen Striet un keen Quarkeree.

Se hefft en grootarige Aart un Wies, wo se de jungen Lüüd, Jungs as Deerns, uptrecken doot. Dat is allemol weert, dat bi uns jüstso to maken. Bet se achtein sünd, kriegt de Fahlen bet up en poor bestimmte Daag nich een Koorn Haver, un Melk gifft dat ok nich öfters. In'n Summer grast se twee Stunnen an'n Morrn un jüstsolang nochmol an'n Obend. De Öllern hollt sik ok an düsse Tieden. De Deensten kriegt aver nich mehr as halfsoveel Tiet; 'n ganz Deel von dat Gras för jem ward nah Huus henhalt; dat vertehrt se denn in de passigsten Stunnen, wenn'n jem an ersten bi de Arbeit missen kann.

Maat hollen, fliedig wesen, sik rögen un sik reinlich hollen, dat sünd de Richten, wo de Fahlen von beide Aarten, Jungs un Deerns, scharp in anliert ward. Un mien Herr meen, dat weer gegen de Natur, dat bi uns de Deerns anners uptreckt ward as de Jungs; de eenzige Utnahm kunn'n bi de Huuswirtschaft maken. He sä — un dor mutt'n em doch recht in geven — wenn dat so maakt worr as bi uns, denn weer je de eene Hölft von de Minschen to nix anners to bruken, as Kinner in de Welt to setten. Un dat'n denn so'n unnütz Lüüd ok noch de Kinner in de Hännen geev, dat weer noch en leegeret Bispill, wo unvernünftig Deerten wesen kunnen.

De Houyhnhnms aver treckt ehr jungen Lüüd so up, dat se stark un flink un kurascheert ward. Dorto laat se jem steile Bargens up un dal rönnen un up harten un steenigen Bodden in de Wett lopen. Un wenn se denn fix in Sweet sünd, denn mööt se koppvörto in en Diek orer Strom springen. Veermol in't Johr kaamt de jungen Lüüd von en bestimmte Gegend tosamen un wiest mit Lopen un Springen un noch up anner Aart un Wies, wo stark un flink se sünd. Un de denn de Ersten ward — Jungs orer Deerns, de kriegt as Pries en Leed, wat eener extra jem to Ehren tohopenriemt het. Bi düt Fest drievt de Deeners en Koppel Yahoos nah dat Feld. De drägt Hau, Haver un Melk ran to en Mahltiet för de Houyhnhnms. Wenn se aflaad hefft, ward de Yahoos aver furts wedder trüchjogt; dor willt se mit afwennen, dat se de Houyhnhnms nich dat Fest verdarven doot.

Alle veer Johr to de Tiet von den 21. Märzmaand maakt se en groot Ratsversammeln von't ganze Volk. Se kummt denn up en Feld tohopen, wat so bi twintig Mielen von uns Huus afliggt; un dat duurt fief bet söß Daag. Se beraad un diskereert, wo dat in de verschieden Gegenden utsüht, of se rieklich Hau un Haver,

Köh orer Yahoos hefft orer of jem wat fehlen deit. Un överall dor, wo se von irgendwat nich noog hefft (dat kummt aver kuum mol vör), dor sünd se sik alle eenig, bringt dat, wat fehlen deit, tohopen un helpt jem so von ehr Noot af. Bi düsse Versammeln ward ok de Saak mit de Kinner besnackt. Wenn to'n Bispill en Houyhnhnm twee Jungs het, denn tuuscht he een dorvon mit en anner, de twee Deerns het. Un wenn en Kind dörch'n Unglück todood kamen is, wo de Moder all to olt is to'n Kinnerkriegen, denn ward afmaakt, welke Familje in düsse Gegend noch een kriegen sall, dat de Schaden utgleken ward.

De negente Strämel

Wo se up de Groote Raatsversammeln lang un breet diskereerten un wat dorbi rutkeem. Wo gelehrig de Houyhnhnms sünd. Wat von Hüser se hefft. Wo se ehr Doden to Graff bringt. Dat an ehr Spraak doch allerhand fehlt.

Een von de groote Raatsversammeln makten se ok in mien Tiet; dat weer so bi dree Maand, ehrer dat ik afreisen dä. Mien Herr weer dor mit bi as Vertreder von uns Gegend. Bi düsse Versammeln keem de ole Saak wedder up den Disch, de in düt Land dat eenzige Thema is, wo se jümmer wedder över debatteert. As mien Herr wedder trüch weer, vertell he mi dor lang un breet von un weer heel akkrot dorbi.

De Fraag, um de dat güng, weer de, of de Yahoos von de Eerd verswinnen söllen. Eener von de, de dorför weer, breed allerhand Grünnen vör jem ut; de weern heel kloor un insichtig un dor weer man swoor wat gegen to seggen. He sä, de Yahoos weern dreckiger, ekliger un von verschrater Utsehn as alle annern Deerten, de de Natur jemals maakt harr. Un nich bloß dat, se weern ok wedderböstig, överhörig, veniensch un tücksch as keen anner. Se suugten heemlich an de Titten von de Köh, de de Houyhnhnms tohörten; se freten Katten, un wenn'n nich uppaßten, denn trampelten se ehrn Haver un ehr Gras tonicht un makten noch dusenderlee anner Undöög. He snack ok noch von en ole Geschicht. De vertell, Yahoos harr dat nich all jümmer in düt Land geven. Vör veele Generatschoons weer dat molinst west, dor harrn de Lüüd up eenen Barg twee von düsse Deerten ansichtig worrn. Of de dorvon herkamen sünd, dat de Sünn mit ehr grote Hitz jem ut verfuulten Schiet un Slamm utbrööd het, orer of se ut den Slick un den Schuum von't grote Water rutwussen hefft, dat harr'n nienich gewohr worrn. Düsse Yahoos hefft jümmer mehr worrn un in korte Tiet harrn se soveel Jungen hat, dat se sik över dat ganze Land utbreed harrn. Keeneen kunn sik mehr vör jem wohren. Dat se düsse Plaag wedder los warrn dän, makten de Houyhnhnms en grote Jagd un harrn letzto de ganze Koppel tohopen dreven. De ölleren von jem makten se doot, aver jedereen von de Houyhnhnms nehm sik twee von de Jungen mit un höll sik de in en Stall. Se kregen jem sowiet tahm, as dat bi so'n Deert, wat von Natur bannig wild is, man överhaupt möglich weer un nehmen jem denn to'n Trecken un to'n Drachtendrägen. An düsse ole Geschicht weer doch woll allerhand Wohres an, „Ylnhniamshy" (de allerersten Inwahners von dat Land) kunnen düsse Kreaturen nämlich nich wesen, dorto weer de Woot to gräsig, de de Houyhnhnms jüstso as all anner Deerten up jem harrn. Wegen ehr slechte Natur harrn se dat ok allemol verdeent, dat jem keeneen nich utstahn kunn; aver düsse Woot harr nienich so groot warrn kunnt, wenn se „Ylnhniamshy" west weern. Se harrn sünst ok all lang tonicht west. De Inwahners harr dat domols goot topaß kamen un se nehmen jem as Deensten. Lichtfarig aver weer dat denn, dat se dormit uphörten, Esels to tüchten. Dat weern nämlich sachtmödige Deerten, de'n licht hollen kunn. Se weern ok tahmer, leeten sik beter stüürn un rükten nich so eklig. Se weern woll nich so flink un fix as de annern, aver för de Arbeit weern se stark noog. Ehr Geschrich weer gewiß keen leeflichen Gesang, aver veel ehrer antohören as dat gräsige Gehuul von de Yahoos.

As he sowiet vertellt harr, mellten sik noch en poor anneren von de Houyhnhnms to Woort. De ehr Meenen güng in desülvige Richt. Denn aver slöög mien Herr de Versammeln en Utweg vör; den Infall dorto harr he ut mien Vertellen kregen. He sä, de ole Geschicht, de sien ehrbare Herr Vörredner vördragen harr, de höll he ok för richtig; aver de beiden Yahoos, von de vertellt worr, dat'n jem as de ersten in't Land ansichtig worrn harr, de weern över dat grote Water kamen un nah hierher afdreven. Se harrn an Land kamen un ehr Frünnen harrn jem hier sitten laten un ahn jem afhaut. De beiden harrn sik denn in de Bargens versteken. Bilütten weern se ut de Aart slaan un mit de Johren jümmer unbanniger worrn. Letzto weern se denn veel leeger as de Deerten von ehr Aart, de noch in dat Land leevten, wo düsse beiden ersten herkamen weern. De Bewies för dat, wat he sä, weer en gewissen besünnern

Yahoo (dor meen he mi mit), de em tohörn dä. De mehrsten von de Herrns harrn dor woll all von hört un veele em ok all to Gesicht kregen. He vertell denn, wo he mi toerst kunnig worrn weer. Mien Lief weer ganz un gor todeckt mit so'n Tüüg, wat von Fellen un Hoor von anner Deerten maakt weer. Ik harr mien eegen Spraak, kunn aver ok ehr kumplett snacken. De Begevenheiten, wo ik nah jem henkamen weer, de harr ik em vertellt. As he mi molinst ahn Tüüg sehn harr, weer ik an'n ganzen Lief en richtigen Yahoo west; man bloß dat ik von hellere Farv weer, mit weniger Hoor un mit körtere Klauen. Denn vertell mien Herr noch, ik harr mi veel Möh geven em to övertügen, dat dat in mien eegen Land un ok in annere Länner ganz anners weer as bi jem. Dor geven de Yahoos sik as vernünftige Kreaturen, de dat Seggen harrn un de sik Houyhnhnms as Knechten höllen. He harr an mi sehn, dat ik in allens, wat ik dä, von desülvige Natur weer as en Yahoo. Dörch en Spierken von Vernunft keem dat man bloß en beten vörnehmer to stahn. Aver von de Levensaart von de Houyhnhnms weer ik so wiet af as de Yahoos in ehr Land von mi.

Ik harr em ok von en Methood vertellt, wo bi uns de Houyhnhnms mannichmol kastreert worrn. Dat worr maakt, wenn se noch jung weern; denn kunn'n jem nämlich veel ehrer tahm kriegen. Düsse Operatschoon weer eenfach to maken un ok ungefährlich. Un he maak düssen Vörslag: dat weer doch keen Schannen, ok molinst klooke Saken von unvernünftige Deerten to liern. So liert'n doch ok von de Eemken fliedig to wesen un von de Swulken dat Hüserbuun. (Mit Swulken översett ik ehr Woort „Lyhannh", obschonst de Vagel veel grötter weer). Düsse Methood, von de ik vertellt harr, kunnen se je man bi de jungen Yahoos in düt Land anwennen. Nich bloß, dat se denn beter kuschen dän un beter to bruken weern, denn weer dat nah een Generatschoon ok mit jem vörbi un se harrn dat nich nödig, ok man een von jem doottomaken. Togliek möss'n de Houyhnhnms aver ok nödig upto raden, mit de Tucht von Esels wedder ingang to kamen. Düsse Deerten weern allemol mehr anweert as de Yahoos; un babenin geev dat den Vördeel, dat'n jem all mit fief Johrn in Deenst nehmen kunn, wat bi de annern nich ünner twölf möglich weer.

Dat weer allens, wat mien Herr mi domols von dat Diskereern bi de groote Raatsversammeln vertellen wull. Von en anner besünnere Saak to snacken, de mit mi sülmst wat to doon harr, dat leet he leever blieven. Ik söll aver bald gewohr warrn, wat mi dat von Lieden bringen worr. All dat Unglück, wat nu noch in mien Leven kamen söll, dat harr dor sien Oorsaak in. Wenn dat sowiet is, ward de Leser dat gewohr warrn.

De Houyhnhnms kennt keen schreven Schrift. Allens, wat se weeten doot, dat ward mit Vertellen wietergeven. Dat is je nu en Volk, wat sik in alle Saken eenig is. Ehr Natur drifft jem dorto, sik in alle Döögten to öven. Babenin laat se sik in allens, wat se maakt, von de Vernunft stüürn. Se hefft ok keen Hannel un Wannel mit annere Länner; un in ehr Land passeert nich veel, wat von Bedüden is. Dorum könnt se de Geschicht von ehr Volk licht behollen, dat bruukt nich veel Platz in ehrn Kopp. Dat heff ik all seggt, dat se nienich krank ward un deswegen ok keen Dokters bruuken doot. Se hefft aver wunnerbore Middels ut verschieden Sorten von Kruut. Dor kureert se sik mit, wenn se sik den Knövel orer den Footspreet quescht orer an en scharpen Steen sneden hefft. Un düsse Medizin nehmt se ok för Wunnen annerwegens an'n Lief un för Städen, wo se sik wehdaan hefft.

Dat Johr rekent se dornah ut, wo de Sünn un de Maand um de Eerd loopt. Dat Indeelen in Weeken is bi jem aver nich begäng. Wo düsse beiden Steerns, de dat Licht geevt, sik bewegen doot, dor kennt se sik heel goot mit ut, un se weet ok Bescheed, wo dat mit de Verdüsternissen is. Dat is denn aver ok allens, wat se von de Astronomie weeten doot.

Een Deel aver mutt'n togeven, nämlich, dat se in de Poesie höger staht as alle annern, de up de Eerd leven doot. Ehr Verglieken stimmt jümmer heel genau. Wenn se wat beschrieven doot, denn sünd se so püttjerig un so akkrot dorbi, as sünst keeneen. Un beides bringt se in ehr Gedichten up wunnerbore Aart un Wies tohopen. För gewöhnlich sünd dat grootarige Gedanken von Fründschaft un Goothardigkeit; orer dat sünd Riemels to Ehren von de, de bi'n Wettlopen orer bi anneren Sport de Ersten worrn hefft. Ehr Hüser seht man slicht un eenfach ut, aver se sünd doch wat kommodig un sünd so goot maakt, dat se de Houyhnhnms vör alle Plagen von Küll un Hitz wohren könnt. Se hefft dor en bestimmte Aart von Bööm, de ward nah veertig Johrn in de Wöddel loos un fallt denn bi'n erstbesten Storm um. Düsse Bööm sünd slank un pielup wussen. As bi so'n Pahl ward se mit'n scharpen Steen spitz maakt (mit Iesen umtogahn, dor kennt de Houyhnhnms nix von), denn slaat se jem mit'n Afstand von tein Toll lotrecht in de Eerd un flecht dor Haverstroh orer mannichmol ok Twiegens dormank. Dat Dack ward up desülvige Aart un Wies maakt, jüstso as de Dören.

De Houyhnhnms nehmt de Städ mank Knövel un Hoof an ehr Vörfööt as Hännen. Dor sünd se flinker mit, as ik mi vörstellen kunn. Ik heff molinst sülmst sehn, wo en witte Stuut von uns Familje mit düt Gelenk in en Nadel (de ik ehr dorto extra geven harr) den Faden rintagen kreeg. So melkt se ok ehr Köh, aarnt ehrn Haver un maakt alle Arbeiten, wo de Hännen to bruukt ward. Dat gifft bi jem en Aart bannig harten Füürsteen. Mit Sliepen an anner Steens maakt se sik dor Warktüüg von,

wat se as Kielen, Axten un Hamers nehmt. Mit Geschirr von düsse Füürsteen meiht se ok ehrn Haver un ehr Hau, wat up de Feller eenfach von alleen wassen deit. De Yahoos treckt de Bünnen denn up'n Sleden nah Huus. In en Hütt, de man bloß'n Dack het, pedd de Deenstpeer mit ehr Hofen dat Koorn ut de Ahren rut; un dat ward denn in en Spieker upbewohrt. Se maakt ok eenfache Pött un Kruken un anner Gelaats, welk von Lehm, den se in de Sünn droögt, un welk von Holt.

Wenn se nich vörher to Mallör kaamt, denn starvt de Houyhnhnms von Öller un ward wietaf to Graff bröcht, aver an en Städ, wo'n henkamen kann. Ehr Frünnen un Verwandten wiest keen Freud un ok keen Truur wegen ehr Starven. Un ok de, de starven deit, beklaagt sik mit keen Woort doröver, dat he ut de Welt geiht. Dat is so, as wenn he von den Besöök bi sienen Nahwer wedder nah Huus trüchgeiht. Ik besinn mi dor up, dat mien Herr molinst mit en Fründ un den sien Familje afmaakt harr, dat se wegen en wichtige Saak nah sien Huus henkamen wullen. To dat Dreepen an den Dag keemen aver bloß de Fru un ehr beiden Kinner un dat ok noch bannig laat. Twee Grünnen bröch se vör, dat he ehr nahsehn müch, dat se to laat kamen dä. Toerst för ehren Keerl; as se sä, weer em dat jüst an düssen Morrn passeert, dat he „shnuwnh" möß. Düt Woort het in ehr Spraak en heel deepen Sinn; aver dat in uns Spraak to seggen, dat is heel swoor. Bedüden deit dat „nah sien erste Moder trüchgahn". Un denn sä de Fru, mien Herr müch ehr dat nahsehn, dat se nich ehrer kamen harr. Ehr Keerl weer erst laat an'n Morrn storven un se harr mit ehr Deeners en ganze Tietlang doröver snackt, wo en passige Städ weer, wo se em to Graff bringen wullen. Ik mark ok, dat se sik in uns Huus jüstso vergnöögt geven dä as de annern. Dree Maand later is se denn ok storven.

De Houyhnhnms ward för gewöhnlich söbentig orer fiefunsöbentig Johr olt; dat kummt nich oftinst vör, dat een achtzig ward. En poor Weeken vör ehrn Dood markt se, dat ehr Kräften bilütten weniger ward. Se hefft aver keen Wehdaag dorbi. In düsse Tiet fallt jem dat Rutgahn je nich mehr so licht un se hefft dor ok keen rechte Freud mehr an, dorum kaamt veele von ehr Frünnen to Besöök nah jem hen. So bi tein Daag ehrer se to'n Starven kaamt — düsse Tiet uttoreken, dor verdoot se sik meist nienich — besöökt se sülmst nochmol de nehgsten Nahwers, de bi jem west hefft. Dorto föhrt se in en kommodigen Sleden, de von en poor Yahoos tagen ward. Düt Fohrtüüg bruukt se aver nich bloß bi düsse Gelegenheit; dat nehmt se ok, wenn se öller ward, bi lange Reisen orer wenn se dörch'n Mallör lahmen doot. Wenn de Houyhnhnms, de ehr letzte Stunn kamen seht, düsse Besöken maakt, denn is dat en fierlich Adjüsseggen von ehr Frünnen; so as wenn se nah en Gegend in't Land reist, de wietaf liggt, un wo se ehr Leven to Enn bringen willt.

Ik weet nich, of sik dat lohnt to seggen, dat de Houyhnhnms in ehr Spraak keen Woort hefft, mit dat se irgendwat beteken könnt, wat böös is. Dat gifft man bloß en poor Wöör, de se von dat verschrate Utsehn un de slechte Natur von de Yahoos afnehmen doot. Wenn en Deener en Dummheit maakt, en Kind wat vergetten deit, en Steen jem den Foot verwunnd; wenn slechtet Weder is orer wenn dat Weder nich to de Johrstiet paßt un all sowat, denn geevt se jedesmol dat Woort „Yahoo" dorto. To'n Bispill „Hhnm Yahoo", „Whnaholm Yahoo", Ynlhmnawihlma Yahoo" un för en Huus, dat slecht maakt is, „Ynholmhnmrohlnw Yahoo."

Ik kunn noch lang un breet veel mehr vertellen von de Levensaart un de Döögten von düt wunnerbore Volk, aver ik heff mi vörnahmen, dat ik bald en Book mit extra düt Thema schrieven wull. Dor wies ik mien Leser up hen. Nu aver maak ik dormit wieter, von mien eegen truurig Schicksaal to vertellen.

De teinte Strämel

Wo de Schriever mit sien Huuswirtschaft toreeg kummt, un wo woll he sik bi de Houyhnhnms föhlt. Wo he in de Döögten dordörch jümmer wieter vörankummt, dat he mit jem Umgang het un dat se mitnanner vertellten. De Schriever kriggt von sienen Herrn to weeten, dat he in dat Land nich blieven kann. Vör Kummer fallt he in Ahnmacht; aver he schickt sik dor in. He överleggt sik en Plaan för en Boot un maakt dat farig. En Deener helpt em dorbi; denn geiht he up goot Glück in See.

Ik harr mienen lütten Huushalt inricht un weer dor heel tofreden mit. Up de Odder von mienen Herrn hen harrn se so bi söß Ellen von't Huus af en Kamer för mi upstellt. De weer jüstso maakt as ehr Hüser. Ik verputz de Sietenwännen un den Footbodden mit Lehm un deck jem mit Matten af, de ik sülmst von Binsen flecht harr. Von Hemp, wat dor överall von alleen wassen dä, maak ik mi so'n Aart Inlett; dat stopp ik mit Feddern von verschiedene Vagels, de ik mit Slingen von Yahoohoor fangt harr; de geven ok en wunnerboret Äten. Mit mien Meßt harr ik mi twee Stöhl maakt. Bi den groffen un möhseligen Deel von de Arbeit hulp mi de Rotvoß.
As mien Tüüg man bloß noch Lumpen weern, mak ik mi wat niget von Fellen von Kaninken un von en anner hübschet Deert, dat jüstso groot weer un wo se „Nnuhnoh" to seggt. Von sien Huut, de ganz mit Dunen bewussen is, maak ik mi ganz ornliche Strümp. Mien Schoh kregen Sahlen von Holt, dat sneed ik mi von en Boom af un paß dat an't Överledder an; un as dat afbruukt weer, maak ik mi niget von Yahoofell, dat an de Sünn drögt weer. Ut Bööm, de inwennig holl weern, hal ik mi oftinst Honnig, den ik mit Water vermengeleer orer so to Brot äten dä. So goot het woll noch keeneen de Wohrheit von de beiden Sätz kunnig worrn: „ De minschliche Natur is heel licht tofredenstellt" un „Noot maakt plietsch". Ik weer frisch un munter un rundrum gesund un bet in de Seel rohig un tofreden. Ik beleev dat nich, dat en Fründ veniensch orer unsteedig weer un ok nich, dat mi Schimp andoon worr von een, de

heemlich orer apenbor gegen mi stünn. Ik harr keen Oorsaak, Smeergeld to geven, rumtofiecheln orer to verkuppeln un ok nich, mi de Gunst von irgendeen hogen Herrn orer von sienen Slieker to besorgen. Ik harr nich nödig, mi dorvör to wohren, dat mi een bedregen orer mi dalduken dä. Dat geev hier keen Dokter, de mienen Lief togrunnen richt; keenen Afkaaten, de mien Haav un Goot rungeneert; keen Spijon, de achter dat herluurt, wat ik segg or wat ik maak orer de sik för Geld Klagen gegen mi utdinkt. Hier weern keen Lüüd, de över annern hertreckt, de allens beter weet, de annern slecht maakt; keen Taschendeef, keen Straatenrövers, keen Inbrekers, keen Afkaaten, keen Kuppelmudders, keen Peijatzen, keen Politikers, keen Spinners; keen, de sik Krankdaag inbillt, keen langwieligen Dröönbüdels, keen Klookschieters, keen groten orer lütten Parteilüüd, keen Minschen, de to Leegheiten verföhrt orer en slechtet Vörbild geevt. Un dor weer ok keen Kaschott, keen Henkerswarktüüg, keen Galgens, keen Pranger orer Schandpöhl; keen Kooplüüd orer Handwarkslüüd, de een över't Ohr haut; keen Överkröppschigkeit, keen Etepetetewesen un Zickigkeit; keen Angevers, keen Tohöllers, keen Süpers, keen ströperigen Horenwiever orer italjenschen Süken; keen jibbeligen, swienschen un düren Wiever, keen tüffeligen, ingebildeten Bookstavengelehrten, keen wedderlich, grootarigen, strietsüchtigen, larmigen, bölkigen, hollköppigen, grootsnutigen, futerigen Kumpanen; keen Schubjacks, de se wegen ehr Slechtigkeiten ut'n Dreck hochhalt hefft; keen Eddellüüd, de wegen ehr Döögten dalpedd ward; keen Lords, Johrmarktsmuskanten, Richters orer Danzmeisters.

Mi keem de Gunst to, dat ik en poor Houyhnhnms vörstellt worr, de nah mienen Herrn to Besöök kamen harrn orer an sienen Disch inladt weern. Groothartig as he weer, geev Siene Gnaden mi to, dat ik dor in de Stuuv blieven un ehr Vertellen tohören dörf. Mien Herr un ok sien Besöök weern oftinst so fründlich, mi düt un dat to fragen un up mien Antwurt to hören. Mannichmol harr ik ok de Ehr, dor mit bi to wesen, wenn mien Herr to Besöök güng. Ik nehm mi aver nienich rut, wat to seggen, wenn ik dor nich to nööd worr; un wenn se mi fragten, weer mi dat in mien Hart ok noch nich recht. Ik versüüm dor je veel Tiet mit, de ik lever dorför nahmen harr, mi in ehr Döögten vullkamener to maken. Ik harr dor heel groot Vergnögen an, as en stillen un demödigen Tohörer bi so'n Vertellen mit bi to wesen; dor worr je nix anners seggt as bloß dat, wat goot weer un helpen dä. Un dat worr man mit wenig Wöör utdrückt; de aver weern von heel deep Bedüden. As ik all seggt heff, hölln se den gröttsten Anstand dorbi; faselige Hööflichkeiten keemen nich vör. Jedereen, de snacken dä, geev dor acht up, dat dat för em sülmst un för de annern angenehm weer, anners fang he gornich erst an. Dat een den annern in't Woort fallen dä, dat geev dat jüstsowenig as Langewiel, Dullheit orer Striederee. Se hefft de Meenen, dat dat de Lüüd togoden kummt, wenn dat bi't Vertellen ok mol för en Momang still is. Un ik worr sülmst wies, dat dat wohr is. Wenn nämlich molinst lütte Pausen weern, denn keemen jem nige Gedanken, de ehr Vertellen noch intressanter maak. De Saken, wo se för gewöhnlich von snackt, sünd Fründschaft, un Groothartigkeit orer Ornung un Spoorsamkeit. Mannichmol geiht dat ok um de Natur un wat'n von ehr Doon gewohr warrn kann; um dat wat von Olen her överkamen is; wo de Anstand seggt, wat'n doon dörft un wat sik nich gehört. Se beraad sik ok över de Ornungen, de de Vernunft uns gifft un de jümmer afsluut richtig sünd; orer över Saken, de bi de nehgste groote Raatsversammeln afmaakt warrn söllt. Oftinst güng ehr Ünnerhollen ok över de Poesie un wat dor von grootarige Gedanken bi todaag kaamt. Ik kann wull seggen — un ik bild mi dor nix up in — dat ik dor mit bi weer, dat weer ok oftinst dat Thema von ehr Vertellen. Mien Herr harr dordörch de Gelegenheit, sien Frünnen to verkloren, wo mi dat gahn harr un wat dat von Land weer, wo ik herkaam. Wat jem dorbi infallen dä un de Aart un Wies, wo se dorvon snackten, dor keem de Minschheit nich besünners goot bi weg. Dorum will ik dat ok nich weddervertellen. Man bloß soveel, dat ik mi dor bannig över wunnern dä, dat Siene Gnaden över de Natur von de

Yahoos veel beter Bescheed weeten dä as ik sülmst. He snack von all uns Slechtigkeiten un Dummheiten; un em keem dor ok noch veeldeel bi in, wo ik nienich von snackt harr. He överlegg man bloß, wat en Yahoo ut sien Land, de man en lütt beten Verstand harr, wat de allens farig bringen kunn. Un denn meen he, wenn he sik dat vörstellen dä, denn möß so'n Deert doch en bannig leeg un elennig Kreatur wesen. Un dor weer he, as mi dücht, woll nich wiet von de Wohrheit weg.

Ik geev dat geern to, dat beten in mienen Kopp, wat von Bedüden is, dat heff ik von mienen Herrn liert un dorvon, dat ik sien Vertellen mit sien Frünnen mit anhören kunn. Dat ik up ehr Wöör achtgeben kunn, dat keem mi mehr togoden, as wenn ik över de gröttsten un klöoksten Versammeln in Europa dat Seggen harr. Ik bewunner düsse Inwahners, wo stark un wo leevlich un wo flink se sünd. Dat so veel Döögten bi so nette un fründliche Lüüd tosamenkaamt, dat bringt mi to de höchste Achtung vör jem. Düssen natürlichen Respekt, den de Yahoos un alle annern Deerten jem betüügt, den harr ik anfangs nich; aver so bilütten keem de ok över mi, un dat veel ehrer, as ik dat dacht harr. Un as se sik so gnädig wiesten un mank mi un de annern von mien Aart en Ünnerscheed makten, dor acht ik jem noch höger un föhl deepe Leefde un grote Dankborkeit to jem. Wenn mien Familje mi in den Sinn keem, mien Frünnen, mien Landslüüd orer de Minschen överhaupt, denn sehg ik jem as dat an, wat se ok würklich weern, as Yahoos nah Utsehn un Natur. Se weern viellicht en beten ornlicher un harrn de Gaav, snacken to können. Aver ehr beten Verstand brukten se to nix anners, as dat se de Leegheiten noch kumpletter makten un sik noch mehr dorto utdachten, wo ehr Bröders in düt Land man bloß soveel von harr, as jem von Natur ut geven weer. Mannichmol sehg ik in dat Water von en See orer von en Born mien eegen Speegelbild; denn dreih ik mi mit Gräsen un Ekel von mi sülmst weg. En gewöhnlichen Yahoo ankieken, dat kunn ik noch ehrer verdrägen, as wenn ik mien eegen Persoon vör Ogen harr. Ik weer je jeden Dag mit de Houyhnhnms tosamen. Ik kunn dor nich noog von kriegen, jem antokieken un fung an, jem nahtomaken. Ik gewöhn mi ehr Gangaart an un geev mi ok so as se. Mi is dat all meist as en tweete Natur worrn. Un mien Frünnen brüüd mi oftinst un seggt, ik „güng in Zuckeldraff as en Zoß". Ik nehm dat aver as en groot Kumpelment. Ik will ok nich afstrieden, dat ik bi'n Vertellen ög in de Aart un Wies rinkaam, as de Houyhnhnms snackt; un ik föhl mi ok nich up'n Slips pedd, wenn se mi deswegen ökeln doot.

Ik föhl mi rundum so, as harr ik midden in den Glückspott rinfollen; un ik dach mi, so worr dat bet an mien Levenssenn wietergahn. Aver dat keem anners. Eensdaags leet mien Herr mi fröher as gewöhnlich nah sik henkamen. Ik kunn em von Gesicht afsehn, dat he 'n beten verlegen weer un nich recht wüß, wo he dat anfangen söll, wat he mi to seggen harr. Een Momang weer he erstmol still. Un denn sä he, he wüß nich recht, wo ik sien Wöör woll upnehmen dä. In de letzte Groote Raatsversammeln weer je över de Fraag wegen de Yahoos verhannelt worrn. Un de Delegeerten harr dat nu gornich recht west, dat he en Yahoo (dor weer ik mit meent) ehrer as en Houyhnhnm bi sik in sien Huus hollen dä, un nich as en unvernünftig Deert. Se harrn dorachter kamen, dat he sik oftinst wat mit mi vertellt harr, as wenn em dat wat bringen dä un em dat angenehm weer, mi bi sik to hebben. Sik so to verhollen, dat weer aver gegen de Vernunft un ok gegen de Natur; un von sowat harrn se in ehr Land ok noch nienich wat von hört. De Versammlung harr em bannig düütlich seggt, he much mi so hollen as de annern von mien Aart. Orer he söll mi de Odder geven, dorhen trüchtoswümmen, wo ik herkamen harr. Von den ersten Vörslag harrn aver alle Houyhnhnms de mi jichenswo sehn harrn, nix von weeten wullt. As Grund geven se an, ik harr af un an en beten wat von Verstand wiest. Un wenn dat nu noch to de natürliche Leegheit von düsse Deerten mit to keem, denn kunn dat scheev gahn. Se weern besorgt, ik kunn de annern Yahoos nah't Holt un in de Bargens von ehr Land locken un denn nachts koppelwies mit jem losgahn un dat Veeh von de Houyhnhnms doot maken; dat weern je von Natur ut

Röverdeerten un harrn mit de Arbeit nix in 'n Sinn. Mien Herr sä denn ok noch, de Houyhnhnms ut de Nahwerschaft güngen em Dag för Dag an, he söll den goden Raat, den de Versammlung em so nödig an't Hart leggt harr, nu ok endlich nahkamen. He kunn dat nu nich mehr lang vör sik herschuven: Nu weer he aver bang, dat ik unmöglich nah en anner Land henswümmen kunn; dorum slöög he mi vör, dat ik mi en Fohrtüüg maak von de Aart, wo ik em von vertellt harr. Dat kunn mi denn up dat grote Water rutdrägen. Bi düsse Arbeit söllen sien eegen Deensten mi to Hand gahn, un ok de von sien Nahwers. Toletzt sä he denn noch, em harr dat woll recht west, wenn ik in sien Deensten bleven harr, solang as ik noch leven dä. He glööv nämlich, dat ik mi all sülmst von en poor slechte Gewohnheiten un Lüsten dordörch kureert harr, dat ik mit Möh geev, de Houyhnhnms nahtomaken, sowiet as mi dat nah mien ringere Natur möglich weer.

För den Leser will ik noch seggen: wat up de Groot Raatsversammeln in düt Land afmaakt ward, dor seggt se „Hnhloayn" to. So goot, as ik dat översetten kann, bedüüd dat en „notwennigen Raat". Se könnt sik nämlich nich vörstellen, wo'n en vernünftige Kreatur to wat dwingen kann. Se meent, dor kann'n een bloß to raden orer em dat an't Hart leggen. Dat is nämlich nich möglich, dat 'n wedderböstig gegen de Natur wesen un doch von sik seggen kann, dat'n en vernünftige Kreatur is.

As mien Herr mi dat allens vertell, överkeem mi de gröttste Kummer un ik meen, nu weer allens vörbi. Mi weer dat unmöglich, de Quaal uttohollen, ünner de ik lieden möß. Ik verleer dat Besinnen un stört vör em up de Eerd dal. As ik wedder to mi keem, sä he mi, he harr glöövt, ik weer doot. (Düsse Lüüd weet nämlich von so'n Swackheiten von de Natur, as'n Ahnmacht dat is, nix von). Ik änner em mit liesen Stimm, de Dood harr för mi dat gröttste Glück west. Ik kunn je gegen den notwennigen Raat von de Versammlung orer de Vörstellung von sien Frünnen nix seggen, aver ik dach mi, viellicht har dat ok anners gahn kunnt. In mien ringen un leegen Verstand meen ik, mit de Vernunft harr dat ok noch tohopenpaßt, wenn se nich so scharp mit mi umgahn harrn. Ik kunn je nichmol dree Miel wiet swümmen; un bet nah dat Land, wat an dichtsten bi weer, weern dat gewiß dreehunnert Mielen. Un wenn ik mi en lüttjet Boot maken wull, dat mi drägen kunn, denn worrn dor veele Saken to bruukt, de dat in düt Land överhaupt nich geven dä. Ik wüß em aver heel veelen Dank, dorum wull ik up em hören un mi an de Arbeit maken. Ik glööv aver nich, dat ik dat schaffen kunn. För mi weer dat utmaakt, dat ik ünnergahn möß. Dat ik ganz gewiß up unnatürliche Aart todood kamen worr, dat weer noch de ringste von mien Plagen. Dat kunn doch dörch en wunnerlichen Tofall wesen, dat ik an Leven blieven dä. Un wenn ik nu dor an dinken dä, dat ik mien Leevdaag mit Yahoos tobringen möß, wo kunn ik denn woll noch en ruhiget Hart behollen. Ik harr denn keen Vörbiller mehr, de ik nahfolgen kunn un de mi up den Padd von de Döögten hollen. Ik worr denn wedder in de olen Slechtigkeiten trüchfallen. Mi weer dat aver ganz kloor, wat de ehrbaren un klooken Houyhnhnms beslaten harrn, dor harrn se bedüden Grünnen för. Un dat, wat ik — en elennigen Yahoo — ok dorgegen seggen wull, dat kunn dor överhaupt nix an ännern. Nu bedank ik mi von deepsten Harten dorför, dat he mi sien Deeners geven wull, dat se mi bi de Arbeit an dat Boot helpen söllen. Un ik beed em, he müch mi doch en gewisse Tiet dorför togestahn, dat weer nämlich en swoor Stück Arbeit. Ik sä em, ik wull dor up ut wesen, mien elenniget Leven to erhollen; un wenn ik würklich molinst nah mien Heimatland trüchkamen dä, denn wull ik mi alle Möh geven, mien eegen Lüüd to helpen. Ik wull dat so maken, dat ik jem mit de besten Wöör von de grootarigen Houyhnhnms un von ehr Döögten vertell. Un ik wull de Minschheit jümmer wedder dor up toraden, düsse wunnerboren Kreaturen nahtofolgen.

Mien Heer geev mi mit en poor Wöör en heel gnädig Antwurt. He gewähr mi twee Maand Tiet, mien Boot farig to maken un geev den Rotvoß, mien „Arbeitskamerod" (wo ik nu so wiet af bün, kann ik em woll so seggen), de Odder, allens to maken, wat ik sä. Wenn de Rotvoß mi to Hand gahn dä, dat harr ik mienen Herrn seggt, weer mi dat Hülp noog. Ik wüß nämlich, dat he wat för mi över harr.

Mien erst Arbeit weer, mit em tohopen nah de Städ an de Küst hentogahn, wo mien rebellschen Schippslüüd mi domols an Land sett harrn. Ik güng en lütten Anbarg hoch un keek nah alle Sieten up dat Water rut. Dor weer mi, as wenn ik in Nordost en lütte Insel sehn kunn. Ik kreeg mienen Wietkieker ut de Tasch un kunn ehr dor düütlich mit sehn. Nah mien Taxeern weer se woll so bi föfftein Mielen af. De Rotvoß sehg ehr woll man bloß as blaue Wulk an. He kunn sik en anner Land as sien eegen nich vörstellen. Dorum harr he dat nienich liert, dat ut'nanner to kennen, wat wiet weg up dat Water to sehn weer. Wi weet dor mit Bescheed, wieldat wi up düt Element veel ünnerwegens sünd.

As ik de Insel sehn harr, grüvel ik nich mehr länger rum. Ik nehm mi vör, wenn dat möglich weer, wull ik dor toerst hen, wenn se mi ut düt Land utwiest harrn. Wo dat denn wietergahn kunn, dat wull ik mien Schicksal överlaten.

Ik güng nah mien Huus trüch un beraad mi mit den Rotvoß. Denn güngen wi nah en Holt, wat en beten afliggen dä. Ik nehm mien Meßt un he en bannig scharpen Füürsteen, de nah ehr Aart un Wies mit veel Verstand an en hölten Griff fastmaakt weer. Un denn sneden wi allerhand Eekentelgens af, de so dick as en Goden-Dag-Stock weern, un dorto noch en poor starkere Twiegens. Ik will den Leser nu nich dormit langwielen, dat ik lang un breet verkloor, wo de Arbeit vör sik güng. Ik will man bloß soveel seggen, dat dat söß Weeken duurn dä, denn harrn wi so'n Aart Indionerboot, bloß veel grötter, fix un farig. De Rotvoß het mi dor düchtig bi hulpen un de suursten un möhsamsten Arbeiten maakt. Von buten harr ik dor Yahoofellen övertagen, de ik mit sülmstmaakt Hempfadens tosamenneiht harr. Mien Seil weer von desülvigen Fellen tohopensett; ik nehm dor aver de jüngsten to, de ik man kriegen kunn, de ölleren sünd to taag un to dick. Un ik besorg mi ok noch veer Paddels. Denn haal ik mi en Vörrat an Äten tosamen, kaakt Fleesch von Kaninken un Vagels. Ik nehm ok twee Kruken mit, een vull Melk, de anner vull Water.

Up en groten Diek dicht bi dat Huus von mienen Herrn probeer ik mien Boot ut un verbeter dat, wat dor noch nich in Ornung an weer. De Ritzen stopp ik solang mit Yahootalg to, bet ik sehn kunn, dat allens dicht un dat Boot instannen weer, mi un allens, wat ik mitnehmen wull to drägen. Denn weer allens so wiet kumplett, as ik dat man henkriegen kunn un ik kreeg mi en poor Yahoos; de tögen dat Boot up en Sleden sachten nah'n Strand hen. De Rotvoß un een anner von de Deensten paßten dorbi up.

Nu weer allens parot un de Dag keem, dat ik afreisen möß. Ik sä mienen Herrn, de eddele Fruu un de ganze Familje adjüs. Mien Ogen güngen mi över von Tranen un mien Hart weer krank von Truuer. Ut Neeschier un viellicht (ik segg dat, ahn mi wat intobillen) ok wieldat he mi todaan weer, harr Siene Gnaden sik vörnahmen, dorbi to wesen, wenn ik mit mien Schipp afföhrn dä. He harr ok en poor von sien Frünnen ut de Nahwerschaft anhollen, mit em mit to kamen. Över een Stunn möß ik töven, bet de Floot uplopen dä. Denn worr ik ok wies, dat de Wind goot stünn un in de Richt nah de Insel weihn dä, wo ik up tostüürn wull. Nu sä ik mienen Herrn to'n tweeten Mol adjüs. Ik wull up de Knee gahn, mi dalbücken un em den Hoof küssen, aver he dä mi de Ehr an un böör em hoch nah mienen Mund ran. Ik weet woll, dat welke Lüüd mi bannig rünnerputzt hefft, wieldat ik düssen letzten Umstand vertell. Mien Achternahsnackers willt sik dor nämlich mit upspeelen, dat se sik inbillt, se künnen dat för unmöglich hollen. Se meent, dat kunn doch gornich angahn, dat so'n grootarigen Herrn sik dorto hergeven dä, so'n minnachtig Kreatur, as ik dat weer, soveel Ehr tokamen to laten. Ik heff ok nich vergeten, wo mannicheen, de von sien Reisen vertellt, dor up ut is, sik ruttostrieken. Se vertellt denn geern dorvon, wo heel grote Gnaden un Günsten jem tokamen sünd. Wenn düsse Klookschieters aver man bloß en beten mehr von de eddel un hööflich Natur von de Houyhnhnms weeten dän, denn worrn se ehr Meenen ganz ög ännern.

De annern Houyhnhnms, de mit Siene Gnaden mitkamen harrn, geev ik de Hööflichkeiten, de jem tokeemen. Denn steeg ik in mienen Kahn un stööt mi af von Land.

De ölmte Strämel

De gefährliche Reis von den Schriever. He kummt nah Nieholland un will dor ansässig warrn. Een von de Inwahners verwundt em mit en Piel. He ward fastnahmen un mit Gewalt up en Schipp ut Portugal bröcht. De Kaptein is bannig hööflich un nett to em. De Schriever kummt in England an.

An'n 15. Februar 1715 morrns Klock negen güng ik up de Reis. Ik weer ganz un gor afzaagt un wüß nich, wat warrn söll. De Wind weer heel günstig, aver erstmol arbeit ik bloß mit mien Paddels. Denn güng mi aver dörch den Kopp, dat ik woll ög mööd warrn dä un dat de Wind ok upmol umslaan kunn. Dorum riskeer ik dat un sett mien lütt Seil. De Floot dreev mi ok noch mit vöran, un so goot as ik dat taxeern kunn, schaff ik woll veerunhalf Mielen in de Stunn. Mien Herr un sien Frünnen bleven an'n Strand stahn, bet se mi meist nich mehr sehn kunnen. Un oftinst hör ik noch, wo de Rotvoß (de mi jümmer todaan west weer) luut ropen dä: „Hnuy illa nyha majah Yahoo! Paß goot up di up, mien leewe lütte Yahoo!"
Ik harr mi vörnahmen to versöken, en lütte Insel to finnen, wo

keeneen up wahnen dä; de söll aver dorto dögen, dat ik dor mit mien Hännenarbeit allens togang kriegen kunn, wat ik to'n Leven nödig harr. Ik höll dat för mi as en grötteret Glück, as wenn ik de Erste Minister an den vörnehmsten Königshoff von Europa west weer. Mi weer dat to un to gräsig mi vörtostellen, dat ik nah en Volk von Yahoos trüchkamen un von Yahoos regeert warrn söll. Bi so'n Alleenwesen, wat ik mi wünsch, dor kunn ik tominnst mien eegen Gedanken nahgahn. Ik kunn mi denn mit deepe Freid un goot Pläseer up de Döögten von de wunnerboren Houyhnhnms besinnen; un dat geev dor keen Gelegenheit, in de Leegheiten un de Verdarvnis von mien eegen Aart trüchtofallen.

De Leser kann sik viellicht dor up besinnen, wat ik dorvon vertellt heff, as mien Schippslüüd sik gegen mi verswoorn harrn un mi in mien Kajüüt insparrten, dat ik dor en poor Weeken lang fastsitten dä un nich wüß, wat wi von Kurs föhrten; wo ik mit dat Biboot an Land sett worr un de Matrosen mi mit wohret un mit falschet Swöören sän, se wüssen nich, wo in alle Welt wi weern. Ik heff domols aver glöövt, dat wi so bi tein Grad südlich von't Kap von't Gode Höpen orer fiefunveertig Grad Süd weern. Bi ehr Vertellen harr ik tofällig sowat ruthört un nehm an, dat se vörharrn, nah Madagaskar to seilen un dorum nah Südost stüürten. Dat weer gewiß nich mehr as man bloß en Vermoden von mi; aver ik nehm mi doch vör, Kurs Ost to stüürn. Ik dach nämlich, viellicht keem ik so nah de Südwestküst von Nieholland hen un kunn westlich dorvon en Insel finnen, so as ik mi de wünschen dä.

De Wind weih genau ut Westen. Un so gegen obends Klock söß — ik weer nah mien Reken tominst veerunföfftig Mielen nah Osten seilt — worr ik so bi annerthalf Mielen vörut en bannig lütte Insel gewohr. Un dat duur nich lang, denn weer ik dor. Düt Eiland weer nix as en Felsen mit en lütte Bocht, de von de Gewalt von Storm un Weder utspölt weer. Ik maak mien Boot fast un steeg den Felsen en Eck wiet hoch. Un nu kunn ik düütlich sehn, dat dor nah Osten to Land weer, wat sik von Süden nah Norden hentrecken dä. De ganze Nacht bleev ik in mien

Boot liggen. Fröhmorrns güng dat denn mit mien Reis wieter; un nah söben Stunnen keem ik an dat Südostenn von Nieholland an. Mi maak dat in mien Meenen gewiß, de ik all lang harr, dat nämlich düt Land in de Land- un Seekorten tominnst dree Grad wieter nah Osten intekent is, as dat würklich liggt. Vör veele Johrn harr ik düssen Gedanken all an mienen ehrbaren Fründ Mr. Hermann Moll wietergeven. Ik heff em ok mien Grünnen dorför uptellt; aver he het sik leever an annere Schrievers hollen.

As ik mit mien Boot anleggen dä, sehg ik keeneen Minschen. Savel un Gewehr harr ik nich, dorum weer mi dat to riskant, mi wieter nah dat Land rin to wagen. Ik sehg en poor Muscheln an'n Strand un ät jem up, so as se weern. Füür anböten weer mi to gefährlich. Ik harr Bang, de Inwahners kunnen mi gewohr warrn. Dree Daag lang ät ik nix wieter as Austern un Snicken; ik wull mien Proviant sporen. To'n Glück keem ik an en Beek mit goodet Water, un ik kreeg wedder en beten mehr Moot.

An den veerten Dag fröhmorrns waag ik mi en beten to wiet rut; dor worr ik twintig bet dörtig Lüüd gewohr. Nich mehr as fiefhunnert Ellen von mi af sehg ik jem up en lütten Anbarg. Splitternaakt seeten se dor, Keerls, Fruuns un Kinner, um en Füürstäd rum. Dat kunn ik an den Rook kennen, de upstiegen dä. Een von jem harr mi sehn un de annern dat seggt. Fief von jem keemen up mi to. De Fruuns un Kinner bleven an't Füür sitten. So flink as ik man kunn rönn ik nah'n Strand, sprung in mien Boot un stööt mi af. As de Wilden sehgen, dat ik utneihn dä, birrsten se achter mi her; un ehrer ik wiet noog up dat Water rut weer, schöten se en Piel up mi af. De dreep mi an't linke Knee up de Binnensiet un maak mi en deepe Wunnen (de Narv dorvon warr ik woll mit in't Graff nehmen). Mi weer bang, dat de Piel viellicht vergifft wesen kunn; ik paddel sowiet rut, dat se mit ehr Pielen nich mehr nah mi herscheeten kunnen (an den Dag weer dat windstill). Denn güng ik bi, de Wunnen uttosuugen un maak mi, so goot as dat güng, en Verband dor um.

Ik wüß nu nich, wat ik maken söll. Nah desülvige Städ trüchföhren, dat riskeer ik nich un stüür dorum nah Norden. De Wind weer man wat sachten, aver he keem ut Nordwest un stünn mi in de Mööt. Mi bleev nix anners över, ik möß paddeln. Ik keek ut nah en sekere Städ, wo ik anlanden kunn. Dor worr ik miteens in Nordnordost en Seil gewohr. Mit jede Minut kunn ik dat beter sehn. Ik weer mi nich kloor, söll ik up de Seelüüd töven orer nich. Letzto behöll mien Ekel vör dat Geslecht von de Yahoos de Babenhand. Ik dreih mien Boot um nah Süden to, un mit Seilen un Paddeln keem ik an desülvige Bocht, von de ik an'n Morrn losföhrt harr. Leewer wull ik mi ünner düsse Barbaren wagen, as mit Yahoos ut Europa tohopen to kamen. Ik töög mien Boot so wiet, as ik man kunn, an den Strand un verkrööp mi achter 'n Steen an de lütte Beek, de grootariget Water harr, as ik all seggt heff.

Dat Schipp keem bet up annerthalf Mielen nah düsse Bocht ran. Un denn schickten se ehr Biboot mit Tunns un Fatten los, dat se frischet Water halen sölln. (Dat schien so, as wenn düsse Städ wiethen bekannt weer). Ik harr dat nich ehrer gewohr worrn, as bet dat Boot meist ran weer; un nu weer dat to laat, mi en anner Versteek to söken. As de Matrosen an Land güngen, sehgen se mien Boot. Se stöverten dat von vörn bet achtern dörch. Se kunnen je ög weeten, dat de, de dat tohörn dä, nich wiet weg wesen kunn. Veer von jem, jedereen mit'n Pistool orer 'n Savel, snüffelten in jeden Ritz un in jedet Wutschlock rum. Un letzto harrn se mi achter den Steen funnen, wo ik mit mien Gesicht nah ünnen platt up de Eerd liggen dä. En Tietlang glupten se mit Verwunnern up mien gediegen un sünnerbore Kledaasch: mien Överrock ut Fell, mien Schoh mit hölten Sahlen un mien Pelzstrümp. Se kunnen dor aver an kennen, dat ik keen Inwahner von düsse Gegend weer, de güngen je alle naakt. Een von de Matrosen sä mi up portugiesisch, ik söll upstahn un fröög, wer ik weer. Ik kunn düsse Spraak goot verstahn, stünn up un sä, ik weer en armen Yahoo, de von de Houyhnhnms ut ehr Land wegjagt weer; un ik beed jem, se müchen doch so goot wesen un mi lopen laten. Se wunnerten sik, as se hörten, dat ik jem in ehr eegen Spraak Antwurt geev;

un se kunnen an mien Gesichtsfarv sehn, dat ik ut Europa kamen möß. Se kunnen aver dor keen Klook in kriegen, wat ik mit „Yahoos" un mit „Houyhnhnms" meenen dä. Se lachten över mien gediegen Aart un Wies to snacken, wat sik so anhören dä, as wenn en Peerd an't Wrienschen weer. De ganze Tiet weer ik ut Bang un ut Woot an't Bevern. Ik beed jem nochmol, se sölln mi tofreden laten, un güng sinnig in de Richt nah mien Boot to. Se aver kregen mi tofaten, höllen mi fast un wullen weeten, von wat von Land ik weer un wo ik hierherkamen dä; un bannig veel annerswat fragten se mi ok noch. Ik sä jem, ik weer in England geboorn un dor harr ik vör ungefähr fief Johr ok herkamen; un domols harr mank ehr un uns Land Freeden west. Ik sä, ik reken nu ok dormit, dat se mit mi ornlich umgahn dän; ik meen dat nich böös mit jem un weer man en armen Yahoo, den en Städ söken dä, wo he alleen wesen kunn. Dor wull ik den Rest von mien unglücklich Leven tobringen.

As düsse Lüüd anfüngen to snacken, dor weer mi dat sowat Leeges gegen de Natur, as ik dat noch nienich hört orer sehn harr. Mi keem dat jüstso gräsig-unriemsch vör, as wenn in mien Heimatland en Hund orer en Koh snacken kunn orer en Yahoo in dat Land von Houyhnhnms. De gooden Portugiesen weern över mien sünnerbore Kledaasch jüstso verwunnert as över de gediegen Aart, wo ik de Wöör utspreken dä; se kunnen jem aver goot verstahn. Se snackten heel fründlich un nett mit mi un meenten, dat weer gewiß, ehr Kaptein worr mi för umsünst nah Lissabon bringen un von dor kunn ik denn nah mien Heimatland trüchföhren. Twee von de Matrosen wulln nah dat Schipp trüchrodern, den Kaptein vertellen, wat se sehn harrn. Un se wulln hören, wat he von Odder geven dä. Ik söll en fierlichen Swuur swören, dat ik nich weglopen wull, anners worrn se mi mit Gewalt wißhollen. Ik dach mi, dat weer an besten, wenn ik jem pareern dä. Se weern dor bannig scharp up, mien Geschicht to hören; ik aver geev ehr Neeschier man bloß en lütt beten nah. Se meenten denn, mien Unglück harr mi den Kopp wirrig maakt. Dat Boot, dat mi de Watertunns afföhrt

weer, keem nah twee Stunnen trüch. De Lüüd harrn de Odder von den Kaptein, se söllen mi an Bord bringen. Ik foll up de Knee un beed, dat se mi frielaten müchen, aver dat hulp allens nix. De Keerls bunnen mi mit Stricken Hännen un Fööt tosamen un böörten mi in dat Boot. So keem ik up dat Schipp un se drögen mi in de Kajüüt von den Kaptein.
Sien Naam weer Pedro de Mendez. He weer en heel hööflichen un groothartigen Minsch. He snack mi to, ik müch em verkloren, wat eenglich mit mi weer; un he fröög, of ik wat äten orer drinken wull. Un he sä mi to, ik söll jüstso goot bedeent warrn as he sülmst. Dat weern soveel fründliche Wöör, de he mi günnen dä, dat ik mi bloß wunnern kunn, so'n Levensaart bi en Yahoo to finnen. Ik aver sä nix un bleev muulsch. Wenn ik em un sien Lüüd man bloß rüken dä, denn weer ik all dicht dorför, mien Besinnen to verleern. Letzto sä ik, ik wull wat ut mien eegen Boot äten; aver he leet mi en Hohn bringen un dorto en Glas grootarigen Wien. Un denn orden he an, dat se mi in en heel reinliche Kajüüt to Bett bringen söllen. Ik wull mi aver mien Tüüg nich uttrecken un legg mi so up't Bett. Nah en halve Stunn — ik dach mi, de Lüüd weern an't Äten — güng ik ganz liesen nah buten. Ik slieker mi nah de Reling ran un wull in't Water springen. Leever wull ik um mien Leven swümmen, as dat ik noch länger bi Yahoos blieven dä. Aver een von de Matrosen holl mi fast; un as se dat den Kaptein mellt harrn, makten se mi in de Kajüüt mit en Keed fast.
Nah'n Meddagäten keem Don Pedro nah mi her un wull de Oorsaak weeten, dat ik sowat Unvernünftigs anstellen wull. He sä, he wull doch nix anners as mi soveel helpen, as em dat man möglich weer. He snack so fründlich un leeflich, dat ik mi letzto dorto hergeev, mit em umtogahn as mit en Deert, wat en lütt beten Vernunft hebben kunn. Ik geev em en ganz korten Bericht von mien Reis; von de Rebelljon, de mien eegen Lüüd gegen mi maakt harrn; von dat Land, wo se mi an den Strand afsett harrn un von de dree Johr, de ik dor bleven weer. He sehg dat allens so an, as wenn ik dat dröömt orer mien Inbillen mit mi dörchgahn harr. Doröver keem ik bannig in Raasch. Ik

harr je dat Lögen, wat in alle Länner, wo de Yahoos dat Seggen hefft, to ehr Natur tohörn deit, dat harr ik je ganz un gor vergeten. Un dorum wüß ik ok nix mehr von dat Verlangen dornah, bi annern von ehr eegen Aart dor an to twiefeln, dat se de Wohrheit seggt. Ik fröög em, of dat in sien Land Mood weer, „wat to seggen, wat nich is". Ik sä em för gewiß, dat ik all meist vergeten harr, wat he mit „Unwohrheit" meenen dä. Wenn ik ok dusend Johr in dat Land bi de Houyhnhnms leevt harr, denn harr ik nichmol von een von de ringsten Deensten ok man bloß een Löög to hören kregen. Mi weer dat ganz egol, of he mi glöven dä orer nich. Aver he harr mi je veeles togoden daan, un dorför wull ik em en ganz Deel von de Leegheit von sien Natur nahsehn; un ik wull up allens, wat he intowennen harr, Anwurt geven, denn kunn he de Wohrheit licht begriepen.

He geev sik nu erstmol veel Möh, bi mien Vertellen wat to finnen, wo ik mi sülmst wedderspreken dä. Aver denn kreeg de Kaptein, de en verstännigen Minschen weer, so bilütten en beter Meenen von mien Leefde to de Wohrheit. Un dorbi keem mi en besünnern Ümstand togoden, den he mi togestahn dä. He harr molinst en hollandschen Kaptein drapen un de harr em düt vertellt: He weer mit fief Mann von sien Crew up en gewisse Insel orer Eerddeel anlandt, wat südlich von Nieholland leeg. Se wulln dor frischet Drinkwater faten. Un dor harrn se en Peerd to Gesicht kregen, wat en poor annere Deerten vör sik herdrieven dä. Un düsse Deerten harrn jüsto utsehn, as ik de Yahoos beschreven harr. Un denn weern dor ok noch en poor annere wunnerliche Saken west, de harr he aver middewiel vergeten, wieldat he de för nix as Lögenkraam ansehn harr. He sä mi ok noch, mien Verlangen nah de Wohrheit weer je woll so groot, dat dat nix anners geven dä, wat mi soveel weert weer, dorum möß ik em mien Ehrenwoort geven, bi düsse Reis jümmer in sien Nehgde to wesen. Un ik söll em ok för gewiß toseggen, dat ik mi nix andoon wull, anners worr he mi insparrn, bet wi in Lissabon ankamen dän. Ik geev em dat Verspreken, dat he hebben wull. Togliek sä ik em aver ok, ik wull lever de gröttsten Plagen uthollen, as dat ik

dor wedder hengüng, wo ik mit Yahoos leben müß.
Uns Reis güng denn glatt af un dor passeer nix Besünners. Ik weer den Kaptein heel dankbor, dorum sett ik mi mannichmol, wenn he mi ernsthaftig dorto anhollen dä, mit em tohopen. Ik geev mi groot Möh, em nix von mienen Ekel gegen dat Minschengeslecht marken to laten. Oftinst slöög düt Geföhl denn doch noch dörch, aver he sä nix dorto un güng dor eenfach över hen. De mehrste Tiet von'n Dag seet ik aver bi toslaten Döör in mien Kajüüt. Ik wull mi dorför wohren, dat ik irgendeen von de Schippslüüd ankieken möß. Jümmer wedder harr de Kaptein mi anhollen, mien unriemsche Kledaasch wegtosmieten. He stell mi an, dat he mi sienen besten Antog, den he harr, lehnen wull. Ik wull mi dor aver nich to rumkriegen laten, dat antonehmen; mi weer dat to wedderlich, mi wat antotrecken, wat en Yahoo up sienen Lief dragen harr. Ik fröög em man bloß, of he mi twee Hemmen lehnen wull. De worrn mi nah mien Meenen nich so dull dreckig maken; de weern nämlich wuschen worrn, as he jem anhat harr. Ik treck mi alle twee Daag en anner dorvon an, un waschen dä ik jem ok sülmst.
An'n 5. November 1715 keemen wi in Lissabon an. An Land leet de Kaptein mi erst denn gahn, as ik sienen Mantel övertagen harr. He wull dat nich, dat dat Gesinnel von de Straat um mi rum tohop lopen dä. He güng mit mi in sien eegen Huus, un as ik em von Harten beden dä, geev he mi de böbelste Kamer, de nah hinnen rut liggen dä. Ik sett em bannig dormit to, dat he keeneen Minschen dor wat von seggen dä, wat ik em von de Houyhnhnms vertellt harr. Wenn von düsse Geschicht ok man bloß en beten wat luut warrn dä, denn worrn dor grote Koppels von Minschen antolopen kamen, de mi sehn wullen; un nich bloß dat, ik keem denn wohrschienlich ok in de Gefohr, dat se mi insparrten orer de Inquisitschoon mi verbrennen dä. De Kaptein kreeg mi sowiet, dat ik en nigen Antog annehmen wull, aver Maat nehmen laten von den Snieder, dorgegen strüüv ik mi doch. To'n Glück harr Don Pedro meist so'n Statur as ik, un dorum paß de Antog mi ganz goot. He besorg mi ok

all de annern Saken, de'n so bruken deit. De weern alle nagelnie, aver ehrer ik jem in Gebruuk nehm, hüng ik jem veertuntwintig Stunnen an de Luft.

De Kaptein harr keen Fru un man bloß dree Deensten, de aver bi'n Äten nich updrägen dörften. He sülmst geev sik so nett un fründlich un harr ok en goden, gesunnen Minschenverstand, dat ik würklich anfüng to meenen, ik kunn dat bi em uthollen. He snack mi ok goot to un ik riskeer dat, ut dat Achterfinster ruttokieken. Nah en Tietlang keem ik denn in en anner Stuuv, wo ik af un an heemlich nah de Straat rutögen dä; aver ik töög den Kopp doch furts wedder trüch, so verjög ik mi. In de Tiet von een Week schaff he dat, mi bet ünnen an de Döör to locken; un ik mark, wo mien Bang bilütten weniger worr. Aver mi weer so, as wenn mien Woot un mien Ekel noch grötter warrn dä. Letzto weer ik denn doch driest noog, mit em up de Straat to gahn. Ik stopp mi aver de Näs ornlich to mit Warg orer mannichmol ok mit Toback.

Middewiel harr ik Don Pedro wat von mien Tohuus un mien Familje vertellt; un dat duur keen tein Daag, dor harr he mi dorvon övertüügt, dat ik nah mien Heimatland trüchgahn möß. Dat weer en Saak up Ehr un Geweeten, meen he, un denn harr ik doch tohuus bi mien Fru un mien Kinner to leven. He sä mi, dor leeg en engelsch Schipp in'n Haven un weer parot lostoseilen; he wull mi ok mit allens versorgen, wat ik bruken dä. Dat worr nu aver to wietlöftig warrn, wenn ik allens uptellen wull, wat he an Grünnen un Inwännen vörbringen un wat ik dorgegen seggen dä. He sä, dat weer ganz unmöglich, so'n verlaten Insel to finnen, wo ik so leven kunn, as ik mi dat wünschen dä. In mien eegen Huus aver harr ik doch dat Seggen un kunn mi trüchtrecken un mien Tiet so henbringen, as ik dat wull.

Letzto geev ik denn nah. Ik harr begrepen, dat mi nix anners överbleev. An'n 24. November maak ik mi von Lissabon ut up de Reis. Ik föhr mit en engelsch Hannelsschipp. Wer de Kaptein weer, heff ik aver nich fraagt. Don Pedro güng mit mi an Bord un lehn mi noch twintig Dalers. He sä mi fründlich adjüs un nehm mi in'n Arm, ehrer wi ut'nanner güngen. Ik holl dat ut, so goot as ik kunn. Up düsse Reis höll ik mi trüch un woll mit den Kaptein orer irgendeen von sien Lüüd nix to doon hebben. Ik güng in mien Kajüüt, slööt de Döör achter mi to un sä, ik weer krank. An'n 5. Dezember 1715 morrns gegen Klock negen smeten wi Anker an de Downs; un an'n Nahmeddag Klock dree keem ik heel un gesund in mien Huus in Redriff an. Mien Fru un mien Kinner weern ganz baff, as se mi sehgen. Se freiten sik bannig. Se harr för gewiß annahmen, dat ik todood kamen harr. Ik mutt nu leiders togeven: As ik jem ansichtig worr, föhl ik in mi nix as Woot, Ekel un Minnachtigkeit; un düt Geföhl worr noch leeger, wenn ik doran dinken dä, wo nah ik mit jem verbunnen weer. Nah mien Unglück, as mi dat Land von de Houyhnhnms verbaden weer, harr ik mi mächtig betähmt, dat ik dat afkunn, de Yahoos antokieken. Ik harr mi ok mit Don Pedro de Mendez ünnerhollen kunnt. Aver in mien behöllern Kopp un in mien Grüveleern weer noch jümmer allens vull von de Döögten un de Gedanken von de Houyhnhnms. Aver denn keem ik doröver in't Simmeleern, dat een von de Yahoos mien Bisläpersch west weer un ik dordörch de Vader von en poor Yahoos worrn harr; un ik fung an, mi över de Maaten to schämen. Ik keem ganz un gor dörchenanner un mi worr bannig gräsig to Sinn.

Ik harr eben nah dat Huus rinkamen, dor föll mien Fru mi um den Hals un geev mi en Sööten. Dat harr ik je all soveel Johr nich mehr kennt, dat mi so'n wedderlichet Deert anfaten dä. Ik verleer mien Besinnen un sack up de Eerd dal. Meist en ganze Stunn höll de Ahnmacht an. Nu, wo ik düt schriev, sünd dat fief Johr her, dat ik dat letztemol trüchkeem nah England. In't erste Johr kunn ik dat nich af, dat mien Fru un mien Kinner dicht nah mi rankeemen; alleen all, wo se rüken dän, dat weer mi to un to eklig. Un dat se mit mi in een Stuuv äten sölln, dat kunn ik noch weniger utstahn. Hüüt noch dörft se nich riskeern mien Brot antofaten orer ut densülvigen Beker to drinken. Ik weer ok nienich instannen, mi von een von jem an de Hand nehmen to laten. För dat erste Geld, wat ik utgeven dä, köff ik mi twee junge Hingsten, un holl jem in en feinen Stall. Nah düsse beiden is de Stallknecht mien leevste Fründ; ik mark nämlich, dat de Geruch, den he ut'n Stall mitbringt, mien Levensgeister upmuntert. Mien Peer verstaht mi würklich goot. Ik vertell mi jeden Dag tominnst veer Stunnen lang wat mit jem. Toom orer Sadel kennt se nich; se leevt in godet Övereenkamen mit mi un in deepe Fründschaft een mit'n annern.

De twölfte Strämel

De Schriever geiht de Wohrheit över allens. Worum he düt Book överhaupt schreven het. He gifft de Reisenvertellers, de nich bi de Wohrheit blievt, en Rüffel. He seggt von sik sülmst, dat he bi'n Schrieven nix Leeges in'n Sinn harr. He rüümt eenen Inwand an de Siet. He vertellt von de Methood, wo Kolonien maakt ward. Wo wunnerbor sien Heimatland is. Dat Königshuus het en Anrecht up de Länner, von de he vertellt het; aver dat is nich so eenfach, jem intonehmen. De Schriever seggt den Leser to'n letzten Mol adjüs. He seggt, wo he in Tokunft leven will, gifft noch 'n goden Raat un maakt den Slußpunkt.

Nu heff ik di, leeve Leser, de Geschicht von mien Reisen vörleggt. De Tiet von sößtein Johr un över söben Maand heff ik dormit tobröcht, un allens so vertellt, as ik dat beleevt heff. Mi güng dat dorbi nicht toerst um en intressantet Vertellen von bunte Biller; ik weer vör allen up Wohrhaftigkeit ut. So as annere dat maakt, harr ik di vielllicht ok mit afsünnerliche Geschichten, de oftinst meist nich to glöven sünd, to'n Wunnern bringen kunnt. Ik wull aver leever dorbi blieven, dat so to vertellen, as dat würklich un wohrhaftig west het. Ik heff up de slichtest Aart un Wies schreven un dat mit de eenfachsten Wöör un Sätz. Mi weer dat nämlich vör allen dor um to doon, di wat Niges bitobringen, un nich dorum, di wat Spoßiges to vertellen.

Wi Reislüüd föhrt je nah Länner, de wietaf liggt un de von Engläners orer anner Lüüd ut Europa kuum molinst besöcht ward; dorum is dat nich swoor för uns, uns Vertellen von wunnerliche Water- un Landdeerten uttodinken. Aver jedereen, de up Reisen geiht, möß sik doch vör allen dat vörnehmen, dat he de Minschen klööker maken un betern wull. Un he möß sik Möh geven, de Minschen in ehr Klook un ehr Vernunft dordörch vörantobringen, dat he jem bi't Vertellen von frömde Gegenden Bispills to'n Slechten un Bispills to'n Goden gifft.

Ik wünsch mi von Harten, dat en Gesetz för Reisenvertellers maakt worr, wo insteiht: ehrer dat een sien Reisgeschichten in en Book drucken lett, mutt he vör den Lordkanzler beswöörn, dat allens, wat dor insteiht, nah sien Weeten de reine Wohrheit is. Denn worr de Minschheit nich länger bedragen as se gewöhnlich bedragen ward, wenn gewisse Schrieverslüüd den unbedarften Leser de gröttsten Lögengeschichten vörsetten doot. Se maakt dat nämlich bloß deswegen, dat ehr Geschrievels von de Minschen beter upnahmen ward. As ik jung weer, heff ik en ganz Rehg Reisböker lest un dor veel Vergnögen an hat. Nu heff ik aver sülmst Reisen nah de mehrsten Gegenden von de Eerd maakt un bün dörch mien eegen Bekieken instannen, bi veele afsünnerliche Geschichten to seggen, dat se nich wohr sünd. Düsse Aart von Böker is mi heel wedderlich worrn. Mi bringt dat in Raasch, wenn ik seh, wo utverschaamt se sik an de lichtglöövsch Minschheit vergahn doot. Nu wiesten mien Frünnen körtens ehr Gootheit un meenten, dat mien Bemöhen (obschonst dat man wat swack is) in uns Land ganz goot upnahmen ward. Dorum sall dat mien Hauptsatz wesen, dat ik ganz scharp bi de Wohrheit blieven will; un dor gifft dat keeneen Utnahm von. Mi kann ok würklich nix anfechten, dorvon aftogahn, solang as mi dat Vörbild von mienen Herrn un den annern eddeln Houyhnhnms vör Ogen steiht un ik dat in'n Sinn beholl, wat se mi bibröcht hefft. Dorto heff ik to lang de Ehr hat, jem demödig totohören.

Nec si miserum Fortuna Sinonem
Finxit, vanum etiam mendacemque
improba finget.

(Wenn dat Glück den Sinon ok elennig maakt het, denn sall dat Leege em doch nich to'n Lögenverteller maken.) Ik weet ganz goot, wo wenig Ehr mit so'n Böker to gewinnen is, för de keen Scheenie, keen Gelehrigkeit un överhaupt keen Gaven nödig sünd, as man bloß en behöllern Kopp un en akkrot Daagbook. Ik weet ok, wo de Schrievers von Reisgeschichten un von Wöörböker dat geiht: Dat Böker von düsse Aart, de achterher schreven ward, de hefft bannig Gewicht. Sie liggt babenup un drückt dat, wat vörher weer, nah ünnen in't Vergeten. Mi will dat woll nich anners gahn. Mannicheen Schriever reist denn nah de Länner, von de ik vertellt heff. Un se willt rutkriegen, wat ik woll Verkehrtes schreven heff (wenn dat denn sowat gifft). Se sett denn veele Saken dorto, de se rutfinnen doot; un denn drängt se mi von Siet, sett sik an mien Städ un bringt so de Minschen dorto, dat se vergeten doot, dat ik överhaupt mol en Schriever weer.

Wenn ik mit mien Schrieven up hoge Ehren ut weer un mi en Naam maken wull, denn worr mi düt würklich to de Meenen bringen, mit mi weer gornix los. Aver dat eenzigst, wo mi an liggen deit, dat is doch dat Woll von de ganze Minschheit; dorum kann sowat mi nich ganz un gor in de Schiet pedden. Kann denn woll en Minsch, de sik sülmst vör en vernünftige un verstännige Kreatur höllt un de in sien Land dat Seggen het, kann so'n Minsch woll von de Döögten lesen, von de ik bi de herrlichen Houyhnhnms vertellt heff, ahn sik för sien eegen Leegheiten to schämen? Ik will gornich veel wat seggen von de Länner, de wiet af liggen doot un wo de Yahoos regeert. Von düsse Lüüd sünd de Brobdignaggers noch an wenigsten verdorven; un dat weer all en groot Glück för uns, wenn bi uns wat geven worr up jem ehr kloken Grundsätz för de Moral un för dat Regeeren. Aver ik will dor nich mehr von seggen; dat överlaat ik leever den verstännigen Leser, sik dor sien eegen Gedanken von to maken.

Mi maakt dat ganz tofreden, dat düt Book, wat mien Wark is, afsluut keeneen Minsch nich Arger maken kann. Wat kann'n denn ok woll gegen en Schriever seggen, de bloß genau dat vertellt, wat he mit eegen Ogen sehn het un wat würklich passeert is; un dat von Länner, de wietaf liggt un mit de wi nich dat ringste in'n Sinn hefft, nich in Hannel un Wannel un nich in de Politik. Ik heff dor akkrot acht up geven, dat ik de Fehlers nich maak, de de gewöhnlichen Reisenschrievers oftinst vörhollen ward, un dat meistiets to recht. Ik laat mi ok nich von een Partei innehmen. Bi mien Schrieven wull ik ok nix gegen irgendeenen Minschen orer en Minschenmeenen seggen, keen Dullheit, keen Vörurdeel un keen Booshaftigkeit. Dat ik schrieven do, dat het den eddelsten Sinn, nämlich de Minschheit verstänniger to maken un jem wat bitobringen. Un dat is doch woll nich gegen de Bescheidenheit, wenn ik meen, dat ik de annern Minschen up dütt Rebett en Enn vörut bin. Ik harr je den Vördeel, dat ik en lange Tiet mit de heel kloken un verstännigen Houyhnhnms Umgang hebben kunn. Mi geiht dat nich um Geld un nich um Ehren. Ik laat jedet Woort weg, wat as en Rüffel utsehn orer wo sik een över argern kunn; ok bi de, de'n ög up'n Slips pedden kann. Dorum kann ik mi, so denk ik sachts, mit Recht en vullkamen idealen Schrieversmann seggen, bi den de Gill von de Replikenschrievers, Bi-Licht-Bekiekers, Utenannerpuhlers, Utsetters, Blootleggers un Klookschieters för umsünst rumsnüffelt un ehr Gaven utprobeert.

Dat mutt ik aver ingestahn: se hefft mi heemlich seggt, ik harr wat versüümt. Ik weer doch en Ünnerdaan von de engelsche Kroon; dorum weer dat mien Plicht west, mi furts nah mien Ankamen an en Staatssekretär to wennen. Ik harr em en Memorandum övergeven mößt; alle Länner nämlich, de von en Ünnerdaan to'n ersten Mol upfunnen ward, de höört dat Königshuus to. Ik heff Twiefel doran, of uns dat Innehmen von de Länner, von de ik vertellt heff, so licht fallen dä, as den Ferdinand Cortez sien Gewinnen över de naakten Amerikaners. Dat Land von de Lilliputaners intonehmen, dat bringt, glööv ik, woll nich mol so veel in, as wat de Flott und de Armee kösten doot. Un ik bün in Twiefel, of dat klook orer ahn Gefahr weer, de Brobdignaggers antogriepen. Ik weet ok nich, of de engelschen Suldaten sik mit de Fleegen Insel över ehrn Kopp wollföhlen worrn. De Houyhnhnms, de weern up en Krieg woll nich instellt. Dat is en Saak, de se överhaupt nich kennt. Un gegen Scheetwarktüüg könnt se sik nich wehren. Man bloß, wenn ik Staatsminister weer, kunn ik dor nich up raden, in ehr Land intofallen. Wat se an Klookheit, Eenigkeit, un Moot hefft un dorto ehr Leefde to ehr Vaderland, dat is jüst soveel weert as allens, wat jem an Kriegskünsten fehlen deit. Dor bruukt'n sik doch bloß vörtostellen, wo dat togahn dä, wenn twintigdusend von jem midden in en Armee ut Europa rinstörmen worrn, de Regens dörchenanner smeeten, de

Wagens umkippten un de Gesichten von de Suldaten mit furchtbore Slääg von de Hinnerhofen in Grus un Mus hauten. Von jem kunn'n dat to Recht seggen, wat von Augustus seggt worrn is: Recalcitrat undique tutus (Nah alle Sieten paßt he up un haut nah achtern rut). Mi geiht dat aver nich um Vörsläg, wo'n düt grootarige Volk dalkriegen kunn; ik wünsch mi veelmehr, se weern instannen un parot, en ganze Reeg von ehr Inwahners nah uns hertoschicken. De kunnen de Zivilisatschoon nah Europa bringen un uns de Grundsätz von de Ehrhaftigkeit, de Gerechtigkeit, de Wohrheit, dat Maathollen, dat Tosamenstahn, de Fastigkeit, de Anstännigkeit, de Fründschaft un de Groothartigkeit bibringen. De Naams von all düsse Döögten hefft sik in de mehrsten Spraken noch erhollen. Se kaamt ok bi de modernen un bi de olen Schrieverslüüd vör, dat kann ik för gewiß seggen, wieldat ik nämlich en beten wat lest heff, wat allens so schreven is.

Ik harr aver noch en anner Oorsaak dorför, dat ik mienen Iewer betähmen dä un mi dorvon afbröch, dat Land von Siene Majestät noch grötter to maken mit de Länner, de ik funnen heff. Dat ik de Wohrheit segg: Mi weern Twiefel kamen, of de Fürsten bi so'n Saken woll Maat hollen un up de Gerechtigkeit achtgeven worrn. En Bispill dorför, wo dat woll togahn kunn: En Hupen Seerövers kaamt in en Storm. Se ward eenerwegens hendreven, wo keeneen weet, wat dat von Gegend is. Letzto ward de Schippsjung, de in de Utkiek sitt, Land gewohr. Se gaht an Land un willt rövern un plünnern. Se dreept dor unbedarfte Minschen, de jem fründlich upnehmt un to'n Äten un Drinken inlaad. De Seerövers geevt dat Land en annern Naam. Mit en groot Weeswark maakt se kunnig, dat düt Land nu ehrn König tohört. Denn stellt se en wörmig-möör Brett orer en Steen as Denkmal up, bringt twee orer dree Dutz von den Inwahners um, sleept en poor annern mit Gewalt mit to'n Beglupen un föhrt denn nah Huus trüch. Un dor ward jem allens nahsehn, ok de Seeröverie. So fangt dat an mit en Land, wat to dat Königriek toslaan ward. Un denn ward kunnig maakt, se harrn dat kregen vonwegen dat „Göttlich Recht". Bi de erstbest Gelegenheit ward denn Scheep henschickt, de Inwahners ward wegjagt orer dootmaakt un ehr Fürsten ward quält un schunnen, dat se verraad, wo dat Gold is. Un för allens, wat se an Beestigkeiten un ut Raffigkeiten daan hefft, ward jem en Friebreef utstellt. Un dorbi dampt de Eerd von dat Bloot von de Inwahners. Un düsse verdammte Bande von Minschenslachters, de se bi so'n gottseligen Krieg loslaten hefft, dat sünd denn de modernen Kolonisten. De hefft se losschickt nah en Volk, wat sik de Götzen verschreven het un wo alle Lüüd Barbaren sünd; de sölln se to'n rechten Gloven bekehren un jem de Zivilisatschoon bringen.

Wat ik hier beschreven heff, dat geev ik to, dat het mit de Britische Natschoon nix to doon. Wenn de nige Kolonien maakt, denn sünd se dor nämlich bannig klook bi togang, sorgt heel goot för de Minschen un gaht so gerecht vör as man een. Dorum könnt sik alle Länner von de Welt in düsse Saak mien Vaderland to'n Vörbild nehmen; un dat ok deswegen, dat se veel Geld geevt för de Religion un för de Schoolen, dat se frame un düchtige Pastoorn utsöökt, de den Christengloven utbreeden doot; dat se dor up achten doot, bloß so'n Lüüd hentoschicken, de en ornlichen Levenswannel föhrt un gode Maneeren hefft; dat se scharp up en goden Umgang mit de Gerechtigkeit uppaßt un deswegen in alle ehr Kolonien för de Verwaltung so'n Beamten utsöökt, de düchtig sünd un von Korrupschoon nix von weet. Un dat grootarigs von allens is, dat se dor de sinnigsten un anstännigsten Statthollers henschickt, de nix anners in'n Sinn hefft as dat Glück von de Minschen, över de se regeert, un as de Ehr von ehren Herrn, den König.

Dat schient nu so, dat de Länner, von de ik vertellt heff, dor keen Verlangen nah hefft, dat se innahmen un dalduukt ward orer dat Kolonisten mit Morden un Wegjogen en Land ahn Lüüd dorvon maakt. Se hefft ok nich överleidig veel Gold, Sülver, Zucker orer Toback. Trüchhöllern, as ik bün, meen ik dorum, dat weern keen passige Länner för uns Kolonisten-Iewer un uns Moot un Kuraasch, un se weern in düsse Saak nich intressant för un. Nu kunn dat je aver wesen, dat de, de sik dor nehger mit befaaten doot, dat för richtig hollt, en anner Meenen to hebben. Wenn dat so is un se mi von Rechts wegen dorto upföddert, denn will ik dat up mienen Swuur nehmen, dat vör mi noch keen Minsch ut Europa düsse Länner to irgendeen Tiet besöcht het. (Ik meen, sowiet as'n de Inwahners glöven kann.) In Twiefel kamen kunn'n höchstens wegen de beiden Yahoos, de'n vör lange Tiet up en Barg in dat Land von de Houyhnhnms sehn hebben sall. Von jem, dat glöövt se, stammt de Aart von jenne unvernünftige Deerten af. Nah allens, wat ik weet, kunnen dat woll Engländers west hebben. As ik mi de Gesichten von ehr Nahkämers, de woll en beten wat verschrökelt weern, nipper ankieken dä, keem ik to de Meenen, dat dat stimmen kunn. Of dat aver noog is, dat'n deswegen en Recht up dat Land behaupten kann, dat will ik de studeerten Herrn överlaten, de mit Kolonialsaken Bescheed weeten doot.

Wat nu aver dat Weeswark angeiht, dat Land in den Naam von mien König intonehmen, dat is mi nich in den Sinn kamen. Un wenn mi dat ok infallen weer, denn harr ik dor in mien Sitatschoon woll mit up en betere Gelegenheit töövt; ik weer nu mol en beten vörsichtig un wull mi mien Leven erhollen.

So heff ik nu de eenzige Saak an de Siet rüümt, de se mi wegen mien Reisen vörsmieten kunnen; un nu segg ik mien Lesers för jümmer adjüs. Ik gah trüch nah mienen lütten Gorten in Redriff un befaat mi dor mit allens dat, wat mi in mienen Kopp rumgeiht: dat ik de wunnerbore Lehr von de Döögten, de de Houyhnhnms mi bibröcht hefft, anwennen do; dat ik de Yahoos in mien eegen Familje dor soveel von bibringen do, as se as gelierige Deerten faaten könnt, un dat ik mien Lief jümmer wedder in'n Speegel bekiek un mi, wenn dat möglich is, dor bilütten an gewöhnen do, dat Utsehn von en minschliche Kreatur uttohollen. Ik will de Houyhnhnms in mien Heimatland bejammern, dat se de Natur von Deerten hefft. Aver wegen mien Leef de to mienen eddeln Herrn, sien Familje, sien Frünnen un dat ganze Geslecht von de Houyhnhnms will ik in Achten un Ehren mit jem umgahn. Von den Verstand sünd se woll afkamen, aver in ehr Utsehn hefft se de Ehr, ganz övereen mit jem to wesen.

Letzte Week heff ik mien Fru to'n erstenmol wedder verlöövt, mit mi von eenen Disch to äten un up en poor Fragen (aver ganz kort) von mi Antwurt to geven; se möß aver ganz an't annere Enn von den Disch sitten. De Geruch von en Yahoo is mi jümmer noch bannig towedder, dorum stopp ik mien Näs ornlich mit Warg, Lavennel orer Tobackbläder to. En öllerhaftigen Minschen fallt dat woll swoor, ole Moden aftoleggen, aver ik heff den Gloven noch nich ganz upgeven, dat ik dat doch molinst farig kriegen do, en Nahweryahoo in mien Nögde uttohollen un vör sien Tähn un Klauen nich mehr bang to wesen, as ik dat nu noch bün.

Mien Verdrägen mit de Kreaturen von de Yahoo-Aart worr mi viellicht nich so swoor fallen, wenn se mit de Leeg- un Dummheiten tofreden weern, wo se von Natur ut en Recht up hefft. Ik warr överhaupt nich fünsch, wenn ik en Rechtsgelehrten ankiek orer en Taschendeef, Offzier, Peijatz, Lord, Kortenspeeler, Politiker, Horenjäger, Dokter, Spijon orer eenen, de anner Lüüd to'n falschen Swuur verföhrt, en Afkaaten, Verrader orer en anner von düsse Aart. Dat hört nu mol allens to uns Levensumstännen mit to. Wenn ik aver en Lehmkluten seh, de an Lief un Seel vull Gräsen un Krankdaag is un sik denn in Överkröppschigkeit gefallt, denn is dat furts vörbi mit mien Gedüür. Ik warr dat ok mien Leven lang nicht begriepen, wo so'n Deert mit so'n Leegheit tohopenpassen kann. De klooken un goden Houyhnhnms, de so riek sünd an alle wunnerboren Döögten, as se en vernünftig Deert man hebben kann, de hefft in ehr Spraak nichmol Naams för so'n Leegheit. Dat gifft bi jem ok keen Wöör, wo'n mit utdrücken kann, wat böös is; de eenzigst Utnahmen sünd de, wo se de eklige Natur von ehr Yahoos mit beschrieven doot. Aver von Överkröppschigkeit hefft se bi jem nix markt, wieldat se de minschliche Natur nich ganz verstahn doot; de wiest sik nämlich bloß in de annern Länner, wo düt Deert dat Seggen het. Ik aver, ik heff je all mehr von sowat beleevt, ik kunn bi de willen Yahoos

den Anfang dorvon düütlich sehn.

De Houyhnhnms aver, de sik ganz un gor von de Vernunft stüürn laat, wegen ehr gode Natur drägt se de Näs jüstsowenig hoch, as ik mi dor wat up inbillen do, dat mi keen Been un keen Arm fehlen deit. Dat worr doch keeneen doon, de bi Verstand is, obschonst he en elennige Kreatur weer, wenn em de fehlen dä.

Dat ik von de Överkröppschigkeit so lang un breet vertellen do, dat het de Oorsaak, dat ik dorto helpen will, dat de Umgang mit en engelschen Yahoo nich ganz un gor eklig, gräsig un wedderlich is. Dorum geev ik alle de, de ok man een Spierken von düsse unvernünftige Leegheit hefft, den goden Raat, sik dat jo nich ruttonehmen, mi ünner de Ogen to kamen.

Worterklärungen

aasig	böse
ahn	ohne
amenn	zuletzt, schließlich
Anbott	Angebot
Baad	Bote
Baadmudder	Amme
Babutz	Barbier
bastig	gewaltig
beden	grüßen
begäng	üblich
begöschen	gut zureden
beteß	währenddessen
benaut	betäubt
beögen	genau beobachten
Bigänger	Begleiter
birrsen	rennen
Bisläpersch	Beischläferin
Black	Tinte
Böön	Boden, Decke
böörn	heben
brüden	foppen
Bruuk	Brauch, Sitte
Daagstiet	Tageszeit
dal	hin-, herunter
Deensten	Bedienstete
deegt	stark, tüchtig
dögen	taugen
Döögt	Tugend
doov	taub
drall	schnell
Dracht	Last
Draußel	Drossel
Drinkels	Getränk
Druuvappel	Liebling
Dwarg	Zwerg
Eemken	Ameisen
eenerwelk	irgendwelche
eenerwenn	irgendwann
eien	streicheln
Fadenschipp	Weberschiffchen
fiecheln	zärtlich sein
föömen	einfädeln
friegen	heiraten
Fuhrn	Wald
gau	schnell
gediegen	merkwürdig
Gedüür	Geduld
Geeleritsch	Hänfling
geelsnacken	vornehm tun
Gelaat	Raum, Behälter
Gewees	Anwesen, Besitz
Gill	Gilde
Handseeßel	Sichel
heel	sehr, auch: heil
heelbömig	ungeschickt
heesch	heiser
Hemp	Hanf
Höpen	Hoffnung
Hood	Horde
Hoofsweer	Hufkrankheit
Huulbüdel	Dudelsack
Ingedömels	Eingeweide
italjensche Süük	Syphilis
Kaff	Spreu
Katteeker	Eichhörnchen
kleien	kratzen
klöterig	jämmerlich
Knövel	Knöchel, Fessel
Knüttelsticken	Stricknadel
Klusenklempner	Zahnarzt
kommodig	bequem
Körbs	Kürbis
Kökenröst	Grill
Kring	Kreis
Krüff	Krippe
Krickelkreih	Dohle
Kükenwieh	Habicht
Kuckelhahn	Truthahn
laven	loben
leeg	schlimm
Ledd	Glied
ledden	führen, leiten
Lengen	Verlangen
Lewark	Lerche
Liekdoorn	Hühnerauge
liekers	trotzdem
later	später
Lünk	Spatz
Luuspadd	Scheitel

399

Maand	Mond, Monat	Soot	Brunnen
Macker	Liebhaber, Günstling	Spring	Quelle
		staatsch	stattlich
Mieg	Urin	Stabürken	Bude, Hütte
minnachtig	naiv, unwissend, gering	stamern	stottern
		stevig	fest
Munjement	Denkmal	straken	streicheln
nahapen	nachäffen	strumpeln	stolpern
nanich	nirgends	Süll	Schwelle
Neihhoot	Fingerhut	Sünnplacken	Sommersprossen
Nögde, Neegte	Nähe	Süük	Seuche
nömen	nennen, bezeichnen	Süülen	Säulen
		Süürken	Sauerampfer
nöden	nötigen, einladen	Suur	Essig
Nuckelknuppen	Brustwarze	Swartplacken	Muttermal
Odder	Befehl, Anordnung	Swulk	Schwalbe
ökeln	spotten	Swulst	Geschwür
Odelkuhl	Jauchegrube	Talje	Flaschenzug
överspönig	eingebildet	Tall	Zahl
padden	waten	Tart	Streich
Peek	Pieke	töven	warten
Peijatz	Narr	tolaven	versprechen
pielup	kerzengerade	toweddern	widerlich
Pinnenschieter	Pedant	Trallen	Gitter
Pogg	Frosch	unriemsch	ungehörig
Poggütz	Kröte	unstedig	unzuverlässig
Posensteel	Federhalter	utneihn	weglaufen
praatmaken	angeben, prahlen	veniensch	hinterhältig
Putzbüdel	Friseur	verfehrn	erschrecken
Raasch	Zorn	verlöven	erlauben
Rapphohn	Rebhuhn	viegeliensch	schlau
Rebett	Bezirk, auch: Fachgebiet	Vijolen	Veilchen
		wahrschuun	warnen
Reeg	Reihe	Wapens	Waffen
rentlich	reinlich	Warder	Halbinsel
Rickels	Zaun, Geländer	Warv	Beruf, auch: Anliegen
Rietfidel	Gitarre		
rögen	bewegen	Weeswark	Tun und Treiben
Rööf	Raufe	Weevtau	Webstuhl
Schuu	Scheu	Wesselk	Wiesel
Seev	Sieb	Wiecheltelg	Weidenzweig
Seil	Segel	Wietkieker	Fernrohr
Sellschop	Gesellschaft	Wittneihersch	Weißnäherin
slumpen	Glück haben	Wöps	Wespe
Sleeden	Schlitten	wrienschen	wiehern
Slöönbeer	Schlehe	wunnerwarken	staunen